Função Social do Contrato de Emprego

RODRIGO TRINDADE DE SOUZA

Juiz do Trabalho substituto do TRT do Rio Grande do Sul.
Mestre em Direito pela Universidade Federal do Paraná.
Especialista em Direito do Trabalho pela Universidade do Brasil.
Professor de Direito Material e Processual do Trabalho.

FUNÇÃO SOCIAL DO CONTRATO DE EMPREGO

Editora LTr
SÃO PAULO

Dados Internacionais de Catalogação na Publicação (CIP)
(Câmara Brasileira do Livro, SP, Brasil)

Trindade, Rodrigo
  Função social do contrato de emprego / Rodrigo Trindade. — São Paulo : LTr, 2008.

  Bibliografia.
  ISBN 978-85-361-1214-5

  1. Contratos de trabalho — Brasil — Aspectos sociais. 2. Direito civil — Legislação — Brasil 3. Relações de trabalho 4. Solidariedade I. Título.

08-05087   CDU-34:331.116(81)

Índice para catálogo sistemático:
1. Brasil: Contrato de emprego : Função social : Relações de trabalho : Direito do trabalho   34:331.116(81)

Produção Gráfica e Editoração Eletrônica: **Peter Fritz Strotbek**
Capa: **Eliana C. Costa**
Impressão: **HR Gráfica e Editora**

© Todos os direitos reservados

EDITORA LTDA.

Rua Apa, 165 – CEP 01201-904 – Fone (11) 3826-2788 – Fax (11) 3826-9180
São Paulo, SP – Brasil – www.ltr.com.br

LTr 3576.2   Setembro, 2008

Dedicatória

Este trabalho é tributário a meus pais, José Mauro e Ana Maria, *que desde cedo ensinaram, e demonstraram, a importância da dedicação ao estudo e da crítica ao conhecimento posto.*

À minha esposa, Raquel, *única dona do tempo roubado para a dedicação acadêmica.*

SUMÁRIO

Prefácio — *Paulo Nalin* 11

Introdução 13

Capítulo I — Formação histórica dos contratos 17
1. Antiguidade e Medievo 18
2. Iluminismo 19
3. Revoluções burguesas. O ideário da codificação 21
4. Burguesia e contratos. O liberalismo individualista 24
5. A ideologia do contrato 26
6. Funções dos contratos 28
7. Sujeito e contrato 29
8. Princípios contratuais clássicos 31
    8.1. Autonomia da vontade 31
    8.2. Obrigatoriedade 33
    8.3. Relatividade 34

Capítulo II — A nova teoria dos contratos 36
1. O Estado Social 36
2. Crise do contrato 40
3. Características do contrato "pós-moderno" 42
    3.1. Adesão e massificação contratual 43
    3.2. Dirigismo contratual 44
    3.3. Pluralidade de fontes normativas e a perda de centralidade da categoria código 46
4. Fronteira entre o público e o privado 49
5. O sistema de direito civil constitucional 52
    5.1. Doutrina civil-constitucional. 52
    5.2. Doutrina constitucionalista 53
    5.3. Doutrina pluralista 54
    5.4. Características comuns às três correntes doutrinárias 55

6. Despatrimonialização do direito privado 58
7. Livre iniciativa e autonomia privada 60
8. Modelo de cláusulas gerais 62
9. Revisitando os princípios contratuais 65
    9.1. Autonomia privada 66
    9.2. Obrigatoriedade 70
    9.3. Relatividade 73
    9.4. Boa-fé objetiva 75
10. Vinculação do contrato à proteção aos direitos fundamentais . 78

Capítulo III — Contrato e Direito do Trabalho 82
1. Da tutela ao contrato 82
2. Do contrato ao estatuto 86
3. Breve história do Direito do Trabalho no Brasil 89
4. O trabalho regulado e a espoliação capitalista 92
5. Para além de uma visão puramente economicista 95
6. O contrato de emprego como categoria do negócio jurídico 97
    6.1. Críticas do contrato de emprego como categoria do negócio jurídico .. 98
    6.2. Contratualidade trabalhista remodelada 101
        6.2.1. Autonomia da vontade e autonomia privada 101
        6.2.2. Comportamento concludente 105
        6.2.3. Reafirmação da dignidade do sujeito trabalhador .. 109

Capítulo IV — Função social do contrato. Noções gerais 112
1. A expressão "função social" 112
2. Deficiências técnicas do art. 421 do CCB/02 114
3. A função social como cláusula geral ou como princípio 115
4. O princípio do solidarismo ou da sociabilidade 118
5. Funcionalização do instituto contratual 121
    5.1. A "função social" do Direito 122
    5.2. O contrato socialmente funcionalizado 125
6. Distinções entre função social do contrato e institutos afins . 126
    6.1. Função social e boa-fé objetiva 126
    6.2. Função social, ordem pública e bons costumes 128
    6.3. Função social e eqüidade 130

7. Função social da propriedade 132
8. Função social da empresa 136

Capítulo V — Função social do contrato de emprego 139
1. O microssistema trabalhista 139
2. Aplicação do art. 421 do CCB/02 ao contrato de emprego: permeabilização do microssistema trabalhista 142
3. Aplicação de princípios constitucionais à relação jurídico-privada de emprego .. 144
4. Eficácia dos direitos fundamentais no contrato de emprego 146
5. A função social como delimitador do princípio da relatividade. Conteúdo *ultra partes*. Eficácia social 150
   5.1. Princípio justrabalhista da submissão ao interesse coletivo 152
      a) Horas extras habituais 154
      b) Extinção do contrato de emprego para o aposentado por tempo de serviço 156
      c) Impedimento de dispensa sem justa causa para empregada grávida .. 157
      d) Contrato de trabalho de estagiário 158
      e) Meio ambiente do trabalho 160
   5.2. Direito coletivo do trabalho 163
6. A função social como justificador do equilíbrio contratual. Conteúdo *inter partes* 165
   6.1. Lesão e cláusulas abusivas 169
      a) Revistas pessoais em empregados 174
      b) Contratação por salário inferior ao de empregado despedido 177
7. A função social na extinção do contrato 179
8. Uma nova garantia de emprego 183

Capítulo VI — O protagonismo judicial na interpretação e aplicação da função social do contrato 187
1. Introdução 187
2. O papel da interpretação 188
3. Introdução ao protagonismo judicial. Fundamentos jusfilosóficos 191
4. A perspectiva hermenêutica do neoconstitucionalismo 193
5. Campos de atuação do (neo)constitucionalismo 195
   5.1. Neoconstitucionalismo teórico 196
   5.2. Neoconstitucionalismo ideológico 197

5.3. Neoconstitucionalismo metodológico 198
6. O juízo de ponderação 199
7. Teorias argumentativas 202
8. A democracia deliberativa como (aparente) óbice à atuação judicial "criativa" . 207
    8.1. Revisitando a ponderação sob a perspectiva democrática 209
    8.2. O conceito de *certeza jurídica* e a atuação judicial criativa: fantasias e conservadorismo 212

Conclusões 217

Referências bibliográficas 225

PREFÁCIO

Aos vinte anos da Constituição da República, *Rodrigo Trindade* nos apresenta a obra *Função Social do Contrato de Emprego*, dissertação de mestrado, vertida em livro, que contextualiza as potencialidades da normativa constitucional quatro lustros após a sua vigência.

Na qualidade de magistrado do trabalho, e iniciando-se na academia jurídica, o autor transita entre o pensamento sistemático do Direito e as novas teorias constitucionais visando a estabelecer as bases para uma nova hermenêutica contratual do emprego.

Em grandes linhas, a obra impressiona em função da amplitude dos marcos teóricos estabelecidos, sem, contudo, se perder do fio condutor. Os marcos estabelecidos giram em torno da teoria contratual privada geral e a nova teoria dos contratos, aportada pelo método civil-constitucional a todos os sub-ramos ou microssistemas contratuais. Na órbita dessa nova racionalidade contratual, como bem destaca o autor, entra em cena a despatrimonialização do Direito Privado, com a renovação dos propósitos do contrato, por meio de uma verdadeira passagem axiológica "[...] da adequação dos valores patrimoniais a uma axiologia existencial, calcada na Constituição."

O DIreito do Trabalho, e o contrato de trabalho (gênero do contrato de emprego, núcleo das investigações desta obra), dentre as vertentes jurídicas progressistas, sempre foi reputado como o mais social de todos os setores do, assim denominado, Direito Privado. Entretanto, após o evento da Constituição da República de 1988, verificou-se uma ampla reformulação (talvez, confirmação) dos direitos dos trabalhadores, anotando-se, no texto constitucional, garantias fundamentais sem equivalente em outros setores do Direito.

Contudo, os novos ares, trazidos pela atual Constituição da República, encontravam-se aprisionados por antigos dogmas do positivismo jurídico, refletindo a *suma diviso* entre o Direito Público e o Direito Privado. Nessa superada forma de pensar o Direito, as incríveis conquistas constitucionais, oferecidas aos trabalhadores, esbarravam na carência de preceitos infraconstitucionais realizadores dos direitos fundamentais previstos nos arts. 6º e 7º *usque* 11 da Carta Magna, uma vez predominar, na tradição do Supremo Tribunal Federal, a técnica germânica de combinação de preceitos (preceito constitucional *plus* preceito infraconstitucional), para se alcançar a plena eficácia constitucional. Embora o sistema infraconstitucional de tutela do trabalhador tenha sido amplamente recepcionado pela atual Constituição da República, a compreensão, em si, da projeção e da relevância do princípio da dignidade da pessoa humana, efetivo núcleo rígido das conquistas laborais, carece de mais ampla compreensão e regulamentação.

A chave de abertura para o arcabouço constitucional não veio do Direito do Trabalho, mas, sim, do Direito Civil. O atual Código Civil foi muito bem recepcionado pelos operadores do Direito do Trabalho, surgido no contexto e no momento de compreensão da idéia sistêmica do Direito e da natureza nuclear da Constituição no âmbito do sistema jurídico.

O valor da funcionalização social dos institutos jurídicos se encontra na Constituição, na cláusula geral de solidariedade (art. 3º, inc. I). Por outro lado, o Código Civil adotou e recalcou a concepção social dos contratos, estabelecendo, aliás, que a função social do contrato é a *razão* e o *limite* da liberdade contratual (art. 422, CC). Tais indicativos axiológicos, incorporados ao Código Civil, arrimaram o sistema constitucional de tutelas ao trabalhador em nível sistêmico infraconstitucional.

A obra compreende a lógica necessidade de se encarar o Direito no conexto do sistema nucleado pela Constituição, haja vista uma inevitável decadência axiológica e estrutural das ordinárias fontes do Direito do Trabalho. Sem receios e preconceitos, aproveita a nova dimensão dos contratos em geral para analisar o contrato de emprego, inclusive, ao descer a detalhes como as horas habituais, a extinção do contrato de emprego para o aposentado por tempo de serviço, o impedimento de dispensa sem justa causa para a empregada grávida, o contrato de estágio, o meio ambiente do trabalho, as revistas pessoais aos empregados, a contratação por salário inferior ao mínimo legal, etc. A despeito do enfrentamento individual de múltiplas questões individuais da *praxis*, também expõe algumas linhas sobre o Direito Coletivo do Trabalho.

Sem perder de vista a realidade, os fatos da vida e os problemas do empregado, aprofunda-se o trabalho em teorias constitucionais e civis sobre direitos fundamentais e contratos, em busca de uma sempre desejada relação jurídica contratual mais equilibrada, dotada de amplas prerrogativas e garantias ao empregado.

Em tempos de globalização e de interpretação econômica do Direito, a obra é um alento para aqueles que ainda acreditam que o mercado não pode ditar os valores do sistema jurídico.

A obra apresentada à comunidade jurídica, mesmo àquela não especializada, é de leitura indispensável, tanto para operadores como para pesquisadores do Direito, pois se traduz em convite à reflexão quanto à realidade do trabalho brasileiro e, por conseqüência, a ulteriores investigações.

Paulo Nalin
Advogado
Professor Titular de Direito Civil (licenciado) da PUC-PR
Professor Adjunto de Direito Civil da UFPR
Mestre em Direito Privado
Doutor em Direito das Relações Sociais

INTRODUÇÃO

As bases conceituais da função social do contrato são amplas e, portanto, terrivelmente imprecisas. Com a mesma intensidade, tem-se a convicção do potencial que possui o artigo 421 do Novo Código Civil Brasileiro para a remodelação do sistema de Direito Obrigacional e a incerteza de contornos precisos da inovação positivada. O artigo não define a expressão "função social do contrato", de modo que cabe aos estudiosos do Direito precisar o significado do instituto. Trata-se de tarefa tormentosa, sobre a qual pouco se debateu na doutrina e que a jurisprudência praticamente ignora.

A dificuldade de dotar a função social de unidade científica em sua definição, alcance e efeitos, é natural; pelo menos no Brasil, em que os princípios contratuais começam a tomar novos relevos e efetivo ambiente de aplicabilidade direta. Principalmente após o impulso da Constituição Federal de 1988 — como alavanca na construção de uma sociedade solidária e um Estado garantidor — abre-se a possibilidade de aplicação do valor solidariedade constitucionalizado também no efetivo regramento das relações entre os privados.

O contrato tem se caracterizado como um dos poucos institutos que se desenvolveram sob várias formas, sempre se adequando às peculiaridades de cada época e tipo de sociedade. Seja sob o paradigma clássico do individualismo burguês ou sob o modelo de consagração de princípios da ordem natural, o contrato transmuda-se e atende aos interesses de cada momento histórico.

O modelo clássico do Código Civil de 1916 via na autonomia da vontade a única fonte criadora de direitos e obrigações, exigindo um Estado que não ausente, mas apenas fiador de uma pseudoliberdade que garantisse o domínio econômico. Estabeleciam-se *dogmas* em torno dos princípios da autonomia da vontade e força obrigatória, desde que livremente formalizados e com observância à ordem pública e aos bons costumes.

O curso da história leva a uma evolução do modo de pensar as relações contratuais. Identifica-se a falácia da liberdade de contratar, mormente diante da necessidade de prática do ato para a própria sobrevivência do indivíduo. Evoluiu a teoria contratual, acompanhando a formação do Estado Social e reconhecimento dos direitos de terceira geração, cujas características são a solidariedade e fraternidade.

O legislador do novo Código identifica — ainda que tardiamente — essa transformação, operando um avanço na concepção da finalidade da relação jurídica contratual. A partir da sistemática de inserção de cláusulas gerais, expressamente indica o respeito à função social como norma de ordem pública. Nesta nova roupagem, o contrato deixa de ser um negócio jurídico que concerne apenas aos contratantes, mas uma atividade humana que deve ser fixada em razão de sua função de respeitar o bem comum do conjunto da sociedade.

O Direito do Trabalho desde muito antes já via a necessidade de limitar a liberdade de contratar, mas a opção nesse campo do Direito foi positiva, estabelecendo-se padrões mínimos a serem respeitados pelas partes. Todavia, é elementar que mesmo o mais amplo sistema de proteção ao hipossuficiente não impede a formação de situações formalmente válidas que impliquem profundas agressões à orientação de preservação da função social.

O sistema capitalista, na medida em que contrata empregados pelo preço do mercado e não pelo valor do serviço prestado ou pelo importe necessário à subsistência do prestador de serviços, bem como quando denuncia de forma vazia o contrato de emprego, produz efeitos de difícil submissão ao interesse da coletividade. A conciliação torna-se ainda mais problemática ao se lembrar que a Constituição Federal determina a repressão ao abuso do poder econômico (artigo 173, § 4º), elege a busca do pleno emprego como princípio da ordem econômica (artigo 170, VIII), lastreia a ordem econômica na valorização do trabalho, assegurando a todos existência digna (artigo 170, *caput*) e garante que toda propriedade deve atender sua função social (artigo 5º, XXIII).

Ou seja, enquanto nas relações de emprego a justiça é o respeito à norma que impõe o mínimo, no campo civilístico, irrompe a possibilidade de que o juiz possa estabelecer o que é eqüidade, a partir de cláusulas gerais e do processo *judge made law*. Inusitadamente, observadores aplaudem a guinada civilista em direção à sociabilidade, enquanto no campo trabalhista também grande número de operadores propugna em eliminar tal mecanismo. Acreditam que basta aos trabalhadores utilizarem a pressão direta para a restauração do equilíbrio econômico.

A encruzilhada em que se coloca é: o Código Reale liberta o juiz do trabalho da bitolação em garantir o *mínimo* e lhe a abre possibilidades de promover o *justo*? De que forma? Em que grau? A partir de qual processo de fundamentação? Ou a limitação da autonomia da vontade na relação de emprego se limita ao expressamente previsto na legislação protetiva?

O estudo, cujo resultado ora se apresenta, teve por objetivo buscar essas respostas, apresentar novas indagações e conclusões acerca da aplicabilidade da função social ao contrato de emprego.

O presente estudo busca, inicialmente, identificar o caminho historicamente percorrido para a formação dos contornos do fenômeno contratual. Em especial, será analisada a formação e o modo de atuação do Liberalismo Individualista e os motivos pelos quais se reconheceu o homem como ente valorado a partir do patrimônio e os efeitos que a fórmula produziu no universo contratual.

No segundo capítulo, direcionando-se o trabalho para a situação proposta, serão verificadas as novas características identificadas pela doutrina do contrato dito "pós-moderno". Será estudada a formação do Estado Social e suas conseqüências para

Direito Obrigacional. Em específico, focaremos a repersonalização jurídica do sujeito, colocando a pessoa no centro do Direito Civil. Enfim, serão apresentadas as novas conformações dos princípios básicos do Direito dos contratos.

Nas inferições que serão levadas a efeito no terceiro capítulo, pretendemos rememorar o processo de formação da tutela estatal ao trabalho e os modos de regramento da relação jurídica de emprego, concatenada com as formas históricas de exploração do trabalho humano. Examinaremos os efeitos que tal construção teve para as limitações do que poderia ser obtido pelos trabalhadores no contrato de emprego. Por fim, verificaremos a habilitação hodierna do contrato de emprego na categoria negócio jurídico e o papel que se reserva à vontade do trabalhador na formação do pacto.

No quarto capítulo, apresentaremos as características gerais da função social do contrato, estabelecendo distinções e relacionamentos com institutos afins.

O campo de atuação, em específico na relação de emprego, será o objeto de estudo do quinto capítulo. Apresentaremos as condições de permeabilização do microssistema justrabalhista e as eficácias *inter partes* e *ultra partes*. Também nesse espaço, faremos conhecer o referencial jurisprudencial de concreção da função social do contrato de emprego e apresentaremos situações concretas de aplicação do objeto de nosso estudo.

Com o objetivo de fazer as construções, que até então tivermos exposto, alcançarem uma práxis judicial, apresentaremos, no sexto capítulo, um exame da técnica hermenêutica para concreção da função social do contrato de emprego. Para tanto, exporemos as construções teóricas do Direito como discurso, da técnica da ponderação e da justificação democrática do agir judicial criativo.

Em derradeiro, apresentaremos nossas conclusões.

A pretensão do estudo que aqui se desenvolverá não é a de esgotamento das inúmeras questões que envolvem a função social do contrato e o Direito do Trabalho, mas sim de tecer considerações sobre a forma como construções jurídicas de remodelação do Direito Obrigacional, da visão humanizada sobre o trabalho humano e hermenêutica constitucionalista podem ser aplicadas em relação ao contrato de emprego. Pretende-se situar o discurso em ambiente além da dogmática justrabalhista, estabelecendo-se diálogo com o Direito Civil, o Direito Constitucional, a Filosofia do Direito, a Sociologia Jurídica e a Hermenêutica Jurídica.

Capítulo I

FORMAÇÃO HISTÓRICA DOS CONTRATOS

*"Clavo mi remo en el agua
Llevo tu remo en el mío"*[1]

O contrato nasce da prática social. Poucos institutos sobreviveram e mudaram tanto na história da humanidade como o contrato. Trata-se da instituição que tem o poder de produzir o que parece inconciliável aos povos menos evoluídos, a harmonização de interesses não coincidentes. A partir da vontade dos pactuantes, o contrato aperfeiçoa-se com concessões recíprocas para o acordo satisfatório de ambas as partes, sempre de acordo com a prática social e o momento histórico.

Mas, bem assinala *Roppo* que, como efeito do significado do contrato para as operações econômicas, seu próprio modo de ser e de conformar como instituto jurídico é diretamente influenciado pelo tipo de organização política e social de cada momento. Isto se exprime através da fórmula de que o contrato muda a sua disciplina, as suas funções, a sua própria estrutura segundo o contexto econômico-social em que está inserido[2].

Essa construção é vista tanto na comparação entre os sistemas econômicos contemporâneos, como na evolução histórica do instituto. A historicidade do contrato faz-se mais clara quando se atenta comparativamente às etapas econômicas e características dos pactos vigentes. Ao se confrontar as funções do contrato em épocas e sistemas econômicos arcaicos, com as funções que assume em momento de alto grau de interação e desenvolvimento das forças produtivas, têm-se claras as grandes diferenças que ora fazem do contrato instrumento essencial ao funcionamento do sistema econômico.

Em específico, vê-se a profunda intensificação do instrumento contratual para exploração do trabalho humano produtivo, com a passagem do trabalho escravo e servil para o dito subordinado, como produto da Revolução Industrial do início do século XIX. Acentuando-se a historicidade, passou o contrato de instrumento quase pitoresco de regulação do trabalho para elemento essencial da utilização intensiva de mão-de-obra e animação de todo o sistema econômico.

---

[1] Os versos em itálico, como os demais no início de cada capítulo deste trabalho, foram extraídos da poética de Jorge Drexler: *"Al Outro Lado del Río"*.
[2] ROPPO, Enzo. *O contrato*. Livraria Almedina: Coimbra, 1988. p. 24.

O interesse que possuímos não é o de rememorar toda a história do instituto contratual, mas enunciar, como princípio, uma historicidade voltada à atração progressiva das operações econômicas para a órbita do Direito. Ainda mais importante é a análise de que esse processo tendeu a elevar o contrato a uma categoria autônoma do pensamento jurídico[3]; e, por fim, influenciou o modo de apresentação da regulação estatal do trabalho humano.

1. Antiguidade e Medievo

Diversos doutrinadores buscam, na gênese da história da humanidade, os primeiros indícios da existência de contratos, tentando identificar as configurações mínimas que hoje reconhecemos. Certo é que os contratos são mais recentes que as operações econômicas respectivas, tendo seu conceito formado para capturar as operações econômicas por parte do Direito e colocando comportamentos humanos sob o seu império.

Ante frágeis evidências históricas, de modo geral não se reconhece que, na Antiguidade, hebreus, egípcios e gregos, não obstante suas notáveis contribuições para o progresso da humanidade, conhecessem e aplicassem relações contratuais formais[4]. Mesmo os romanos, em seu Direito Clássico, não possuíam uma figura geral de contrato para uma pluralidade de operações econômicas. A vinculação estabelecida em Roma para as *stipulatios* era produzida em virtude de forma, e não da vontade ou outra força relevante, com exceção dos chamados contratos consensuais, como a compra e venda[5].

A força vinculante da forma sobre a vontade, presente no Direito romano antigo, sofreu mitigação na Idade Média. Por influência do Direito Canônico, passou-se a valorizar o consensualismo em detrimento da forma. A obrigação de manter o acordado, todavia, era lastreada na obrigação para com o divino e na obrigação de não pecar. Nesses modos de produção pré-capitalistas, os indivíduos ligavam-se produtivamente à prestação de trabalho por meio das corporações a que estavam vinculados (Igreja, feudo, burgo, coorporação de ofício), e não através da vontade propriamente dita.

Assim, ainda que se conotem como contrato antigas formas de vinculação dos indivíduos a alguma prestação, não é possível falar-se nesta figura, com os contornos

---

(3) ROPPO, *op. cit.*, p. 16.

(4) Em opinião contrária, está Rizzardo, o qual percebe no Egito antigo formas primitivas de contratos para transferência de propriedade. RIZZARDO, Arnaldo. *Contratos*, v. 1. Rio de Janeiro: Aide, 2001. p. 20-21.

(5) "Sentiu-se, entretanto, na sociedade romana, cuja vida se tornou cada vez mais complexa com o surgimento de maior pluralidade de negócios, a necessidade de dar uma certa materialidade aos contratos. E surgiram, então, as quatro modalidades mencionadas por Gaius. Primeiro, os contratos *re*, como uma espécie de contrato real, que se perfazia mediante a entrega de uma coisa; contratos *litteris*, que se completavam pela inscrição no *codex* do devedor; contratos *verbis*, que se realizavam mediante a troca de palavras sacramentais, dos quais o mais importante era a *stipulatio*. Somente mais tarde veio o contrato *consensu*, cujo nascimento foi lento e complexo, a que me referirei no segmento seguinte. Nem por isso perdeu sentido a afirmativa de Gaius: as obrigações ora nascem de um contrato ora do delito (*vel ex contractu nascitur, vel ex delicto — Instituciones commentarius*, vol. III, n. 88)" (PEREIRA, Caio Mário da Silva. *Direito Civil: alguns aspectos de sua evolução*. Forense: Rio de Janeiro, 2001. p. 288).

hodiernos de acordo de vontades. Isto apenas será possível a partir da era moderna, com o fortalecimento da burguesia e da ideologia do Iluminismo e do Individualismo[6].

2. Iluminismo

O Iluminismo, que é tanto uma filosofia quanto um movimento cultural, tem suas origens na Inglaterra, de onde se expande para a França, Alemanha e demais países europeus, dentro de limites cronológicos fixados por convenção entre a Revolução Inglesa de 1688 e a Revolução Francesa de 1789. Do ponto de vista filosófico, esse é o período do pensamento que aspira à emancipação do homem e de toda a humanidade por meio das luzes da razão. A ruptura que então se estabelece com a tradição metafísica não tem precedentes.

Ensina *Rouanet* que, como ideário, o Iluminismo nasce da proposta de emancipação do homem do jugo da tradição e da autoridade[7]; como forma de permitir que ele próprio decidisse, sujeito unicamente à força do melhor argumento, que proposições são ou não aceitáveis, na tríplice dimensão da verdade (mundo objetivo), da justiça (mundo social) e da veracidade (mundo subjetivo)[8]. Buscando afastar o sistema ético da Idade Média de subordinação transcendente, o homem das Luzes procura explicar o mundo tão-somente segundo exigências humanas[9].

O pensamento político iluminista tem seu expoente mais radical em *Rousseau*. Para que o homem possa se reconciliar com a sociedade, o filósofo francês luta por um *novo* contrato social baseado na igualdade democrática, assim como uma nova pedagogia que respeite a natureza livre do ser humano. Na obra desse autor está a gênese da força que a autonomia da vontade no plano jusprivatístico assumirá nos séculos seguintes. Com a teoria do contrato social, *Rousseau* lastreia o Estado, enquanto sociedade politicamente organizada, na livre vontade manifestada pelo homem: a fundamentação da autoridade está no consentimento de cada cidadão em renunciar parte de sua liberdade individual[10]. Desse modo, as vontades livres unidas dos indivíduos (o contrato) formam a sociedade. Por efeito, o contrato passa a ser a base de toda a autoridade estatal, e o próprio Direito vale porque deriva de um contrato[11].

---

(6) GOMES, Orlando. *Contratos*. 12. ed. Rio de Janeiro: Forense, 1990. p. 07.
(7) O pensador iluminista Immanuel Kant faz demonstrar a aposta na capacidade do indivíduo: "O Iluminismo é a saída do homem de sua menoridade. Ele mesmo é culpado por ela. A menoridade se assenta na incapacidade de fazer uso do próprio entendimento, sem a orientação de outro. A própria pessoa é culpada por essa menoridade, quando sua causa não está num defeito do entendimento, mas na falta de decisão e ânimo para fazer uso dele com independência. Sem o comando de outro. *Sapere aude!* Tenha coragem de usar seu próprio entendimento! Eis aqui a divisa do Iluminismo" (KANT, Immanuel. *Filosofia da história*. Coleção "Os grandes filósofos do direito". São Paulo: Martins Fontes, 2002).
(8) ROUANET, Sérgio Paulo. *As razões do iluminismo*. São Paulo: Companhia das Letras, 2004. p. 14.
(9) REALE, Miguel. *Filosofia do direito*. 20. ed. São Paulo: Saraiva, 2002. p. 44.
(10) ROUSSEAU, Jean-Jacques. *O contrato social*. Coleção "Os grandes filósofos do direito". São Paulo: Martins Fontes, 2002. p. 216-218.
(11) MARQUES, Cláudia Lima. *Contratos no Código de Defesa do Consumidor*. São Paulo: RT, 1999. p. 46.

Com a reinterpretação e adaptação das idéias da Antiguidade Clássica, a bandeira mais alta da Ilustração passa a ser a aposta na razão, a fé na ciência. Em sua imanência, a crença nas infinitas possibilidades de cada homem, obrigava que cada um buscasse e promovesse sozinho sua felicidade.

A proposta era generosa, mas evidentemente apenas para o burguês[12]. Para a burguesia européia nascente do século XVIII, o ideário da liberdade permitia a consolidação do poder econômico e a conquista efetiva do poder político. A aposta na razão de cada indivíduo libertava-o das redes de vinculação institucional que tudo controlavam. Livre para fazer seu destino, podia cada homem vincular-se individualmente a cada atividade produtiva, vendendo e comprando o que tivesse, quisesse e, principalmente, pudesse. Da premissa de liberdade individual, passou-se à liberdade de contratar, o que outorgava um dupla vantagem à burguesia: por um lado, a possibilidade de livremente adquirir a propriedade mobiliária. De outro, que também pudesse, amplamente, explorar o trabalho individual pelo preço que lhe fosse vendido.

Por outro lado, o Iluminismo, na vontade de libertação do indivíduo das múltiplas redes de vinculação e coerção, postulou — e conseguiu — a centralização do poder na figura do Estado. Apenas o Estado absoluto, efetivo titular do poder e dos programas normativos gerais, seria formalmente responsável pelas normalizações[13].

Na órbita do trabalho, a liberdade implementada seria a libertação dos laços pessoais com as corporações e com os feudos[14]. A liberdade propugnada era a formal, promovendo a todos como sujeitos de direito, iguais como indivíduos. Em sua liberdade imanente, os homens formam sua felicidade e riqueza adquirindo e vendendo bens de forma independente. Sendo livres, as relações jurídicas somente seriam criadas, modificadas e extintas mediante a intervenção da vontade pessoal.

Mas a crença no progresso, na liberdade e na razão expôs o homem a todas as regressões, estimulando o sujeito egoísta, preocupado unicamente com o ganho e a acumulação[15]. Sintetiza *Rouanet* que essa "cruzada desmistificadora solapou as bases de todos os valores, deixando o homem solitário, sob um céu deserto, num mundo privado de sentido"[16].

---

(12) Aqui, e ao longo deste trabalho, a palavra "burguês" será utilizada, não como a simples designação de habitantes dos burgos do final do Medievo, mas do indivíduo histórico ou classe (no coletivo "burguesia") não pertencente à classe da nobreza ou dos servos, mas que vivia nas cidades, tinha liberdade de circulação, e que se ocupava principalmente do comércio e da indústria. Em poucas palavras, é aquele que se ocupa dos negócios e condução dos meios produção na cidade e detinha os direitos próprios desta ocupação.

(13) FOUCAULT, Michel. *Em defesa da sociedade*. Curso no Collège de France (1975-1976). Tradução de Maria Ermentina Galvão. São Paulo: Martins Fontes, 1999. p. 45.

(14) "A ligação entre o trabalhador e os meios de produção só é possível pelo acordo daquele e do proprietário destes. Declarado livre o trabalhador, isto é, reconhecida a propriedade do trabalhador à sua força de trabalho, impõe-se que lhe seja reconhecida personalidade jurídica e capacidade negocial, para que ele possa celebrar o contrato pelo qual aquela ligação se mediatiza, agora necessariamente" (PRATA, Ana. *A tutela constitucional da autonomia privada*. Coimbra: Almedina, 1982. p. 08).

(15) ROUANET, *op. cit.*, p. 26.

(16) ROUANET, *idem*, p. 27.

O ideário iluminista, no plano do liberalismo individualista, será finalmente implementado no século XVIII, a partir das Revoluções Burguesas.

3. Revoluções burguesas. O ideário da codificação

A burguesia, como referido, ungiu-se dos ideais iluministas e os fez revolucionários em efetivo, promovendo não apenas sua ascensão econômica, como também política. O Iluminismo tencionava ver o homem como protagonista da história; com o ciclo de revoluções burguesas, é o homem burguês quem, ativamente, passa a fazer parte da história da humanidade. O homem trabalhador não tem participação ativa como sujeito neste momento histórico, atuando apenas como fator de produção.

Para o incremento das atividades econômicas burguesas apenas o reconhecimento do Direito de comércio não era suficiente. A riqueza financeira devia ser reconhecida pela sociedade como elemento mais importante que os títulos de nobreza e, para tanto, fazia-se necessário possuir também o poder político. Na França do século XVIII produziu-se a mais importante das Revoluções Burguesas, desafiando o *ancien regime* sob a pressão das novas idéias, da aceleração da história e da ambição de uma classe[17].

Como lembra *Hobsbawm*, se a economia do mundo do século XIX foi formada principalmente sob influência da revolução industrial britânica, sua política e ideologia foram formadas fundamentalmente pela Revolução Francesa[18]. Os estudos do historiador norte-americano tornam claro que a revolução utilizou-se dos valores burgueses para ocorrer: a burguesia vale-se do instrumento revolucionário para dar ao movimento unidade efetiva[19].

A Revolução de 1789 instaura o liberalismo individualista no nível institucional do Estado, limitando a atuação absolutista que dominou a Idade Média. O fundamento político aparente da Revolução era o alcance da certeza jurídica, de poder garantir com firmeza os direitos do homem e, para tanto, era necessária a instauração da liberdade civil. Como conseqüência da Revolução Francesa, a vontade individual passa a predominar e cristaliza-se a concepção hoje tradicional dos contratos.

Nesta senda, é válido lembrar a formulação de *Gramsci* que identifica o Estado como instrumento de realização concreta da hegemonia ético-política. A necessidade que tinha a burguesia no estabelecimento de um corpo de leis robusto é explicada

---

(17) HOBSBAWM, Eric J. *A era das revoluções.* São Paulo: Paz e Terra, 1996. p. 71.

(18) "A Revolução Francesa não foi feita ou liderada por um partido ou movimento organizado, no sentido moderno, nem por homens que estivessem tentando levar a cabo um programa estruturado. Nem mesmo chegou a ter 'líderes' do tipo que as revoluções do século XX nos têm apresentado, até o surgimento da figura pós-revolucionária de Napoleão. Não obstante, um surpreendente consenso de idéias gerais entre um grupo social bastante coerente deu ao movimento revolucionário uma unidade efetiva. O grupo era a 'burguesia'; suas idéias eram as do liberalismo clássico, conforme formuladas pelo 'filósofos'e 'economistas' e difundidas pela maçonaria e associações informais. Até esse ponto os 'filósofos' podem ser, com justiça, considerados responsáveis pela Revolução. Ela teria ocorrido sem eles; mas eles provavelmente constituiriam a diferença entre um simples colapso de um velho regime e a sua substituição rápida e efetiva por um novo" (HOBSBAWM, Eric J., *idem*, p. 76-77).

(19) LORENZETTI, Ricardo Luis. *Fundamentos do direito privado.* São Paulo: Revista dos Tribunais, 1998. p. 42.

por *Lorenzetti*, com ênfase na segurança jurídica ambicionada: a simples criação de leis esparsas não era suficiente, pois gerava a insegurança de não conhecer o aplicador sobre a vigência das leis, não se sabendo qual fazer incidir[20].

Nesse sentido, os códigos perseguem uma tarefa mais ampla de redução da complexidade[21]. Primeiramente, num nível *sintático*, em que há o término da simplificação do sistema de signos normativos utilizados pelo direito (fontes normativas)[22]. O segundo plano é o da promoção da complexidade por ampliação do universo jurídico: segue-se pensando que o código pode exercer um papel de unificação do Direito. A isso corresponde uma série de intenções de codificação internacional do Direito[23].

A necessidade do código é enfatizada por *Savigny*, um dos mais influentes jurisfilósofos do início do século XIX. Defende o autor a necessidade de que cada nação tenha seu regramento próprio, para que fique livre de influências particulares e que promova a "libertação" das incertezas:

> De caráter muito menos duvidoso é uma segunda influência da legislação sobre o direito. Regras particulares podem, de fato, ser duvidosas e, por sua própria natureza, podem ter limites variáveis e mal definidos, mas a aplicação do direito requer limites definidos com a maior precisão possível. Aqui pode ser introduzido um tipo de legislação que vem em ajuda do costume, remove essas dúvidas e incertezas e, desse modo, traz à luz e mantém pura a verdadeira lei, a própria vontade do povo (...).[24]

A solução encontrada por *Savigny* é a codificação, de modo que todas as arcaicas fontes de normatividade percam vigência:

> Mas esses tipos de influência parcial não se têm em mente quando, como em nossos tempos, se fala da necessidade de um código. Nesse caso, é antes o seguinte que se quer dizer: — Não se deve levantar todo seu sortimento de leis e pô-lo por escrito, de modo que o livro assim formado seja, daqui por diante, uma entre outras autoridades legais, mas sim que todas as outras que estiverem em vigor até aqui deixem de vigorar.[25]

Perfilando-se com *Hespanha* na linha da historicidade das codificações, *Grossi* enfatiza que o código quer ser um ato de ruptura com o passado: mais do que uma nova fonte, trata de se colocar como uma forma original de conceber a produção do

---

(20) HESPANHA, António Manuel. *Código y complejidad*. In: CAPPELLINI, Paolo et SORDI, Bernardo (organizadores) Codici. *Uma riflessione di fine millennio*. Milano: Giuffrè Editore, 2000. p. 149.
(21) HESPANHA, *idem*, p. 150.
(22) HESPANHA, *idem*, p. 153.
(23) VON SAVIGNY, Carl Friedrich. *Da vocação de nosso tempo para a legislação e a jurisprudência*. In: Coleção "Os grandes filósofos do direito". São Paulo: Martins Fontes, 2002. p. 290.
(24) VON SAVIGNY, *idem*, p. 291.
(25) GROSSI, Paolo. *Mitologias jurídicas da modernidade*. Tradução de Arno Dal Ri Júnior. Florianópolis: Fundação Boiteux, 2004. p. 106.

Direito e, desse modo, o inteiro problema das fontes; assim como o problema primário da conexão entre ordem jurídica e poder político[26].

A liberdade de contratar e autonomia privada apenas poderiam ser garantidas com a certeza de que tais postulados seriam permanentemente garantidos pelas autoridades estatais[27]. Era necessário que permanecesse a certeza de que a regra do *quid dit contratuel dit juste* fosse respeitada. Que fosse perenizado num corpo de leis estável e com pretensão de imutabilidade. Enfim, para que se efetivasse o projeto de unicidade normativa, era imprescindível a garantia de que o código também seria interpretado e aplicado estritamente na forma propugnada pelo poder que o gerou[28].

O *Code Napoleón* é o primeiro código da idade moderna, construído como exigência da Revolução Francesa animada pelo liberalismo individualista. A disciplina do código agasalha as solicitações da nova forma de organização econômico-social com hegemonia da burguesia. Nesse sentido, bem registra *Fachin* acerca do Código Francês de 1804: "Codificar significava, antes de tudo, coligir as diversas normas legislativas e costumeiras que vigoravam até então, e imprimir-lhes validade estatal, bem como coerência interna[29]."

Com o Código francês, efetiva-se o aparente paradoxo de que a luta pela centralização do poder no Estado devia servir para que este mesmo Estado tivesse sua atuação pautada pela abstenção de atuação nas esferas privadas[30].

A propriedade privada passa a ser o fundamento real da liberdade, símbolo e garantia. Mais: a liberdade passa a ser a própria substância da propriedade — sem propriedade não há liberdade. Em seu artigo 544 o *Code* definia a propriedade como *le droit de jouir et disposer des choses de la manière lê plus absolue*[31]. Trata-se de uma fórmula, indubitavelmente, absolutizadora.

Mas também não pode haver propriedade sem liberdade de gozá-la e transferi-la — e portanto dissociada da liberdade de contratar. *Robert-Joseph Pothier* será quem,

---

(26) "Quem codifica limita, restringe, reduz. Na codificação não são os valores que se transportam, pois o que nela se colocam são os valores de um dado momento histórico. Por isso, acercam os valores presentes em um modelo0 de contratos, uma formulação ideológica" (FACHIN, Luiz Edson. *Teoria crítica do direito civil. À luz do novo Código Civil brasileiro*. Rio de Janeiro: Renovar, 2003. p. 270).

(27) Na identificação dos requisitos que deve ter um Código, Savigny reforça a idéia de precisão e unidade: "Com relação à condição da própria lei, deve-se procurar o mais alto grau de precisão e, ao mesmo tempo, o mais alto grau de uniformidade na aplicação. Os limites de sua aplicação devem ser definidos e regulados com mais clareza, visto que uma lei nacional geral deve substituir um direito consuetudinário variado" (SAVIGNY, *op. cit.*, p. 291).

(28) FACHIN, Luiz Edson. Crítica ao legalismo jurídico e ao historicismo positivista: ensaio para um exercício de diálogo entre história e direito, na perspectiva do Direito Civil contemporâneo. In: FACHIN, Luiz Edson (organizador). *Diálogos sobre direito civil*. Rio de Janeiro: Renovar, 2002. p. 57.

(29) "Quanto à disciplina dos institutos do Direito Civil, ela se configura em grande parte descentralizada em relação ao Código. A própria centralidade de um corpo legislativo em relação a outro, do código e das leis especiais, que à primeira vista parece uma escolha técnica e aparentemente neutra, esconde opções ideológicas tendentes a fragmentar e a pulverizar a unidade do sistema, e a recompor, saudosamente, unidades perdidas" (PERLINGIERI, Pietro. *Perfis de direito civil*. Rio de Janeiro: Renovar, 2002. p. 25).

30) O atual Código Civil brasileiro (Lei n. 10.406/2002) não difere muito desta fórmula, ao estabelecer no artigo 1.228 que "o proprietário tem a faculdade de usar, gozar e dispor da coisa, e o direito de reavê-la de quem quer que injustamente a possua ou detenha".

31) ROPPO, *op. cit.*, p. 43-44.

no século XVIII, assinalará à propriedade a condição e papel de categoria geral, e de categoria-chave do sistema jusprivatístico[32]. Por efeito, a crença na vontade passou a ser princípio que coloca em movimento a vida social e econômica. Ao Estado cabia apenas a função de proteção à livre emanação da vontade. O ideário racionalista da codificação espraiou-se para todo o mundo ocidental como a grande solução para as sociedades. Nessa crença, diversos países europeus e europeizados, após o *Code*, também lançaram e aplicaram seus códigos civis.

Inserida no projeto da modernidade, a codificação será o correspondente no campo do Direito à sistematização do campo da ciência[33]. Como conseqüência, o jusnaturalismo[34] acaba por desembocar numa experiência histórica de agudo positivismo jurídico[35]. O Código, ainda que portador de valores universais, é reduzido à voz do soberano nacional, à lei positiva do Estado em que está inserido[36].

Esta fórmula de enclausuramento das relações de troca no princípio de liberdade da vontade produzirá a idealização do contrato no contexto da sociedade.

4. Burguesia e contratos. O liberalismo individualista

Como efeito das teorias contratualistas[37] sobre o funcionamento da comunidade, é comum a idéia de que é do consenso que nasce a sociedade. O contrato, portanto, passa a ter um significado bem mais geral, como símbolo de uma determinada ordem social, como eixo principal da sociedade liberal[38]. Nesse sentido, o contrato assume um valor acentuadamente ideológico e político.

---

(32) HESPANHA, *op. cit.*, p. 149.
(33) "A *lex naturalis* é uma derivação da *lex aeterna*, através da força da razão, que pode conhecer aquela integralmente: – *Lex naturalis nihil aliud est quam participatio legis aeternae in rationali creatura*". A lei natural estatui aquilo que o homem deve fazer ou deixar de fazer, segundo o princípio de ordem prática fundamental de toda a concepção tomista, de que o bem deve ser feito e o mal evitado. Estes princípios, que a razão natural atinge por si mesma, por hábito ou inclinação (sinderesis), formam o embasamento da conduta ou do comportamento humano" (REALE, Miguel. *Filosofia do direito*. 20. ed. São Paulo: Saraiva, 2002. p. 39).
(34) Em relação à expressão "positivismo jurídico", utiliza-se a conceituação efetuada por Bobbio, o qual a contrapõe a "direito natural". Segundo este autor, "toda tradição do pensamento jurídico ocidental é dominada pela distinção entre 'direito positivo' e 'direito natural', distinção que, quanto ao conteúdo conceitual, já se encontra no pensamento grego e latino". Bobbio apresenta seis critérios de distinção entre direito positivo e direito natural (BOBBIO, Norberto. *O positivismo jurídico. Lições de filosofia do direito*. São Paulo: Ícone, 1995. p. 15-23). O critério de distinção que mais se destaca, em nossa opinião, é que o positivismo tem a aguda preocupação de excluir do campo da ciência jurídica a questão do "valor" como critério de validade para conhecimento do direito positivo. Ou mais apropriadamente, o positivismo trata de esconder o valor utilizado pelo sistema fazendo crer que se trata de um sistema destituído de convicções morais. Por efeito, o positivista exclui o ideal de justiça do rol de princípios universais de validade.
(35) GROSSI, *op. cit.*, p. 114.
(36) Lembra REALE que o contratualismo não é uma doutrina, mas um movimento que abrange várias teorias, muitas vezes conflitantes. O *contratualismo total* a que nos referimos é o desenvolvido por Hobbes e Rosseau ligando-se tanto à origem da sociedade civil como à do Estado (REALE, *op. cit.*, p. 48).
(37) ROPPO, *op. cit.*, p. 28.
(38) "O Código fala ao coração dos proprietários, é sobretudo a lei tuteladora e tranqüilizadora da classe dos proprietários, de um pequeno mundo dominado pelo 'ter' e que sonha em investir as próprias poupanças em

O contexto histórico advindo das revoluções burguesas e das codificações fundamentou a doutrina da ampla liberdade dos privados na condução de seus negócios. Era preciso aplicar a máxima de que os homens formam suas riquezas adquirindo e vendendo bens e assim o fazem de maneira absoluta e independente porque são livres. À ascendente classe burguesa era necessária a instrumentação jurídica da ideologia a fim de se alcançar pragmaticamente a liberdade contratual. A conhecida síntese de *Rousseau* é irrepreensível: "o mais forte nunca é forte o suficiente para ser sempre o senhor se ele não transformar sua força em Direito e a obediência em dever."

O Código Napoleônico era o código dos fortes, promovia o interesse da burguesia[39] e desconhecia o direito dos débeis[40]. No ideário do *laissez faire, laissez-passer* contratual estava intrínseca a desigualdade fática dos contraentes. É justamente no repúdio à justiça distributiva[41] que irá se fundamentar o direito privado moderno.

A grande inovação consolidada nos códigos pós-revolucionários foi a inserção plena dos bens — incluindo os bens imóveis e mão-de-obra — no fenômeno da produção e da troca[42]. Foi nesse sentido que o instituto contratual personificou a máxima da autonomia privada.

A exacerbação da liberdade humana passa a ser a base de todo o regulamento estatal estabelecido para os contratos, de modo que o acordo de vontades passa a ser equiparado a lei[43]. O contrato, visto como expressão da liberdade civil, impedia em sua imanência que qualquer outra pessoa ou entidade pudesse ditar regulação para essa porção de liberdade, senão a própria vontade do participante[44].

Além do objetivo da livre circulação de mercadorias em sentido estrito, esse movimento também tinha o interesse de permitir a livre contratação de mão-de-obra,

---

aquisições fundiárias (ou seja, o pequeno mundo da grande *comédie* balzaquiana). É por isso que, ao lado da lei do Estado, única concessão pluralista, mas, ao contrário, bem fechada no interior de um surdo monismo ideológico, é admitida como única lei concorrente o instrumento do príncipe da autonomia dos indivíduos, ou seja, o contrato" (GROSSI, *op. cit.*, p. 130).

(39) TEPEDINO, Gustavo. O Código Civil, os chamados microssistemas e a Constituição. In: *Problemas de direito civil constitucional*. Rio de Janeiro: Renovar, 2000. p. 1.

(40) O conceito de justiça distributiva é desenvolvido por Aristóteles a partir da diferenciação com a justiça corretiva. A primeira é referida como a distribuição da honra, riqueza e de outros ativos divisíveis da sociedade. "O justo é o proporcional e o injusto é o que viola a proporção". A proporção pode ser dimensionada a partir da liberdade dos indivíduos (democracia), riqueza (oligarquia) ou a virtude (aristrocracia). Injustiça, na Justiça Distributiva, é a violação da proporção. Já a justiça corretiva é tomada como princípio corretivo nas transações privadas, tanto voluntárias, como os contratos, com involuntárias (crimes). A injustiça é refeita por meio da punição, retirando o ganho indevido. Será o meio-termo entre perda e ganho. Chama-se "ganhar", ter mais do que aquilo que é nosso e "perder", ter menos do que se tinha no começo. Justiça, nesta acepção, é ter, no final, uma quantidade igual à quantidade que se tinha antes (ARISTÓTELES. *Ética a Nicômaco*. Coleção "Os grandes filósofos do direito". São Paulo: Martins Fontes, 2002. p. 8-10).

(41) PRATA, Ana. *A tutela constitucional da autonomia privada*. Coimbra: Almedina, 1982. p. 10.

(42) Em específico, o artigo 1.197 do Código Civil Francês de 1804 equiparava o contrato à lei.

(43) "Todo o sistema contratual se inspira no indivíduo e se limita, subjetiva e objetivamente à esfera pessoal e patrimonial dos contratantes" (THEODORO JÚNIOR, Humberto. *O contrato e sua função social*. Rio de Janeiro: Método, 2004. p. 1).

(44) GODOY, Cláudio Luiz Bueno. *Função social do contrato*. São Paulo: Saraiva, 2004. p. 4-5.

desvinculada de laços pessoais dos regimes anteriores. Afastando-se a compreensã da complexidade da relação de trabalho, e dos interesses não proprietários. Fazia-: necessário ter a força de trabalho como matéria de troca, formalmente igual e co livre contratação[45]. Pela importância que tem esse tema ao objetivo de nosso estud ele será mais bem desenvolvido no capítulo III deste trabalho.

5. A ideologia do contrato

O reconhecimento do contrato pelo Direito cristaliza a conquista de que a operações econômicas devem ser objeto de regulação jurídica. A *operação econômic* portanto, é o substrato imprescindível para o conceito de contrato como formataçã jurídica dela. Por conseqüência, o contrato opera apenas na esfera do econômico, r circulação de riqueza. De acordo com o rememorado até aqui, circulação de riqueza, r modo específico da liberdade dos participantes e abstenção do Estado, foi o objeto c luta de um específico grupo social, a burguesia.

Mas a conquista do econômico pelo jurídico não significa o esgotamento da confrontações do terreno formativo do contrato. Conforme relato de *Pietro Perlingier* no estudo do direito dos contratos, é necessário que se afaste a fórmula do ideár liberal-positivista de reconhecer uma plena autonomia da ciência jurídica e a tentati* de definir a chamada "realidade jurídica" como algo que possa viver separadamente (realidade social, econômica ou política. Segundo o autor, estabelecida a recíproc influência entre os aspectos sociais, econômicos, políticos e aqueles normativo-jurídico a transformação de um aspecto econômico, político, ético, incide — às vezes profund mente — reciprocamente sobre a ordem normativa[46].

É necessário que se vá mais além, para que se possa compreender não apenas operação econômica, mas também os objetivos transcendentes da formação jurídic do direito obrigacional. É da doutrina de *Roppo* que a disciplina dos contratos, longe (limitar-se à doutrina do direito natural de imposição da razão é, antes, uma intervençã positiva e deliberada do legislador para satisfazer determinados interesses e sacrific outros. A tutela oferecida pelo ordenamento é do exclusivo interesse desejado. Por efeit o Direito dos contratos não se limita a revestir passivamente a operação econômic de um véu *per si* não significativo, a representar mera tradução jurídico-formal. Ante tende a determinar e orientar as operações econômicas segundo seus objetivos político Essa, segundo *Roppo*, é a autônoma relevância do contrato-conceito jurídico à operaçã econômica[47].

O Direito dos contratos, portanto, deve ser estudado sob a perspectiva da ideolog que o anima. Está nos estudos de *Poulantzas* a constatação de que as relações ideoló gicas são essenciais na constituição das relações de propriedade econômica e c

---

(45) PERLINGIERI, Pietro. *Perfis do direito civil*. 2. ed. Rio de Janeiro: Renovar, 2002. p. 2.
(46) ROPPO, *op. cit.*, p. 22-24.
(47) POULANTZAS, Nicos. *O estado, o poder, o socialismo*. São Paulo: Graal (Paz e Terra), 2000. p. 27.

posse, na divisão do trabalho no seio das relações de produção. A ideologia nunca é neutra[48]. Dizer a tática é parte da organização das classes dominantes; esconde-se apenas para não revelar às classes dominadas[49]. Como refere *Correas*, a ideologia consiste especialmente num poder essencial à classe dominante, que a faz atuar através dos mecanismos estatais de regulação[50]. Ainda que a ideologia externada do contrato liberal seja de aparente neutralidade, resta claro que os interesses da burguesia se fazem plenamente presentes no regulamento que impõe às contratações.

Na medida em que a liberdade de contratar, indubitavelmente, interessa àquele que tem melhores condições de imposição do regulamento do pacto, o elemento ocultado pela ideologia da liberdade de contratar é o fato de que ela não satisfaz o interesse social. A ideologia opera em benefício apenas de uma parte da sociedade, a classe capitalista[51]. A outra realidade dissimulada pela ideologia burguesa, e conseqüência da primeira, é a da igualdade jurídica dos contratantes. Trata-se de construção que visa esconder incríveis desigualdades substanciais, típicas de sociedades capitalistas e recorrentes nas relações jurídico-privadas.

Já na obra de *Betti* está a constatação de que o direito tem uma finalidade *dinâmica* de tornar possível a perene renovação e circulação de bens[52]. No ordenamento baseado na propriedade individual, essa renovação é obra da autonomia da vontade[53]. A ideologia burguesa aplica-se ao contrato[54] na forma da autonomia privada clássica e no dogma da igualdade de partes[55]. O elemento escondido pela ideologia burguesa é que, embora o contrato seja consensual, nem sempre seu conteúdo está embasado na vontade real.

Como elemento ideológico, a concepção de contrato encontrada na ideologia burguesa é atada ao liberalismo econômico. *Larroumet* faz notar que é somente em

---

(48) POULANTZAS, *Idem*. p. 31.

(49) "Certamente a ideologia dos produtores do direito é uma *causa* do discurso. Mas com relação aos efeitos do mesmo, ocorre que como conseqüência da efetividade ou inefetividade das normas podem ser produzidas transformações na ideologia dos distintos atores" (CORREAS, Óscar. *Introdução à sociologia jurídica*. Porto Alegre: Editora Crítica Jurídica — Sociedade em Formação, 1996. p. 192).

(50) "Nesse sentido, o princípio da liberdade contratual, ou melhor, a ideologia que exalta a liberdade contratual como pilar de uma forma de organização das relações sociais mais progressiva, contém indiscutíveis elementos de verdade. Mas como é próprio de qualquer ideologia, adiciona-lhes elementos de dissimulação e deturpação da realidade: mais precisamente, cala e oculta a realidade que se esconde por detrás da 'máscara' da igualdade jurídica dos contratantes, cala e oculta as funções reais que o regime do *laissez-faire* contratual está destinado a desempenhar no âmbito de um sistema governado pelo modo de produção capitalista, os interesses reais que por seu intermédio se prosseguem" (ROPPO, *op. cit.*, p. 37).

(51) BETTI, Emilio. *Teoria geral do negócio jurídico*. Coimbra: Coimbra Editora, 1969. p. 95.

(52) BETTI, *op. cit.*, p. 96.

(53) "A regulamentação privada expressa o que as partes querem fazer; a regulamentação legal, o que a coletividade pretende que façam. Nenhuma delas é neutra em termos econômicos e distributivos" (LORENZETTI, Ricardo Luis. *Fundamentos do direito privado*. São Paulo: Revista dos Tribunais, 1998. p. 539).

(54) Nas palavras de Orlando Gomes, a liberdade de contratar "é o postulado econômico da livre iniciativa, ou seja, na sociedade capitalista o homem precisa ter liberdade de agir para persecução dos seus interesses particulares. Tem no contrato o meio técnico-jurídico para exercer essa liberdade, podendo estipular, como, quando e com quem lhe aprouver. (GOMES, Orlando. *Novos temas de direito civil*. Rio de Janeiro: Forense, 1984. p. 103).

(55) LARROUMET, Christian. *Apud* SANTOS, Antônio Jeová. *Função social do contrato*. São Paulo: Método, 2004. p. 38.

uma economia liberal que a vontade da vinculação jurídica goza de prestígio totalizador. É nesse tipo de organização que a autonomia da vontade é privilegiada como elemento do contrato que permite os intercâmbios econômicos. É isso que explica, em primeiro lugar, que o princípio da autonomia da vontade, independentemente de sua significação jusfilosófica, não pode ter um conteúdo verdadeiro fora do liberalismo econômico. Em segundo lugar, é exatamente o declínio do liberalismo econômico o elemento que permite a discussão do princípio da autonomia da vontade[56].

Se o contrato apresenta as características do modelo de organização dos fatores de produção de cada momento histórico, não pode ser visto singelamente como o instrumento jurídico de circulação de riqueza, embora esta seja sua função explícita. O significado é muito mais amplo, como signo da ordem econômica e social do território em que está inserido, com elevada acepção ideológica e política.

Essas confrontações iniciais do direito obrigacional determinarão as funções que são reservadas ao fenômeno contratual.

6. Funções dos contratos

Restou identificado no item anterior que o contrato, a par de ter a função evidente de instrumento técnico-jurídico de circulação de bens, animado que é por uma ideologia, também possui outras significações práticas, ainda que pontualmente omitidas.

Adotaremos a classificação de *Fiuza*[57] para as funções primordiais do contrato: econômica, pedagógica e social[58]. O termo "função" é aqui expresso como os motivos extrínsecos pelos quais atua a atividade contratual.

Ressalve-se a compreensão de parte da doutrina, numa postura de notável conservadorismo, de que o único e essencial objetivo do contrato é o de promover a circulação de riqueza, sob o argumento recorrente de que não se trataria de "instrumento de assistência ou de amparo a hipossuficientes ou desvalidos"[59]. Nesse sentido, defende *Ferreira da Silva* que até mesmo a função social do contrato está relacionada à simples habilitação que deve ter a avença de permitir a manutenção das trocas econômicas[60]. Afasta-se, portanto, qualquer tipo de proposição doutrinária que

---

(56) FIUZA, César. A principiologia contratual e a função social dos contratos. In: LAGE, Émerson José Alves e LOPES, Mônica Sette (organizadores). *Novo Código Civil e seus desdobramentos no direito do trabalho.* São Paulo: LTr, 2004. p. 96/107.

(57) BETTI e LORENZETTI são autores que relacionam subfunções, como "de troca", "de crédito", "de garantia", "de custódia", "laboral", "de previsão", "de recreação" e "de cooperação". Não será essa a classificação desenvolvida neste tópico, pois parecem se relacionar mais propriamente como modalidades contratuais, e não exatamente como funções.

(58) THEODORO JÚNIOR, *op. cit.*, p. 46-47.

(59) SILVA, Luis Renato Ferreira da. A função social do contrato no novo Código Civil e sua conexão com a solidariedade social. In: SARLET, Ingo Wolfgang (organizador). In: *O novo Código Civil e a Constituição.* Porto Alegre: Livraria do Advogado, 2003. p. 132.

(60) SANTOS, *op. cit.*, p. 113.

ambicione aproximar a eqüidade dos regulamentos contratuais. Esclareça-se, desde já, que este não é o marco teórico que nos propomos neste trabalho, conforme será mais bem desenvolvido nos capítulos que seguem.

Por função *econômica* compreende-se que é por meio dos contratos que os produtos circulam pelas várias etapas de produção. A própria matéria do contrato é a operação econômica. O contrato, nesse aspecto, apresenta-se no caráter instrumental da circulação de riqueza. Evidencia-se o pacto em seu aspecto pré-jurídico, como instrumento despersonalizado, servível para o constante fluxo de bens[61]. Dificilmente se concebe a vida em sociedade organizada sem o intercâmbio de bens e serviços através de contratos. O caráter econômico do contrato faz revelar sua essencialidade na sociedade capitalista.

A função *pedagógica* evidencia que o contrato é meio de civilização, de educação do povo para a vida em sociedade[62]. Atua a sistemática de trocas como modo de atuação civilizatória na aquisição de riqueza pelo exercício do diálogo e da persuasão.

A síntese das duas funções anteriores, na concepção de *Fiuza*, seria a *função social*. Os contratos são fenômeno econômico-social. A função social dos contratos, para o autor, é promover o bem-estar e a dignidade dos homens, por todas as razões econômicas e pedagógicas[63]. O aprofundamento do tema da função social do contrato, contando com o desenvolvido até aqui, será efetuado nos capítulos que virão.

7. Sujeito e contrato

As Luzes apostavam no indivíduo e depositavam em cada homem a responsabilidade individual da busca da riqueza e da felicidade. A apropriação do Iluminismo pela burguesia promoveu a associação do ideário com o liberalismo individualista.

Em um primeiro aspecto, a separação dos vínculos feudais objetivava que a terra, o feudo, deixassem de significar elemento de vinculação do homem e, na sua nova conformação, de modo que o imóvel pudesse assumir a condição de *res*. Ou seja, de que se assegurasse a circulação dos bens imóveis — que a terra também participasse das regras do mercado e, assim, pudesse ser adquirida pela burguesia.

Com uma expressão mais profunda, a quebra das relações feudais deveria ter o significado de também retirar o homem da vinculação estrita com a terra, como projeção desta. O programa burguês de libertação dos vínculos de *status* da relação senhor e servo propugnava que todos os indivíduos deveriam ser sujeitos de direitos e deveres e, portanto, plenamente livres para contratar, criadores e executores do Direito aplicado nas relações jurídico-privadas. Eis o sujeito pretendido para a participação no processo de aquisição e circulação de direitos.

---

(61) FIUZA, *op. cit.*, p. 98.
(62) FIUZA, *idem*, p. 97.
(63) MEIRELLES, Jussara. O ser e o ter na codificação brasileira. In: FACHI, Luiz Edson (coordenador). *Repensando fundamentos do direito civil brasileiro contemporâneo*. Rio de Janeiro: Renovar, 1998. p. 94.

Essa construção do sujeito livre, igual e pleno em sua singularidade, marca a figura jurídica do sujeito de direito. Como reflete *Meirelles*, esse indivíduo, sujeito em potencial de direitos e obrigações, recebe do ordenamento o atributo da personalidade jurídica, qualificado e valorizado a partir de sua condição de proprietário ou de potencial proprietário[64]. Segundo a autora, as pessoas recebem a aceitação da condição de sujeitos, não a partir de sua condição biológica humana, mas porque o ordenamento lhes atribui faculdades ou obrigações de agir, delimitando o exercício de poderes ou exigindo o cumprimento de deveres. Por conseqüência, tem-se por natural que esse sujeito abstrato — mas sempre sujeito de direito — possa auto-regulamentar seus interesses, contratando da forma que lhe for mais conveniente[65].

O centro do Direito está longe de ser a pessoa humana, em sua dignidade e atributos da personalidade. Tal como identifica *Capella*, o sujeito de direito é o sujeito proprietário, inserido numa sociedade em que todos são abstratamente iguais em sua condição de proprietários, livres e iguais[66].

Mas trata-se de uma formação antropológica do mercado capitalista, em que os valores da autonomia e individualismo formam a ilusão de que cada sujeito participa do sistema de forma voluntária, a partir de possíveis escolhas refletidas e escolhidas[67].

Passa a ser identificada nas legislações liberais emergentes uma formal identificação coincidente entre o sujeito de direito e o homem, como membro da espécie-humana. Não há relevância na desproporção entre a realidade concreta e a efetividade da condição humana individual. O efeito dessa artificialidade é que as imagens estereotipadas e sonhadas da produção de identidade são situadas numa sociedade de massa capitalista mutável, gerando uma orquestração de frustrações[68]. Em *ultima ratio*, frustra-se a promessa de permitir que as diferenças sejam reconhecidas como formadoras de individualidade.

A ideologia do contrato e a reserva ao indivíduo da valoração a partir da concepção de proprietário formarão o sustentáculo dos direito dos contratos, ao ponto de lastrearem todo o referencial principiológico.

---

(64) MEIRELLES, *op. cit.*, p. 91-92.

(65) "Todo bem deve ter um *titular* para poder intercambiar-se, um proprietário; e vice-versa, toda pessoa deve se apresentar como proprietário de algo para existir na sociedade mercantil. Por essa razão, o discurso jurídico-burguês (e o político tocante a este ponto) apresentará a todos os homens como proprietários. Até os que nada têm são proprietários de algo: de suas mãos (LOCKE), de sua capacidade para trabalhar — que podem alienar no mercado. Em certo sentido, pois, e na medida em que os sujeitos estejam dentro do âmbito das relações mercantis, se imaginarão necessariamente, uns aos outros como iguais num aspecto particular sem deixar de perceber a desigualdade real em outros aspectos (em outros âmbitos) 'não relevantes' para o funcionamento do 'lado econômico' do sistema" (CAPELLA, Juan Ramón. *Os cidadãos servos*. Porto Alegre: Sérgio Antônio Fabris Editor, 1998. p. 72).

(66) COUTINHO, Aldacy Rachid. Função social do contrato individual de trabalho. In: *Transformações do direito do trabalho*. Estudos em homenagem ao professor João Régis Gassbender Teixeira. Curitiba: Juruá, 2000. p. 25.

(67) COUTINHO, *op. cit.*, p. 26.

(68) THEODORO JÚNIOR, Humberto. *O contrato e sua função social*. Rio de Janeiro: Forense, 2004. p. 1.

8. Princípios contratuais clássicos

A classificação proposta neste trabalho para os princípios contratuais clássicos é a utilizada por *Theodoro Júnior*[69], a qual também é utilizada, com poucas alterações, por grande parte dos autores nacionais e estrangeiros.

Assinala *Nalin* que o Código Civil Brasileiro de 1916 manteve o tripé principiológico de sustentação do contrato moderno: liberdade, obrigatoriedade e relatividade do contrato, sem aberturas hermenêuticas para mitigação[70]. Apesar de apresentado de forma abstrata, como elemento comum ao mundo ocidental, há uma razoável proporção à realidade brasileira, conforme apresentaremos a seguir.

8.1. Autonomia da vontade

O individualismo e o liberalismo formaram os dois principais suportes da autonomia da vontade. O projeto revolucionário burguês, do qual se seguiu o modo de produção capitalista, exigia a ampla *reificação* do mundo. O negócio jurídico, mais do que simples instrumento para circulação da riqueza, passou a ser fundamentado na vontade livremente manifestada pelo indivíduo. Se intercambiar era necessário para a sobrevida da burguesia no campo majoritário dos mecanismos de poder, também era necessário que todos se vissem iguais para intercambiar[71]. Nesse sentido, o contrato, em especial pelo exercício da autonomia da vontade, tomou o impulso transcendente que o fez ser o centro de todo o regime jurídico[72].

A doutrina e o ordenamento jurídico reconhecem às pessoas as seguintes possibilidades no âmbito patrimonial, derivadas da autonomia em matéria contratual: liberdade de decidir se contratar ou não contratar, liberdade de escolha da pessoa com quem se contrata, liberdade de seleção do tipo contratual, liberdade de conteúdo do contrato, liberdade de forma do contrato.

A autonomia, ensina *Betti*, é apresentada como autoridade, e como *potestas*, de auto-regulamentação dos próprios interesses e relações exercidas pelo titular. É nessa qualidade que é reconhecida pela ordem jurídica estatal[73]. Ao Estado caberia apenas

---

(69) NALIN, Paulo. *Do contrato:* conceito pós-moderno. Curitiba: Juruá, 2001. p. 110.
(70) CAPELLA, *op. cit.*, p. 72.
(71) SANTOS, Antônio Jeová. *Função social do contrato.* 2. ed. São Paulo: Método, 2004. p. 29.
(72) BETTI, *op. cit.*, p. 97.
(73) Quanto à autoridade da manifestação de vontade, distinguiam-se duas teorias, da vontade e da declaração: " (...) a teoria da vontade, que remonta a Savigny, vê a essência do contrato (e, em geral, do negócio jurídico) na vontade criadora das partes, sustentando, em conseqüência, que ele não deve produzir efeitos quando houver divergência entre a vontade interna e a declarada, nem quando a primeira houver sido viciosamente formada, ainda que por simples erro — porque, nesses casos, o negócio seria como um corpo sem alma. A teoria da declaração, também estruturada na Alemanha, ainda no século XIX, vê, pelo contrário, a essência do negócio jurídico na declaração externada. No seu âmbito, os casos em que o direito tem relevância à vontade interna é que serão tidos como excepcionais, limitando a eficácia normal da declaração" (NORONHA, Fernando. *O direito dos contratos e seus princípios fundamentais.* São Paulo: Saraiva, 1994. p. 86).

a função de permitir a livre manifestação da vontade[74], garantindo a liberdade contratual, ou seja, reconhecer e tutelar juridicamente o poder dos indivíduos de suscitar, mediante declaração, os efeitos de sua vontade.

O voluntarismo clássico atribuía à vontade o papel de fonte mais importante para a criação do regulamento do contrato, ao ponto de ignorar a existência anterior do direito objetivo[75]. Em termos gerais, autonomia da vontade passou a definir o poder atribuído à vontade individual de regrar suas relações jurídicas, como forma de satisfazer seus interesses.

Apesar da centralidade da autonomia da vontade para o Direito Privado e mesmo para a conformação do Estado, o princípio não foi expresso no *Códe*. Nem o Código Civil Brasileiro de 1916 preocupou-se em afirmar expressamente a força obrigatória do contrato. Não obstante o silêncio da lei, a doutrina, de forma geral e indiscriminada, sempre aceitou a autonomia da vontade como um dos princípios reitores do Direito Civil brasileiro[76]. *Pontes de Miranda* a conceitua como "o auto-regramento da vontade, o que permite que a pessoa, conhecendo o que se produzirá com seu ato, negocie ou não, tenha ou não o *gestum* que a vincule"[77].

A autonomia da vontade aparece como instrumentalização no Direito contratual do *dogma* da liberdade contratual. Em *Kant* encontramos o princípio — *universalizado* pelo Iluminismo — que normalmente aceitamos de forma intuitiva de que "a liberdade de cada um termina onde começa a dos demais". *Capella* lembra que a fórmula, como código de conduta, parece justa; mas é paradoxal quando se examina o ponto de vista das condições de *realizabilidade*[78]. Ocorre que a perspectiva da autonomia privada implementada pelo liberalismo não diz respeito com as condições potenciais de realização da liberdade, mas na concepção da liberdade de forma juridicamente imanente.

Capella também evidencia a existência de um paradoxo: a gênese da liberdade que têm os indivíduos é invertida no modo da ética individualista de concebê-la, sempre a respeito "dos outros". As possibilidades de liberdade, adverte, estão em função das possibilidades de liberdade de todos, de modo que quem abusa contra alguém a todos prejudica. Mas o iluminismo não vê dessa forma porque aplica o que o autor chama de *razão inacabada*: para a razão ilustrada — com sua instrumentalização, o liberalismo individualista — o âmbito do abuso por excelência é o das relações interindividuais, e que não se confunde com a "ética social"[79].

---

(74) GOMES, Orlando. *Transformações gerais do direito das obrigações*. São Paulo: RT, 1980. p. 7.
(75) GÓMEZ, J. Miguel Lobato. Livre-iniciativa, autonomia privada e liberdade de contratar. In: NALIN, Paulo (organizador). *A autonomia privada na legalidade constitucional*. 6. ed. Curitiba: Juruá, 2001. p. 244.
(76) PONTES DE MIRANDA. *Tratado de direito privado*. t. XXXVIII. Parte especial. 2. ed. Rio de Janeiro: Borsoi, 1962. p. 39.
(77) CAPELLA, *op. cit.*, p. 36.
(78) CAPELLA, *op. cit.*, p. 37.
(79) LIMA MARQUES, Cláudia. *Contratos no Código de Defesa do Consumidor*. São Paulo: Revista dos Tribunais 2002. p. 50.

A exacerbação da autonomia privada teve função importante no desenvolvimento do capitalismo. Salienta *Lima Marques* que, por um lado, permitiu que os indivíduos agissem no mercado de forma autônoma e livre, utilizando as potencialidades da economia de forma *optimal* e criando, assim, a importante figura da livre concorrência. De outra banda, deveria a cada contratante ser assegurada a maior independência possível, auto-obrigando-se nos limites desejados. Com isso, ganhava importância o consenso, a vontade do indivíduo, o conteúdo e os limites desta vontade interna ou declarada[80].

Embora a autonomia privada se exponha em termos gerais, como princípio absoluto, ela nunca foi ilimitada. A liberdade conferida sempre encontrou barreiras nas idéias de ordem pública e bons costumes. Também sempre teve como requisito que a vontade tivesse sido exposta sem vícios de vontade e observando objeto lícito e possível, forma não prescrita ou não defesa em lei para a validade do contrato.

As exceções, todavia, são pontuais e, de certa forma, confirmam o referencial ideológico do princípio. Mantém-se a autonomia dos privados na fixação do regulamento contratual sendo o centro do regime jurídico imposto.

8.2. Obrigatoriedade

O princípio da obrigatoriedade dos contratos também segue o ideário burguês do liberalismo[81] e da ânsia pela segurança das relações entre privados[82]. A idéia propugnada era de que o contrato faz lei entre as partes, independentemente das circunstâncias estabelecidas. E como tal, deve ser fielmente cumprido. Prevê que tem força de lei o estipulado pelos pactuantes, determinando que as partes cumpram todo o conteúdo do pacto. *Orlando Gomes* assim o conceitua:

> O princípio da força obrigatória consubstancia-se na regra de que o contrato é lei entre as partes. Celebrado que seja, com observância de todos os pressupostos e requisitos necessários à sua validade, deve ser executado pelas partes como se suas cláusulas fossem preceitos legais imperativos. O contrato obriga os contratantes, sejam quais forem as circunstâncias em que tenha de ser cumprido. Estipulado validamente o seu conteúdo, vale dizer, definidos os direitos e obrigações de cada parte, as respectivas cláusulas têm, para os contratantes, força obrigatória.[83]

---

(80) O Código Civil Francês garantia esse princípio, em seu artigo 1.134: *"les conventions légalement formées tienen lieu de loi à ceux qui lês ont faites. Elles ne peuvent être révoquées que de leur consentement mutuel, ou por lês causes que la loi autorise. Elles doivent être exécutées de bonne foi"*.

(81) "Romper um contrato (...) é o primeiro ato de coerção ou pelo menos de força, visto que implica privar um outro de sua propriedade ou esquivar-se de um serviço devido a ele" (HEGEL, Georg Wilhelm Friedrich. *Filosofia do direito*. Coleção "Os grandes filósofos do direito". São Paulo: Martins Fontes, 2002. p. 307).

(82) GOMES, Orlando. *Contratos*. Rio de Janeiro: Forense, 1989. p. 36.

(83) De modo geral, a doutrina identifica a força maior como o acontecimento produzido a partir de fato da natureza, independente da ação humana. No caso fortuito, o fato que impede o cumprimento do contrato é apenas o cuja previsão é impossível ao devedor. Os efeitos de ambas as figuras é o da exclusão da culpabilidade e afastam a obrigatoriedade do contrato, sem a sanção comum das perdas e danos. O Código Civil Brasileiro de 2002, no artigo 393, parágrafo único, outorga os mesmos efeitos.

A fórmula estabelecida para resumir o princípio é a do *pacta sunt servanda*, o efeito de que o contrato faz lei entre as partes. Trata-se de corolário do princípio da autonomia da vontade: o pacto deve ser cumprido, pois foi conformado nos estritos termos da vontade manifestada. Por evidente, sem que se garantisse a obrigatoriedade, os contratos não teriam aptidão para cumprir seus objetivos de regulação jurídica da circulação de riquezas. Em aplicação à autonomia da vontade, é apenas o querer do indivíduo que o obriga; e ao Estado, cabe fazer com que a palavra empenhada seja cumprida, como se lei fosse.

Sem novo concurso de vontades, não é possível a modificação do estatuído. Também não pode o juiz, por meio de eqüidade, apreciar os termos do avençado e modificar o regulamento. Não se cogita, no liberalismo individualista, de se estabelecer limites positivos à força cogente dos pactos, ainda que destinados a proteger partes econômica ou socialmente inferiores.

Os limites à obrigatoriedade do contrato apenas podiam ser negativos. Tal qual a autonomia da vontade, também o princípio da obrigatoriedade do contrato nunca foi estabelecido em termos absolutos. Manteve-se a possibilidade de alteração proporcional do estatuído nas restritas hipóteses de força maior e caso fortuito[84]. Apenas é contrato válido para o cumprimento o estabelecido observando os requisitos de validade do instrumento. Também o princípio da relatividade dos efeitos do contrato irá impor limites, subjetivos, ao cumprimento da avença.

A relativização da força obrigatória consiste em um dos principais aspectos da função social dos contratos, na medida em que — conforme será fundamentado nos capítulos que seguem — não se pode mais admitir o contrato como categoria estanque, isolado de seu entorno.

8.3. Relatividade

A relatividade dos efeitos dos contratos liga-se às conseqüências subjetivas da relação jurídica entabulada, em relação às pessoas que estão envolvidas e afetadas pelo pacto. A visão tradicional do princípio propugna que todos os efeitos da avença fiquem limitados às pessoas que dela participam.

Também se apresenta a relatividade como corolário da autonomia da vontade: se apenas a vontade obriga, o seu conteúdo vincula plenamente aquele que expressou. Não há condições de que haja vinculação daqueles que não participaram do processo de manifestação volitiva. Fundamenta-se na compreensão liberal da autonomia da vontade, no sentido de que a vinculação de um indivíduo a uma situação não desejada contratualmente — seja pela pactuação pessoal, seja pela força do Estado, e portanto pelo contrato social — é absolutamente injustificada.

---

(84) O Código Civil Brasileiro de 2002, em seus artigos 436, 437 e 438, traz a figura da estipulação em nome de terceiro, tido como o pacto formado entre dois sujeitos, em que um destes tem a atribuição de estipular certa vantagem patrimonial em proveito de terceiro. Este terceiro, chamado "beneficiário", não participa da relação jurídica do contrato, mas recebe benefício oriundo da avença.

Por efeito do princípio, nenhum terceiro pode ser atingido pelos efeitos do contrato, simplesmente porque não participou de sua formação, expressando vontade. Tais como os demais princípios, também a relatividade não é aplicada de forma absoluta. As principais exceções são a estipulação em nome de terceiro[85], contrato por terceiro[86] e contrato com pessoa a declarar[87]. *Diniz* também aponta como exceções a responsabilidade dos herdeiros do contratante (artigo 1.792 do CCB/02) e a situação, no âmbito do Direito do Consumidor, de responsabilidade em relação ao consumidor por equiparação (artigos 17 e 29 do CDC)[88].

A função social do contrato expressa uma concepção que propõe que o princípio da relatividade seja visto de forma muito menos intensa[89]. Na medida em que o contrato passará — como conseqüência de uma evolução no pensamento jurídico — a ser considerado instrumento vinculado a um projeto de construção de valores socialmente escolhidos, não será mais possível conceber uma vinculatividade tão estreita e egoísta.

---

85) Previsto no CCB/02, nos artigos 439 e 440. Trata-se de modalidade contratual em que a prestação deve ser cumprida por um terceiro que não participa da manifestação volitiva. Nesse caso, o papel do pactuante é o de obrar para que o terceiro realize o objeto da estipulação.

86) Os contratos com pessoa a declarar são regulados no Direito brasileiro pelos artigos 467 a 471 do Código Civil vigente. Têm vez quando reserva-se a uma das partes do contrato o direito de indicar aquela pessoa (terceiro) que será a destinada a assumir os direitos e obrigações encerradas no negócio.

87) DINIZ, Maria Helena. *Tratado prático e teórico dos contratos. Teoria das obrigações comerciais.* São Paulo: Saraiva, 2002. p. 74.

88) "(...) mesmo os mais conservadores não deixam de apontar a tendência mundial de aceitação do regulamento imposto para afirmar uma mais concreta tutela dos vários interesses da coletividade, relativizando a autonomia privada em homenagem à função social do contrato" (NERY JÚNIOR, Nelson. *Contratos no Código Civil. Apontamentos gerais. O novo Código Civil. Estudos em homenagem ao Prof. Miguel Reale.* São Paulo: LTr, 2003. p. 423).

Capítulo II

A NOVA TEORIA DOS CONTRATOS

*"El día le irá pudiendo
poco a poco al frío"*

A burguesia rapidamente se apropriou dos ideais do Iluminismo e estes foram tomando a forma do liberalismo econômico e da ossatura estatal aparentemente abstencionista. A teoria contratual construída foi a pautada pela autonomia privada, obrigatoriedade e relatividade dos efeitos dos contratos. Durante os séculos XVIII e XIX, seguiu-se uma orientação individualista, em que o paradigma legal era o princípio da igualdade formal, abstraindo-se a realidade marcada por profundas diferenças sociais e econômicas. A sociedade, para o Direito Privado, eram a constituída por pessoas igualmente livres, uma sociedade de proprietários, em que os que não eram detentores dos meios de produção ou do capital eram, ao menos, proprietários da força de trabalho.

De forma mais intensa, a partir da segunda metade do século XX, passou a ficar mais claro que o projeto burguês não atendia aos interesses mais básicos da maior parte da sociedade. Esta crise da modernidade afetou substancialmente as diretrizes básicas dos contratos.

O objetivo deste capítulo é o de apresentar os elementos básicos que determinaram o repensar da modalidade contratual e as características que as relações jurídico-privadas passaram a ter.

1. O Estado Social

O Estado Social mostrou-se como uma gigantesca transformação estrutural pela qual passou o Estado Liberal.

As promessas da modernidade de promoção da liberdade e igualdade entre o indivíduos não foram alcançadas pelo Estado Liberal[1]. O modelo de estrutura jurídic da modernidade não podia esconder a desigualdade real que lhe era intimamente própri

---

(1) "(...) o Estado Liberal assegurou os direitos do homem de primeira geração, especialmente a liberdade, a vida e propriedade individual. O Estado Social foi impulsionado pelos movimentos populares que postulam muito mais q a liberdade e a igualdade formais, passando a assegurar os direitos do homem de segunda geração, ou seja, os direit sociais". (LÔBO, Paulo Luiz Neto. Contrato e mudança social. *Revista Forense* n. 722, Rio de Janeiro: Forense, p. 4

Evidencia-se a necessidade de superação da contradição até então intrínseca ao Estado Liberal consolidada entre igualdade formal e desigualdade substancial. A aceleração da história, com o desenvolvimento das forças produtivas, a explosão demográfica, a concentração econômica, exploração intensiva de mão-de-obra e as duas guerras mundiais explicitam a necessidade de repensar a forma de atuação do Estado e a insuficiência do modelo liberal clássico de regulação das relações privadas.

O liberalismo clássico mostrou-se incapaz para atender aos anseios das camadas sociais menos favorecidas de alcançarem sozinhas, apenas por meio do exercício de sua liberdade, a felicidade e a riqueza. Como refere *Bonavides*, o liberalismo clássico mostrou-se insuficiente para resolver o problema essencial de ordem econômica das camadas proletárias da sociedade, e por isso entrou irremediavelmente em crise. Ocorre, segundo o autor, que a liberdade estritamente política era inoperante, não oferecendo solução para as contradições sociais, principalmente para os que "se achavam à margem da vida, desapossados de quase todos os bens"[2].

A atuação das forças sociais, e a própria necessidade de sobrevida da sociedade fundada no capital, obrigou a um repensar de atribuições estatais. Sintetiza *Castel* que se chega diante de uma bifurcação: aceitar uma sociedade inteiramente submetida às exigências da economia, ou construir uma figura do Estado social à altura dos novos desafios[3]. A solução que se forma é a introdução de um terceiro entre os agentes da moralização do povo e os partidários da luta de classes: abre-se um espaço de mediações que dá ao "social" o sentido de não mais dissolver os conflitos de interesses pelo gerenciamento moral nem subverter a sociedade pela violência revolucionária, mas negociar compromissos entre posições diferentes, superar o moralismo dos filantropos e evitar o socialismo dos distributivistas[4].

Passou-se a se exigir do Estado um papel ativo, não apenas de garantidor das liberdades individuais, mas que também atuasse na proteção do Direito. Fala-se então de um Estado "garantidor", com atribuição de atuação positiva de garantia de concretização dos interesses maiores da comunidade.

Não há uma desvinculação da ordem estatal com a ordem econômica do capitalismo. Permanece o Estado social atado aos pilares do modo de produção calcado na acumulação de capital, em especial à iniciativa privada. Não há dúvidas, todavia, de que o Estado social, como estratégia de sobrevida política do capitalismo, enfraquece a dicotomia existente com o comunismo, pois passa a atuar também na promoção da igualdade.

O Estado social irá se revelar pela intervenção legislativa, administrativa e judicial nas atividades privadas. Passa mesmo o Poder Público a ingressar no campo da autonomia da vontade para que, por meio da lei, possa garantir um sistema de bem-estar, e que tenha a capacidade de equilibrar as desigualdades entre seus cidadãos. Em paralelo, também modificam-se as competências judiciais: de simples garantidor da liberdade

---
2) BONAVIDES, Paulo. *Do Estado Liberal ao Estado Social*. São Paulo: Malheiros, 2001. p. 188.
3) CASTEL, Robert. *As metamorfoses da questão social*. 5. ed. Petrópolis: Vozes, 2005. p. 35.
4) CASTEL, *idem*, p. 345.

de contratar e da emanação da vontade livre de vícios, passa o Judiciário a também ter o poder de corrigir, em certa medida, situações de desigualdades gritantes[5].

No Estado Social, como adverte *Castel*, não há uma intencional retirada do elemento proprietário do centro valorativo e definitório das condições de inserção social. A reformulação da questão social consistirá em justapor à propriedade privada um outro tipo de propriedade, a *propriedade social*, de modo que se possa continuar fora da propriedade privada sem estar privado de seguridade[6]. Ao manter o esquema proprietário, ainda que redefinido, o Estado modela o papel original que lhe permite dominar o antagonismo absoluto entre defesa apaixonada da propriedade "burguesa" e os programas socialistas visando à sua apropriação[7].

É próprio do Estado-Providência a elaboração de leis que se preocupem em reduzir as desigualdades. Na concepção de *Bonavides*, passa o Estado a ter a denominação Social quando, premido pelas circunstâncias, confere e tutela os direitos do trabalho, da moradia própria, da previdência, da educação, intervém na economia como distribuidor, dita o salário, manipula a moeda, regula os preços, combate o desemprego, protege os enfermos, controla as profissões, compra a produção, financia as exportações, concede crédito, institui comissões de abastecimento, provê necessidades individuais, enfrenta crises econômicas, coloca na sociedade todas as classes na mais estreita dependência de seu poderio econômico, político e social; em suma, estende sua influência a quase todos os domínios que dantes pertenciam, em grande parte, à área de iniciativa individual[8].

Os novos valores sociais são determinados, sobretudo, pelas Constituições dos países. Passa-se a reconhecer as Cartas Magnas como detentoras de papel que supera o de mera organização nacional, mas se dirigem a uma atuação formativa da vontade da sociedade. Desse novo papel, também emerge a produção de leis protetivas, sendo a Consolidação das Leis do Trabalho diploma paradigmático, no ambiente jurídico brasileiro[9].

No campo do direito obrigacional, o Estado Social aplicará sua fórmula de atuação positiva na correção dos exageros e distorções provocadas pela autonomia da vontade,

---

(5) GODOY, Cláudio Luiz Bueno. *Função social do contrato*. São Paulo: Saraiva, 2004. p. 6.
(6) CASTEL, *op. cit.*, p. 386-387.
(7) *Idem*, p. 406-407.
(8) BONAVIDES, *op. cit.*, p. 186.
(9) "A primeira grande migração foi a das leis trabalhistas, ainda na década de 40. O direito de família refletiu mudança dos costumes. A concentração urbana ditou a necessidade de sucessivas leis especiais de inquilinato. Um sistema foi estruturado para proporcionar acesso à casa própria, com articulação de diversos negócios jurídicos, desde a incorporação imobiliária até o financiamento aquisitivo por meio de mútuo bancário, além de seguros com função de garantia do mutuante e de quitação em favor dos beneficiários do mutuário. Tudo isso levou a um desprestígio do Código Civil como lei básica reguladora da vida do cidadão, abalando a idéia de hegemonia legislativa, dominante no conceito de codificação" (PASQUALOTTO, Adalberto. O Código de Defesa do Consumidor em Face do Novo Código Civil. In: *Revista de Direito do Consumidor*. São Paulo: Revista dos Tribunais, jul./set. 2002, v. 43, p. 96).

com limitações estabelecidas de forma cogente[10]. Mantém-se a liberdade de contratar, mas limita-se substancialmente a liberdade contratual.

Estrategicamente, abandona-se a fórmula do *laissez faire, laissez passez* para que o Poder Público passe a ocupar uma posição ativa na sociedade, atuando como mediador das relações jurídico-privadas[11]. À proteção restrita à não-interferência do Estado na liberdade dos indivíduos — os chamados direitos de 1ª geração — soma-se ao dever de proteção em face dos particulares. Assim o faz impondo que na formação dos contratos deva ser observada a lei emanada pelo Estado, como forma de assegurar um maior equilíbrio dos pactuantes[12].

Em poucas palavras, nas relações jurídico-privadas, o Estado age na diminuição da esfera da liberdade, para promoção do valor igualdade[13]. Permanece o ideário da liberdade como centro do pensamento liberal, mas é redimensionado pelas necessidades que passam a ser aceitas de promoção da valorização do bem-estar dos indivíduos.

A promoção da atuação estatal da igualdade, enquanto valor jurídico, altera a base do contrato e de sua função até então exclusiva como instrumento de circulação de riqueza. Passa o Estado a utilizar a via legislativa para a atuação da perspectiva de regulação da economia, da sociedade e do contrato. Em especial, utiliza-se dos instrumentos do dirigismo contratual como forma de controlar a potência das forças econômicas no domínio privado e realização da igualdade e dignidade humana.

Nessa nova forma de atuação estatal, os direitos privados de livre contratação são encarados com uma função socializada. De fato puramente individual, o contrato

---

(10) "O princípio da autonomia privada encontra sua razão de ser na expressão mais pura do liberalismo econômico, na época em que o Estado tinha uma função mais política que econômica ou social. Era o Estado de Direito, organizado juridicamente para garantir o respeito aos direitos individuais que encontravam nesse princípio o instrumento de sua plena realização. Com a revolução industrial e tecnológica, e os problemas sociais dela decorrentes, com guerras mundiais de permeio, surge o Estado social, intervencionista, para orientar a vida econômica, protegendo os mais desfavorecidos e promovendo iguais oportunidades de acesso a bens e vantagens da sociedade contemporânea. No campo do direito privado, dá-se a socialização do direito civil, o que representa o primado dos interesses sociais sobre os individuais e, conseqüentemente, a redução do âmbito de atuação soberana da pessoa no campo do direito" (AMARAL, Francisco. *Direito civil.* Introdução. Rio de Janeiro: Renovar, 2000. p. 352-353).

(11) Roppo relaciona como estratégica a tendência de redução do papel da vontade, porque não mais mostrava-se adequada a um sistema econômico individualista e pouco dinâmico. Não podia satisfazer as exigências da moderna economia de massa. Nesse sistema, o primeiro imperativo é garantir a celeridade das contratações, a segurança e a estabilidade das relações, mas esses objetivos requerem, justamente, que as transações sejam tomadas e disciplinadas na sua objetividade, no seu desenvolvimento típicos; são portanto, incompatíveis com a relevância da vontade individual, às particularidades e concretas atitudes psíquicas dos sujeitos (ROPPO, *op. cit.*, p. 298).

(12) "Essa visão individualista da sociedade e do Estado, e por via de conseqüência, das relações contratuais, estava destinada a sofrer o impacto de transformações históricas da maior relevância, sobretudo em razão do vertiginoso progresso científico e tecnológico, de um lado, e do outro, de fatores ideológicos que tornaram mais aguda a questão social, gerando profundos conflitos entre o capital e o trabalho" (REALE, Miguel. *Temas de direito positivo.* São Paulo: RT, 1992. p. 15).

(13) "Quando se firmou a idéia de que os fracos têm o direito de ser protegidos pelos poderes públicos em razão de sua própria fraqueza, a intervenção legal sacrificou o princípio da igualdade diante da lei, sem confessar que certas categorias de pessoas se tornaram privilegiadas" (RIPERT, Georges. *O regime democrático e o direito civil moderno.* São Paulo: Saraiva, 1997. p. 59).

passa a ser social. Essas novas formulações irão encontrar no Direito Privado a concepção de uma função social do contrato, mas não sem antes se cogitar de autêntica crise do fenômeno contratual.

2. Crise do contrato

A invasão promovida pelo Estado na esfera privada faz com que se some um novo ator na composição do regulamento da avença. Deixa o contrato de ser simples encontro livre de vontades para assumir um papel socializado[14]. Dentro de um sistema, até então estruturado na fórmula absoluta da vontade individual, a soma de um poderoso pólo de determinações positivas e negativas é rapidamente identificada como declínio do próprio contrato.

O contrato da fase moderna é concebido a partir do pilar da autonomia das partes na imposição de sua vontade. Apenas a atuação volitiva era fonte legítima do regulamento contratual. O novo momento apresentado é marcado pela concorrência de princípios e valores produzidos fora do encontro de vontades individuais. A existência de robustas fontes heterônomas ao conteúdo das relações produzidas pelos privados, impostos pelas leis e Constituições dos países, coloca em crise a própria instituição contratual, pelo menos nas confrontações até então impostas.

Ocorre que o modelo do *Códe*, assim como o do Código Civil Brasileiro de 1916, foi concebido para que figurassem na relação jurídica contratual apenas dois sujeitos, credor e devedor. Esse modelo, salienta *Nalin*, nem de longe se assemelha às construções contratuais contemporâneas, como as do contrato coativo, contratos-tipo e contrato de adesão[15]. Por efeito, o modelo jurídico de contrato distancia-se da realidade hodierna das relações privadas de circulação de riqueza. Passa a se carecer de condições de afirmação da tranqüilidade, a existência de um conceito de contrato que identifique toda a experiência jurídica contemporânea.

Tomando por base as novas características dos contratos, significativa parte da doutrina reconhece uma crise no instituto. *Roppo* relaciona uma dupla forma com que a doutrina costuma analisar o quadro. Um primeiro processo de análise simplesmente nega modificações profundas, enquanto um segundo conclui sobre o declínio ou morte do conceito de contrato. Para o autor, ambas as posições não correspondem à realidade das coisas: a primeira desconhece fenômenos reais e a segunda desnatura-os sob uma interpretação superficial, ahistórica e assistemática[16].

O grande golpe na moldura clássica do contrato, sem dúvida, é o esvaziamento do papel da vontade, como elemento central, o qual dá lugar a comportamentos

---

(14) "A nova concepção de contrato é uma concepção social deste instrumento jurídico, para a qual não só o momento de manifestação de vontade (consenso) importa, mas onde também e principalmente os efeitos do contrato na sociedade serão levados em conta e onde a condição social e econômica das pessoas nele envolvidas ganha importância" (LIMA MARQUES, Cláudia. *Contratos no Código de Defesa do Consumidor*. São Paulo: Revista dos Tribunais, 1999. p. 101).

(15) NALIN, Paulo. *Do contrato:* conceito pós-moderno. Curitiba: Juruá, 2001. p. 110.

(16) ROPPO, Enzo. *O contrato*. Livraria Almedina: Coimbra, 1988. p. 296-297.

automáticos ou socialmente típicos que ocupam esse posto de protagonista[17]. Essa tendência de redução do papel e da importância da vontade dos contraentes é definida por *Roppo* como "objetivação do contrato".

Há clareza de que a maior parte dos instrumentos da contratualidade, redimensionada pelo Estado Social, reduz a incidência e a importância da vontade na formação do regulamento contratual. Mas se o contrato está em crise, há considerável dificuldade de explicar o motivo da estrondosa ampliação das operações de troca[18], e massificação das relações contratuais. A situação é, pelo menos, paradoxal, pois as novas figuras contratuais proliferam-se na medida em que atendem, com prontidão, as necessidades atuais da vida econômica e social. Parece óbvio que apenas o desuso de um instituto pode ocasionar sua morte.

A crise da autonomia da vontade, em sua concepção clássica, é indiscutível, enquanto fenômeno contratual histórico imbricado no Liberalismo individualista. Dificilmente se encontra defesa da desnecessidade de proteção às partes econômicas menos avantajadas em nome da pacificação social, mas os mecanismos protetivos são ordinariamente executados dentro do âmbito de relações negociais.

Ademais, a própria vontade perde seu significado primitivo de necessidade de negociação de preço ou mesmo de explicitação verbal ou escrita. Nas relações econômicas modernas massificadas, predomina a necessidade de velocidade e fluidez na condução das trocas. Predomina a realização de atos repetitivos e uniformes, normalmente na modalidade de pactos de adesão. Assim, o observado hodiernamente é a substituição de contratos irrevogáveis e amplamente discutidos por pactos *standartizados* e compatibilizados com as necessidades dos tempos atuais.

A crise, portanto, só é reconhecida se o contrato for visto sob a estrita concepção de "troca de relações de vontade". Por isso, *Roppo* reconhece uma readequação do instituto contratual, adaptado às exigências dos novos tempos. Segundo o autor, dizer que o contrato está morto seria dizer que seu papel tende a ser reocupado pelo *status*, num evidente retrocesso histórico[19].

O movimento de evolução do contrato é saudável, rejuvenescedor e revigorante para a sociedade. As modificações em sua ossatura servem para atender aos interesses jurídicos dos contratantes de cada momento histórico, confirmando-se o contrato como instrumento necessário para a organização social.

Reconhecer a essência do contrato apenas na experiência histórica da prevalência da autonomia da vontade significaria ressaltar arbitrariamente uma fase condicionada

---

(17) NALIN, *op. cit.*, p. 118.
(18) Podemos relacionar na área do Direito Civil como novas modalidades de contrato os faturização, *franchising*, *leasing*, *know-how* e seguros obrigatórios. No campo das relações de trabalho, também se verifica a proliferação de contratos de estágio, trabalho cooperativado, prestação de serviços, de emprego temporário, autônomo, representação comercial e voluntário.
(19) ROPPO, *op. cit.*, p. 347.

e circunscrita da evolução do instituto contratual, mas inadequada a contextos cambiantes. Deve-se unicamente à equivocada tendência de projetar as características de um determinado momento histórico como elementos imanentes da definição de um instituto atemporal. A verdade, adverte *Roppo*, é que não existe uma "essência histórica do contrato"; existe sim o contrato na variedade das suas formas históricas e das suas concretas transformações[20].

Compreendemos, por conseguinte, que não há uma crise que se processa no contrato, mas numa específica concepção histórica, e materializada em princípios jurídicos decadentes. A crise está na forma de regulamentação das relações jurídico-privadas que desprestigiam as necessidades sociais e a própria sociabilidade. A "crise", ao nosso ver, é bastante positiva.

3. Características do contrato "pós-moderno"

Poucos conceitos são tão certos e, ao mesmo tempo, tão pouco definidos nas ciências sociais da atualidade como a questão da pós-modernidade.

Compreendem *Hardt* e *Negri* que, de modo geral, a pós-modernidade relaciona-se com a incorporação de valores e vozes dos deslocados, dos marginalizados, dos explorados e dos oprimidos[21]. Reconhecem o discurso pós-modernista como um ataque à forma dialética que os sistemas de dominação encerram, e assim o fazem pela desconstrução de fronteiras que mantêm hierarquias entre classes de indivíduos. Assim, a "pós-modernidade" é concebida como uma prática herdeira de todo um espectro de lutas de libertação modernas e contemporâneas[22].

A pós-modernidade também não passa desapercebida nos estudos do Direito Civil. Acerca do conceito de pós-modernidade, *Cláudia Lima Marques* refere que para alguns o pós-modernismo é uma crise de desconstrução, de fragmentação, de indeterminação à procura de uma nova racionalidade, de desdogmatização do Direito; para outros é um fenômeno de pluralismo e relativismo cultural arrebatador a influenciar o Direito. Este fenômeno aumentaria a liberdade dos indivíduos, mas diminui o poder do racionalismo, da crítica em geral, da evolução histórica e da verdade, também em nossa ciência, o Direito"[23].

A pós-modernidade, em poucas palavras, remete a uma desconstrução de balizadores científicos até então tidos como definitivos. Para que se alcance uma nova racionalidade, são (re)incorporados elementos originalmente marginais e relacionados à opressão da diferença. Esses conceitos são aplicados para a identificação das características com que o fenômeno contratual passa a se expor.

---
(20) ROPPO, *op. cit.*, p. 348.
(21) HARDT, Michael; NEGRI, Antonio. *Império*. Rio de Janeiro, São Paulo: Record, 2004. p. 159.
(22) HARDT e NEGRI, *op. cit.*, p. 158-159.
(23) LIMA MARQUES, *op. cit.*, p. 89-90.

3.1. Adesão e massificação contratual

A configuração clássica dos contratos tem por suposto ser o pacto formado pelo encontro de vontades independentes e iguais, as quais discutem e regulam, em conjunto, a relação jurídica que as une. Todavia, freqüentemente, a liberdade contratual é muito mais aparente que real.

A massificação das relações contratuais, com intensa interação econômica nas sociedades atuais, faz com que as contratações normalmente sejam pautadas pelo estabelecimento de todas as condições por apenas uma das partes. O outro pactuante, economicamente inferior, apenas "adere" às condições previamente estabelecidas[24]. Lembra *Caio Mário* que os contratos de adesão têm a principal característica de não resultar do livre debate entre as partes, mas serem formados a partir do fato de que uma delas aceita tacitamente cláusulas e condições previamente estabelecidas[25].

Por conseqüência das práticas contratuais de adesão, torna-se ilusória a premissa herdada do liberalismo individualista clássico de que o contrato obriga, porque teve origem na livre estipulação pelas partes dos termos da avença. Os contratos em série deixam de ser expressão da autonomia contratual e, por conseqüência, da liberdade de contratar, para converter-se em simples vinculação pela necessidade ordinária de participação em relações de troca. Pouca ou nenhuma possibilidade de eleição têm o particular, em especial quando se trata da prestação de serviços monopolizados ou semi-oligopolizados, a menos que o particular renuncie amplamente ao oferecido.

Os contratos *standartizados* são os exemplos mais típicos da restrição da liberdade contratual, pois eliminam a fase das negociações preliminares e discussão do conteúdo. Trata-se de redução da liberdade contratual formada por apenas uma das partes, numa posição de predomínio econômico. Em outras palavras, a liberdade contratual de uma das partes expande-se à custa da liberdade contratual da outra ou da autoridade que impõe grande parte de seu conteúdo.

No Código de Defesa do Consumidor, os contratos de adesão são lembrados no artigo 54[26]. Em sintonia com o diploma consumerista, o Código Civil Brasileiro de 2002 faz pelo menos duas referências importantes ao contrato de adesão:

> Art. 423 – Quando houver no contrato de adesão cláusulas ambíguas ou contraditórias, dever-se-á adotar a interpretação mais favorável ao aderente[27].

---

(24) Orlando Gomes conceitua *contrato de adesão* como "o negócio jurídico no qual a participação de um dos sujeitos sucede pela aceitação em bloco de uma série de cláusulas formuladas antecipadamente, de modo geral e abstrato, pela outra parte, para constituir o conteúdo normativo e obrigacional de futuras relações concretas" (GOMES, Orlando. *Contrato de adesão*: condições gerais dos contratos. São Paulo: RT, 1972. p. 3).

(25) PEREIRA, Caio Mário da Silva. *Instituições de direito civil*. Contratos. v. 3. Rio de Janeiro: Forense, 2004. p. 72.

(26) CDC. Art. 54 – "Contrato de adesão é aquele cujas cláusulas tenham sido aprovadas pela autoridade competente ou estabelecidas unilateralmente pelo fornecedor de produtos ou serviços, sem que o consumidor possa discutir ou modificar substancialmente seu conteúdo".

(27) Atendendo à preocupação de compatibilização do Código Civil com a legislação consumerista, o Deputado Ricardo Fiúza propôs, através do Projeto n. 6.960/2002, a alteração da redação do artigo 423, para que constasse: "Art. 423 – Contrato de adesão é aquele cujas cláusulas tenham sido aprovadas pela autoridade

Art. 424 – Nos contratos de adesão, são nulas as cláusulas que estipulem a renúncia antecipada do aderente a direito resultante da natureza do negócio.

Os conceitos legais direcionam os contornos do contrato de adesão à prática de avenças em que as cláusulas ou são estabelecidas por meio do monopólio da autoridade competente ou, de forma ampla ou irrestrita, são instituídas ou predeterminadas por uma das partes. Por elemento subjetivo tem-se, de um lado, o estipulante, aquele que impõe as regras negociais, normalmente em posição econômica predominante; de outro pólo, há o aderente, sujeito que geralmente está em posição econômica desfavorável.

A disciplina que se estabelece para os efeitos dos contratos de adesão parte da presunção criada pelo legislador de desigualdade econômica material entre os participantes da relação jurídico-privada. Nesse sentido, a intenção é de potenciar a convivência entre os princípios da liberdade e da igualdade. Estipula-se uma regra de proteção interventiva, estabelecendo-se axiologicamente uma preferência pelo sistema jurídico, no sentido de que são impostas as penas de nulidade às estipulações contratuais que signifiquem renúncia antecipada de direitos.

São exemplos recorrentes de contratos de adesão os de transporte, franquia seguro, operações financeiras e de consumo em geral.

Enfim, adesão e massificação contratual evidenciam a incorporação de novos elementos na vida contratual, agora animada pela aderência a condições previamente definidas pela parte economicamente mais forte. Mas, em paralelo, o sistema jurídico também cuida para que a restrição à liberdade contratual também não signifique prejuízos à parte economicamente mais fraca.

3.2. *Dirigismo contratual*

No Estado Social, a autoridade pública é parte ativa na promoção da felicidade dos indivíduos, de modo que intervém principalmente nas atividades econômicas para cumprimento de suas funções. A construção do Estado Social teve por base a constatação da necessidade de atuação do Poder Público para correção das distorções provocadas pela autonomia da vontade[28]. Desse modo, em face das desigualdades

---

competente ou estabelecidas unilateralmente por um dos contratantes, sem que o aderente possa discutir ou modificar substancialmente seu conteúdo. § 1º – Os contratos de adesão escritos serão redigidos em termos claros e com caracteres ostensivos e legíveis, de modo a facilitar a sua compreensão pelo aderente. § 2º – As cláusulas contratuais, nos contratos de adesão, serão interpretadas de maneira mais favorável ao aderente.

(28) Que não se tenha a ilusão de que toda a intervenção estatal serve ao interesse da maior parte dos indivíduos. Alerta Ripert que toda intervenção do poder político, que limita a produção, arrisca fazê-lo em proveito de interesses privados: "Assim, não se deve crer que o capitalismo seja resolutamente hostil a qualquer direção da economia. Soube reclamar ele próprio a intervenção do Estado, quando a julgou útil" (RIPERT, Georges. *O regime democrático e o direito civil moderno*. São Paulo: Saraiva, 1997).

Em todos os tempos usou tal intervenção para se proteger contra a concorrência estrangeira. Enquanto c nacionalismo se exaspera e a autarquia triunfa, cria-se em proveito de industriais e comerciantes franceses uma situação privilegiada" (RIPERT, Georges. *Aspectos jurídicos do capitalismo moderno*. Rio de Janeiro: Livraria Editora Freitas Bastos, 1947. p. 271-272).

reais entre os particulares nas relações de troca, passa o Poder Público a ter um papel ativo de correção e sanção. Alcança-se a certeza na conhecida máxima do Padre Lacordaire de que *"entre lê forte et le faible c'est la liberté qui opprime et la loi qui affranchit"*. No Estado Social, a parcela social dos interesses individuais manifestados nas relações jurídicas privadas impõe-se como valor cogente, assegurado na lei geral.

A fórmula foi a de manter a liberdade contratual, enquanto princípio, mas fazer com que se estabelecessem limitações substanciais às relações jurídico-privadas. O Estado legislador é chamado para a função permanente de impôr limites ao conteúdo do contrato, como forma de permitir que as entabulações aproximem-se do justo equilíbrio de cada situação.

Como forma de assegurar maior equilíbrio para os pactuantes, passa o Estado a estabelecer diretrizes cogentes mínimas a serem observadas nos contratos. Para fazer frente aos efeitos da liberdade sem igualdade na condução das pactuações, há a intervenção do Estado nas relações, através do dirigismo contratual. *Grau* sintetiza a expressão:

> Nascida a partir das colocações de Josserand, no início da década de 30, a expressão dirigismo contratual engloba o conjunto de técnicas jurídicas que transforma os contratos menos em uma livre construção da vontade humana do que em uma contribuição das atividades humanas à arquitetura geral da economia de um país, arquitetura que o Estado de nossos dias passa, ele mesmo, a definir[29].

O dirigismo contratual retira uma considerável parcela de prevalência da autonomia da vontade na função de determinação do regulamento das avenças. O contrato livremente estipulado pelos contraentes, tal como propugnado pelo liberalismo individualista, é substituído pelo contrato regulado. O fenômeno do contrato dirigido retira a exclusiva função subjetivista que até então anima todo o Direito Privado. O *pacta sunt servanda*, deixa de ter o *status* absolutizante de que até então gozava, representando a instrumentalização de uma base ideológica. Passa, no Estado Social, a ser necessariamente conjugado com as políticas públicas que o compatibilizam com os anseios mais importantes da coletividade.

De outra banda, o Estado alcança a atribuição jurisdicional de interferir no conteúdo do contrato. Também deixa de prevalecer a postura do juiz como mero assegurador da regularidade da vontade manifestada e passa também a ter o papel de zelar pela observância das diretrizes legisladas mínimas das avenças. Além do Estado-legislador, também o Estado-juiz passa a ser permanentemente chamado a chancelar o princípio da igualdade nas relações entre privados.

No Brasil, na área estrita do Direito Civil, a proteção incondicional ao mais débil se deu com a promulgação do Código de Defesa do Consumidor. Em especial nos artigos 6º, IV, 39, IV e 49, o diploma faz reconhecer que há efeitos diferentes da

---

(29) GRAU, Eros Roberto. Dirigismo contratual. In: FRANÇA, Limongi. *Enciclopédia Saraiva de Direito*. São Paulo: Saraiva, 1977. v. 32, p. 410.

obrigatoriedade clássica do contrato nas situações em que a pactuação é efetuada com a adesão a regulamentos contratuais preestabelecidos para o consumo. O CDC estabelece uma ampla redução da liberdade contratual, tanto no curso da relação jurídica, como nas fases pré e pós-contratual, a fim de evitar a prevalência do desequilíbrio.

O dirigismo contratual irá se manifestar na forma de cláusulas gerais, conceitos indeterminados e preceitos de ordem pública. Também dará origem a figuras como o contrato coativo[30] e contrato necessário[31].

O Direito do Trabalho, descendente do Direito Civil oitocentista, teve a principal característica de limitar a autonomia da vontade, a partir de diversas restrições estabelecidas pela legislação tutelar. A grande característica diferenciadora do Direito do Trabalho de sua raiz obrigacional civilista está na intrínseca, continuada e universal limitação da autonomia dos pactuantes pelo contrato mínimo legal. Como refere *Bacarat*, embora a limitação da autonomia da vontade no Direito do Trabalho possa parecer que se esteja de um sistema jurídico aberto, na verdade, apenas caracteriza a existência de um Estado Social, onde se verifica um elevado grau de intervenção legislativa e de controle do espaço privado.[32]

Por fim, o dirigismo contratual é expressão da titularização do Estado na promoção de relações contratuais atadas ao interesse da coletividade. O poder público é atraído a exercer papel de promotor da adequação da atuação dos privados ao justo esperado.

3.3. Pluralidade de fontes normativas e a perda de centralidade da categoria código

O fenômeno hodierno de pluralização das fontes normativas e perda de centralidade no sistema jurídico da categoria código não se referem limitadamente aos atributos que o contrato passa a assumir. Todavia, trata-se de características gerais do Direito atual que afetam substancialmente o conteúdo e a localização sistemática da categoria contrato. Por esse motivo, relacionamos com a nova conformação do contrato "pós-moderno"[33].

A autonomia e liberdade dos sujeitos privados em relação à escolha do conteúdo do contrato é cada vez menos absoluta, encontrando limites no direito positivo. O

---

(30) Identifica-se o "contrato coativo" como aquele que se forma prescindindo do consentimento das partes. Age o Estado na função de alcançar objetivos macroeconômicos através da intervenção na economia e no mercado, como obrigando a produção e/ou venda de certas mercadorias ou estabelecendo cotas de contratação de trabalhadores.

(31) Reconhece que certos serviços são imprescindíveis, não existindo, no plano prático, direito de escolher a outra parte que oferece.

(32) BARACAT, Eduardo. *A boa-fé no direito individual do trabalho*. São Paulo: LTr, 2003. p. 34-35.

(33) Como lembra António Manuel Hespanha (*Panorama histórico da cultura jurídica européia*. Lisboa: Publicações Europa-América, 1998. p. 249-259), existe um movimento mais amplo de pluralidade de fontes jurídicas e que têm por característica a rejeição do direito produzido por qualquer entidade estatal revestida de tal função como oficial. O autor identifica movimentos sociais conduzidos por comunidades que, sem a participação do Estado, produzem um direito formado das práticas de vida comum. Não obstante a importância desse fenômeno, não é esta a pluralidade de fontes que é objeto de nosso estudo. Restringimo-nos a examinar a dilatação de fontes normativas, mas inseridas na estrutura oficial do Estado.

incremento de restrições é acompanhado da origem dessas mesmas limitações da autonomia privada. De um lado, as restrições à autonomia contratual não derivam apenas da lei, mas também de decisões judiciais (as declarações de nulidade de cláusula) e administrativas (como os preços máximos determinados pelo Poder Público)[34]. Produz-se um pluralismo de fontes quando se dá espaço a um pluralismo de entidades descentralizadas e autônomas, que não se esgotam no Estado, e que legislam em virtude de um poder próprio. Em paralelo, e no universo específico do direito obrigacional, tem-se o espraiamento da normatividade para searas outras que não se identificam com o código.

Seguindo o modelo europeu, o Código Civil de 1916 era fruto das doutrinas individualista e voluntarista, atuando como a *constituição do Direito Privado*[35]. Ao Direito Civil cumpria garantir à atividade privada, e em particular ao sujeito de direito, a estabilidade proporcionada por regras quase imutáveis nas suas relações econômicas. Esse modelo de estabilidade e segurança jurídica, cristalizado no modelo codificador, entra em declínio na Europa na segunda metade do século XIX, tendo reflexos legislativos no Brasil nos anos 20 do século seguinte, quando se tornou inevitável a necessidade de intervenção estatal mais acentuada na economia. O fenômeno do dirigismo contratual, nascido do Estado Social, elege como instrumento uma legislação extravagante tendente a regular novos institutos.

A centralização do Direito Positivo nos grandes Códigos não impediu o surgimento de codificações por especialização, como a Consolidação das Leis do Trabalho — CLT, o Estatuto da Criança e do Adolescente — ECA e o Código de Defesa do Consumidor — CDC. Emergiu uma *legislação de emergência*, casuística, fugaz e ainda incapaz de abalar os alicerces da dogmática do Direito Civil. *Tepedino* vê nesse momento histórico brasileiro, iniciado nos anos 30 do século passado, uma segunda fase interpretativa do Código Civil, em que há a perda de seu caráter de exclusividade na regulação das relações patrimoniais privadas, com a diminuição de abrangência do Código e vocação expansionista da legislação especial. Mais: o Direito Civil deixa de ter preocupação central com o indivíduo, e passa a se voltar às atividades por ele desenvolvidas, com os seus riscos, impacto social e formas de utilização dos bens disponíveis, de maneira que assegure os resultados sociais pretendidos pelo Estado[36].

Em plano paralelo, as Constituições também assumem compromissos a serem executados pelo legislador ordinário, redefinindo os marcos da autonomia privada e da propriedade. Esse mecanismo é inteiramente recepcionado no Brasil com a Constituição Federal de 1988. Com esse marco, o Código Civil vigente passa a ser interpretado juntamente com inúmeros diplomas setoriais, cada um deles com vocação universalizante. Nessa *era dos estatutos*, somam-se leis especiais e Constituição, todos de opção social e incidentes sobre as relações privadas[37].

---

(34) ROPPO, Enzo. *O contrato*. Livraria Almedina: Coimbra, 1988. p. 139-140.
(35) TEPEDINO, Gustavo. *Premissas metodológicas para a constitucionalização do Direito Civil*. Rio de Janeiro: Renovar, 1999. p. 01-02.
(36) *Idem*, p. 06-07.
(37) *Idem*, p. 08.

A perda do caráter absolutizante da categoria código na regulação das relações jurídico-privadas, num aparente paradoxo, permite a interpenetração de microssistemas até então isolados. Irti anuncia esses fatores como determinantes para o que denomina *era da descodificação*, em que se substitui o monossistema do Direito Privado por microssistemas de independência temática, normatizando matérias que prescindem do Código Civil. Nesse novo momento, o Direto fragmenta-se, permitindo a convivência de universos legislativos isolados, sob a égide de princípios e valores díspares, "não raro antagônicos e conflitantes, ao sabor dos grupos políticos de pressão"[38].

Para a união dos microssistemas, também há uma atuação revigorada das Cartas Políticas. *Perlingieri* é claro ao afiançar que os códigos certamente perderam a centralidade de outrora. Isso porque o papel unificado do sistema que possuíam, tanto nos aspectos mais tradicionalmente civilísticos, como naqueles de relevância publicista, passa a ser desempenhado de maneira mais incisiva pelas Constituições. O desenho unitário é mantido, mas deve ser constantemente buscado pelo intérprete na recondução à unidade pelos princípios[39].

Ao lado da Constituição — e concatenado com a constitucionalização do Direito Obrigacional — a atuação judicial desvincula-se das profundas limitações impostas pelo código. *Judith Martins-Costa* é enfática ao registrar a inadequação do modelo codificador, tida como ilusão, depositando importância na experiência da *common law*:

> Por muito tempo se acreditou na ilusão codificadora, mas neste século, tal ilusão caiu por terra. Sob o influxo das experiências vividas em outros sistemas jurídicos, em especial o da *common law*, a questão da rígida fidelidade à lei e aos vínculos conceituais típicos ao modelo de interpretação axiomática, é afastada, permitindo-se hoje a admissão, também nos sistemas jurídicos integrantes da 'família' romano-germânica, da possibilidade da aplicação judicial do Direito por via da concreção[40].

Também *Nalin* confirma que a análise estruturalista do sistema codificado é insuficiente para tutelar uma razoável parte de situações fáticas da realidade social brasileira, pois se insiste em encarar o modelo código como ponto de chegada, e não um ponto de partida da atividade do jurista. Para tanto, avalia que há novas sendas a serem trilhadas pela magistratura nacional[41].

O Direito do Trabalho, desde sua gênese, tem próxima a idéia de pluralidade de fontes na formação do regramento incidente ao contrato individual. Por um lado, temos a figura dos contratos e convenções coletivas de trabalho, as quais fazem parte do contrato mínimo legal. De outro, tem-se a incidência de vasto regramento administrativo — notadamente em matéria de higiene e segurança do trabalho — que também se incorpora à legislação tutelar.

---

(38) IRTI, Natalino, *apud* TEPEDINO, *op. cit.*, p. 10-12.
(39) PERLINGIERI, Pietro. *Perfis do direito civil.* Rio de Janeiro: Renovar, 2002. p. 5-6.
(40) MARTINS-COSTA, Judith. As cláusulas gerais como fatores de mobilidade do sistema jurídico. In: *Revista de Informação Legislativa.* Brasília: Subsecretaria de Edições Técnicas do Senado Federal, 1991. p. 24.
(41) NALIN, Paulo. A autonomia privada na legalidade constitucional. In: NALIN, Paulo (organizador). *A autonomia privada na legalidade constitucional.* Curitiba: Juruá, 2001. p. 14.

Mas, no campo do direito laboral, o reconhecimento da pluralização das fontes tem condições de avançar muito mais. Como veremos mais adiante, a tarefa hermenêutica começa a ser desempenhada na verificação da incompletude do microssistema trabalhista e na busca da aplicação de conquistas de outros ramos da ciência jurídica.

4. Fronteira entre o público e o privado

As dicotomias entre o Direito Público e o Direito Privado refletem as necessidades e razões de cada época histórica e os modelos jurídicos, sociais e econômicos que as animam. No Direito da Antigüidade Clássica, havia uma bem delimitada separação entre os espaços público e privado[42]. No período do Medievo, a dominação fundiária, a vassalagem e o poder religioso impediram a formação concreta e universal de um projeto de esfera individual-privada. O fim do Absolutismo, o ideário Iluminista e o fortalecimento da burguesia reavivaram o espaço do privado, agora sob o signo da proteção do indivíduo das espoliações patrocinadas pelo Estado. No modelo jurídico adotado de Estado Social, de atuação positiva do Poder Público na delimitação do conteúdo dos pactos entre privados, é irremediável que as esferas do público e do privado acabem se interpenetrando.

Mas inicialmente deve-se ter clara a exigência racional do Direito como ordenamento dinâmico do público e do privado, visto fora dos termos da necessidade de oposição. A própria exasperada contraposição desses termos levou a concepções absolutizantes de Estado, como nas experiências do fascismo e do nacional-socialismo. Como refere *Poulantzas*, as raízes do totalitarismo, com a perspectiva ilimitada de poder, de forma paradoxal, são encontradas na separação público-privada, pois passa o Estado, por meio de divisões móveis, a deslocar estrategicamente o lugar designado ao individual privado[43].

---

(42) "Na versão helênica, apesar do dissídio doutrinário, a separação entre a vida pública e a vida privada correspondeu, de início, ao contraste entre a religião doméstica — culto aos antepassados, aos *dei domestici* e aos *dei gentilis* — e a religião oficial da *polis* — *dei externi, dei superiores* — símbolo da instauração da esfera política e, por conseguinte, berço do *zoon politikon*. Com o florescimento da democracia ateniense — ritualizada pela *ekklesia* (reunião de todos os cidadãos) na agora ou colina Pnice — o homem antigo apropriou-se de uma segunda vertente de convívio, mais além das relações familiares: a *bios politikos*. Cada indivíduo passou a representar a intersecção de duas órbitas de existência que, chocando-se contra a outra, traçaram pela primeira vez, a linha demarcatória entre o que era próprio do indivíduo *(idión)*, portanto privado, e o que era comum a todos *(koinón)*, conseqüentemente jurídico.
(...)
Em Roma, o desfecho não foi diverso. Na *urbs*, todos os caminhos conduzem ao culto público do privado. Se os cidadãos de Atenas foram escravos do discurso, os romanos o foram da *auctoritas*. O rigor da disciplina substitui o arbítrio das palavras. Enquanto os gregos, na ágora, protegidos pela *parrehesia* (liberdade de falar), deliberavam sentados, os romanos, nos *comitia*, sem o direito de intervir pelo discurso, votavam, de pé, sob o vigilante aguilhão da autoridade" (PASQUALINI, Alexandre. O público e o privado. In: SARLET, Ingo Wolfgang (organizador). *O direito público em tempos de crise:* estudos em homenagem a Ruy Ruben Ruschel. Porto Alegre: Livraria do Advogado, 1999. p. 16-20).

(43) POULANTZAS, Nicos. *O Estado, o poder, o socialismo.* Rio de Janeiro, São Paulo: Graal, Paz e Terra, 2000. p. 70-71. O autor estabelece um exemplo: "a *família* moderna, típico lugar privado, ela se estabelece somente em concomitância absoluta do público, que é o Estado moderno; não como o exterior intrínseco de um espaço

O Estado Liberal produziu forte isolamento entre Direito Público e Privado. Naquele contexto, Constituição e Código Civil tinham atuação positiva de manter as fronteiras bem demarcadas: a primeira destinando-se a tão-somente estabelecer a forma de organização do Estado; ao segundo cabia, com exclusividade, regrar as relações entre os privados. Nessa separação rígida entre Constituição — como Constituição do Estado — e Código Civil — como a Constituição dos privados — é que se deu a separação entre o público e o privado[44].

As características da sociedade hodierna obrigam a repensar as categorias como estanque. Segundo *Perlingieri*, a própria distinção entre público e privado está em crise, pois em uma sociedade como a atual torna-se difícil individuar um interesse particular que seja completamente autônomo, independente, isolado do interesse público[45]. Nessa tarefa do Estado de realizar a tutela dos direitos fundamentais, removendo obstáculos que impedem a participação de todos na vida da nação, o Direito Civil não é a antítese do Direito Público, mas apenas o ramo que se justifica por razões didáticas e sistemáticas, e que recolhe e evidencia os institutos atinentes com a estrutura da sociedade, com a vida dos cidadãos, como titulares de direitos civis[46].

As tão bem delimitadas fronteiras entre público e privado, próprias do Estado Liberal, transformam-se no Estado Social numa linha dinâmica e permeável. Nesse sentido, *Bobbio* não identifica incompatibilidade entre os processos de publicização do privado e privatização do público. O primeiro, conforme o autor, reflete o processo de subordinação dos interesses do privado aos interesses da coletividade representada pelo Estado, que invade e engloba progressivamente a sociedade civil. O segundo refere-se à "revanche" dos interesses privados, através da formação dos grandes grupos que se servem dos aparatos públicos para o alcance dos próprios objetivos[47].

Reconhecendo uma mudança mais profunda, que invade diversas searas, ainda que não se retire a unidade sistemática do Direito, *Fachin* vê que público e estatal não mais se identificam por inteiro, e que é perfeitamente possível verificar direitos de "dupla face":

> A mudança é mais profunda. Público e estatal não mais se identificam por inteiro; privatismo e individualismo, a seu turno, cedem passo para interesses sociais e

---

público de fronteiras rígidas, porém como conjunto de práticas materiais do Estado que molda o pai de família (trabalhador, educador, soldado ou funcionário), a criança-estudante no sentido moderno, e, é claro, sobretudo a mãe. A família e o Estado modernos não formam dois espaços (o privado e o público) eqüidistantes e distintos, limitando-se mutuamente, em que um seria, segundo as análises agora clássicas da Escola de Frankfurt (Adorno, Marcuse etc.), a base da outra (a família, do Estado). Embora essas duas instituições não sejam isomorfas e também não mantenham relações de homologia, nem por isso deixam de fazer parte de uma única e mesma configuração, pois não é o espaço 'exterior' da família que se fecha em face do Estado, e, sim, o Estado que, ao mesmo tempo que se constrói em público, marca, por meio de divisões móveis que ele mesmo desloca, o lugar designado à família" (p. 70).

(44) TEPEDINO, Gustavo. O Código Civil, os chamados microssistemas e a Constituição in: TEPEDINO, Gustavo (organizador). *Problemas de direito civil-constitucional*. Rio de Janeiro: Renovar, 2000. p. 02-03.
(45) PERLINGIERI, *op. cit.*, p. 53.
(46) *Idem, op. cit.*, p. 54-55.
(47) BOBBIO, Norberto. *Estado, governo e sociedade*. São Paulo: Paz e Terra, 1999. p. 27.

para a "coexistencialidade". A superação da divisão em pauta não fere, necessariamente, a unidade sistemática do Direito, inclusive porque ultrapassada também se encontra a fixação rígida de espaços normativos. Há searas novas, ambivalentes, nelas se inserindo interesses de dupla face, a exemplo da proteção à criança e ao adolescente, bem como no campo das relações de consumo que recaem sobre serviços bancários ou de entidades de crédito. Constata-se, pois, uma mudança de paradigmas[48].

A relativização da dicotomia público e privado também vem dos novos modelos constitucionais herdados do Estado Social. Ocorre que todo o tecido normativo passa a estar subordinado aos princípios e valores determinados pela Carta Magna. A centralidade da liberdade individual presente nas codificações oitocentistas cede espaço às constitucionalizações da segunda metade do século XX. Forjadas na primazia do princípio da dignidade da pessoa humana, estreita e modifica a interação entre público e privado. É precisamente a realização da dignidade humana, como valor constitucional incidente sobre todo o ordenamento, que ocupará o lugar então ocupado pela perquirição da natureza dos interesses em foco.

A tarefa que passa a estar presente é da compreensão do Direito Privado sob as luzes de um novo modelo jurídico que garanta liberdade de atuação aos indivíduos, mas também se arvore a razão de atuação no cumprimento de uma tarefa distributiva e de produção de bem-estar social. Neste grau de interação, como refere *Moraes*, não há uma norma inteiramente pública ou privada, em especial nos ramos do chamado Direito Privado. A distinção entre normas jurídicas de caráter público e de caráter privado será feita de forma quantitativa, e não qualitativa, ou seja, de acordo com o interesse preponderante[49].

No Direito obrigacional, essas construções também são sentidas. A interpenetração e dificuldade de limitação de fronteiras não significa a absorção do Direito Privado pelo Público[50], mas do estabelecimento de regramento cogente e geral emanado pelo Estado, com o objetivo de assegurar de forma mais ampla e efetivamente a liberdade dos privados na condução da autonomia privada. É para dotar de efetividade a necessidade de liberdade dos indivíduos em seus inter-relacionamentos que se afasta o absoluto poder da vontade como única fonte legitimadora do negócio.

---

(48) FACHIN, Luiz Edson. *Teoria crítica do direito civil. À luz do novo Código Civil brasileiro.* Rio de Janeiro: Renovar, 2003. p. 221-222.

(49) MORAES, Maria Celina Bodin. A caminho de um direito civil constitucional. *Revista de Direito Civil* n. 65, p. 26.

(50) Léon Duguit reconhece uma profunda aproximação entre o público e o privado no direito, mas vê que a sanção de ambas as esferas não é cambiável. Nesse sentido, o Estado, como monopolizador do constrangimento, tem o privilégio da execução prévia. "Em resumo, há razão para distinguir o direito público do direito privado. Mas não se deve atribuir a esta distinção um alcance que não possui. O direito público e o direito privado devem ser estudados com o mesmo espírito e o mesmo método. As leis de direito público e as leis de direito privado têm o mesmo fundamento. Os atos jurídicos de direito público e os de direito privado são formados dos mesmos elementos e têm, no fundo, o mesmo caráter. Mas a sanção do direito público e a sanção do direito privado não podem existir nas mesmas condições; a verificação de uma situação de direito público não pode obter-se da mesma maneira que a de uma situação jurídica de direito privado. Só nisto consiste a diferença (aliás, de grande importância) entre direito público e o direito privado" (DUGUIT, Leon. *Fundamentos do direito*. Porto Alegre: Sergio Antonio Fabris Editor, 2007. p. 70-71).

A necessidade que passa a estar presente é a da reconstrução do ordenamento, desvinculado do antagonismo dos interesses públicos e privados, mas a partir de uma perspectiva que busque, pontualmente, a graduação ou hierarquia normativa, não apenas em abstrato, mas também em ordem concreta, atendendo às peculiaridades objetivas e subjetivas[51].

A função social dos contratos passa a ser paradigmática na interdependência entre público e privado: as relações negociais entre privados deixa de se limitar à realização dos interesses individuais dos pactuantes e passa a ser limitada por regulação estatal cogente a fim de assegurar interesses maiores da coletividade. Interesses esses que serão retirados do ideário do Estado Social e instrumentalizados nos textos constitucionais, numa perspectiva civil-constitucional.

5. O sistema de direito civil constitucional

Tendo-se presente a transformação do Direito Privado, decorrente da instituição do Estado Social, da relativização da fronteira do Direito Público e Privado, da convivência do Código Civil com os estatutos, indaga-se: qual o centro do Direito Privado?

Não se reconhece mais a presença de uma distância perfeitamente mensurável entre Direito Público e Privado, interesses do indivíduo e da coletividade. Também não é mais cabível afiançar que o Código Civil é o diploma que isoladamente oferece a integralidade da normatividade das relações entre os privados, principalmente porque as Constituições também se ocupam desta atividade[52].

A certeza é a de que não há mais lugar para um monossistema de Direito Privado representado pela Codificação[53]. Distintas teorias buscam responder à indagação, das quais destacamos três: civil-constitucionalista, constitucionalista e pluralista ou anárquica.

5.1. Doutrina civil-constitucional

A doutrina civil-constitucional perfila-se com a compreensão geral da impossibilidade de outorgar ao Código Civil a atribuição de, isoladamente, regrar todos os

---

(51) PERLINGIERI, *op. cit.*, p. 285.
(52) "O quadro que hoje se apresenta ao Direito Civil é o da reação ao excessivo individualismo característico da Era codificatória oitocentista que tantos e tão fundos reflexos nos lega. Se às Constituições cabe proclamar o princípio da função social — o que vem sendo regra desde Weimar — é ao Direito Civil que incumbe transformá-lo em concreto instrumento da ação. Mediante o recurso à função social e também à boa-fé — que tem uma face marcadamente ética e outra solidarista — instrumentaliza o Código agora aprovado a diretriz constitucional da *solidariedade social*, posta como um dos "objetivos fundamentais da república" (MARTINS-COSTA, Judith; BRANCO, Gerson Luiz Carlos. *Diretrizes teóricas do Novo Código Civil brasileiro*. São Paulo: Saraiva, 2002. p. 144).
(53) "Assim, o direito civil constitucional nada mais é do que a harmonização entre os pontos de intersecção do direito público e o direito privado, mediante a adequação de institutos que são, em sua essência, elementos de direito privado, mas que estão na Constituição, sobretudo em decorrência das mudanças sociais do último século e das transformações das sociedades ocidentais" (TARTUCE, Flávio. *A função social dos contratos*. São Paulo: Método, 2005. p. 64).

aspectos da vida privada da atualidade. Nega, portanto, o modelo de codificação como absolutizante, tal como concebido, reconhecendo a necessidade de reavaliação do papel do Código na completude do sistema jurídico privado.

A relativização preconizada, todavia, não retira o papel de centralidade da categoria código, por dois motivos. Primeiro, é no Código Civil que são encontrados os elementos básicos que regem o Direito Privado, com as particularizações que merecem. Por segundo, trata-se o Código do diploma invocado para outorgar unidade aos microssistemas, na medida em que supre eventuais lacunas dos microssistemas (Consolidação das Leis do Trabalho, Código de Defesa do Consumidor, Estatuto da Criança e do Adolescente, Lei de Locações Urbanas etc.).

Nesse sentido direciona-se a doutrina de *Fiuza*, para o qual o Código Civil ainda ocupa o papel central da doutrina civilística:

> Por esta e outras razões, muitos chegam a afirmar que no centro do sistema não gravita o Código Civil, mas a própria Constituição, que de lá irradia seus princípios e valores. A assertiva não deixa de ser correta, se levarmos em conta o sistema jurídico como um todo. No entanto, enfocando-se apenas o sistema juscivilístico, seria um pouco exagerada a afirmação, porque se entenda que é na Constituição que se deve inspirar o intérprete, em última instância. Na verdade, o Código Civil ocupa o centro do sistema civilístico, mas deve, por sua vez, ser lido à luz da Constituição[54].

A doutrina aqui tratada não nega a potência do fenômeno da constitucionalização do Direito Civil e a conseqüente força que as Constituições passam a ter no regramento das relações jurídico-privadas. A corrente de pensamento, todavia, demarca posição ao estabelecer que a regra incidente sobre a relação será alcançada por atuação do intérprete, no trabalho hermenêutico de produção da norma no caso concreto. Será dessa forma que o Código Civil pode ser interpretado sob luz da Constituição.

5.2. Doutrina constitucionalista

A doutrina constitucionalista representa uma forma mais demarcada de afirmação da força normativa direta dos preceitos constitucionais direcionados às relações entre os privados. Parte do pressuposto da plena efetividade dos princípios e valores encerrados na Constituição.

Essa corrente de pensamento afirma peremptoriamente que o Código Civil não mais é a fonte principal do Direito Privado. As modificações sofridas nos objetivos das Cartas Constitucionais, que passam a também ter função de garantir a igualdade nas relações entre os indivíduos, obriga que se reconheça ser a Constituição o novo centro do Direito Privado. A unidade do sistema não pode ser produzida a partir do Código, pois este tutela interesses individuais, os quais são reconhecidos pela Constituição

---

54) FIUZA, César. *Direito civil*. 5. ed. Belo Horizonte: Del Rey, 2002. p. 103.

como subordinados a interesses coletivos maiores. O Direito Privado, portanto, estaria permanentemente constitucionalizado.

A construção e interpretação das normas próprias a regular a relação jurídico-privada devem ser efetuadas a partir dos princípios e valores encontrados na Carta Política. A ruptura com o ideário liberal individualista do Código Civil de 1916 é muito mais clara e reconhece que o homem merecedor da tutela das regras do sistema de Direito Privado é antes o cidadão que o indivíduo.

A própria existência de diplomas legislativos isolados é indesejável, pois não raro encerram princípios e valores díspares, conflitantes, ao sabor de grupos políticos de pressão. Para que se afastem os antagonismos dos microssistemas, é preciso que se recorra a um diploma com maior potencial normativo. Para *Tepedino*, se o Código Civil é incapaz de informar, com princípios estáveis, as regras contidas nos diversos estatutos, o texto constitucional pode fazê-lo, reunificando o sistema[55].

Nalin também é autor que se aproxima da doutrina constitucionalista ao defender que a Constituição acaba ocupando espaço legislativo e social que deveria ser reservado ao Código Civil, qual seja, a tutela do "homem ser"[56].

Como a sociedade brasileira hoje se dá conta da importância dos valores existenciais do homem, superiores inclusive aos materiais, algum texto de lei é convocado a tutelar estes 'novos direitos', e na falta de uma lei infraconstitucional que os acolha, surge a Constituição, exigida em performance de eficácia sem precedentes, para a doutrina constitucionalista[57].

5.3. Doutrina pluralista

As duas primeiras doutrinas referidas coincidem no reconhecimento de uma constitucionalização do direito civil, mas demarcam o Código ou a Constituição como centro do sistema de Direito Privado. A doutrina pluralista segue por outro caminho: também admite — e reforça a tese — de que Constituição, Código e estatutos têm a função de atuação plural de fornecer as fontes normativas. Contudo, não reconhece um centro delimitado do Direito Civil, um diploma habilitado a universalmente receber o papel de unificação do sistema.

Lorenzetti fundamenta sua compreensão numa mudança de axiomas, tal como produzido na evolução da astronomia de *Ptolomeu* a *Copérnico*[58]. O paradigma

---

(55) TEPEDINO, Gustavo. *Premissas metodológicas para a constitucionalização do direito civil*, p. 13.
(56) NALIN, *op. cit.*, p. 101.
(57) "O deslocamento do núcleo das relações privadas para dentro da constituição e, a partir dela, a irradiação de novas linhas balizadoras para aplicação do ordenamento jurídico vigente, impõe ao hermeneuta interpretação interdisciplinar, procurando conjugar a legislação infraconstitucional com o conteúdo constitucional. Até porque o fato de determinado tema encontrar abrigo no conteúdo constitucional impõe hierarquicamente uma releitura de todos os setores do direito civil, implicando verdadeiro processo de contaminação constitucional" (GOMES Rogério Zuel. *Teoria contratual contemporânea*. Rio de Janeiro: Forense, 2004. p. 93).
(58) LORENZETTI, Ricardo Luis. *Fundamentos do direito privado*. São Paulo: Revista dos Tribunais, 1998. p. 79.

ptolomáico da necessidade de identificação de um centro universal influenciou as idéias originais de codificação, mas se trata de paradigma ultrapassado. As raízes estruturantes do sistema são agora as normas fundamentais e que não são encontradas em um único ponto:

> Por isso o Direito Civil Constitucional foi definido como o sistema de normas e princípios normativos institucionais integrados na Constituição, relativos à proteção da própria pessoa e nas suas dimensões fundamentais, familiar, patrimonial, na ordem de suas relações jurídicas privadas gerais, e concernentes àquelas outras matérias residualmente consideradas civis, que têm por finalidade fixar as bases mais comuns e abstratas da regulação de tais relações jurídicas e matérias as quais podem ser eventualmente aplicadas de forma imediata ou podem servir de marco de referência da vigência, validade e interpretação da normativa aplicável ou de pauta para seu desenvolvimento[59].

Também parece ser este o posicionamento de *Perlingieri*:

> A questão não reside na disposição topográfica (códigos, leis especiais), mas na correta individuação dos problemas. A tais problemas será necessário dar uma resposta, procurando-a no sistema como um todo, sem apego à preconceituosa premissa do caráter residual do código e, por outro lado, sem desatenções às leis cada vez mais numerosas e fragmentadas.[60]

A doutrina pluralista, na medida em que não elege um diploma central universal, reforça a necessidade de uma variação hermenêutica. O intérprete obriga-se a harmonizar pontualmente institutos e princípios, numa tarefa de permanente intersecção de valores.

5.4. Características comuns às três correntes doutrinárias

As correntes doutrinárias têm em comum a compreensão inicial de superioridade das normas constitucionais sobre as demais normas[61] e negação das teses tradicionais de aplicabilidade apenas indireta da Constituição. Afastam-se as características liberais-clássicas de reconhecer que as Constituições são apenas "cartas de direitos", voltadas primeiramente a determinar as estruturas estatais[62]. Afiança-se, ainda, que, em diferentes intensidades, as normas constitucionais não são apenas "belos enunciados principiológicos" e isoladamente ineficazes, mas que gozam de aplicabilidade plena e atuam na funcionalização dos institutos jurídicos preexistentes.

Também há unidade tendo em vista que a Constituição une o ordenamento de Direito Privado: as leis e códigos fundam-se em ideologias e visões de mundo diversas

---

(59) LORENZETTI, *op. cit.*, p. 252.
(60) PERLINGIERI, *op. cit.*, p. 6.
(61) KELSEN, Hans. *Teoria pura do direito*, p. 247.
(62) "(...) razoável entender que a Carta Constitucional oferece elementos mínimos, mas suficientes, para uma efetiva aplicação dos princípios nela encartados, de modo direto ou indireto, sem que, para tanto, seja necessário esperar a eventual regulamentação de alguns setores mais sensíveis do mercado" (NALIN, *Do contrato*, p. 165).

da presente na Constituição, de modo que a solução para cada controvérsia não pode mais ser encontrada apenas no artigo de lei, mas à luz de todo o sistema de direito privado[63].

Por fim, une-se a concepção de que o Direito Civil constitucionalizado é o Direito Civil que tem por fundamento primeiro a superação da lógica patrimonial, substituída pelos valores da dignidade humana, privilegiados pela Constituição[64]. Nessa nova concepção, o princípio da liberdade contratual cede espaço aos princípios que privilegiam o valor humano, como dignidade, liberdade, igualdade, direito à vida, segurança, propriedade etc.

Na tarefa de aplicação, *Nalin* estabelece quatro premissas metodológicas para a aplicação desse direito civil constitucionalizado:

Primeiro, deve-se passar da técnica legislativa do tipo hermenêutico (preceito e sanção) para as cláusulas gerais, abrangentes e abertas. Trata-se do modelo que se coaduna com a plasticidade do tecido normativo e que encontra nos dispositivos constitucionais o canal por excelência[65].

Segundo, a redução da linguagem técnica usada nos textos legais, o que implica maior eficácia das regras constitucionais e infraconstitucionais[66].

Terceiro, descaracterização da regra assentada no enredo negativo (sancionatório repressor). O objetivo deve ser o de alcançar a vocação programática do Estado[67].

Quarto, a tendência em se condicionar a efetividade dos efeitos patrimoniais dos atos jurídicos (*lato sensu*) atrelados à realização de valores superiores do ordenamento, tal como a dignidade da pessoa humana, pois ele se encontra no vértice da estrutura legal[68].

Quinto, revisitação às fontes do Direito e reafirmação da prevalência da Constituição em face do Código Civil[69].

---

(63) "Uma questão preliminar se impõe: como é sabido, a noção de sistema não é, nem mesmo no interior da ciência jurídica, uma noção unívoca, derivando sua polissemia não só da ótica particular do estudioso, mas principalmente, das particularidades de cada um dos períodos históricos da formação do ordenamento que se tem em vista examinar. Por isso a idéia que aqui se toma de 'sistema' é, antes de mais nada aquela deduzida do método comparativista, de 'grupos de ordenamentos jurídicos', vale dizer, sistema enquanto estrutura particularizada pelo emprego de determinado vocabulário correspondente a certos conceitos, pelo 'agrupamento de regras' em certas categorias, pela utilização de determinadas técnicas de interpretação, e por específicas concepções da ordem social que determinam o modo de aplicação e a própria função do ordenamento jurídico" (MARTINS-COSTA, Judith. As cláusulas gerais como fatores de mobilidade do sistema jurídico. In: *Revista de Informação Legislativa*. Brasília: Senado Federal, outubro a dezembro 1991, ano 28, n. 112, p. 14).
(64) "A adjetivação do direito civil, dito 'constitucionalizado, socializado, despatrimonializado', ressalta o trabalho que incumbe ao intérprete de reler a legislação civil à luz da Constituição, de modo a privilegiar os valores não-patrimoniais, a dignidade da pessoa humana, o desenvolvimento de sua personalidade, os direitos e a justiça distributiva, à qual devem se submeter à iniciativa econômica privada e às situações jurídicas patrimoniais" (TEPEDINO, Gustavo, *op. cit.*, p. 21-22).
(65) NALIN, *Do contrato:* conceito pós-moderno. Curitiba: Juruá, 2001. p. 33-34.
(66) *Idem*, p. 34.
(67) *Idem*, p. 35.
(68) *Idem, ibidem.*
(69) *Idem*, p. 40-41.

Sexto, o novo contratualismo, revela-se pela negociação operada pela sociedade de seus interesses sociopolíticos[70].

Sétimo, a possibilidade de aplicação das normas constitucionais às relações entre privados[71].

A constitucionalização do Direito Civil tem como importante característica a vinculação permanente das relações jurídico-privadas com a proteção da dignidade humana. *Lorenzetti* define o Direito Civil Constitucional como sistema de normas e princípios normativos institucionais integrados na Constituição, relativos à proteção da própria pessoa e nas suas dimensões fundamentais familiar, patrimonial, a ordem de suas relações jurídicas privadas gerais. São concernentes àquelas outras matérias residualmente consideradas civis que têm por finalidade fixar as bases mais comuns e abstratas da regulamentação de tais relações e matérias. Tratam de aspectos da tutela jurídica que podem ser aplicados de forma imediata ou servir de marco de referência da vigência, validade e interpretação da normativa aplicável ou de pauta para seu desenvolvimento[72].

A disciplina do ser-humano, visto como detentor de dignidade e direitos fundamentais tuteláveis, não pode reconhecer a classificação de Direito estreitamente privado[73]. Na medida em que há uma série de normas constitucionais de natureza pública que se direcionam às relações privadas, a Constituição também está estabelecendo conteúdos normativos possíveis para um Direito Civil Constitucional[74].

Mas, via de regra, a Constituição não define os direitos e princípios fundamentais que consagra. Antes, limita-se a reconhecê-los e enunciá-los. Por conseqüência, há uma revalorização da atividade hermenêutica na definição e alcance dos direitos constitucionais. Cabe ao intérprete a aplicação dos conceitos clássicos de Direito Civil iluminados pelas cores da Constituição Federal. Passa a ser inadmissível manter a interpretação do Código ou de qualquer norma de Direito Civil, concebendo a patrimonialidade (propriedade e contrato) acima da dignidade da pessoa humana. Deixa de ser tolerável que o interesse individual coloque-se acima do interesse coletivo, ignorando-se todo referencial da normatividade constitucinal[75].

O processo de adaptação do Direito Civil à luz da constituição, rememora *Nalin*, tem, pelo menos, um precedente de sucesso na história do Direito Ocidental contemporâneo,

---

(70) *Idem*, p. 42-43.
(71) *Idem*, p. 45-48.
(72) LORENZETTI, *op. cit.*, p. 252.
(73) "O Direito Civil deve, com efeito, ser concebido como 'serviço da vida', a partir de sua real raiz antropocêntrica, não para repor em cena o individualismo do século XVIII, nem para retomar a biografia do sujeito jurídico da Revolução Francesa, mas sim para se afastar do tecnicismo e do neutralismo. O labor dessa artesania de 'repersonalização' e 'reetização' leva em conta um sistema aberto e rente à vida (...)" (FACHIN, Luiz Edson. *Teoria crítica do direito civil à luz do novo Código Civil brasileiro*. Rio de Janeiro: Renovar, 2003. p. 218).
(74) MORAES, Maria Celina. A caminho de um direito civil constitucional. *Revista de Direito Civil* n. 65, p. 26.
(75) ARONE, Ricardo. *Propriedade e domínio*: reexame das noções nucleares de direitos reais. Rio de Janeiro: Renovar, 1999. p. 49.

a adaptação ideológica do Código Civil Italiano de 1942, construído sob inspiração do período fascista, com a então *novel* Constituição da República Italiana, que entrou em vigor em 1.1.1948[76]. Em relação ao Código Civil Brasileiro de 2002, a anterioridade da Constituição Federal de 1988 impõe uma notável responsabilidade aos juristas na construção de pontes hermenêuticas.

O Direito do Trabalho, como integrante do sistema de regulação das relações entre os particulares, não fica indiferente à nova composição do sistema jurídico obrigacional. Como refere *Bacarat*, a Constituição Federal brasileira também impôs uma forma de aplicar a lei trabalhista de acordo com valores imateriais mais importantes, como a dignidade da pessoa humana, art. 1º, I e a solidariedade, art. 3º, I, ou seja, contrários às idéias comuns e predominantes do modelo individualista-patrimonialista[77].

Em diversos momentos desta obra, faremos um trabalho de interpretação civil-trabalhista-constitucional do contrato individual de trabalho. O objetivo é demonstrar que o princípio da função social tem previsão e concreção constitucional e, em especial, aplicabilidade na relação de emprego. Ampara-se, por conseguinte, na premissa constitucional da dignidade humana e despatrimonialização das relações jurídico-privadas.

6. Despatrimonialização do direito privado

A construção do Direito Privado do Estado Liberal foi formada sob o signo da propriedade. As relações entre particulares recebiam valoração pelo sistema — juridicidade — na medida em que encerravam interesses econômicos. O sujeito digno de receber a qualificação de *sujeito de direito* é aquele valorizado como proprietário. O aumento considerável da tecnologia, e da produção acompanhada da miséria nos locais em que a riqueza é produzida, confirma que a ordem jurídica liberal individualista não estava preocupada com o homem, enquanto condição biológica e moral.

Este modelo individualista, paradigma da codificação brasileira de 1916, era plenamente coerente com o espírito liberal individualista do Estado.

A nova arquitetura normativa das relações interprivadas toma por base a incidência de princípios de valorização da condição humana, propondo a reconstrução do sujeito contratual. Esta repersonalização do sujeito coloca a pessoa no centro do Direito Civil, refuncionalizando o Direito Privado em função do homem.

Por evidente, não se está a falar de retirada da função econômica dos contratos. A economia capitalista de mercado em que vivemos não permite que se subtraia a importância que têm as transações entre privados para o consumo. O conteúdo patrimonial do sistema jurídico privado não pode ser completamente eliminado. A divergência, como faz referência *Perlingieri*, concerne à avaliação qualitativa do momento econômico e à disponibilidade de encontrar, na exigência de tutela do homem, um aspecto idôneo

---

(76) NALIN, *A autonomia privada na legalidade constitucional*, p. 18.
(77) BARACAT, Eduardo Milléo. *A boa-fé no direito individual do trabalho*. São Paulo: LTr, 2003. p, 49.

que, sem retirar o conteúdo econômico, possa atribuir-lhe uma justificativa institucional de suporte ao livre desenvolvimento da pessoa[78]. A proposição é de que, a partir de uma análise hermenêutica, haja a consciência de que critérios valorativos econômicos — ainda que sejam úteis ao Direito — não são capazes de representar sozinhos a completude das relações patrimoniais.

A despatrimonialização a que nos referimos é a da renovação dos propósitos do contrato contemporâneo, outorgando maior atenção ao sujeito, enquanto detentor de valores biológicos e morais, que na sua condição de proprietário. A passagem é da adequação dos valores patrimoniais a uma axiologia existencial, calcada na Constituição.

Para a efetividade do processo de despatrimonialização, *Perlingieri* enfatiza a predisposição que deve haver de reconstrução do Direito Civil a partir do paradigma do livre desenvolvimento da pessoa:

> Não é suficiente, portanto, insistir na afirmação da importância dos 'interesses da personalidade no direito privado'; é preciso predispor-se a reconstruir o Direito Civil não com uma redução ou um aumento de tutela das situações patrimoniais, mas com uma tutela qualitativamente diversa. Desse modo, evitar-se-ia comprimir o livre e digno desenvolvimento da pessoa mediante esquemas inadequados e superados; permitir-se-ia o funcionamento de um sistema econômico misto, privado e público, inclinado a produzir modernamente e a distribuir com mais justiça. O pluralismo econômico assume o papel de garantia do pluralismo também político e do respeito à dignidade humana. O Direito Civil reapropria-se, por alguns aspectos e em renovadas formas, da sua originária vocação de *ius civile*, destinado a exercer a tutela dos direitos 'civis' em uma nova síntese — cuja existência normativa tem importância histórica (arts. 13-54 e 1º-12 Const.) — entre as relações civis e aquelas econômicas e políticas.[79]

A despatrimonialização, em poucas palavras, é a tendência normativa-cultural de superação do patrimonialismo, em direção ao pessoalismo. Ou seja, de que a valorização do sujeito deixe de se efetuar em face de seu patrimônio, da produção voltada a si mesma, o consumismo. O pessoalismo refere-se ao valor humano do sujeito, e não ao personalismo, ligado ao individualismo nas relações entre privados e próprio das codificações liberais. A relação obrigacional, nesta ordem de valores, acaba por ser ferramenta de desenvolvimento de um papel de atuação do valor constitucional da dignidade humana[80].

Para a integração da normatividade das relações jurídico-privadas, vale, então, ressaltar os valores prestigiados nos artigos constitucionais 1º, III (dignidade da pessoa humana), 1º, IV (valorização social do trabalho e da livre iniciativa), 3º, I (construção de uma sociedade justa e solidária) e 3º, III (atuação na erradicação da pobreza, marginalização e redução das desigualdades sociais e regionais). Trata-se de princípios

---

(78) PERLINGIERI, *op. cit.*, p. 33.
(79) *Idem*, p. 34.
(80) NALIN, Paulo. *Do contrato,* p. 250-251.

vetores, capazes de subordinar e validar qualquer regra infraconstitucional de Direito Privado. São esses os princípios que fundam o sistema civil-constitucional plural e interveniente, baseado em valores de alçada constitucional aptos a atender anseios variados e relevantes[81].

Com a despatrimonialização do Direito Privado, reavalia-se a vontade das partes na fixação do regulamento contratual. Se é a dignidade da pessoa humana o princípio que vetoriza o contrato, torna-se tarefa difícil a defesa absolutizante do querer individual na formação da obrigação.

7. Livre iniciativa e autonomia privada

O princípio da livre-iniciativa econômica é concebido a partir de outro princípio mais amplo, o princípio da liberdade. Como direito fundamental individual de caráter subjetivo, a liberdade é garantida a partir do direito subjetivo de garantia da propriedade. Como refere *Gómez*, o princípio da livre-iniciativa econômica encontra seu fundamento último na própria idéia de pessoa e no respeito de seus direitos fundamentais. Supõe, portanto, que a iniciativa privada se garante constitucionalmente em função do valor social que representa ao assegurar a propriedade[82].

A Constituição Brasileira de 1988 segue este modelo, ao estabelecer no artigo 170 que a ordem econômica é fundada na valorização do trabalho humano e na livre iniciativa, assegurando, entre outros princípios, a propriedade privada (inciso II) e a livre concorrência (inciso IV). São a livre iniciativa e a propriedade privada que fornecem os valores que lastreiam a autonomia privada. A liberdade de atuação negocial é exercida por meio da liberdade individual, também constitucionalmente garantida no artigo 5º, *caput*, da Carta Política. Assim, o mais alto diploma nacional reconhece que podem os indivíduos exercer a gestão de seus interesses. Em que pese a importância que têm na centralidade do capitalismo, a Constituição não reconhece expressamente o direito dos cidadãos a celebrar contratos.

Mas no artigo 170 a Constituição Federal também estabelece limites para a atuação dos particulares na condução de seus negócios. Inicialmente, porque, ao lado da livre iniciativa, a dignidade do trabalho é princípio da ordem econômica. Mais: estabelece-se como princípios vetores da atividade econômica a função social da propriedade (inciso III), defesa do consumidor (inciso V), defesa do meio ambiente (inciso VI), redução das desigualdades regionais e sociais (inciso VII) e busca do pleno emprego (inciso VIII).

Tratando-se de diretrizes constitucionais, há a necessidade inafastável de conciliação dos princípios, para que possam ser dotados de concreção. No contexto colocado de

---

(81) NEVES, Gustavo Kloh Muller. Os princípios entre a teoria geral do direito e o direito civil constitucional. In: FACHIN, Luiz Edson (organizador). *Diálogos sobre direito civil*. Rio de Janeiro e São Paulo: Renovar, 2002. p. 19-20.

(82) GÓMEZ, J. Miguel Lobato. Livre iniciativa, autonomia privada e liberdade de contratar. In: NALIN, Paulo (organizador). *A autonomia privada na legalidade constitucional*. Curitiba: Juruá, 2001. p. 247.

construção de um Estado Social, os princípios que consagram a livre iniciativa não são os instrumentos escolhidos para favorecer a exploração de alguns em favor de outros. O objetivo parece ser o de propiciar o progresso econômico, como algo útil para superação das desigualdades de fato. Ou seja, de promoção de valores sociais, colocados no vértice axiológico que determina a Constituição.

A tentativa de fundamentar de forma absoluta a autonomia privada na garantia constitucional de iniciativa econômica é artificial. Como refere *Perlingieri*, ocorre que a negociação que tem por objeto situações subjetivas não patrimoniais deve ser colocada em relação à cláusula geral de tutela da pessoa humana. Os atos de autonomia têm, portanto, fundamentos diversificados, mas com denominador comum de serem dirigidos à realização de interesses e funções que merecem tutela e que são socialmente úteis. E na utilidade social há sempre a exigência de que atos e atividades não contrastem com a segurança, a liberdade e a dignidade humana. Assim, a autonomia gerada pela livre iniciativa é não somente de direitos subjetivos, mas também de deveres de solidariedade, pois assim ordena a Carta Magna do Estado Social[83].

A remodulação do princípio da autonomia negocial não tende a afastar a manifestação individual de vontade como lastro básico. Mas também não é mais cabível, em especial pelo arcabouço constitucional de proteção das necessidades da coletividade, que essa liberdade mantenha-se ancorada no centro do sistema jurídico de Direito Privado. A perspectiva individualista calcada no dogma da vontade cede à perspectiva coletiva, como efeito obrigatório da construção de um Estado que não mais segue o paradigma do liberalismo individualista.

A própria Constituição, com seu potencial normativo, deveria ser suficiente para o afastamento geral da perspectiva individualista e promoção dos valores sociais nas relações privadas. Mas constata *Nalin* que os valores constitucionalmente tutelados de vinculação da livre iniciativa a intervenção dirigista do Estado nas relações contratuais não puderam alterar a cultura de aplicação do Direito lastreada no ideário do Estado Liberal[84]. Por efeito, as idéias de restrição da autonomia privada passaram a ser atreladas corriqueiramente à atuação legislativa, por meio de microssistemas jurídicos ou de leis extravagantes, especiais à regra do Código Civil, e que buscam, nas relações contratuais específicas, minimizar as diferenças econômicas e sociais entre os contratantes. Em conseqüência, a concepção liberal da autonomia privada lastreada na livre iniciativa acaba por ser alterada em nossa sociedade.

A compreensão da aplicação direta da constituição impede que se vejam os princípios consagradores de superação das desigualdades apenas numa ótica de limitação pontual e excepcional de um valor de modalidade de Estado ultrapassado. Como revela *Perlingieri*, os chamados limites à autonomia, colocados à tutela dos contraentes mais frágeis, não são mais externos e excepcionais, mas, antes, internos, na medida em que são expressão direta do ato e de seu significado constitucional[85].

---

(83) PERLINGIERI, *op. cit.*, p. 18-19.
(84) NALIN, *Do contrato*, p. 165-167.
(85) PERLINGIERI, *op. cit.*, p. 280.

8. Modelo de cláusulas gerais

A expressão de valores sociais no ordenamento jurídico privado tem encontrado como instrumento mais adequado a fórmula das cláusulas gerais. Ocorre que os códigos oriundos do liberalismo individualista supõem a existência de sistemas rígidos e completos e que, portanto, mostram-se refratários a modificações que se operem nos planos econômico e social. A técnica das cláusulas gerais apresenta a vantagem de permitir a "abertura" e "oxigenação" do sistema.

As cláusulas gerais, na conceituação de *Tepedino*, enfatizam a interpretação:

> Cuida-se de normas que não prescrevem uma certa conduta, mas, simplesmente, definem valores e parâmetros hermenêuticos. Servem, assim, como ponto de referência interpretativo e oferecem ao intérprete os critérios axiológicos e os limites para a aplicação das demais disposições normativas[86].

O reconhecimento de um sistema jurídico que esteja permanentemente ligado às transformações sociais apenas pode encontrar operatividade em normas que não tenham a pretensão de encerrar a integralidade das situações de fato previstas. O sistema que se pretenda interativo à realidade que busca regrar deve reconhecer a incompletude das soluções previamente pensadas pelo legislador[87]. Será a vagueza de técnicas jurídicas, como as cláusulas gerais, que permitirá a interação de forma mais justa e equilibrada do Direito com a sociedade.

As cláusulas gerais possuem características próprias, que as distinguem das normas ditas ordinárias. Diante do objetivo deste trabalho limitamo-nos a enunciar as duas principais: a generalidade do enunciado e a remissão a princípios.

É da doutrina de *Karl Engisch*[88] que as cláusulas gerais se definem a partir da oposição às normas casuísticas. Nesse sentido, têm como principal característica o fato de que encerram um enunciado normativo geral, abstrato, com conteúdo e extensão incertos em seu enunciado. Como conseqüência da opção de dotar o sistema de abertura, a técnica legislativa que origina as cláusulas gerais opta por não enumerar os pressupostos e conseqüências. Nesse sentido, *Judith Martins-Costa* enfatiza que esse tipo de norma busca a formulação da hipótese legal através de conceitos cujos termos têm significados intencionalmente vagos e abertos, chamados de "conceitos jurídicos indeterminados". Em vez de traçar pontualmente a hipótese e sua conseqüência,

---

(86) TEPEDINO, Gustavo. Cidadania e direitos da personalidade. *Revista Jurídica*, vol. 309, jul. 2003. p. 12.

(87) Nesse sentido advoga Martins-Costa, para quem as cláusulas gerais permitem a "visualização de uma *nova noção de sistema jurídico*. Se conseguirmos afastar de nosso raciocínio as armadilhas da ilusão codificadora e admitirmos a possibilidade da convivência entre o código, as variadas leis especiais e um modelo de interpretação judicial que não dispense a utilização do raciocínio problemático de que tratou Vieweg em sua Tópica, poderão os códigos sobreviver como 'eixos centrais' de cada sistema e subsistema individualmente considerados, entendidos estes, por óbvio, não mais à base da concepção típica às ciências exatas, mas de um modo aberto." (MARTINS-COSTA, Judith. As cláusulas gerais como fatores de mobilidade do sistema jurídico. In: *Revista de Informação Legislativa*. Brasília: Subsecretaria de Edições Técnicas do Senado Federal, 1991. p. 24).

(88) ENGISCH, Karl. *Introdução ao pensamento jurídico*. Lisboa: Fundação Calouste Gulbenkian, 1996. p. 228.

é apenas delineada uma vaga moldura, apta a permitir, pela vagueza semântica que caracteriza os seus termos, a incorporação de princípios, diretrizes máximas de conduta originalmente estranhos ao código[89]. Como resultado dessa atividade, tem-se a concreção de princípios, diretrizes e máximas de conduta, numa constante formulação de normas novas e adequadas ao caso concreto.

A segunda característica determinante das cláusulas gerais, como já adiantado, reside na prevalência da remissão que fazem a princípios. Ocorre que os valores carregados na cláusula geral não encerram valores que são encontrados dentro do sistema jurídico, através da atividade hermenêutica, ou mesmo fora do sistema[90]. O objetivo posto de a técnica possuir intrínsecas as idéias de generalidade e consagração de princípio é de que se dote o sistema de mobilidade. Ao deixar de se utilizar de preceitos normativos rígidos, e optar por valores em mutação, abre-se o ordenamento, dotando-o de variabilidade e permanente atualidade aos elementos sociais.

O Código Civil Brasileiro de 2002 utiliza da técnica de cláusulas gerais para a consagração de vários valores. O artigo 421 do CCB/02, ao estabelecer o princípio da função social do contrato utiliza-se do modelo de cláusula geral[91]. Nesse sentido, a opção de expressão da função social do contrato por esse meio não foi opção casuística. Utilizou-se desta técnica exatamente para que a limitação da autonomia das partes fosse ampliada à generalidade das relações privadas, e seus termos pudessem ser descobertos na análise concreta[92].

As cláusulas gerais remetem a valores, incumbindo ao jurista aplicador adequar a regra jusprivatista aos princípios constitucionais. Situados no plano hierarquicamente superior, os princípios constitucionais servem de parâmetros, de guias para o conteúdo e controle de aplicação das cláusulas gerais[93]. Como defende *Perlingieri*[94], os artigos das leis civis liberais individualistas, principalmente quando produzidos na forma de cláusula geral, recebem significado diverso quando são lidos na lógica da solidariedade constitucional. A vinculação necessária entre cláusulas gerais e Constituição é também assegurada por *Nalin*, ao afirmar que a Carta Constitucional atua como conexão axiológica entre o Código Civil e suas cláusulas gerais, no momento da concretização normativa[95]. Por esse motivo apenas com a vigência de uma Constituição democrática, como a de 1988, é que se passou a ter um suporte axiológico para a construção normativa das

---

(89) MARTINS-COSTA, Judith Hoffmeister. O direito privado como um "sistema em construção" — as cláusulas gerais no projeto do Código Civil brasileiro. In: *Revista dos Tribunais*. São Paulo: RT, n. 753, 1998. p. 24.

(90) JORGE JÚNIOR, Alberto Gosson. *Cláusulas gerais no novo Código Civil*. São Paulo: Saraiva, 2004. p. 9.

(91) Miguel Reale, o sistematizador do Código Civil, a importância de que as normas se revistam de elasticidade, "capaz de atender, em maior ou menor grau, às variações fático-axiológicas, de modo que a norma jurídica pode sofrer profundas alterações semânticas, não obstante a inalterabilidade formal de seu enunciado, ou a permanência intocável de sua roupagem verbal" (REALE, Miguel. *O direito como experiência*. São Paulo: Saraiva, 1999. p. 210).

(92) SANTIAGO, Mariana Ribeiro. *O princípio da função social do contrato*. Curitiba: Juruá, 2006. p. 115.

(93) JORGE JÚNIOR, Alberto Gosson. *Op. cit.*, p. 57.

(94) PERLINGIERI, *op. cit.*, p. 27.

(95) NALIN, Paulo. Cláusula geral e segurança jurídica no Código Civil. *Revista Trimestral de Direito Civil*, v. 6, n. 23. Padma Editora, 2005. p. 66.

cláusulas abertas. É somente com um texto constitucional legítimo que se obtém o substrato para a construção do sistema jurídico, vez que tais dispositivos são destituídos de conteúdo e valor descritos.

A doutrina costuma enumerar os problemas trazidos pelas cláusulas gerais, relacionando o modelo com a incerteza jurídica gerada pela possibilidade do juiz, nas palavras de *Nery Júnior*, "criar a norma pela determinação dos conceitos, preenchendo o seu conteúdo com valores"[96].

O abandono da concepção da completude codificatória oitocentista também não parece convencer o ex-juiz *Theodoro Júnior*, para quem os riscos e perigos não são poucos, nem pequenos:

> Uma norma legal em branco evidentemente permite ao juiz preencher o claro legislativo de modo a aproximar-se mais da justiça do caso concreto. O aplicador da lei, contudo, sofre a constante tentação de fazer prevalecer seus valores pessoais sobre os que a ordem jurídica adotou como indispensáveis ao sistema geral de organização social legislada. Nos ordenamentos que adotam tipos rígidos para sua conceituação normativa, os valores e princípios fundamentais são levados em conta pelo legislador, de maneira que o Juiz tem sua atividade exegética e axiológica bastante reduzida e simplificada. Já num regime de normas principiológicas, cabe-lhe uma tarefa complicada e penosa, qual seja, a de reconstruir todo o mecanismo axiológico da ordem constitucional cada vez que tiver de aplicar a cláusula geral da lei às necessidades do caso concreto[97].

A importância do magistrado na concreção e aplicação das cláusulas gerais segue o ideário de construção do Estado Social, em que se repartem as responsabilidades para consagração de princípios de solidariedade. Nesse sentido, o controle é exercido com base numa repartição de responsabilidade entre legislador e juiz.

A importância da fundamentação judicial é enfatizada por *Jorge Júnior*, pelo qual a amplitude do conceito de cláusula geral, aliada à possibilidade de se fazer referência a valores e princípios cujo controle se dará de forma praticamente exclusiva através da fundamentação judicial[98]. Por conseqüência, provoca-se o repensar de alguns pontos essenciais da estrutura do sistema jurídico, tais como os dos limites de competência do Judiciário perante o Legislativo e, a não menos relevante questão acerca da jurisprudência como fonte de Direito.

Mas como refere *Santiago*[99], o ordenamento deve possuir dispositivos proibitivos formulados em termos suficientemente amplos, genéricos e elásticos, que possam cobrir mesmo hipóteses singulares não previstas na promulgação da norma. Foi, portanto, em favor da operatividade que o legislador deu à função social do contrato a

---

(96) NERY JÚNIOR, Nelson. *Código Civil anotado e legislação extravagante*. São Paulo: Revista dos Tribunais, 2003 p. 143.
(97) THEODORO JÚNIOR, Humberto. *O contrato e sua função social*. Rio de Janeiro: Forense, 2004. p. 126.
(98) JORGE JÚNIOR, *op. cit.*, p. 58-59.
(99) SANTIAGO, *op. cit.*, p. 115-116.

roupagem de cláusula geral. O tema será aprofundado no capítulo VI deste trabalho, quando também será analisada a possibilidade, na aplicação da função social pelo juiz, de julgamentos destituídos de fundamentação apropriada e contrários à segurança jurídica e atendimento ao princípio democrático.

9. Revisitando os princípios contratuais

Sintetiza *Fiuza* que princípios informadores são normas gerais e fundamentais que fornecem os pilares de determinado ramo do pensamento científico. Informam, portanto, o cientista. Fornecem os fundamentos dos quais devemos partir para a compreensão da completude. São gerais, porque se aplicam a uma série de hipóteses, e são fundantes, na medida em que deles se pode extrair um conjunto de regras, e das quais decorrem por lógica[100].

Larenz relata que os princípios jurídicos apresentam-se apenas como pautas gerais de valoração ou preferências valorativas em relação à idéia do Direito, que, todavia, não chegaram a condensar-se em regras jurídicas imediatamente aplicáveis, mas que permitem apresentar fundamentos justificativos das mesmas[101].

A perspectiva hermenêutica do conceito de princípios é efetatizada por *Diniz*:

(...) cânones que não foram ditados, explicitamente, pelo elaborador da norma, mas que não estão contidos de forma imanente no ordenamento jurídico. Observa *Jeanneau* que os princípios não têm existência própria, estão ínsitos no sistema, mas é o juiz que, ao descobri-los, lhes dá força e vida. Esses princípios, que servem de base para preencher lacunas não podem opor-se às disposições do ordenamento jurídico, pois devem fundar-se na natureza do sistema jurídico, que deve apresentar-se como um 'organismo' lógico, capaz de conter uma solução segura para o caso duvidoso.[102]

O processo jurídico e social de reconhecimento de incompletude dos códigos e fortalecimento do Estado Social, dotação de operatividade aos postulados constitucionais, e reconhecimento de necessidade de atuação dos valores de promoção do bem-estar, obrigaram ao repensar da fórmula meramente informadora dos princípios. A concepção tradicional dos princípios deixa de se adequar ao Direito Contratual de postura socializada e voltado a intervenção e operatividade material.

Acerca da operatividade dos princípios, *Dworkin* é autor que defende a tese de que as decisões judiciais civis, em especial nos casos difíceis, são e devem ser, de maneira característica, geradas por princípios[103]. Ou seja, passa-se a reconhecer os princípios

---

(100) FIUZA, César. A principiologia contratual e a função social dos contratos. In: LAGE, Emerson José Alves e LOPES, Mônica Sette (organizadores). *Novo Código Civil e seus desdobramentos no direito do trabalho.* São Paulo: LTr, 2004. p. 98.

(101) LARENZ, Karl. *Metodologia da ciência do direito.* Lisboa: Fundação Calouste Gulbenkian, 1997. p. 192.

(102) DINIZ, Maria Helena. *Lei de Introdução ao Código Civil interpretada.* São Paulo: Saraiva, 2001. p. 123.

(103) DWORKIN, Ronald. *Levando os direitos a sério.* São Paulo: Martins Fontes, 2002. p. 132.

verdadeiramente como Direito, os quais podem determinar em concreto a imposição de obrigações[104]. O marco doutrinário que seguiremos neste trabalho apóia-se no pensamento que ressalta a relevância do papel assumido pelos princípios na formação da constelação normativa das relações entre os privados.

Na ciência jurídica nacional, *Tepedino* é doutrinador que se destaca na tarefa de defender o caráter normativo dos princípios constitucionais nas relações jurídico-privadas:

> No caso brasileiro, a introdução de uma nova postura metodológica, embora não seja simples, parece facilitada pela compreensão, mais e mais difusa, do papel dos princípios constitucionais nas relações de direito privado, sendo certo que doutrina e jurisprudência têm reconhecido o caráter normativo de princípios como o da solidariedade social, da dignidade da pessoa humana, da função social da propriedade, aos quais se tem assegurado eficácia imediata nas relações de direito civil.[105]

No que se refere ao caráter de operatividade material, pauta-se a necessidade de adequação dos princípios tradicionais do Direito dos Contratos com a realidade de superação de dogmas liberais. No campo do Direito Privado brasileiro, lembra *Nalin*, é imprescindível outorgar um desenho normativo à constelação de princípios gerais de Direito, para que se possa fazer atuar em coerência as normas, os subprincípios e os valores jurídicos. Ocorre que o Código Civil é ainda pautado pelo dogma da vontade, ao passo que a Constituição somente autoriza a livre iniciativa enquanto funcionalizada pela justiça social. Neste quadro, a única alternativa apta a afastar a possibilidade de atuação contrária aos valores jurídicos constitucionais é o reconhecimento de sua eficácia normativa[106].

O objetivo que nos propomos neste item é o da apresentação dos princípios gerais do Direito das Obrigações, remodelados a partir dos paradigmas constitucionais hodiernos de valorização social. Ou seja, a releitura dos princípios contratuais, pautados pela normatividade constitucional.

9.1. Autonomia privada

Entre os princípios tradicionais do direito contratual, aquele que sofreu maior abalo, ante a nova realidade, foi o da autonomia da vontade, então reconhecida como um direito potestativo do indivíduo, conferido pela ordem jurídica. Os fundamentos da

---

(104) "(...) se um juiz tem o poder discricionário, então não existe nenhum direito legal *(right)* ou obrigação jurídica — nenhuma prerrogativa — que ele deva reconhecer. Contudo, uma vez que abandonemos tal doutrina e tratemos os princípios como direito, colocamos a possibilidade de que uma obrigação jurídica possa ser imposta por uma constelação de princípios" (DWORKIN, *op. cit.*, p. 71).

(105) TEPEDINO, Gustavo. O Código Civil, os chamados microssistemas e a Constituição: premissas para uma reforma legislativa. In: TEPEDINO, Gustavo (organizador). *Problemas de direito civil-constitucional*. Rio de Janeiro: Renovar, 2000. p. 12.

(106) NALIN, *Do contrato*, p. 94-95.

obrigatoriedade do contrato vêm do Jusnaturalismo, que o justifica num pacto social, e se dirigem para o Positivismo, que o afirma simplesmente porque a lei dispõe.

O primeiro passo para compreender os novos contornos da vontade no Direito Privado é a compreensão de que o contrato não tem mais sua fonte exclusiva e legitimadora na expressão da vontade dos sujeitos. Amplia-se o conceito de fontes do contrato com o estabelecimento de valores constitucionais fundamentais a serem sempre atendidos, bem como a disposição de normas infraconstitucionais de dirigismo contratual, que servem a dar efetividade àqueles valores[107].

Como expressão do Estado liberal, a consagração do princípio da autonomia da vontade afirmava o contrato como manifestação da onipotência da vontade criadora de todos os efeitos jurídicos pretendidos pelos sujeitos[108]. Portanto, à dogmática jurídica cabia apenas fazer cumprir as manifestações da vontade livremente afirmada.

Com o estabelecimento de bases de reconhecimento da desigualdade entre as partes contratantes, e construção da idéia de intervenção do Estado para diminuição das diferenças, a força da vontade do contrato transmuda-se em *autonomia privada*. Tal conceito declara o contrato como sendo também um instrumento útil para a sociedade. A relação a que se pretendem os sujeitos particulares unir deve ter por objeto o alcance de efeitos previstos na lei. O contrato deixa de ser o poder reconhecido aos particulares para a criação de normas ou preceitos para ser a escolha de resultados já declarados na lei, pois apenas estes são de interesse da coletividade na produção. Ainda que não haja expressa previsão legal sobre os efeitos, estes devem ser, pelo menos, os esperados pela coletividade.

Esta passagem da autonomia da vontade para a autonomia privada recebeu em *Betti* bem acabada análise. Verifica o autor que a determinação do conteúdo típico de um ato jurídico escapa à iniciativa individual e entra na competência da consciência social e da ordem pública. O critério de determinação é que esse conteúdo se estenda a tudo aquilo cuja expressão ou execução é necessária, segundo a consciência social e a ordem jurídica. Assim ocorre para que a declaração ou o comportamento possa desempenhar a função econômico-social tipicamente designada pelo nome do contrato. Somente então estará declarada ou realizada, por forma socialmente suficiente, uma típica regulamentação de interesses privados e o preceito de autonomia privada poderá considerar-se identificado e expresso de um modo unívoco. É essa a operação, para *Betti*, que dará vida à *fatispécie*[109].

Não há compatibilização da autonomia da vontade com o aporte oriundo do Estado Social. *Rogério Zuel Gomes* também reconhece a mudança da autonomia da vontade

---

107) GODOY, Cláudio Luiz Bueno. *Função social do contrato*. São Paulo: Saraiva, 2004. p. 17.

108) Em Roppo temos a constatação de que num sistema capitalista, com a supremacia da liberdade da iniciativa privada, se reconhece e afirma o princípio da liberdade privada de determinação do regulamento contratual. Isto é, a regra pela qual os contraentes privados — os operadores econômicos — são livres de dar aos seus contratos os conteúdos concretos que considerem mais desejáveis; o regulamento resulta, assim, determinado em princípio pela vontade concorde das partes, constituindo o ponto de confluência e de equilíbrio entre os interesses — normalmente contrapostos — de que as mesmas são portadoras (ROPPO, *op. cit.*, p. 127-128).

109) BETTI, Emilio. *Teoria geral do negócio jurídico*. Coimbra: Coimbra Editora, 1969. p. 304-310.

para a autonomia privada como tendência da atualidade. Ocorre a substituição, porque a autonomia da vontade tem caráter preponderantemente filosófico e psicológico, referindo-se a considerações filosóficas que permearam o Direito Privado durante o século XIX. Lembra que a autonomia privada verifica-se de forma prática no Direito Obrigacional, nascendo da própria ordinariedade dos usos comerciais que têm por base o contrato[110].

Como refere *Couto e Silva*, a autonomia privada deve ser entendida como a faculdade ou a possibilidade, não ilimitada, concedida aos particulares para promoverem sua autodeterminação e dirimir seus conflitos de interesses[111]. A força obrigatória do contrato passa a ser compreendia a partir do desenvolvimento de um direito subjetivo, conformado em uma moldura legal que o reconhece, legitima e protege.

A atenção que deve ter o contrato para com interesses coletivos também é preocupação de *Orlando Gomes*, para quem o contrato não é mais fonte única da relação contratual resultante do acordo de vontades, mas também por prescrições da lei, imperativas e dispositivas e pela eqüidade. A reconstrução do próprio sistema contratual orientado no sentido de libertar o conceito de contrato da idéia de autonomia privada e admitir que, além da vontade das partes, outras fontes lhe integram o conteúdo. A nova concepção atenta para o dado novo de que, em virtude da política interventiva do Estado hodierno, o contrato, quando instrumenta relações entre pessoas pertencentes a categorias sociais antagônicas, ajusta-se a parâmetros que levam em conta a dimensão coletiva dos conflitos sociais subjacentes[112].

A não correspondência da autonomia da vontade com a teoria geral do contrato é acentuada por *Perlingieri*, o qual defende que a autonomia negocial não é um valor em si e, sobretudo, não representa um princípio subtraído ao controle de sua correspondência e funcionalização ao sistema das normas constitucionais. Obriga-se que se submeta o conteúdo do pacto a um juízo de compatibilidade com o ordenamento globalmente considerado[113]. O professor da universidade de Camerino associa-se com *Betti* ao afiançar que o ato de autonomia privada não é um valor em si; pode sê-lo, e em certos limites, se e enquanto responder a um interesse digno de proteção por parte do ordenamento[114]. Mas inova ao vincular manifestação volitiva contratual também à ordem constitucional:

> As normas em questão são harmonizáveis com os princípios constitucionais. No atual contexto, estas normas não são o instrumento para atuar uma maior produtividade, favorecendo a exploração de alguns em favor de outros; elas podem ser úteis para superar a desigualdade de fato e para criar os pressupostos de uma igualdade econômica.

---

(110) GOMES, Rogério Zuel. *Teoria contratual contemporânea* — função social do contrato e boa-fé. Rio de Janeiro Forense, 2004. p. 56.
(111) COUTO E SILVA, Clóvis Veríssimo. *A obrigação como processo*. São Paulo: Bushatsky, 1976. p. 17.
(112) GOMES, Orlando. *Contratos*. Rio de Janeiro: Forense, 1989. p. 18-19.
(113) PERLINGIERI, *op. cit.*, p. 276-277.
(114) *Idem*, p. 279.

(...)

Não se pode mais discorrer sobre limites de um dogma ou mesmo sobre exceções: a Constituição operou uma reviravolta qualitativa e quantitativa na ordem normativa. Os chamados limites à autonomia, colocados à tutela dos contraentes mais frágeis, não são mais externos e excepcionais, mas, antes internos, na medida em que são expressão direta do ato e de seu significado constitucional.[115]

O descompasso do paradigma da autonomia da vontade em relação à Constituição é igualmente acentuado por *Nalin*, para quem deve ser buscado um favorecimento mais amplo da pessoa nas relações contratuais. Por efeito, a vontade do pactuante deixa de ser o núcleo do contrato, cedendo espaço a outros valores jurídicos fundados no texto constitucional. Ressalta que o paradigma da autonomia da vontade, em detrimento da tutela do indivíduo contratante, talvez até possa encontrar legitimidade nas limitações do Código Civil, pois este do homem em si não se ocupa, mas sempre estará em descompasso com a Constituição[116].

Não é possível, como se vê, identificar a autonomia da vontade com a autonomia privada, como tendo conteúdo equivalente. A autonomia privada reavalia o papel da manifestação volitiva no conteúdo dos contratos para englobar às questões de natureza patrimonial, elementos de natureza social e pessoal.

Para garantia de que os efeitos do negócio jurídico pretendidos pelos contratantes sejam coincidentes com aqueles que são pretendidos pela coletividade, o Estado impõe, através da ordem jurídica, regulações específicas. Como lembra *Gómez*, nos últimos tempos aumentaram grandemente as normas imperativas restritivas da vontade individual e dirigidas a realização de interesses supra-individuais. Porém o princípio da autonomia continua sendo a fonte principal da regulação contratual[117].

Também *Roppo* recorda que os operadores são tendencialmente livres para organizar e desenvolver as iniciativas econômicas, na forma do contrato. Mas isso não significa que para individualizar o contrato se deve recorrer a complicadas introspecções na psique dos contraentes para averiguar as recônditas motivações subjetivas. A validade e a eficácia do regulamento não depende do complexo de posições mentais internas que dão posição à vontade. O autor reconhece que permanece a autonomia privada como fonte primária do regulamento contratual: no caso dos *elementos essenciais* do contrato, as partes *devem* determinar a vontade para os termos básicos da operação econômica, como o preço e bem da compra e venda. Mas, mesmo nesses elementos, a lei pode substituir a vontade dos particulares quando houver razões de interesse público ou utilidade social — quando isso acontece, ocorre em manifesto contraste com os valores e interesses da autonomia privada[118].

---

115) *Idem*, p. 280.

116) NALIN. *Do contrato*, p. 91.

117) GÓMEZ, J. Miguel Lobato. Livre-iniciativa, autonomia privada e liberdade de contratar. In: NALIN, Paulo (organizador). *A autonomia privada na legalidade constitucional*. Curitiba: Juruá, p. 251.

18) ROPPO, Enzo. *O contrato*. Coimbra: Livraria Almedina, 1988. p. 142-145.

Encara-se como ficção que a liberdade contratual seria absoluta, refratária a qualquer tipo de restrições. Com a compreensão da sistematicidade das relações jurídicas, o exercício de algum direito subjetivo não pode ser efetuado sem que se observe o ordenamento jurídico, com os demais princípios que regem a vida em comunidade. Bem refere *Renault* que o contrato não pode mais ser um tesouro que se esconde por detrás das muralhas da autonomia privada individual. Nele não mais é possível esconder os abismos, os desfiladeiros, as avalanches que tanto separam o forte do fraco, o rico do pobre, o incluído do excluído. Como diz o autor, na esfera da contratualidade moderna, não se pode mais afirmar que, "com a palavra emitida pelos contraentes, todo chão é flor e fruto"[119].

O Código Civil brasileiro de 2002 provoca a alteração da extensão da liberdade de formação e condução do contrato, plasmando maior confluência de interesses privados e sociais. Ao relacionar a liberdade de contratar com a função social[120], preserva, legalmente, a sustentação jurídica do capitalismo, mas garante que a autonomia negocial deve ser condicionada ao fim coletivo.

9.2. Obrigatoriedade

O princípio garantidor da estabilidade pretendida pelo ideário do liberalismo individualista, a obrigatoriedade do contrato, também é profundamente alterada na perspectiva do Estado Social.

A concepção de força obrigatória dos contratos foi construída na fórmula de que as partes devem aceitar a lei do contrato[121], tal como devem também respeitar a lei propriamente emanada da autoridade estatal. Como substrato da autonomia da vontade, afirma e faz valer que a vontade é criadora do Direito. Além de obrigar as partes que participam da entabulação, também vinculam o juiz aos termos do pactuado, sem que possa eqüitativamente alterar as cláusulas do contrato.

A força obrigatória dos contratos, o *pacta sunt servanda* atua verdadeiramente em contraposição à possibilidade de o Estado, personificado no juiz, modificar o que

---

(119) RENAULT, Luiz Otávio Linhares. O novo código civil, a proteção ao emprego e o velho contrato de trabalho. In: LAGE, Emerson José Alves e LOPES, Mônica Sette (organizadores). *Novo Código Civil e seus desdobramentos no direito do trabalho*. São Paulo: LTr, 2004. p. 121.

(120) "No novo Código Civil a função social surge relacionada à 'liberdade de contratar', como seu limite fundamental. A liberdade de contratar, ou autonomia privada, consistiu na expressão mais aguda do individualismo jurídico entendida por muitos como o toque de especificidade do Direito privado. São dois princípios antagônicos que exigem aplicação harmônica. No Código a função social não é simples limite externo ou negativo, mas limite positivo, além de determinação do conteúdo da liberdade de contratar. Esse é o sentido que decorre do termos 'exercida em razão e nos limites da função social do contrato' (art. 421)" (LÔBO, Paulo Luiz Netto. Princípios sociais dos contratos no Código de Defesa do Consumidor e no Novo Código Civil. In: *Revista de Direito do Consumidor*. São Paulo: Revista dos Tribunais, abr.-jun., 2002, v. 42, p. 191).

(121) "(...) o princípio da força obrigatória do contrato contém ínsita uma idéia que reflete o máximo de subjetivismo que a ordem legal oferece: a palavra individual, enunciada na conformidade da lei, encerra uma centelha de criação, tão forte e tão profunda que não comporta retratação, e tão imperiosa que, depois de adquirir vida nem o Estado mesmo, a não ser excepcionalmente, pode intervir, com o propósito de mudar o curso de seus efeitos" (PEREIRA, Caio Mário da Silva. *Instituições de direito civil*. Rio de Janeiro: Forense, 2001. p. 06).

as partes previamente combinaram[122]. Ocorre que a força obrigatória dos contratos fundamenta-se na segurança jurídica, enquanto os postulados da atuação Estatal de tutela positiva dos interesses da comunidade que devem reger os contratos são animados no ideário da igualdade.

A idéia de risco contratual é verdadeiramente atinente aos pactos. Não que a segurança e estabilidade das relações seja um valor que tenha deixado de ter importância nas relações sociais, mas que se põe a ser compreendida num sentido que extrapola o indivíduo contratante e passa a abarcar toda a sociedade. A segurança que passa a ser valorizada pelo ordenamento jurídico não é mais apenas a da expectativa de cumprimento do contrato, mas de que as relações entre os particulares atingirão os objetivos esperados pela comunidade. Em poucas palavras, que o cumprimento do contrato atingirá sua finalidade social.

A primeira fase de relativização da obrigatoriedade foi marcada pelo esforço de doutrinadores franceses e alemães para readequação do regulamento contratual para a solução da crise de cumprimento dos pactos formados antes da I Guerra Mundial. A solução na França foi a teoria da imprevisão[123], enquanto na Alemanha buscou-se a construção da teoria da base do negócio jurídico[124]. Reaviva-se a tradição canonista da cláusula *rebus sic stantibus*, pela qual, nos contratos de trato sucessivo, o vínculo obrigatório está subordinado à continuação daquele estado de fato vigente ao tempo da estipulação.

A decadência da força obrigatória dos contratos é conseqüência indireta da quebra do princípio da autonomia da vontade. É efeito da desconsideração do contrato como resultado exclusivo de um acordo de vontades livres e iguais, mas um processo social complexo no qual intervêm pessoas desiguais e interdependentes. Nesse quadro, a noção de força obrigatória é relativa e o Direito das Obrigações se transforma em todos os seus princípios.

A decadência do princípio da força obrigatória é perspectiva vista com negatividade por autores como *Gómez*, para quem não apenas se aceitam legalmente as teorias da lesão e da imprevisão, senão que geralmente se tem como razoável, sem maiores indagações, que a pessoa que se comprometeu contratualmente pode retratar-se livre e unilateralmente das obrigações contratuais mediante o pagamento dos danos[125].

Apesar de compreensão de afastamento da concepção absolutizante do *pacta sunt servanda*, as limitações que se impõem não podem servir de pretexto para o raso e firme descumprimento imotivado dos contratos. Por evidente, permanece o fundamento

---

(122) SANTOS, Antônio Jeová. *Função social do contrato*. São Paulo: Método, 2004. p. 70.
(123) Orlando Gomes faz referência que a Lei Failliot, de maio de 1918, constitui-se no marco decisivo na demarcação positivada da teoria da imprevisão, ao estabelecer a possibilidade de revisão de contratos celebrados antes de 1º.8.1914 (GOMES, Orlando. *Contratos*. Rio de Janeiro: Forense, 2002. p. 55).
(124) LARENZ, Karl. *Base del negocio jurídico y cumplimiento de los contratos*. Madrid: Editorial Revista de Derecho Privado, 1956. p. 144.
(125) GÓMEZ, *op. cit.*, p. 267.

moral de cumprimento da palavra empenhada. Mas também a fundamentação moral deve ser vista de forma mais ampla, adequada aos interesses (também morais) de toda a sociedade.

A própria causa do contrato é reavaliada, de modo que, antes de ser uma noção jurídica, possa ser vista como noção social. *Betti* enfatiza essa idéia, defendendo que será o Direito — e antes a consciência social — que aprova e protege a autonomia privada e a tutela ao cumprimento da palavra empenhada. E isso não para caprichos individuais, mas na perseguição de um objetivo e típico interesse para modificação do estado de fato dirigido a funções sociais dignas de tutela[126]. Por efeito, a razão determinante *(ratio iuris)* do cumprimento de uma disposição contratual não será a vontade declarada, mas o fato de que o Direito reconhece os efeitos previstos na lei como dignos de cumprimento.

As novas concepções de valorização da coletividade como um todo, e vinculação das atividades entre particulares a esse desiderato, também denunciam a formulação da equiparação do contrato à lei. Contrato e lei assemelham-se na idéia de que ambos encerram normas de conduta e composição de conflitos. Ou seja, informam as partes, e eventualmente o julgador, dos termos em que as condutas dos particulares devem se pautar. Mas distinguem-se em grande intensidade no sentido do campo de atuação: o contrato surge da vontade das partes e dirige-se à realização de interesses particulares de pessoas específicas; já a lei é projetada de forma geral, como vontade da coletividade e a toda a comunidade dirigida. Desse modo, a equiparação não é de uma possível natureza do contrato, mas uma fórmula ideológica que segue uma construção histórica de uma sociedade liberal individualista. A equiparação, portanto, também cumpre um papel ideológico.

A partir dessas construções expostas, modernamente passou-se a aceitar a possibilidade de revisão contratual sempre que se notarem as condições de desequilíbrio marcante entre as prestações entabuladas e/ou em decorrência da alteração das circunstâncias em que se processou a celebração do contrato. A teoria da imprevisão aproximou a noção da cláusula *rebus sic stantibus* ao requisito de imprevisibilidade da parte prejudicada.

Em decorrência, e como forma de instrumentalização da relativização da força obrigatória, também sofre mitigação a fórmula impeditiva da intervenção judicial nos termos do pactuado. Passa o juiz a atuar na adequação do regulamento do contrato, como forma de ajustá-lo às limitações impostas pelo ordenamento para proteção de partes econômica ou socialmente inferiores. A conformação efetuada pelo judiciário é de garantir o cumprimento do contrato na forma da expectativa gerada no meio social, e não pela vontade meramente individual.

A função social do contrato está presente na complementaridade entre o consenso e a obrigatoriedade contratual, quando operada nas limitações dos objetivos gerais da sociedade em face da pactuação. Coloca-se a função social como molde da validade

---

(126) BETTI, *op. cit.*, p. 347-348.

formal presente na obrigatoriedade do contrato e a validade ética da avença[127]. As obrigações entabuladas, seguindo-se neste passo, passam a ser realizáveis na medida em que se aproximam os interesses particulares e o interesse social no contrato[128]. É neste enquadramento que o contrato adquire eficácia no seio da sociedade em que está inserido.

A própria noção de função social do contrato, segundo *Noronha*, deve ser compreendida nos limites dos interesses sociais que o cumprimento da obrigação deve possuir. O autor identifica a existência de uma "função social da obrigação": para que o interesse do credor seja valorizado socialmente, ele deve ser, inicialmente, sério e útil, sob pena de a própria obrigação ser antijurídica[129]. Ou seja, o Direito não deve servir à tutela de interesses fúteis, ou por outra forma estranhos ao bem comum. Portanto, para além dos interesses do credor, e mesmo do conjunto dos interesses de credor e devedor, estão valores maiores da sociedade[130].

A afirmação de que o contrato é um processo social complexo, no qual participam pessoas desiguais, transmuda as configurações da obrigatoriedade do pacto. A valorização da coletividade como um todo faz permitir e determinar que o Estado atue para que a avença seja cumprida, na medida em que a mesma encerra efeitos esperados pela sociedade.

9.3. Relatividade

Como manifestação ideológica, o princípio clássico da relatividade dos efeitos do contrato exclui que a posição jurídica de um sujeito possa ser juridicamente atingida e lesada por um contrato celebrado entre outros sujeitos. Isto não põe de lado que a posição e os interesses de um terceiro possam, *de fato*, ser atingidos desfavoravelmente pelos efeitos de um contrato celebrado por outros. Esta é a parte do princípio, que, como ideologia, é escondida por aqueles que propõem a sua formulação[131].

Como corolário da autonomia da vontade, o contrato no liberalismo individualista apenas poderia obrigar aquele que "livremente" manifestou a intenção de vinculação.

---

(127) MANCEBO, Rafael Chagas. *A função social do contrato*. São Paulo: Quartier Latin, 2006. p. 63.

(128) No mesmo sentido: "Em síntese, a força obrigatória do contrato, que tinha na vontade dos contratantes seu fundamento primordial, se 'funcionaliza' quando a liberdade de contratar deva ser exercida em razão dos limites da *função social* do contrato, ou seja, o vínculo jurídico reconhecido à vontade individual não é mais derivado do acordo das partes contratantes, mas sim da própria lei, cujos fins albergados pelo direito são a justiça social, a segurança, o bem comum, a dignidade da pessoa humana" (TEIZEN JÚNIOR, Augusto Geraldo. *A função social no Código Civil*. São Paulo: Editora Revista dos Tribunais, 2004. p. 165).

(129) NORONHA, Fernando. *Direito das obrigações*. São Paulo: Saraiva, 2003, v. 1. p. 26-27.

(130) Sobre a legitmidade do interesse do credor para que seja digno de tutela, Noronha ainda refere que "o interesse fundamental da questão da função social das obrigações está a mostrar que a liberdade contratual (ou mais amplamente, a autonomia da vontade) não se justifica, e deve cessar, quando afetar valores maiores da sociedade, supra-contratuais, e, além disso e agora no âmbito estritamente contratual, também deve sofrer restrições quando conduzir a graves desequilíbrios entre os direitos e obrigações das partes, que sejam atentatórios de valores de justiça, que também têm peso social" (NORONHA, *op. cit.*, p. 28).

131) ROPPO, *op. cit.*, p. 130.

Todos aqueles que não tiveram a oportunidade de entabular o pacto não são afetados juridicamente pelas conseqüências que o mesmo pode gerar. Em poucas palavras, o negócio celebrado somente atinge as partes contratantes, não prejudicando nem beneficiando terceiros estranhos a ele.

Lembra *Roppo* que o conceito de *parte* não coincide com o conceito de *pessoa* (física ou jurídica). *Parte* significa centro de interesses objetivamente homogêneos, e uma parte contratual pode consistir de várias pessoas que exprimem interesse comum. Esta noção de parte do contrato contrapõe-se à de *terceiro*. São *terceiros* no contrato todos os sujeitos que não são *partes* e que, no entanto, nele podem estar de qualquer forma interessados ou são atingidos indiretamente pelos seus efeitos[132]. As concepções de parte, como se vê, são construídas a partir de uma perspectiva subjetivista, com obrigatória referência àqueles que manifestaram a vontade.

A partir da compreensão de que a obrigação de cumprimento do pacto é lastreada não somente na vontade individual manifestada, mas também — e principalmente — nos efeitos gerados pela expectativa social das conseqüências do pactuado, esse princípio também acaba por ter seu conteúdo revisto. A solidariedade social que anima os contratos vincula o particular no objetivo de felicidade da comunidade.

Assim, os efeitos que devem produzir os contratos não podem mais ser os combinados entre as partes a fim de que se reconheça o pacto como válido e eficaz. E eficácia social que deve ter cada avença firmada entre particulares obriga que os efeitos que sejam produzidos também afetem positivamente à coletividade.

Ainda que não sob a perspectiva de vinculação interativa dos contratos com o contexto social, a legislação brasileira tem atenuado o princípio da relatividade dos efeitos do contrato. São exemplos a fraude à execução (artigo 593 do Código de Processo Civil) e a fraude contra credores (artigo 158 do Código Civil de 2002)[133]. Não há, todavia, como negar que o objetivo maior desses dispositivos é a proteção, ainda que indireta, dos interesses do particular lesado com transações indevidas. Em poucas palavras, que o pactuante inocente veja o pacto ser cumprido sem sobressaltos, tal como individualmente espera.

Segundo acentua *Lima Marques*, o princípio da relatividade teve acentuado abalo com o Código de Defesa do Consumidor. A partir desse diploma, os consumidores perdem sua função de meros "terceiros". Com o CDC, impuseram-se os deveres de boa-fé, qualidade e segurança aos serviços e produtos colocados no mercado. Os consumidores são, nas palavras da autora, ex-terceiros, pois são sempre protegidos pela legislação consumerista. Para tanto, não há diferença se "utilizam" ou "contratam direta ou indiretamente", "se utilizam" ou são "expostos" a eles[134].

A remodelação do princípio da relatividade dos efeitos do contrato é aquela que mais se aproxima da função social. Nesse sentido foi a conclusão do Conselho

---

(132) ROPPO, *op. cit.*, p. 81-82.
(133) SANTIAGO, Mariana Ribeiro. *O princípio da função social do contrato.* Curitiba: Juruá, 2006. p. 60.
(134) MARQUES, Cláudia Lima. Direitos básicos do consumidor na sociedade pós-moderna de serviços. In: *Revista de Direito do Consumidor* n. 35. São Paulo: RT, 2000. p. 93.

Superior da Justiça Federal, tomada na I Jornada de Direito Civil e instrumentalizada em seu Enunciado de número 21:

> Art. 421 – a função social do contrato, prevista no art. 421 do novo Código Civil, constitui cláusula geral, a impor a revisão do princípio da relatividade dos efeitos do contrato em relação a terceiros, implicando a tutela externa do crédito.

Esta "tutela externa do crédito", segundo *Tartuce*, pode ser reconhecida no artigo 608 do Código Civil Brasileiro de 2002, ao determinar que o aliciador ou atravessador da contratação de pessoas em prestação de serviços é responsável por indenização aos contratados sempre que o ajuste for desfeito[135]. A norma traz em seu conteúdo o princípio da função social dos contratos, pois reconhece a responsabilidade de terceiros por efeitos de contrato que não entabulou.

Temos que o princípio da relatividade dos efeitos do contrato possui seu conteúdo transformado pela operação da função social[136]. Impõe-se ao abandono da formulação do contrato como vínculo estático, resultante apenas das vontades emanadas pelas partes e na produção dos efeitos que apenas estes participantes ambicionaram. O reconhecimento de que mesmo as relações interprivadas produzem conseqüências na coletividade, e que há vinculação de todos os particulares na consecução do objetivo de construção de uma sociedade justa, obriga que se ultrapasse a fórmula individualista da relatividade.

9.4. Boa-fé objetiva

A boa-fé objetiva não se trata exatamente de um novo princípio contratual, vez que foi difundida modernamente a partir do Código Civil Alemão (§ 242 do BGB)[137]. Também se pode relacionar como princípio de utilidade efetiva ao tempo das grandes codificações inspiradoras do sistema de Direito Privado brasileiro[138]. Sua consagração, ao menos no Direito nacional, ocorre como fenômeno relativamente recente, efeito

---

(135) TARTUCE, Flávio. *A função social dos contratos*. São Paulo: Método, 2005. p. 162-163.

(136) "O princípio da relatividade dos efeitos do contrato, num cenário em que a vontade ocupa o centro natural de todas as atenções, traduz um dos mais importantes corolários da concepção voluntarista do contrato. Não surpreende, portanto, que os conceitos de "parte" e de "terceiro" sejam também eles deduzidos a partir da referência à vontade: é "parte" do contrato aquele cuja vontade deu origem ao vínculo contratual; é 'terceiro' aquele cuja vontade, pelo contrário, é um elemento estranho à formação do contrato em causa" (NEGREIROS, Teresa. *Teoria dos contratos:* novos paradigmas. Rio de Janeiro: Renovar, 2002. p. 206).

(137) A idéia de boa-fé já era conhecida no Direito Romano da Antigüidade na imposição de que os indivíduos agissem com lealdade na condução dos negócios. Será a Escola Pandectista que retomará a boa-fé no direito ocidental moderno, agora sob a forma objetiva, influenciando na elaboração do BGB. Nesse sentido, LEAL, Larissa Maria de Moraes. Boa-fé contratual. In: LÔBO, Paulo Luiz Netto; LYRA JÚNIOR, Eduardo Messias Gonçalves (coordenadores). *A teoria do contrato e o novo Código Civil*. Recife: Nossa Livraria, 2003. p. 27-28.

(138) Nesse sentido, Cláudia Lima Marques assevera que "propõe a ciência do direito o renascimento ou a revitalização de um dos princípios gerais do direito há muito conhecido e sempre presente desde o movimento do direito natural: o princípio geral da boa-fé. Esse princípio ou novo mandamento (Gebot) obrigatório a todas as relações contratuais na sociedade moderna, e não só as relações de consumo" (MARQUES, Cláudia Lima. *Contratos no Código de Defesa do Consumidor*. São Paulo: Revista dos Tribunais, 1998. p. 106).

da eticização das relações jurídicas e reconhecimento de que as partes que entabulam o contrato não podem ser encaradas propriamente como rivais, mas sujeitos envolvidos numa relação de cooperação durante todo o processo[139]. Essa obrigação de cooperação[140], ou seja, de consideração com as necessidades da contraparte, é valor que se aproxima do solidarismo que, como visto, é valor constitucional que se contrapõe ao individualismo.

A boa-fé subjetiva relaciona-se com o requisito de que estado psíquico do sujeito seja destituído de dolo. Trata-se de estado psíquico destituído de intenção de produção de ofensas na relação jurídica que se entabula. Já boa-fé objetiva, a qual ora tratamos, é princípio contratual que se impõe como determinante da conduta, uma regra de conduta, de lealdade

A consagração da boa-fé objetiva é verdadeira revolução na interpretação dos contratos. Ocorre que o reconhecimento hermenêutico do conteúdo das vontades presentes nos contratos era até então apoiado em duas doutrinas estanques: de um lado, a Teoria da Vontade (*Willenstheorie*), pela qual era necessária a identificação da vontade interna do declarante; de outro a Teoria da Declaração (*Erklärungstheorie*), em que basta verificar a declaração do agente, independentemente do querer interno.

O Direito brasileiro, por aplicação do artigo 85 do Código Civil de 1916[141], reconhecia a força da declaração da vontade interna do agente. O Código Civil de 2002 buscou inovar, estabelecendo na redação do artigo 112 um meio-termo entre as duas teorias, evitando os excessos absolutizantes que cada uma encerra. Por aplicação desse comando hermenêutico, a importância depositada é a confiança que a declaração de vontade gera, e na boa-fé de quem recebeu a declaração. A consagração da boa-fé como norma de ordem pública ocorre com a introdução do artigo 422 do Código de 2002[142].

---

(139) Em poucas palavras, o reconhecimento da obrigação como processo toma por base que dentro da força jurígena do tempo, o seu decurso cria, modifica e extingue direitos. Em todas as fases do contrato há micro declarações de vontade que renovam a obrigação. Nesse sentido, COUTO E SILVA, Clóvis Veríssimo do. *A obrigação como processo*. São Paulo: José Bushatsky Editor, 1979. p. 88-91.

(140) A superação da idéia de antagonismo de interesses e substituição pelo dever de cooperação como lastro da atividade contratual e importante idéia da obra de Diesse, pelo qual *"Déroutante, cette façon d'appréhendre le contrat avait fini par faire croire, au détriment de la coopération, que le contrat est fondamentalement conflictuel, qu'il réalise la rencontre de deux égoismes rivaux. Cette affirmation est assurément exagérée. Elle est cernaiement fondée sur une analyse des intérêts des parties considérés en dehors du contrat, parce que ces intérêts sont sans doute saisis avant la formation du contrat, et donc avant leur fédération ou leur transformation par l'accor de volutés des parties, ou sur une regrettable confusion entre le besoin de chacune des parties et le moyen de le satisfaire"* (DIESSE, François. Le devoir de coopération comme principe directeur du dontrat. In: *Arch. Phil. Droit* n. 43, 1999. p. 260).

(141) Como ensina Menezes cordeiro, o Código Brasileiro de 1916, como filho do Código de Napoleão, não desenvolveu o tema da boa-fé objetiva. Explica o autor que o Código de 1804, seguindo a escola da exegese, não permitiu o desenvolvimento do princípio da boa-fé objetiva em vista de que o exagerado apego à lei e ao individualismo jurídico não permite maior atividade criadora do juiz. A expressa limitação ao texto legal retira a dimensão prática que o princípio poderia ter, de modo que limita a boa-fé à boa-fé possessória (CORDEIRO, Antônio Manoel Menezes. *Da boa-fé no direito civil*. Coimbra: Almedina, 1984, v. I, p. 246).

(142) "Andou bem o legislador ao se referir à boa-fé que é o cerne ou a matriz da eticidade, a qual não existe sem *intentio*, sem o elemento psicológico da intencionalidade ou de propósito de guardar fidelidade ou lealdade ao passado. Dessa intencionalidade, no amplo sentido dessa palavra, resulta a boa-fé objetiva, como norma d

Foi, todavia, o Código de Defesa do Consumidor que iniciou essa nova fase de visão sobre os contratos, ao lastrear na boa-fé objetiva o núcleo de todo o diploma. Como refere *Lima Marques*, o CDC estabeleceu, como paradigma para a legislação consumerista, o renascimentou ou revitalização de um dos princípios gerais de direito há muito conhecido e sempre presente desde o movimento do direito natural, o princípio da boa-fé.[143][144]

A boa-fé objetiva, por sua amplitude, passa a atuar como elemento que substitui o ato volitivo na vinculação do contrato. Segundo *Noronha*, deve ser observada a necessidade social da realização do contrato, e não simplesmente o fato de que o mesmo foi desejado pelas partes que o entabularam. O cumprimento da avença, seguindo-se essa ordem, deve ocorrer porque é necessário, do ponto de vista social, tutelar a confiança dos agentes econômicos e, assim, garantir a segurança do negócio. Prossegue afirmando que não é a autonomia da vontade que vincula o cumprimento do contrato, mas principalmente o princípio da tutela da boa-fé, já que, como fato social, o negócio jurídico é instrumento fundamental da distribuição de riqueza[145].

Por evidente, o *pacta sunt servanda* permanece vigente como corolário do Direito das Obrigações. Mas não mais se baseia na vinculatividade do querer individual instrumentalizado num contrato e necessidade de preservação da segurança jurídica, enquanto segurança do cumprimento dos interesses econômicos individuais. A segurança jurídica ambicionada no contrato relaciona-se, antes, na certeza de que as partes poderão cumprir suas obrigações assumidas, sem abusos ou excessos.

Uma tríplice função da boa-fé é relacionada por *Martins-Costa*: a de atuar como cânone hermenêutico e integrativo, propiciando elementos para interpretação do conteúdo dos contratos; como fonte de deveres jurídicos, notadamente deveres secundários ou

---

conduta que deve salvaguardar a veracidade do que foi estipulado. Boa-fé é, assim, uma das características essenciais da atividade ética, nela incluída a jurídica, caracterizando-se pela sinceridade e probidade dos que dela participam, em virtude do que se pode esperar que será cumprido e pactuado, sem distorções ou tergiversações, máxime se dolosas, tendo-se sempre em vista o adimplemento do fim visado ou declarado como tal pelas partes. Como se vê, a boa-fé é tanto forma de conduta como norma de comportamento, numa correlação objetiva entre meios e fins, como exigência e adequada e fiel execução do que tenha sido acordado pelas partes, o que significa que a intenção destas só pode ser endereçada ao objetivo a ser alcançado, tal como este se acha definitivamente configurado nos documentos que o legitimam. Poder-se-ia concluir afirmando que a boa-fé representa o *superamento normativo*, e como tal *imperativo*, daquilo que no plano psicológico se põe com *intentio* leal e sincera, essencial à juridicidade do pactuado" (REALE, Miguel. *Estudos preliminares do Código Civil*. São Paulo: Editora Revista dos Tribunais, 2003. p. 77).

(143) MARQUES, Cláudia Lima. *Contratos no Código de Defesa do Consumidor:* o novo regime das relações contratuais. São Paulo: Revista dos Tribunais, 1999. p. 105-106.

(144) A importância do CDC também é ressaltada por Nalin, o qual o vê como símbolo da ruptura com o "velho sistema único e totalizante do Código Civil, com o reconhecimento de que o contrato não pode, em todas as suas variantes, ser julgado pela forma única e (liberal), imposta pelo Código Civil. O Código de Defesa do Consumidor pode, até mesmo, servir de referencial histórico nesse processo de ruptura e início de uma nova proposta de Teoria Geral dos Contratos, mostrando ao intérprete a viabilidade, ou melhor a imperatividade, de ser implementado um sistema de contratos não nucleado no dogma da vontade, mas sim, na boa-fé (objetiva), sem que, no entanto, ocupe o papel central e paradigmático destinado à Constituição" (NALIN, Do contrato, p. 129).

(145) NORONHA, Fernando. *O direito dos contratos e seus princípios fundamentais:* autonomia privada, boa-fé, justiça contratual. São Paulo: Saraiva, 1994. p. 82.

anexos; e como limite ao exercício de direitos subjetivos, ou seja, estabelecendo balizadores ao exercício dos direitos. Com o advento do Código de Defesa do Consumidor[146], reconhece-se o desequilíbrio entre as partes, de modo que também se agrega uma função corretiva para promoção de um concreto reequilíbrio da relação contratual[147].

Esta função limitadora da boa-fé ao exercício de direitos subjetivos é a que de forma mais clara relaciona o princípio de Direito Privado ao ideário da sociabilidade advinda do Estado Social, pois aproxima o contrato a uma vontade de equilíbrio nas prestações. Como refere *Noronha*, a boa-fé atua como "antecâmara do princípio da justiça contratual"[148]. A validade ética, a eticidade que fundamenta a boa-fé tem lastro em concepções sociais de justiça informadoras do senso moral e ético. Nesse sentido, a boa-fé também tem atuação na correção de cláusulas abusivas, aquelas que são formadas partindo da hipossuficiência de uma das partes, outorgando-se a esta uma prestação desproporcional.

Essa dotação de sentido ético ao contrato, de afirmação do interesse do contexto social em busca da sociabilidade, não é tarefa fácil. A afirmação de que todos os membros da sociedade são juridicamente tutelados, inclusive em relações privadas, e que devem ser respeitados em sua dignidade, é dificilmente implementada com a mentalidade de competição, própria do capitalismo. A eqüidade, enquanto expressão da boa-fé, atua na base da comutatividade contratual, para que a justiça contratual tenha lastro na equivalência econômica[149].

10. Vinculação do contrato à proteção aos direitos fundamentais

A construção da vinculação do Estado na proteção de direitos individuais se deu sob o signo da garantia que deviam ter os homens de que seus direitos não seriam esbulhados pelas autoridades estatais[150].

As idéias próprias do liberalismo individualista de quase absoluta separação entre os ramos Público e Privado do direito impediram uma influência principiológica

---

(146) Ressalte-se que apesar da Constituição Federal de 1988 ter inegável matiz socializante e fazer referência à proteção do consumidor (artigo 170, V), não faz previsão da boa-fé, nem mesmo como diretriz do Direito do Consumidor.

(147) MARTINS-COSTA, Judith. *A reconstrução do direito privado*. São Paulo: Revista dos Tribunais, p. 640-641.

(148) NORONHA, *op. cit.*, p. 218.

(149) MARQUES, *op. cit.*, p. 391.

(150) "Diante da substancial capacidade do Estado em cometer afronta às liberdades e garantias individuais, o foco de atenção dos direitos fundamentais sempre lhe esteve voltado, de modo que não havia necessidade em que se idealizar uma corrente dogmática e jurisprudencial que preconizasse a vinculação dos indivíduos aos direitos fundamentais. Posteriormente, com a consagração dos ideais liberais, então criados para salvaguardar a liberdade individual das ingerências cometidas sob a égide do Estado *Gendarme*, fora engendrado o preceito de igualdade formal — 'todos são iguais perante a lei' —, no qual se desconsideravam as peculiaridades fáticas dos indivíduos. No entanto, ainda assim carecia de sentido a construção de um modelo de proteção dos direitos fundamentais frente a particulares, uma vez que, se todos os indivíduos são efetivamente iguais e livres, não existem riscos nas relações por eles estabelecidas" (SOMBRA, Thiago Luís Santos. *A eficácia dos direitos fundamentais nas relações jurídico-privadas. A identificação do contrato como ponto de encontro dos direitos fundamentais*. Porto Alegre: Sérgio Antonio Fabris Editor, 2006. p. 82-83).

geral, e constitucional em especial, de forma direta na esfera da personalidade dos particulares contratantes. Nesse sentido, a invocação dos preceitos fundamentais às relações privadas acaba por se tornar um dos mais importantes meios de aproximação entre o Direito Público e Privado[151].

A constatação de eficácia dos direitos fundamentais também nas relações jurídico-privadas, como efeito da construção do Estado Social, é relatada por *Sarlet*:

> Ponto de partida para o reconhecimento de uma eficácia dos direitos fundamentais na esfera das relações privadas é a constatação de que, ao contrário do Estado clássico e liberal de Direito, no qual os direitos fundamentais, na condição de direitos de defesa, tinham por escopo proteger o indivíduo de ingerências por parte dos poderes públicos na sua esfera pessoal e no qual, em virtude de uma preconizada separação entre Estado e sociedade, entre o público e o privado, os direitos fundamentais alcançavam sentido apenas nas relações entre indivíduos e o Estado, no Estado social de Direito não apenas o Estado ampliou suas atividades e funções, mas também a sociedade cada vez mais participa ativamente do exercício do poder, de tal sorte que a liberdade individual não apenas carece de proteção contra os poderes públicos, mas também contra os mais fortes no âmbito da sociedade, isto é, os detentores de poder social e econômico, já que é nesta esfera que as liberdades se encontram particularmente ameaçadas[152].

Também o afastamento das concepções dogmatizadas de autonomia da vontade, obrigatoriedade e relatividade contratual permitem que se possa repensar o contrato como instrumento de promoção de valores que ultrapassam os meros interesses dos indivíduos contratantes. A (re)valorização do princípio da boa-fé soma-se ao arcabouço de ampliação da visão das relações entre particulares, agora lastreadas na expectativa social dos objetivos a serem atingidos com a relação formada pelos sujeitos privados.

O ambiente despatrimonializado do Direito Civil forma-se tendencialmente voltado à aproximação de valores humanos do sujeito, e não ao personalismo oitocentista. Firma-se cada vez mais que o paradigma das relações contratuais deve residir na concepção dos contratantes primeiramente como titulares de direitos fundamentais. A dignidade da pessoa humana é expressamente prevista no artigo 3º, III, da Carta Constitucional brasileira, portanto está no vértice da estrutura legal. Revestido o pactuante de uma blindagem jusfundamental, o próprio contrato recebe uma função até então inconcebível no ideário liberal: de que também atua como instrumento realizador dos direitos fundamentais.

A responsabilidade social no alcance dos objetivos constitucionais recebe um considerável reforço. Não apenas o legislador fica vinculado à promoção de leis que assegurem os princípios constitucionais de dignificação do homem; também não é apenas o juiz que se coloca como instrumento de adequação das relações jurídicas aos ditames socializantes, embora isso também seja uma notável vitória; o mais importante é

---

(151) SOMBRA, *op. cit.*, p. 76-77.
(152) SARLET, Ingo Wolfgang. *A eficácia dos direitos fundamentais*. Porto Alegre: Livraria do Advogado, 2005. p. 374.

que os próprios particulares inserem-se na responsabilidade de corretamente observar suas condutas no respeito aos direitos fundamentais. O indivíduo é, ao mesmo tempo, destinatário (titular), violador e promotor dos valores constitucionais.

O reconhecimento da fundamentalidade e aplicabilidade direta dos princípios constitucionais obriga que o Direito Privado seja visto como plenamente inserido num ambiente de determinação constitucional. E isso não significa o afastamento da autonomia privada como princípio do Direito dos Contratos. O respeito à dignidade humana envolve a proteção também da liberdade dos indivíduos, valor que igualmente é instrumentalizado na possibilidade de os particulares se vincularem por força de sua vontade. Mas a completude da dignidade humana obriga que esse exercício de liberdade seja limitado aos interesses de toda a comunidade.

A afirmação da eficácia dos valores constitucionais no Direito Privado é adequação metodológica que deve ser operada como forma de fazer valer a principiologia da dignidade humana, encartada no mais importante instrumento jurídico da nação, a Constituição. *Bodin de Moraes* acentua que toda a norma ou cláusula negocial deve se coadunar e exprimir a normativa constitucional, por mais insignificante que pareça. Ocorre, segundo a autora, que a regulamentação do cotidiano da atividade privada deve exprimir as opções da Constituição. O próprio Direito Civil modifica-se na direção da regulamentação da vida social, da família, nas associações, nas fábricas, onde a personalidade humana possa se desenvolver de forma digna[153].

A atuação que deve ter o intérprete, segundo *Nalin*, é de primeiro indagar se o contrato celebrado resguarda os valores existenciais tutelados na Constituição. Somente após é que será avaliada sua eficácia patrimonialista[154]. Prossegue, concebendo como subversivo à ordem constitucional não interpretar constitucionalmente as relações contratuais que deixam de reconhecer no homem o centro axiológico da relação jurídica. A regra estabelecida é de que, independentemente da localização do contrato, a relação de crédito sempre estará nucleada no seu titular e não no crédito: sem ignorar a função econômica do contrato, antes de averiguar a realização de sua causa econômica, deverá ser indagado se tal relação levou em conta a dignidade dos contratantes[155].

A cláusula geral de função social do contrato é o elemento do Direito Civil que pode fazer a ligação com os valores constitucionais de dignidade humana. Como discorremos, as relações jurídico-privadas, de que o contrato faz parte, também se vinculam a um programa constitucional de valorização da pessoa humana[156]. Tratam-se

---

(153) MORAES, Maria Celina Bodin de. *Op. cit.*, p. 27-28.
(154) NALIN, *Do contrato*, p. 36.
(155) *Idem*, p. 248-249.
(156) "É necessário tomar posição contra a concepção que considera o indivíduo como valor pré-social, relevante também na ótica jurídica, prescindindo da relação com os outros. Desse modo, acentua-se o isolamento do indivíduo e dos seus problemas daqueles da sociedade na qual vive, inspirando-se em uma visão individualista não compatível com o sistema constitucional. A tutela da personalidade não é orientada apenas aos direitos individuais pertencentes ao sujeito no seu precípuo e exclusivo interesse, mas, sim, aos direitos individuais

de limitações voltadas a interesses maiores de toda a coletividade, de modo que também os contratos devem ter função de promoção de valores sociais. Essa atribuição, que devem ter as relações negociais produzidas pelos particulares de observarem o programa constitucional de dignidade humana, é o que pode ser chamado de função social do contrato.

Na esteira da transição da interpretação constitucional do contrato do *ter* para o *ser*, pondera *Noronha*[157] que, sendo a autonomia privada um dado filosófico, relativo ao valor da pessoa humana, é dessa afirmação de sua dignidade e do desenvolvimento de sua personalidade, no universo das relações negociais entre privados, que se identifica como uma liberdade de regulação de seus interesses. Mas também sublinha que somente se exercerá nos limites e com as finalidades assinaladas pela função social que se reconhece genericamente pelo atendimento a valores constitucionais básicos, a cuja promoção se deve também direcionar.

Nesse sentido, há correspondência com *Godoy*, o qual reconhece que a dignidade da pessoa humana é valor constitucional básico, assim do interesse de toda a sociedade. Como efeito, o contrato firmado em desrespeito aos ditames dos princípios de valorização social serão caracterizados como desconformes à função social[158]. Portanto, é a função social do contrato o instituto que faz a ponte entre a relação negocial privada com os requisitos de observância aos princípios constitucionais de valorização humana.

---

sociais, que têm uma forte carga de solidariedade, que constitui o seu pressuposto e também o seu fundamento. Eles não devem mais ser entendidos como pertencentes ao indivíduo fora da comunidade na qual vive, mas antes, como instrumentos para construir uma comunidade que se torna, assim, o meio para a sua realização" (PERLINGIERI, *op. cit.,* p. 38).

157) NORONHA, *O direito dos contratos e seus princípios fundamentais*, p. 115.
158) GODOY, Cláudio Luiz Bueno. *Função social do contrato*. São Paulo: Saraiva, 2004. p. 124.

Capítulo III

CONTRATO E DIREITO DO TRABALHO

> *En esta orilla del mundo*
> *Lo que no es presa es baldío*

A análise da categoria geral e abstrata do contrato impôs-se como necessária para, somente então, partir para a pesquisa de uma modalidade de pacto específica, qual seja o contrato de emprego.

O desenvolvimento dos mecanismos de regulação estatal das relações de trabalho possui uma lógica que não pode ser divorciada dos valores ideológicos que também determinaram a formação histórica dos contratos em geral. Mas a relação de emprego traz a presença de uma massa razoavelmente homogênea na sua formação — os trabalhadores. As características próprias dessa coletividade, e a importância geral que tem seu enquadramento na conservação do sistema econômico, obrigam que o estudo seja direcionado à identificação das interfaces com esses novos elementos.

A partir de tais pressupostos calcados na historicidade será possível percorrer o caminho da reconstrução da contratualidade trabalhista. Com isso, pretende-se poder compreender os efeitos produzidos de limitações imanentes às tutelas que podem ser obtidas na relação de emprego.

1. Da tutela ao contrato

Na Europa, a passagem do trabalho escravo e servil para o modelo de utilização intensiva de labor subordinado na Revolução Industrial dos séculos XVIII e XIX, promoverá a passagem de um modelo de trabalho por conta alheia, baseado na tutela, para o paradigma do contrato.

Nos modos de produção pré-capitalistas, ou pelo menos pré-industriais, a vinculação do indivíduo trabalhador aos meios de produção ocorria na forma da tutela originada do *status* que gozava, e não através de qualquer tipo de manifestação volitiva ou opção pessoal. A ligação do indivíduo ao trabalho ocorria através das corporações a que estava ligado, ou a partir das redes geográficas de tutela, notadamente os burgos e as paróquias. Será a condição do sujeito de ligação a um feudo, a uma cidade ou a uma igreja que determinará as condições de proteção e determinações de trabalho.

Trata-se então de uma rede de sociabilidade primária, em que, além da família, a comunidade territorial pode, mesmo na ausência de instituições especializadas, assegurar algumas regulações coletivas. Será a ameaça da própria existência causada pela independência de vida que determinará a necessidade de proteção e provocará que homens voluntariamente passem a se tornar "homens de um senhor". Nesse sentido, o juramento de fidelidade — quer ao senhor feudal, quer ao mestre da corporação — será o primeiro tipo de proteção eficaz contra os riscos sociais[1].

Essa desconversão da sociedade feudal lastreada na tutela determinada pelo *status*, segundo *Castel*, tem início nos anos que se seguem à Peste Negra, por volta de 1300. Verifica-se a tendência de movimento de indivíduos entre regiões e dos feudos aos burgos. Será nas cidades que se acentuará o "pauperismo" e tendência de fortalecimento das relações de dominação. Trata-se dos indivíduos que estão presos à obrigação de trabalhar, pois têm condições físicas, e a impossibilidade de trabalhar segundo as formas prescritas. Mas permanece inexistindo uma política global em relação à miséria[2].

O que *Castel* nomina como "pauperismo" é chamado por *Hobsbawm* de "catástrofe social". Não havia como negar a situação assustadora dos pobres. O autor norte-americano registra o cotidiano de pobreza, exploração, habitação em cortiços, embriaguez, prostituição, infanticídio, suicídio, demência e epidemias de doenças contagiosas nas grandes e médias cidades industriais. Esse somatório de fatores demonstra a miséria universal e aparentemente sem esperança dos pobres, provocando o mergulho na total desmoralização da classe trabalhadora[3].

Antes da Revolução Industrial, trabalho regulado era o determinado pelas corporações de ofício e juntamente com o trabalho forçado — as relações de servidão da gleba — representavam as duas modalidades principais de organização do trabalho, os dois modos de coerção que explicavam a dificuldade de instituição do trabalho "livre". Todavia, a "libertação" do trabalho do sistema de ofícios não vai significar mais trabalho livre, pois para os trabalhadores fora do sistema de ofícios vale um código coercitivo do trabalho, acentuado na repressão da vagabundagem, sem que mesmo houvesse a possibilidade de acesso ao trabalho.

O Iluminismo do século XVIII fará do livre acesso ao trabalho o princípio do modo de organização que vai se impor[4]. Do ideário de liberdade individual, passa-se

---

(1) CASTEL, Robert. *As metamorfoses da questão social*. São Paulo: Vozes, 1998. p. 51-55.

(2) *Idem*, p. 107-118.

(3) HOBSBAWM, Eric J. *A era das revoluções*. São Paulo: Paz e Terra, 1996. p. 223-225.

(4) *"En los siglos XVII y XVIII se acentuó la descomposición del régimen: los hombres de aquellos tiempos, imbuídos del ideal liberal, no podrían tolerar el monopolio del trabajo; la burguesía necesitaba manos libres para triunfar en su lucha con la nobleza; el derecho natural proclamó el derecho absoluto a todos los trabajos y contraria al principio de libertad toda organización que impidiera o estorbara el libre ejercicio de aquel derecho. La lucha entre la burguesía y el artesano fué una concurrencia económica en la cual la primera necesariamente triunfo"* (CUEVA, Mario de la. *Derecho del trabajo mexicano*, México: Editorial Porrua, 1949. v. 1. p. 10).

à liberdade de contratar. De um lado, a separação dos vínculos feudais objetivava que a terra, o feudo, deixasse de significar elemento de vinculação do homem; era necessário que pudesse assumir a condição de *res*. Ou seja, de que se assegurasse a circulação dos bens imóveis, que a terra também participasse das regras do mercado. No mundo do trabalho, também era permitido que a burguesia explorasse amplamente o trabalho individual pelo preço que se oferecesse. Nas cidades, passa-se a oferecer o trabalho operário em praças, livre da vinculação dos *status* outorgados pelas corporações. Ser assalariado significa, então, também sofrer miséria material, necessidade, dependência e subcidadania[5]. Mas, nas Luzes, o trabalho torna-se fonte de toda a riqueza e, para ser socialmente útil, deve ser repensado e reorganizado a partir dos princípios da nova economia política.

Essa transição do *status* ao contrato é reconhecida por *Maine* como um processo absolutizado de desenvolvimento das sociedades humanas. A fórmula conhecida como "lei de Maine" exprime-se na afirmação de que, enquanto nas sociedades antigas as relações entre os homens eram determinadas, em larga medida, pela pertença de cada qual a uma certa comunidade ou categoria ou ordem ou grupo e pela posição ocupada no respectivo seio, derivando daí, portanto, de modo passivo, o seu *status*, na sociedade moderna, tendem a ser cada vez mais o fruto de uma escolha livre dos próprios interesses, da sua iniciativa individual e da sua vontade autônoma, encontra precisamente no contrato o seu símbolo e o seu instrumento de pactuação[6]. A proposição de *Maine* reconhece fator civilizatório na transição[7].

Na vontade política de imposição da liberdade, o próprio trabalho tem seu signo alterado, na medida em que é reconhecido como fonte de riqueza social: apenas a obrigação do trabalho permite que se pague a dívida social daqueles que nada possuem, além da força de seus braços. O trabalho como obrigação inafastável do homem anima também os escritos de *Weber* sobre o tema:

> A verdadeira objeção moral refere-se ao descanso sobre a posse, ao gozo da riqueza, com a sua conseqüência de ócio e de sua sensualidade, e antes de mais nada, a desistência da procura de uma vida santificada. Pois o eterno descanso da santidade encontra-se no outro mundo; na Terra, o homem deve, para estar seguro de seu estado de graça, trabalhar o dia todo em favor do que lhe foi destinado[8].

Enfim, com o liberalismo, o imperativo da liberdade do trabalho irá se impor. Implicará a destruição dos meios de organização do trabalho até então dominantes, o trabalho regulado (coorporações) e o trabalho forçado (servidão da gleba). Não se pode negar uma complementaridade de interesses: por um lado, os operários têm a premência

---

(5) CASTEL, *op. cit.*, p. 203-209.
(6) MAINE, Henry Sumner, *apud* ROPPO, Enzo. *Do contrato, op. cit.*, p 26.
(7) É interessante notar a observação de Tarso Genro no sentido de que a proposição de Maine do *from status to contract* é correta, mas já se encontra há muito no Manifesto Comunista (GENRO, Tarso. *Introdução à crítica do direito do trabalho.* Porto Alegre: L&PM, 1979).
(8) WEBER, Max. *A ética protestante e o espírito do capitalismo.* São Paulo: Pioneira, 1987. p. 112.

de trabalhar, como forma de garantir sua sobrevivência; por outro, a burguesia tem necessidade de dispor livremente de toda a força de trabalho disponível. Nesse sentido, o contrato de trabalho e livre acesso ao mercado assumem postura de libertação de uma ordem de intensas coerções.

O reconhecimento absolutizante do caráter civilizador é discutido por diversos autores, ainda que se reconheça uma transição positiva; *Hardt* e *Negri* exemplificam que camponeses que se tornaram operários assalariados e que ficam sujeitos à disciplina da nova organização de trabalho vivem, em muitos casos, em piores condições, e não se pode dizer que sejam mais livres do que o tradicional trabalhador territorializado; mas são imbuídos de um *novo desejo de libertação*[9].

Afastando-se a compreensão da complexidade da relação de trabalho, e dos interesses não proprietários, a forma de organização do trabalho assumirá os objetivos liberais individualistas, transformando o trabalho humano em mero fator de produção, condicionado ao mercado de forma estrutural. Fazia-se necessário ter a força de trabalho como matéria de troca, formalmente igual e com livre contratação. O mercado e o contrato são os operadores dessa passagem de um fundamento transcendente à imanência da sociedade em si mesma[10].

A ligação do operário aos meios de produção somente será possível com a declaração de liberdade do trabalho, reconhecendo-o como proprietário de sua força de trabalho. Como proprietário, recebe um *status* diferente, o de sujeito de direito, podendo inserir-se formalmente como figura ativa no mercado[11].

Mas esse sujeito livre, proprietário e individualmente responsável por sua felicidade, recebia o direito de acesso ao trabalho enquanto tal, não direito ao trabalho, propriamente. A transação não é mais regulada por sistemas de coerções ou de garantias externas à própria troca. Na relação contratual que se estabelece, o trabalho passa a ser uma simples convenção entre dois sujeitos formalmente iguais que estabelecem condições sobre suas prestações[12].

---

(9) HARDT, Michael; NEGRI, Antonio. *Império*. São Paulo: Record, 2004. p. 273.

(10) CASTEL, *op. cit.*, p. 240.

(11) "Ora, precisamente, a oferta dessa mercadoria particular (a força do trabalho) num mercado não pode realizar-se senão em condições históricas particulares; são precisas, pelo menos, duas condições: que os proprietários dessa força de trabalho não sejam proprietários dos meios de produção, designadamente de capital, e que eles não possam vir a sê-lo. É preciso, portanto, que eles tenham sido completamente arrancados às antigas condições de produção e que estejam ao mesmo tempo separados dos meios de produção capitalistas. É preciso de algum modo 'isolá-los' de tal maneira que sejam economicamente obrigados a vender a sua força de trabalho sem, no entanto, a isso serem obrigados juridicamente. Esta situação precisa e original assume juridicamente a forma de personalidade jurídica" (MIAILLE, Michel. *Introdução crítica ao direito*. Lisboa: Editorial Estampa, 1994. p. 116).

(12) "A ligação entre o trabalhador e os meios de produção só é possível pelo acordo daquele e do proprietário destes. Declarado livre o trabalhador, isto é, reconhecida a propriedade do trabalhador à sua força de trabalho, isso impõe que lhe seja reconhecida personalidade jurídica e capacidade negocial, para que ele possa celebrar o contrato pelo qual aquela ligação se mediatiza, agora necessariamente" (PRATA, Ana. *A tutela constitucional da autonomia privada*. Coimbra: Almedina, 1982. p. 08).

O livre acesso ao mercado de trabalho apoiava-se no "capitalismo utópico" que projetava uma situação ideal, ideologicamente formada para esconder as contrapartidas sociais que o modelo formava. O livre contrato de trabalho foi imposto aos trabalhadores numa relação de dominação política; na promessa não apenas de que os operários estariam mais protegidos que nas formas tradicionais de trabalho, mas que teriam na liberdade a garantia da felicidade.

Não é, portanto, possível falar em relação de trabalho subordinado, tal como hoje a reconhecemos com seus requisitos básicos, antes do período da modernidade consolidada. Com a reificação do trabalho humano, e sua inserção como mercadoria, procurou a ciência jurídica enquadrar as relações de trabalho nos modelos civis já conhecidos. Como se vê, o contrato de trabalho é instituto recente, que apenas será consolidado no Direito no final do século XIX e início do XX.

A proposição da liberdade de acesso ao trabalho obviamente mantinha um elo fraco, o peso de que o indivíduo sem recursos pudesse receber contraprestação digna pelo trabalho entregue. Será essa promoção do contrato de trabalho, que era a integralidade de um Direito do Trabalho, que desembocará na descoberta da impotência do contrato para fundar uma ordem estável[13].

2. Do contrato ao estatuto

A liberdade de contratar, esteio da autonomia da vontade e do Estado Liberal, cedeu a valores dispostos numa nova conformação estatal. Desde o fim do século XVII e início do XVIII há consciência de uma vulnerabilidade de massa, que transformará a condição salarial em indignidade institucional. O modelo liberal não tardou a revelar uma real desigualdade, que obrigou a recompreender a autonomia da vontade na regulação do trabalho.

Castel designa como *pauperismo* o processo, ocorrido na primeira metade do século XIX, de tomada de consciência de uma forma de miséria que parece acompanhar o desenvolvimento da riqueza e o progresso da civilização. Como fruto da formal liberdade de discussão de condições laborais — em especial o valor do salário —, a nova organização do trabalho, fruto da industrialização e da autonomia da vontade, produz uma profunda instabilidade social[14]. A indignidade advinda dos baixos salários e péssimas condições de higiene e segurança do trabalho provocam um quadro de miséria material e moral onde quer que exista trabalho subordinado[15].

---

(13) CASTEL, *op. cit.*, p. 270-272.
(14) *Idem*, p. 285-287.
(15) As condições de trabalho advindas da 1ª Revolução Industrial podem ser assim resumidas: a) Esquemas rígidos de disciplina: o mercantilismo reaviva os poderes disciplinares do espaço fechado; é necessário enquadrar o trabalho em sistemas de coerções; b) (in)segurança do trabalho: poeira, incêndios, explosões, gases, desmoronamentos, tuberculose, asma, pneumonia; c) salários: ausência de participação do Estado e abundância de mão-de-obra permitiam baixos salários; d) jornada: a utilização do lampião a gás permitiu jornadas de 12, 14 ou 16 horas diárias; e) idade dos trabalhadores: a integralidade da família era contratada; os trabalhadores eram comprados, vendidos e trocados com seus filhos.

O pauperismo é, antes de tudo, uma imensa decepção que sanciona o fracasso do otimismo liberal moderno do século XVIII e início do XIX. Mobilizam-se as elites para desenvolver um poder tutelar em relação aos desafortunados[16]. Assume-se a necessidade de uma política social voltada a grupos em situação de menoridade. Passa a ser indispensável reconstruir, num universo onde reina o contrato, novas regulações que sejam compatíveis com a liberdade e mantendo as relações de dependência sem as quais uma ordem social é impossível[17].

Torna-se necessária a criação de novas tutelas e inseri-las solidamente no tecido social. O liberalismo do século XIX não muda de valores, mas passa agora a enfrentar fatores de desordem: não mais um excesso de regulações pesadas e arcaicas, mas riscos de desintegração social.

Genro reconhece dois motivos fundamentais para que o Estado burguês conferisse identidade jurídica aos trabalhadores, através do Direito do Trabalho. Primeiro, para que o Estado absorvesse os conflitos sociais e os arbitrasse de forma que as classes trabalhadoras não se estruturassem em condições de pré-insurreição. Segundo, para que as classes proprietárias dispusessem de canais de controle da insurgência contra a lógica da reprodução capitalista fundada na mais-valia. Nesse sentido, o autor afirma que o "humanismo" foi uma "necessidade histórica" oriunda da contradição entre capital e trabalho[18].

Um sistema de regulação estatal das relações de trabalho estabelece uma nova tecnologia de tutela, pois a constrói inserida no marco contratual do liberalismo: dentro do liberalismo econômico (o registro da troca contratual) há a reinserção de um modelo de relação tutelar, típico do registro da troca desigual. Como estratégia de classe da burguesia, rejeita-se o direito ao trabalho, próprio do socialismo, mas admite-se a urgência de um direito do trabalho[19]. Neste enfoque, o Estado não é um terceiro entre grupo de interesses opostos, mas promovente da dependência operária[20].

O Direito do Trabalho como modalidade de assistência calcada em um estatuto de Direito promove um duplo caráter restritivo. Primeiro, o de limitação da incidência dos sujeitos especificamente previstos como destinatários do regramento. Segundo, o de reafirmar o critério de assistência, restringindo as hipóteses de assistência ao também

---

(16) Não pode ser negada a importância para a melhoria das condições de trabalho em duas doutrinas, o socialismo e a doutrina social da Igreja. Com o Socialismo, tem-se o avanço do pensamento dos primeiros socialistas-anarquistas (Saint-Simon, Pierre Joseph Proudhon, Michail Bakunin, Kropotikin). Em 1848 é editado o Manifesto Comunista de Marx e Engels: sepulta a hegemonia, no pensamento revolucionário, das vertentes insurrecionais ou utópicas. Reorienta estrategicamente as classes socialmente subordinadas. Em 1850, Marx lança *Contribuição à crítica da economia política*. Consubstancia-se a teoria do materialismo histórico em que se expressava o surgimento da consciência do proletariado, no bojo de lutas de classes cada vez mais freqüentes. Já a Doutrina Social da Igreja toma forma com a Encíclica *Rerum Novarum* (coisas novas), em 1891, do Papa Leão XIII, a qual traça regras para a intervenção estatal na relação entre trabalhador e patrão e harmonização das relações sociais. Sobre o mesmo tema, seguiram as encíclicas *Quadragesimo anno* (1931), *Divini redemptoris* (1931).

(17) CASTEL, *op. cit.*, p. 305-308.

(18) GENRO, Tarso Fernando. *Introdução à crítica do direito do trabalho*. Porto Alegre: L&PM, 1979. p. 46.

(19) CAPELLA, Juan Ramón. *Os cidadãos servos*. Porto Alegre: Sérgio Antônio Fabris Editor, 1998. p. 136.

(20) CASTEL, *op. cit.*, p. 347-362.

expressamente previsto; impossibilita, por efeito, outro tipo de assistência, familiar ou privada[21]. Em nossa opinião, será esse modelo legalista e limitador de "direitos trabalhistas", concebidos para a limitação do pauperismo, e submissão da organização dos trabalhadores, que limitará tentativas extralegalistas de ampliação de direitos[22].

Este processo de atuação do Estado na regulação do trabalho para limitação da pauperização produzirá a passagem da "condição operária" à "relação salarial". Na primeira, com ampla liberdade de fixação de condições de trabalho, a remuneração é próxima da renda mínima que assegura apenas a reprodução do trabalhador — a chamada "lei de bronze dos salários"[23] — e não permite investir no consumo. A relação salarial que se inaugura com o Direito do Trabalho e previdência social é marcada por modelo de remuneração que comanda amplamente o consumo, uma disciplina do trabalho que regulamenta o ritmo de produção e um quadro legal de estruturação da relação jurídica[24][25].

O desenvolvimento do Direito do Trabalho legislado europeu-ocidental pode ser dividido, esquematicamente, em quatro fases:

a) *1ª fase (início do séc. XIX):* restrições ao trabalho de menores e mulheres; leis de caráter humanitário. Legislações de caráter disperso e assistemático.

b) *2ª fase (de 1848 ao início da I Guerra Mundial):* Sistematização e consolidação das leis protetivas. Influência do Manifesto Comunista e do movimento socialista de organização dos trabalhadores. As reivindicações são institucionalizadas na ordem jurídica, com inúmeras legislações sistematizadas próprias à tutela das relações de trabalho.

c) *3ª fase (após a I Guerra Mundial):* Institucionalização e oficialização do Direito do Trabalho, em especial com a inserção da matéria em Cartas Constitucionais. São emblemáticas as Constituições Mexicana de 1917[26] e Alemã de 1919

---

(21) *Idem*, p. 368-369.

(22) "Assim, à medida que o Direito do Trabalho legitima a sociedade de classes dá alternativas mínimas aos trabalhadores, para que estes participem do mundo jurídico, esta participação estará sendo manipulada pelas classes dominantes através do Estado — gerando a ilusão de que o sistema jurídico da sociedade burguesa representa a única possibilidade de resistir à dominação capitalista" (GENRO, Tarso Fernando. *Introdução à crítica do direito do trabalho*. Porto Alegre: L&PM, 1979. p. 85).

(23) "Depois de ter trabalhado hoje, é mister que o proprietário da força de trabalho possa repetir amanhã a mesma atividade sob as mesmas condições de força e saúde. A soma dos meios de subsistência deve ser, portanto, suficiente para mantê-lo no nível de vida normal do trabalhador. As próprias necessidades naturais de alimentação, roupa, aquecimento, habitação etc..., variam de acordo com as condições climáticas e de outra natureza. Demais a extensão das necessidades imprescindíveis e o modo de satisfazê-las são produtos históricos e dependem, por isso, de diversos fatores" (MARX, Karl. *O capital*. Rio de Janeiro: Civilização Brasileira, 1975. p. 191).

(24) CASTEL, *op. cit.*, p. 419.

(25) Negri e Hardt assinalam que os trabalhadores utilizaram a era disciplinar, notadamente nos momentos de dissidência e de desestabilização política do capitalismo, para ampliar os poderes sociais do trabalho, aumentando o valor da força de trabalho e redesenhando o conjunto de necessidades e desejos aos quais o salário e o bem-estar social tiveram de responder. Segundo esses autores, houve notável aumento do valor do salário; especialmente do salário social (HARDT, Michael; NEGRI, Antonio. *Império*. Rio de Janeiro, São Paulo: Record, 2004. p. 293-294).

(26) A Carta Mexicana estabelecia pioneiramente jornada de oito horas; proibição de trabalho de menores de doze anos; limitação de jornada de menores a seis horas; jornada noturna limitada; descanso semanal; proteção à maternidade; salário mínimo; direito de sindicalização e greve; indenização de dispensa; seguro social; proteção contra acidentes do trabalho.

(Weimer)[27][28]. Também é o período de internacionalização do Direito do Trabalho, com a criação da OIT, em 1919, pelo Tratado de Versalhes[29]. A legislação trabalhista ganha consistência e autonomia no universo jurídico.

d) *4ª fase (final do séc. XX)*: Crise e transição do Direito do Trabalho. Diversos fatores econômicos e sociais são arrolados, como crise do petróleo a partir da década de 70, constantes déficits fiscais do Estado, renovação tecnológica e vitórias eleitorais de forças representativas do neoliberalismo. Cria-se o efeito de flexibilização, desregulamentação e precarização do trabalho.

Também deve ser registrada a importância do Direito Internacional para a formação do Direito do Trabalho nacional. Como registra *Süssekind*, a OIT, com a ação desenvolvida desde 1919, tornou-se uma das mais respeitáveis e inesgotáveis fontes do novo ramo do Direito[30].

Como se pode ver do esquema proposto, o Direito do Trabalho, e em especial a legislação heterônoma, surge como um produto social que atua de forma complementar à atuação coletiva dos grupos organizados de trabalhadores. Evidencia, na compreensão de *Delgado*, a afirmação de um padrão democrático de gestão trabalhista alcançada nos setores mais avançados da economia. Por efeito, consegue absorver e fazer atuar o avanço político, social e cultural da classe trabalhadora, pois não retira o essencial senso de cidadania e de sujeito social, nucleares à existência e consolidação de qualquer convivência democrática[31]. Como se analisará adiante, o desenvolvimento do sistema jurídico trabalhista brasileiro não consegue alcançar esse êxito, o que, por fim, implicará uma matriz de intensa prevalência da heteronomia autoritária na fixação da tutela.

3. Breve história do Direito do Trabalho no Brasil

O desenvolvimento do Direito do Trabalho no Brasil seguiu o ritmo de consolidação nacional do capitalismo, e da burguesia na condução do Estado. O pressuposto do

---

(27) Também fazia a previsão de criação de um sistema de seguros sociais e participação dos trabalhadores na fixação de salários e demais condições de trabalho.

(28) Como definidoras das modernas constituições sociais, também são importantes a Carta Espanhola de dezembro de 1911 e a Constituição da URSS, de 1936.

(29) São os seguintes os princípios do Tratado de Versalhes: 1º – o trabalho não há de ser considerado mercadoria ou artigo de comércio; 2º – tanto os patrões como os empregados têm o direito de associação visando a alcançar qualquer objetivo lícito; 3º – o salário a ser pago aos trabalhadores deverá assegurar um nível de vida conveniente em relação à sua época e ao seu país; 4º – a limitação do trabalho a 8 horas por jornada e 48 horas semanais; 5º – descanso semanal remunerado mínimo de 24 horas, sempre que possível aos domingos; 6º – supressão do trabalho das crianças e imposição ao trabalho dos menores de ambos os sexos das limitações necessárias para permitir-lhes continuar sua instrução e assegurar seu desenvolvimento físico; 7º – salário igual, sem distinção de sexo, para um trabalho de igual valor; 8º – tratamento econômico eqüitativo nas leis relativas a condições de trabalho, promulgadas em cada país, para os trabalhadores que nele residem legalmente; 9º – organização, em cada Estado, de um serviço de inspeção, que inclua mulheres, a fim de assegurar a aplicação das leis e regulamentos para a proteção dos trabalhadores.

(30) SÜSSEKIND, Arnaldo *et al. Instituições de direito do trabalho*. Atualizado por Arnaldo Süssekind e João de Lima Teixeira Filho. São Paulo: LTr, 2000. p. 143. Capítulo escrito por Arnaldo Süssekind.

(31) DELGADO, Mauricio Godinho. *Curso de direito do trabalho*. São Paulo: LTr, 2005. p. 104.

Direito do Trabalho é o trabalho livre e subordinado. Logo, apenas a contar da abolição da escravatura se pode iniciar a formação e consolidação histórica deste ramo da ciência jurídica nacional[32]. O signo que marcou as relações de trabalho no Brasil do século XIX foi o controle (dos trabalhadores) e a segurança (dos patrões e do sistema produtivo)[33].

Em que pese o esquematismo que sempre permeia em qualquer estudo histórico fundado na divisão estanque de etapas, é válido, para efeito meramente ilustrativo, relacionar, de forma mais aproximada possível, alguns momentos da formação do Direito do Trabalho brasileiro:

a) **Pré-história.** A Constituição de 1824 aboliu as corporações de ofício para assegurar a liberdade de exercício de ofícios e profissões[34]. São proclamadas diversas leis tendentes à abolição de escravidão: Em 1871, Lei do Ventre Livre; 1885, Lei dos Sexagenários; 1888, Lei da Abolição.

b) **Primeira fase (1888 a 1930).** *Manifestações incipientes e esparsas.* De modo relevante, é apenas na agricultura cafeeira e na industrialização incipiente que se verifica a relação empregatícia. Há pouca atuação coletiva dos trabalhadores e intensa imigração de europeus, trazendo idéias socialistas[35]. Poucas iniciativas de regulamentação pelo Estado (liberalismo não intervencionista). Constituições liberais clássicas. A Constituição de 1891 garante a liberdade de associação. Pequenos agrupamentos de trabalhadores, chamados de *ligas operárias*, com caráter reivindicativo de melhores salários e redução da jornada (trabalhadores do couro, costureiras, madeira). Também há formação de *caixas beneficentes* para formação de fundos para assistência de trabalhadores doentes[36]. Ocorrem greves esporádicas, principalmente em São Paulo.

Promulgam-se as seguintes leis: regulação de trabalho de menores (1891), organização de sindicatos rurais (Decreto n. 979 de 1903), organização de sindicatos urbanos, reunindo profissionais de ofícios similares ou conexos (Decreto n. 1.637 de 1907).

c) **Segunda fase (1930 a 1945).** *Institucionalização do Direito do Trabalho.* Com a Revolução de 30, se inicia intensa atividade administrativa e legislativa do Estado. Produz-se minuciosa legislação com controle do sistema justrabalhista pelo Estado e repressão dos movimentos autonomistas operários. Em 1930 é criado o Ministério do Trabalho, o qual passa a expedir decretos.

As seguintes leis são criadas:

— 1930: Decreto n. 19.482 (Lei dos 2/3). Restrição ao trabalho de estrangeiros, com objetivo de sufocar manifestações operárias autonomistas.

---

(32) FONSECA, Ricardo Marcelo. *Modernidade e contrato de trabalho.* São Paulo: LTr, 2002. p. 131.
(33) *Idem,* p. 132.
(34) Em 1699, havia, em Salvador, corporações de oficiais mecânicos e de ourives.
(35) Em 1912 é fundada a Sociedade Operária Italiana Mútuo Socorro "Ettore Fieramosca" e, em 1914, a Società Mutuo Socorro "Galileo Galilei".
(36) Sociedade Cooperativa Beneficente Paulista (1896), Sociedade Cooperativa Tipográfica Operária (1904).

— 1931: Decreto n. 19.770 (Lei dos Sindicatos). Criação de estrutura de sindicalismo oficial único (colaborador do Estado). Os sindicatos deixam de ser pessoas jurídicas de direito privado. Veda-se atividade política e de propaganda ideológica.

— 1932: Decreto n. 21.396. Estabelecimento de sistema judicial de solução de conflitos com as Comissões mistas de conciliação e julgamento.

— 1932: Regulamentação do trabalho das mulheres.

— 1934: É promulgada a primeira Constituição a tratar sobre o Direito do Trabalho. Estabelece-se garantia de liberdade sindical (art. 120), isonomia salarial, salário mínimo, jornada de 8 horas, proteção ao trabalho das mulheres e menores, RSR, férias remuneradas (§ 1º do art. 121). Hiato de pluralidade sindical e autonomia; sindicatos voltaram a ser pessoas jurídicas de direito privado.

— 1936: Decreto sobre o salário mínimo.

— 1937: Constituição Federal de cunho eminentemente corporativista, inspirada na *Carta del Lavoro*, de 1927, e na Constituição polonesa. O artigo 140 referia que a economia era organizada em corporações, sendo consideradas órgãos do Estado, exercendo função delegada de poder público[37]. Instituiu o sindicato único, imposto por lei, vinculado ao Estado, podendo haver intervenção, mas, contraditoriamente, afirmava que "a associação profissional ou sindical é livre". Criação do imposto sindical, como forma de reforçar a submissão ao Estado. A greve e o *lockout* foram considerados recursos anti-sociais, nocivos ao trabalho e ao capital e incompatíveis com os interesses da produção nacional (art. 139). Para desenvolver seu programa econômico e dominação política, era imprescindível ao Estado evitar a luta de classes.

— 1943. Consolidação das Leis do Trabalho. Alterou, reuniu e ampliou a legislação trabalhista.

— Constituição de 1946. *Hiato democrático.* Extinto o Estado Novo, emergiu a Constituição de 1946, que outorgou à Justiça do Trabalho o *status* de órgão do Poder Judiciário. O direito de greve foi reconhecido, mas se manteve o sindicato atrelado ao Estado.

— Ditadura pós-1964. *Na nova fase autoritária.* A greve e a atividade sindical voltam a ser reprimidas. Constituição de 1967, com a emenda de 1969, diminuiu o limite de idade para trabalho de 14 anos para 12 anos, em retrocesso social.

Reconhece-se nesse período ausência de maturação político-judicial, substituída por uma matriz corporativa e intensamente autoritária. Resultou um modelo fechado, centralizado e compacto. O sistema manteve-se praticamente o mesmo até pelo menos 1988.

e) **3ª fase (final dos anos 80).** *Transição democrática.* Com a Carta de 88, buscou-se a superação democrática do modelo anterior, vedando-se a intervenção nos

---

(37) Art. 140 – "A economia da produção será organizada em corporações e estas, como entidades representativas das forças do trabalho nacional, colocadas sob a existência e proteção do Estado, são órgãos e exercem funções delegadas de poder público."

sindicatos. Inclusão dos direitos trabalhistas no rol dos "direitos sociais", no título "dos direitos e garantias fundamentais". Nas constituições anteriores, estavam sempre no âmbito da ordem econômica e social. O art. 7º é uma "mini CLT" tantos são os direitos lá albergados. Representou avanço social na afirmação da importância da negociação coletiva, redução da idade mínima de trabalho, adiciona de horas extras e férias, extensão de direitos aos domésticos; também assegurou o direito de greve e liberdade sindical. O período inaugurado também marca uma intensa atividade legiferante do Estado, não raro com diplomas contraditórios

O Direito do Trabalho no Brasil segue o modelo contratual regulado por intenso dirigismo estatal nas relações de emprego. O artigo 444 da CLT[38] torna evidente a positivação do dirigismo contratual na legislação trabalhista nacional ao estabelecer vedação a pactuações divergentes das leis tutelares, decisões de autoridades competentes e das normas coletivas. Segue-se o modelo de defesa da vontade, a liberdade contratual mas com proteção daquele que é mais débil, como forma de equilibrar o poder das partes Nesse modelo formado, o contrato de emprego é fruto do dirigismo[39] contratual construído a partir da vontade do Estado no enquadramento legal da relação de emprego

4. O trabalho regulado e a espoliação capitalista

Esquematicamente, o modo de produção capitalista funda-se na prestação de trabalho subordinado, executado pelo setor da sociedade que nada tem, a não ser a própria força de seu trabalho. A força de trabalho é "vendida" ao setor da comunidade que detém os meios de produção, o capital. Nesta relação de troca entabulada, a contraprestação pelo trabalho é feita na forma de dinheiro, o salário[40][41].

Nos modos de produção pré-capitalista, os produtores estavam separados do objeto do trabalho e dos meios de produção, mas não estavam separados da relação de posse. Mas para que essa troca entre dinheiro e trabalho possa se realizar numa

---

(38) CLT. Art. 444 – As relações contratuais de trabalho podem ser objeto de livre estipulação das partes interessadas em tudo quanto não contravenha às disposições de proteção ao trabalho, aos contratos coletivos que lhes sejam aplicáveis e às decisões das autoridades competentes.

(39) "Os principais reflexos que o dogma do voluntarismo estabeleceu passam a ser quebrados por um *dirigismo contratual* restritivo da livre estipulação de cláusulas contratuais, da livre criação de novos tipos contratuais em prol de uma tipicidade estabelecida pela legislação imperativa e cogente. O direito deixa de ter uma atuação supletiva em relação à vontade que reinava no espaço constitutivo das relações obrigacionais e passa a intervir como instância regulatória: o direito não mais reconhece a supremacia da vontade nem aloca o direito como instrumento de proteção, interpretação e reconhecimento da força criadora da vontade" (COUTINHO, Aldacy Rachid. Autonomia privada na perspectiva do novo Código Civil. In: DALLEGRAVE NETO, José Affonso; GUNTHER, Luiz Eduardo. *O Impacto do novo Código Civil no direito do trabalho*. São Paulo: LTr, 2003. p. 80).

(40) ROPPO, Enzo. *Do contrato*, p. 39.

(41) "O trabalhador assalariado que entra no processo de produção enquanto vendedor do uso da sua força de trabalho entra depois no processo de circulação e de redistribuição dos produtos, tendo como recurso o seu salário. Ele não tem quaisquer direitos sobre os produtos do seu trabalho". (Enciclopédia EINAUDI, vol. 07. Modos de produção. Desenvolvimento/ subdesenvolvimento. Lisboa: Imprensa Nacional – Casa da Moeda, 1986. p. 20).

sociedade liberal, é preciso que a força de trabalho assuma a condição de mercadoria. O trabalhador, na condição de proprietário de sua força de trabalho, a transforma em mercadoria e, assim, insere-se como sujeito atuante no mercado[42].

Em *Poulantzas* encontramos a constatação de que a teoria do Estado capitalista não pode ser separada da história de sua constituição e de sua reprodução. No capitalismo, os trabalhadores estão também despojados da posse. Esta estrutura das relações de produção transforma a força de trabalho em mercadoria e o excesso de trabalho em mais-valia. Por efeito, dá lugar, nas relações do Estado e da economia, a uma separação relativa, à acumulação do capital e produção de mais-valia[43]. Será essa a base da ossatura institucional do estado capitalista, pois traça os novos espaços relativos ao Estado e à economia.

O Estado moderno terá sua especificidade na total espoliação do trabalhador direto nas relações de produção capitalista. Essa característica está ligada à separação relativa do político e do econômico e a toda reorganização de seus espaços e respectivos campos. É no Estado capitalista que a relação orgânica entre trabalho intelectual e dominação política, entre saber e poder, se efetua de maneira mais acabada[44].

Num sistema capitalista desenvolvido, a riqueza não se identifica apenas com as coisas materiais e com o direito de usá-las; ela consiste também, e sobretudo, em bens imateriais, em relações, em promessas alheias e no correspondente direito ao comportamento de outrem. Os exemplos mais evidentes são as patentes, ações de empresas e títulos de crédito. Mas também o contrato de trabalho, lembra *Roppo*[45], traz em seu âmago a característica dessa nova relação de dominação: o empresário não é proprietário de seus empregados, nem os empregados proprietários do posto de trabalho; mas não se nega a disponibilidade de força de trabalho e o emprego como fonte de riqueza.

O importante, continua *Roppo*, é que essas formas de riqueza imaterial têm, as mais das vezes, sua fonte num contrato. É apenas num curto sentido que o bem imaterial, instrumentalizado no contrato de trabalho, é assimilável a coisas e que os direitos sobre eles são assimiláveis ao direito de propriedade. Assim, apesar de a propriedade se manter firme no papel predominante, transforma-se profundamente sua relação com o contrato: o contrato não apenas transfere a propriedade, mas também a criaria. Nesse sistema capitalista avançado, conclui o autor, já não é a propriedade o instrumento fundamental da gestão dos recursos e de propulsão da economia[46].

Descendente do Direito Civil, o Direito do Trabalho teve a principal característica de limitar a autonomia da vontade. A ótica utilizada foi de conceber o trabalhador como dotado de patrimônio. Desse modo, o contrato não é visto como dotado de

---

(42) CAPELLA, *op. cit.*, p. 72.
(43) POULANTZAS, Nicos. *O Estado, o poder, o socialismo.* São Paulo: Graal (Paz e Terra), 2000. p. 17.
(44) *Idem*, p. 52-54.
(45) ROPPO, *op. cit.*, p. 64-65.
(46) *Idem*, p. 65-66.

uma função social, mas com a finalidade de fornecer mão-de-obra ao empregador proprietário[47] e resguardar o patrimônio do empregador e do empregado, ainda que o deste seja apenas a força de trabalho.

O Direito do Trabalho parte da premissa de que está presente a autonomia da vontade, mas impõe obrigações que não podem ser ultrapassadas pelas partes. O contrato de emprego é idealizado em nosso sistema jurídico pressupondo a idéia de um sujeito de direito (livre, racional, capaz), com direitos subjetivos calcados na vontade[48].

O propósito do Direito do Trabalho foi o de substituir a violência privada pela dominação legal. A transformação do trabalhador em sujeito de direito, oriunda da conformação contratual da relação de trabalho, faz substituir a dominação direta pela fria dominação das conformações legais[49].

Nesta perspectiva, analisa *Genro*, o Direito do Trabalho é gerador, além de um "Código de Conquistas", também de um "Código de Limites". Ocorre que as leis trabalhistas põem uma demarcação bem clara no estatuto de participação operária na sociedade burguesa: são limitadíssimas as possibilidades de ultrapassar o que está reconhecido legalmente (e que é necessidade inerente ao modo de produção capitalista), sob pena de a reivindicação ser encarada como delito contra a ordem pública. Este "Código de Limites" formado pelo Direito do Trabalho faz reconhecer não apenas a propriedade privada e o capitalismo como "justos", como também o salário que os empresários se dispõem a pagar, desde não seja superior ao mínimo legal[50].

Assim, o modelo legalista de normalização das relações de trabalho, associado ao positivismo, teve o importante efeito de desestimular a compreensão de que as relações de trabalho encerrariam um feixe de direitos que transcenderia a fria regulamentação legal e contratual. A limitação da autonomia da vontade — característica principal do Direito do Trabalho, inserido no Direito Obrigacional — apenas identifica uma tendência de uma modalidade de Estado Social, com acentuada intervenção legislativa nos espaços privados.

Todavia, como refere *Bacarat*, não significa que se esteja diante de um sistema jurídico aberto. Manteve-se o paradigma do trabalhador como ente dotado de patrimônio. O sistema jurídico trabalhista seguia essa premissa, outorgando proteção jurídica nos limites estabelecidos ao patrimônio a ser resguardado[51].

O reconhecimento de que a relação de emprego encerra um feixe de direitos que, por um lado, possa transcender os expressamente previstos na legislação tutelar, e que, por outro, avance na concepção patrimonialista para a tutela da dignidade humana, não encontra guarida no microssistema. Isso apenas será possível, primeiramente numa visão sistemática

---

(47) BARACAT, Eduardo Milléo. *A boa-fé no direito individual do trabalho.* São Paulo: LTr, 2003. p. 35.
(48) FONSECA, Ricardo Marcelo. *Modernidade e contrato de trabalho.* São Paulo: LTr, 2002. p. 130.
(49) Idem, p. 133-134.
(50) GENRO, Tarso Fernando. *Introdução à crítica do direito do trabalho.* Porto Alegre: L&PM, 1979. p. 48-49.
(51) BARACAT. *Op. cit.*, p. 34-35.

do Direito e, segundo, na identificação do trabalhador como possuidor de direitos não calcados na propriedade, e que reconheça uma visão além da puramente economicista para a relação de trabalho.

5. Para além de uma visão puramente economicista

Por um lado, enfatizamos a necessidade de compreender o contrato não apenas como uma relação estritamente jurídica, mas também tendo-se clara a instrumentalização da operação econômica, a serviço de uma classe prevalente nos aparelhos de dominação ideológica. Dessa forma, é possível compreender a pluralidade de interesses econômicos que animam a relação de troca e assim conceber uma função socializada das relações interprivadas: o contrato conceito jurídico nunca é constituído como fim em si mesmo, mas com vistas e em função da operação econômica, da qual representa a veste exterior[52].

De outra banda, temos o objetivo de enfatizar que a relação de emprego não pode ser concebida como função puramente econômica. A importância que tem o trabalho subordinado na ossatura institucional do capitalismo e a instrumentalização contratual dificultam, quando não mascaram, uma compreensão que ultrapassa o mero economicismo. Na relação econômica de emprego, instrumentalizada pelo contrato de trabalho subordinado, é importante uma compreensão que não se resuma a uma singela operação econômica. Antes, deve-se enfatizar a impossibilidade de desvinculação de interesses não proprietários, plenamente inseridos nessa relação de troca.

Conforme analisado no capítulo II deste trabalho, a vocação constitucional brasileira de atribuir dignidade humana ao contratante não encontra no monólogo elementar dos direitos subjetivos patrimoniais de crédito e débito a conformação mais adequada ao perfil da relação jurídica obrigacional. O próprio Direito Civil deve ser reconstruído, a partir da garantia de respeito à dignidade humana[53]. Em paralelo, a fórmula remodelada da autonomia privada não tem na igualdade formal seu melhor substrato, de modo que obriga à compreensão de perfis singularizados e concretos aos contratantes.

Bem atua *Nalin* ao declarar que o valor jurídico maior a ser tutelado, conforme atual noção da justiça contratual, é o equilíbrio, animado pelo cânone constitucional da solidariedade. A atuação revisionista, a ser operada pelo Judiciário encara o desenrolar dos fatos econômicos de forma subjetiva[54].

Não se pode aceitar as tentativas velhas e novas de exaurir a interpretação do enunciado legislativo em uma avaliação exclusivamente econômica, que imponha a própria vontade ao legislador e ao juiz. A economia, já diz *Perlingieri*, não é fonte normativa, de modo que se deve observar: a) que a ação humana tem uma pluralidade de motivações que não se resumem em termos econômicos; b) que o direito também deve servir para orientar a economia e realizar os valores que não possui; c) que o

---

52) ROPPO, *op. cit.*, p. 09.
53) PERLINGIERI, *op. cit.*, p. 34.
54) NALIN, *Do contrato*, p. 202.

método econômico de interpretação do direito não é incompatível com a tutela d direitos da personalidade; d) que se descuida da questão de resolver problemas e pecíficos⁽⁵⁵⁾. Em suma, o Direito não é reduzível à linguagem econômica; nem tod as avaliações do Direito são traduzidas em avaliações econômicas, pois são impc tantes as formulações políticas.

Também *Poulantzas* enfatiza a necessidade de afastamento da concepção qi considera a economia como sendo composta de elementos invariantes, através (diferentes modos de produção. Tal idéia, segundo o autor, oculta as lutas travadas i cerne das relações de produção e de exploração⁽⁵⁶⁾. Contra o economicismo tradicior e tecnicismo, defende que é o primado das relações político-ideológicas que desempenl papel essencial na reprodução das relações de produção: o processo de produção é ; mesmo tempo processo de reprodução das relações de dominação política e ideológica⁽⁵

É, portanto, necessário tomar em consideração uma realidade econômico-soci em que todos os interesses estão em jogo⁽⁵⁸⁾. Assim, o contrato de emprego, num aspec dinâmico, tem um duplo papel: tanto serve à proteção dos trabalhadores, diante (exploração a que estão submetidos, como serve à preservação do próprio sisten capitalista, na medida em que estabelece o regramento de uma específica forma (produção. Por efeito, impede a melhoria efetiva das relações de trabalho, ao limit quais são especificamente as tutelas que podem ser garantidas aos trabalhadores.

O Direito do Trabalho, numa sociedade calcada no modo de produção capitalis segundo *Jeammaud*, terá mais a função de construir a representação simbólica das relaçõ sociais, permitindo seu funcionamento; e menos a atribuição de organizar e fazer funcior a organização das classes trabalhadoras. A transposição jurídica do social é deformac pois oculta questões sociais e econômicas relevantes⁽⁵⁹⁾.

Ocorre que os sujeitos, conformados por uma realidade contratual-trabalhist são reduzidos à condição jurídica que a condição patrimonial econômica lhes permit Não há qualquer consideração a respeito do trabalhador enquanto pessoa humana (cidadão. Ou seja, para sua identificação como detentor de direitos fundamentais lastreadi no *ser*, antes do mero *ter*. Na realidade da operação econômica da relação de trabalho, sujeito trabalhador é intencionalmente separado da força de trabalho de que é detentc

Na limitada acepção do contrato de emprego como instrumentalizador de un relação econômica que se encerra em si mesma, não há espaço para a compreensão c valor social do trabalho. As necessidades concretas do indivíduo trabalhador, ou sua ide tificação como possuidor de direitos de personalidade, são intencionalmente afastadc

---

(55) PERLINGIERI, *op. cit.*, p. 63-64.
(56) POULANTZAS, *op. cit.*, p. 13.
(57) *Idem*, p. 25.
(58) ROPPO, *op. cit.*, p. 07-08.
(59) JEAMMAUD, Antoine, *apud* COUTINHO, Aldacy. Função social do contrato individual do trabalho. In: COUTINH Aldacy (organizadora). *Transformações do direito do trabalho*. Estudos em homenagem ao professor Jo Régis Fassbender Teixeira. Curitiba: Juruá, 2000. p. 45.

A despatrimonialização do Direito Obrigacional alcança o Direito do Trabalho, afastando sua visão primordialmente economicista. Também é redirecionado para o respeito da dignidade humana e compreensão de que a força de trabalho não pode ser economicamente valorizada na desvinculação com o sujeito trabalhador.

Nesse sentido, alerta *Coutinho* que se o contrato de trabalho serve à circulação de serviços, produção de riqueza e elemento de organização produtiva capitalista, baseada na propriedade privada, é igualmente seguro que "não se pode restringir o fenômeno negocial a uma interpretação e análise somente econômicas, sob pena de manter-se dentro da racionalidade do mercado"[60].

O encontro que deve ser operado é o da natureza não meramente econômico-patrimonial da relação de emprego com a compreensão de que também o contrato de emprego deve se submeter a intenções não meramente individuais dos contratantes. Antes, obriga-se a também servir a interesses sociais e guardar relação com o equilíbrio entre direitos e obrigações. Na compreensão de valorização do trabalho, e diante da premente necessidade do trabalhador de vender sua força de trabalho, a intangibilidade contratual não poderá servir de óbice à manutenção da progressividade da exploração da mão-de-obra. Ainda que dentro do projeto capitalista e da inafastabilidade conseqüente da mais-valia, deve-se voltar ao cidadão trabalhador e aos valores éticos da sociedade[61].

6. O contrato de emprego como categoria do negócio jurídico

Objetiva este tópico, por primeiro, compreender a categoria negócio jurídico, sobretudo quando visto pela doutrina civilista. Trata-se, além de revisar o conceito clássico do instituto, também de apresentar visão crítica e atualizada, a partir das novas formulações trazidas pela autonomia privada, como força superadora da autonomia da vontade.

O Código Civil Brasileiro de 1916, consagrando a doutrina unitarista, não previa a categoria do negócio jurídico. Já o Código Civil Brasileiro de 2002, em seu Título I do Livro III trata da figura do negócio jurídico, revelando que, em sua classificação geral, adota a posição dualista, pois distingue negócio jurídico de ato jurídico lícito. Como categoria geral, as normas do negócio jurídico também se aplicam às espécies do Direito Obrigacional, entre os quais o contrato.

Reconhece-se o Direito do Trabalho como espécie do Direito das Obrigações, pois tem o contrato como figura central. É através do contrato de emprego que se concretizam todas as outras fontes normativas desse ramo da ciência jurídica: da Constituição ao regulamento de empresa[62].

---

(60) COUTINHO, *op. cit.*, p. 47.
(61) *Idem*, p. 48.
(62) MORAES FILHO, Evaristo de; MORAES, Antônio Carlos Flores de. *Introdução ao direito do trabalho*. São Paulo: LTr, 1995. p. 201.

A afirmação de que a relação de emprego se desenvolve a partir de um contrato, tal como concebido no Direito Civil, não é pacífica. A função social, prevista no artigo 421 do Código Civil Brasileiro de 2002 pressupõe a existência de um contrato. O reconhecimento de que há o requisito de que a relação jurídica de trabalho subordinado cumpra sua função social obriga que, antes, se possa afirmar que a relação de emprego é instrumentalizada por uma modalidade de negócio jurídico, o contrato de emprego.

6.1. Críticas do contrato de emprego como categoria do negócio jurídico

O contrato, enquanto elemento exteriorizador da força vinculante da vontade individual, é construção forjada junto ao *Códe*, dentro do projeto de um sistema jurídico privado de atos de circulação livre de riqueza[63]. Mas elementos históricos e tradição científica singular, fizeram com que surgisse, com quase um século de atraso, e seguindo um modelo diferente, a categoria construída pela doutrina alemã do negócio jurídico. A doutrina do negócio jurídico *(Rechtsgeschaft)* tem origem na obra dos pandectistas alemães do século XIX, influenciando fortemente todos os países de tradição romano-germânica, com exceção da França. Seguiram-se os princípios gerais do ordenamento contratual capitalista, a liberdade de contratar baseada na igualdade substancial das partes.

A diferença fundamental entre os dois modelos é que o modelo alemão tem o contrato como uma subespécie, uma categoria geral do *negócio jurídico*. É definido por *Roppo* como "uma declaração de vontade dirigida a produzir efeitos jurídicos"[64]. Como forma de simplificação e racionalização da linguagem jurídica, a vontade[65] é elevada como fonte criadora no mundo jurídico de direitos e obrigações.

A Consolidação das Leis do Trabalho não define o contrato de emprego. Na leitura dos artigos 2º e 3º pode-se intuir as categorias de empregado e empregador, sujeitos que com essas características entabulam a específica modalidade contratual. A larga regulamentação estatal no estabelecimento de um contrato mínimo legal cogente e irrenunciável diminui consideravelmente as matérias que podem ser objeto de livre pactuação entre empregado e empregador. A instrumentalização da relação de emprego, conforme estabelecido no artigo 444 da CLT outorga um espaço bastante limitado para o exercício da força da vontade dos contratantes. Essa característica de pouca valorização do elemento volitivo — em grande parte definidora da autonomia da relação de emprego das demais relações jurídico-obrigacionais — torna intuitiva a crítica ao *contratualismo* no trabalho subordinado.

---

(63) ROPPO, *op. cit.*, p. 46-47.
(64) *Idem*, p. 49.
(65) Salienta Azevedo que a vontade qualificadora do negócio jurídico é a vontade negocial, tendo por objetivo a produção de efeitos jurídicos tutelados pelo ordenamento (AZEVEDO, Antônio Junqueira de. *Negócio jurídico: existência, validade e eficácia*. São Paulo: Saraiva, 2002. p. 16).

José Martins Catharino[66] rememora com propriedade as principais teorias sobre a natureza da relação de emprego:

a) *Teoria anticontratualista*. A vontade do empregado é extremamente reduzida, limitando o liame obrigacional em um dever de fidelidade produzido a partir do trabalho como fato. Numa lembrança das relações de *status*, mascara-se uma concepção comunitária da empresa, de esforço conjunto para atingimento dos interesses de produção. É evidente uma tentativa de mascaramento de luta de classes e dominação, sob a idéia da colaboração entre iguais.

b) *Teoria acontratualista (paracontratualista)*. A relação de emprego é determinada singelamente pela integração na empresa, num ato bilateral, independentemente da formalização do contrato. Há semelhança com a opção brasileira do artigo 442 da CLT, pois identifica a relação de emprego com o próprio contrato.

c) *Teorias contratualistas*. A vontade é tida como essencial para o estabelecimento da relação de emprego. O contrato de emprego é, portanto, submetido aos princípios comuns dos demais contratos do direito privado. Omite-se, todavia, que a essencialidade da prestação de trabalho, como forma de obtenção de condições de sobrevivência, reduz intensamente a autonomia das partes.

d) *Teoria institucional impura*. Reconhece que a relação de emprego é cada vez mais "estatutária", diante da intervenção do estado no dirigismo das condições mínimas. Mas não nega a contratualidade da relação de emprego, na singeleza da constatação da opção política de nosso tempo.

A teoria "eclética" de *Mario de La Cueva* será analisada no tópico que segue.

Como estudado nos capítulos precedentes, segundo a doutrina da autonomia da vontade, a liberdade de contratar se baseava na igualdade formal assegurada pelo ordenamento. O Direito Obrigacional, herdeiro do liberalismo, parte do pressuposto da igualdade das partes; sua origem repousa no conceito revolucionário-burguês de cidadão e na prévia concepção ideológica de que todos são iguais perante a lei. No Direito do Trabalho, as partes são desiguais, no sentido de que a desigualdade possa promover a igualdade de oportunidades, transformando a realidade empírica em ato jurídico conhecido[67].

Esses dois institutos, liberdade e negócio jurídico, têm influenciado profundamente o Direito do Trabalho brasileiro, sobretudo no que concerne à origem, desenvolvimento e extinção do contrato de trabalho[68]. Diante da desigualdade de fato reconhecida, há dificuldade de se afirmar uma ampla liberdade do indivíduo trabalhador na entabulação do contrato de emprego: o querer contratar, escolha do co-pactuante e estabelecimento do conteúdo da avença. A liberdade pregada pelo liberalismo individualista, lastreadora da autonomia da vontade, não dá conta de explicar a complexidade

---

66) CATHARINO, José Martins. *Compêndio universitário de direito do trabalho.* São Paulo: Editora Jurídica e Universitária, 1972. v. 1, p. 225 e seguintes.

67) GENRO, Tarso. *Introdução à crítica do direito do trabalho.* Porto Alegre: L&PM, 1979. p. 90-91.

68) BARACAT, Eduardo Milléo. A vontade na formação do contrato de trabalho: o problema do negócio jurídico. In: DALLEGRAVE NETO, José Affonso; GUNTHER, Luiz Eduardo. *O impacto do novo Código Civil no direito do trabalho.* São Paulo: LTr, 2003. p. 247.

do fato da prestação do trabalho humano por conta da sobrevivência ou do sistema capitalista de mercado[69].

Esta preocupação é encontrada já em *Larenz*, o qual identifica situações em que, pela imposição da necessidade, não se pode encontrar uma efetiva liberdade contratual quando o indivíduo está impossibilitado de definir o conteúdo do pacto. Tal ocorre quando a necessidade impõe a formação do pacto, como nos contratos com serviços públicos, proibição de contratos que prejudiquem a moral e os bons costumes e obrigações de contratar derivadas da economia dirigida[70].

Não há possibilidade, segundo *Lôbo*, de se permanecer conjugando a teoria do negócio jurídico, a partir do afastamento da força absolutizante da vontade: "a teoria do negócio jurídico, por conceber o negócio jurídico como instrumento da autonomia da vontade, não exerce nenhum papel quando esta falta. Não é mais uma teoria abrangente"[71].

A exigência da vontade, retoma-se, é inegável óbice à caracterização do contrato de emprego como espécie de negócio jurídico. Explica *Baracat* que "não existe vontade real do trabalhador, muito menos livre, quando este não tem a possibilidade de discutir o valor do salário quando da contratação, nem qualquer outra condição de trabalho"[72][73].

Embora esta dissertação não siga esta tendência, pelos motivos que adiante serão desenvolvidos, é importante reconhecer a utilidade da crítica. A inaptidão do contrato clássico para regular o trabalho subordinado é suposição inafastável, desde a consagração da própria autonomia do Direito do Trabalho[74]. Em tempos de retorno

---

(69) COELHO, Luciano Augusto. Contrato de trabalho e autonomia privada. In: NALIN, Paulo (organizador). *A autonomia privada na legalidade constitucional*. Curitiba: Juruá, 2006. p. 148.

(70) LARENZ, Karl. *Derecho de obligaciones*. Madrid: Editora Revista de Derecho Privado, 1958. v. 1, p. 66-73.

(71) LÔBO, Paulo Luiz Neto. *O contrato:* exigências e concepções atuais. São Paulo: Saraiva, 1986. p. 20.

(72) BARACAT, *A vontade na formação do contrato de trabalho*, p. 251.

(73) Em outra obra, o autor reafirma que contrato de trabalho não é negócio jurídico, porque para a sua formação não existe vontade das partes. Refere que "a idéia de que existe apenas desigualdade entre as partes na formação do contrato de trabalho é simplista e limitada, já que, de fato, o que se verifica é a obrigação de o trabalhador contratar. A vontade é um fenômeno social, embora tenha a existência na consciência do indivíduo. Os homens não são seres individuais, mas sociais. Quando o trabalhador aceita uma oferta de trabalho, não o faz em seu nome, nem manifesta um atributo de sua alma; ele expõe, na verdade, a vontade do conjunto de relações sociais nas quais vive. Em outras palavras, quando o trabalhador pensa acerca de determinado contrato de trabalho, as relações sociais objetivas nas quais está inserido se fazem presentes na sua consciência e se expressam em seu pensamento e, por conseguinte, em sua linguagem. Por esta razão, o trabalhador ao celebrar um contrato de trabalho, não possui vontade, limitando-se a expor a vontade do conjunto de relações sociais em que vive, agindo na verdade, involuntariamente" (BARACAT, Eduardo Milléo. *A boa-fé no direito individual do trabalho*. São Paulo: LTr, 2003. p. 112).

(74) Neste sentido, refere Avelãs Nunes que "em primeiro lugar, os trabalhadores não são livres para contratar (o que chama atenção para a especificidade deste contrato, tal específico que, em regra, não é hoje celebrado entre indivíduo-trabalhador e o indivíduo-patrão, mas entre o sindicato representativo dos trabalhadores e a associação representativa dos patrões), pela simples mas decisiva razão de que, sendo juridicamente livres de dispor contratualmente sua força de trabalho, os trabalhadores são também 'livres de tudo — como sublinha Marx – completamente desprovidos das coisas necessárias à realização da sua potência de trabalho'. E esta última circunstância transforma aquela liberdade de contratar em necessidade de contratar: os trabalhadores são economicamente obrigados a trabalhar para sobreviver, ao contrário dos patrões que podem viver sem trabalhar. Não estão, pois, em posição de igualdade os dois permutantes deste tipo de 'trocas' (sem dúvida as mais importantes do modo de produção capitalista) (NUNES, Antonio José Avelãs. *Noção e objeto da economia política*. Coimbra: Almedina, 1996. p. 60).

de velhas doutrinas liberais, a afirmação da necessidade de proteção dos direitos dos trabalhadores também passa pela reafirmação de que empregado e empregador não têm a mesma potência na definição do regulamento contratual.

As críticas desses notáveis doutrinadores são válidas na importância de afirmar o contrato de emprego com características próprias do restante do direito obrigacional. Mas, como veremos a seguir, ao subtrair todo o elemento volitivo na formação do vínculo de emprego, retira-se a importância do progresso do conceito da autonomia privada sobre a autonomia da vontade. E, além disso, acaba por render-se ao economicismo da relação de emprego, afastando o papel de dignidade e emancipação para o trabalhador, conquistas que são alcançadas no respeito à vontade do empregado contratado.

6.2. Contratualidade trabalhista remodelada

A autonomia da vontade, em suas tantas variantes doutrinárias — como a vontade interna (teoria da vontade) ou a exteriorizada (teoria da declaração) —, tem sempre o negócio jurídico como expressão da força do querer individual. Apenas essa vontade era criadora de todos os efeitos jurídicos almejados pelos contratantes.

O negócio jurídico apenas caracterizado como o elemento do Direito Obrigacional, que exterioriza toda a força vinculante do querer dos indivíduos pactuantes, não guarda correspondência com a passagem para a autonomia privada. Também se encontra profundamente distanciado da prevalência de interesses comunitários sobre o individual. O negócio jurídico animado pela autonomia privada, e não pela superada autonomia da vontade, concebe o contrato com outras duas características: a) mais do que o querer individual, a vinculação do contrato se dá pelos efeitos regulados e esperados pela sociedade; b) a massificação contratual retira a importância da discussão das partes sobre o conteúdo do pacto.

As críticas à força da vontade individual como consagradora do negócio jurídico são efetuadas em três frentes. Primeiro, pela superação da autonomia da vontade, substituída pelo conceito de autonomia privada. Segundo, pela constatação de que, na atualidade, a vontade expressada cada vez é menos importante para a entabulação de contratos (comportamento concludente). Ambas, como nos posicionamos, dão novos contornos à categoria do negócio jurídico e permitem um repensar do contrato de emprego nessa categoria. Terceiro, porque a negação de qualquer vontade do sujeito trabalhador na formação do pacto trabalhista retira-lhe a subjetividade e o reduz a mero destinatário passivo e incapaz da legislação tutelar.

6.2.1. Autonomia da vontade e autonomia privada

Tratemos primeiro da queda da autonomia da vontade, pois o negócio jurídico é categoria indissociável da força do querer individual. *Betti* enfatiza essa ligação ao afirmar que o negócio é concebido como ato da autonomia privada a que o direito liga o nascimento, modificação ou extinção de relações jurídicas entre particulares. Assim, o negócio jurídico é instrumento da autonomia privada no sentido de que é posto pela lei à disposição dos particulares para que possam servir-se dele para organização básica dos interesses próprios de cada um, nas relações recíprocas[75].

Mas *Betti* tem o cuidado de repudiar a definição do negócio com uma manifestação da vontade destinada a produzir efeitos jurídicos[76]. Apenas a autonomia da vontade não é suficiente para a configuração do negócio jurídico. Ressalta-se a exigência de solidariedade nas relações. A ordem jurídica, segundo o autor, continua sendo o árbitro para valorar os escopos escolhidos pelas partes. O direito não pode apoiar a autonomia privada para a consecução de qualquer escopo. Apenas são tutelados os interesses que guardem relação com a relevância social, com a harmonia e com a sociabilidade[77]. Há importância na vontade, mas nega-se que ela se encontre em primeiro plano. Serve, sim, para compreender a exteriorização de um comportamento no ambiente social, mas não mais que um momento[78].

Se a autonomia da vontade evolui para a autonomia privada, também o negócio jurídico, então lastreado apenas na força vinculante da vontade, deve também ter seu conceito adequado. A superação da simples autonomia da vontade como elemento definidor e lastreador do negócio jurídico também é defendida por *Perlingieri*, para quem o ato de autonomia privada não é um valor em si; até pode sê-lo, e em certos limites, se e enquanto responder a um interesse digno de proteção por parte do ordenamento. Para o professor da Universidade de Camerino, as fontes da relação contratual não estão só no contrato, mas também na lei, nos usos, na eqüidade; e mesmo tais circunstâncias não permitem cogitar de profanação da auto-regulamentação[79].

Noronha vê como indeclinável a substituição da autonomia da vontade pela autonomia privada:

> (...) foi precisamente em conseqüência da revisão a que foram submetidos o liberalismo econômico e, sobretudo, as concepções voluntaristas do negócio jurídico, que se passou a falar em autonomia privada, de preferência a mais antiga autonomia da vontade. E, realmente, se a antiga autonomia da vontade, com o conteúdo que lhe era atribuído, era passível de críticas, já a autonomia privada é noção não só com sólidos fundamentos, como extremamente importante[80].

Ainda que não se perca o norte da vontade, o contrato passa cada vez a se distanciar mais da absolutização do querer individual. *Junqueira de Azevedo*[81] bem consegue refazer a morfologia do negócio jurídico, ainda ancorado no elemento volitivo,

---

(75) BETTI, Emilio. *Teoria geral do negócio jurídico.* Coimbra: Coimbra Editora, 1969. p. 98-102.
(76) *Idem*, p. 111-112.
(77) *Idem*, p. 103-104.
(78) *Idem*, p. 133.
(79) PERLINGIERI, *op. cit.*, p. 279.
(80) NORONHA, Fernando. *O direito dos contratos e seus princípios fundamentais:* autonomia privada, boa-fé, justiça contratual. São Paulo: Saraiva, 1994. p. 113.
(81) AZEVEDO, Antônio Junqueira. *Negócio jurídico:* existência, validade e eficácia. São Paulo: Saraiva, 2000. p. 1-2.

mas também na conformação do atendimento de interesses sociais. Defende que não se trata mais de entender o negócio como um ato de simples vontade do agente, mas antes um ato que é visto socialmente como ato apto a produzir efeitos jurídicos. Assim, segundo o autor, a perspectiva é alterada, passando do campo meramente psicológico para o social. Alarga-se tremendamente o campo de visão, com a prevalência do social: o negócio deixa de ser o que o sujeito quer, para ser reconhecido pelo modo que a sociedade espera que seja.

Para esses autores, aceitar a contratualidade não significa ceder à conceituação clássica, apenas lastreada na vinculação pela vontade[82]. Antes reconhece-se que a autonomia da vontade, substrato do liberalismo individualista, cede espaço e transmuda-se em autonomia privada. Por efeito, o negócio jurídico não mais se apóia nos efeitos jurídicos unicamente definidos pelas vontades individuais e passa a ser, nas palavras de *Orlando Gomes*, o "ato de autonomia privada que empenha o sujeito, ou os sujeitos que o praticam, a ter conduta conforme ao regulamento dos seus interesses fixados com a prática do ato"[83].

A diminuição do papel da vontade explicitamente manifestada na importância das relações de troca também altera as conformações do negócio jurídico. A liberdade garantida pela autonomia privada é a de que se entabulem negócios jurídicos, enquanto regulação estabelecida pela ordem jurídica, por vezes exercida apenas com o mero impulso, na opção de contratar. Em tantas oportunidades, o ato de vontade é captado sem que haja verdadeiro consentimento. Predominam práticas de atos repetitivos e uniformes, como nos contratos de adesão. Na atualidade econômica de massificação contratual e obrigatoriedade prática de diversas trocas econômicas diárias, a vontade perdeu o significado clássico[84]. Parece evidente que o ideal do contrato como mero acordo de vontades está dissociado da realidade. A constatação de que as relações de troca são cada vez mais produzidas sem qualquer manifestação explícita da vontade é o segundo motivo para afastar a vontade individual como consagradora do negócio jurídico.

Constata *Lorenzetti* que, desde meados do século XX, há numerosas modalidades contratuais que prescindem de diálogos e discussões, mas apenas comportamentos

---

(82) "O fenômeno de massificação do contrato sentenciou a pena capital à autonomia da vontade. A decadência do modelo clássico de contrato enseja o despertar de uma reaproximação de um Estado Social em relação à sociedade civil, deixando de ser o mero garantidor de uma vontade livre manifestada na negociação e a redefinição dos espaços público e privado que cartesianamente dividiram para que se pudesse compreender" (COUTINHO, Aldacy Rachid. A autonomia privada: em busca da defesa dos direitos fundamentais dos trabalhadores. In: SARLET, Ingo Wolfgang (organizador). *Constituição, direitos fundamentais e direito privado*. 2. ed. Porto Alegre: Livraria do Advogado Editora, 2006. p. 179).

(83) GOMES, ORLANDO. *Transformações gerais do direito das obrigações*. São Paulo: Revista dos Tribunais, 1980. p. 47.

(84) "Se as novas figuras contratuais, hoje dominantes, prescindem ou ignoram o poder de escolha; se não há autodeterminação dos seus próprios interesses, o que supõe a liberade de determinação de cada parte; se os direitos, pretensões, ações e exceções já são prefixados pelo legislador e/ou pela empresa, não pode o negócio jurídico, com seu preciso conteúdo conceptual, ser uma explicação adequada. A teoria do negócio jurídico, por conceber o negócio jurídico como instrumento da autonomia da vontade, não exerce nenhum papel quando esta falta. Não é mais uma teoria abrangente. Essa necessidade de reconstrução da noção de contrato está colocada aos juristas, que sentem a insuficiência das categorias abstratas, inspiradas em outro contexto histórico" (LÔBO, Paulo Luiz Neto. *O Contrato*: exigências e concepções atuais. São Paulo: Saraiva, 1986. p. 20).

objetivos. Em contratos, como de transporte, jogo e espetáculos, não há sequer adesão às condições que são predispostas. Como efeito, o professor argentino defende que se deve partir do princípio de que a autonomia da vontade deriva da autodeterminação da pessoa. O fundamento do negócio jurídico deve ser, então, a vontade individual limitada pelos direitos humanos[85][86].

Não há dúvidas de que, no mundo capitalista, para a grande e esmagadora maioria, o contrato de emprego, como decorrência da venda da força de trabalho, não é uma escolha, mas uma determinação concreta. O cotidiano demonstra que são raras as hipóteses em que o empregado tem condições de discutir as cláusulas do seu contrato. O ordinário é que normalmente adere ao já estabelecido pelo empregador. Nesse sentido, o contrato de emprego, ordinariamente, é um autêntico contrato de adesão[87].

É igualmente certo que a defesa intransigente da vontade individual como determinante da obrigatoriedade do contrato individual de trabalho é algo que apenas interessa ao empresário na sua relação singular com o empregado. Mas as críticas que a doutrina costuma produzir à caracterização do contrato de emprego como modalidade de negócio jurídico parecem apoiar-se apenas na concepção liberal que o concebe (ou concebia) apenas na autonomia da vontade.

A toda a sociedade, e não mais à parcela representada pela burguesia, passa a interessar a regulação dos interesses privados. Os interesses econômicos e sociais que animam as pactuações privadas devem se adequar ao que é esperado pela comunidade. Assim, os efeitos esperados com o negócio jurídico são os pensados pelas partes, desde que tal seja o interesse da coletividade. A liberdade que detêm os cidadãos não é a de simples criação autônoma de normas privadas, mas principalmente de "impulsionar" o negócio.

A relação de emprego regulada pelo Estado é a própria referência do Direito do Trabalho. O Poder Público é chamado para oferecer normatividade vinculante nas relações de trabalho subordinado, justamente para que se afastassem as formulações contratuais clássicas do Direito das Obrigações e a perversa plena liberdade dos pactuantes de definir todas as cláusulas do pacto. Não há como se cogitar que a relação de emprego regulada pelo Direito do Trabalho tenha animação na autonomia da vontade, de modo que é impossível — por via de conseqüência — reconhecer como um negócio jurídico no sentido clássico da força vinculante exclusiva no querer

---

(85) LORENZETTI, Ricardo Luis. *La nueva teoría contratual. Obligaciones y contratos en los albores del siglo XXI.* Buenos Aires: Abeledo Perrot, 2001. p. 812-816.

(86) A superação da autonomia da vontade, substituída pela autonomia privada, também tem razão no primado da dignidade humana: "Estando a dignidade da pessoa humana na condição de densificadora do Estado Democrático e social de Direito, não é o sujeito que impõe limites a si mesmo, como emerge da noção artificializada da ética e filosofia de Kant, transmitida por von Savigny à Ciência do Direito do séc. XIX — também influente no pensamento de Windscheid — se cumpre ao Estado Social e Democrático de Direito impor e assegurar os limites da atuação dos sujeitos, diferentemente da concepção liberal burguesa, de caráter personalista" (ARONNE, Ricardo. *Por uma nova hermenêutica dos direitos reais limitados.* Rio de Janeiro: Renovar, 2001. p. 117).

(87) PANCOTTI, José Antônio. Algumas considerações sobre os reflexos do novo Código Civil no direito do trabalho. In: *Revista do TRT da 15ª Região*, n. 22, jun. 2003. p. 115.

individual. Nesse restrito sentido, a crítica do contrato de emprego como categoria do negócio jurídico é irrepreensível.

Mas a concepção de autonomia privada reaparelha positivamente a discussão. O mesmo não pode ser dito quando se adotam as expostas concepções de autonomia privada. O contrato de emprego é um contrato regulado, limitado a uma constelação de balizadores estatais, dos quais a vontade dos pactuantes não pode fugir. É exatamente a determinância da ordem jurídica, à qual aderem as partes, que dará os contornos regulatórios da relação, arbitrando a validade do acordado. A vontade dos pactuantes de realizar ou tomar o trabalho é redimensionada para entender o momento em que o comportamento deve ser socialmente valorado.

O regulamento do contrato de emprego definido pelas partes terá sua vinculatividade reconhecida na medida em que corresponder a um interesse digno de proteção. Essa fórmula, mais do que agasalhar o contrato de emprego como categoria do negócio jurídico remodelado no ambiente da autonomia privada, tem o mérito maior de oferecer um feixe muito mais largo de limitadores à autonomia dos pactuantes trabalhistas. Na teoria da autonomia privada, a limitação do que podem empregado e empregador entabular não é definida apenas pelos critérios expressos pela legislação tutelar. Ultrapassa-se esses importantes balizadores (majoritariamente limitados à legislação expressamente "trabalhista") para alargar o horizonte de análise à integralidade geral dos valores superiores da sociedade a respeito do trabalho humano.

6.2.2. Comportamento concludente

No âmbito do Direito do Trabalho, é conhecida a doutrina de *Cueva*, que remodela o contratualismo trabalhista a partir da teoria do contrato realidade[88]. Sua doutrina é exposta na obra *Derecho Mexicano del Trabajo*[89], de onde, adiante, retiraremos as características básicas.

Cueva afirma que é a execução de atos materiais de trabalho, a inserção subordinada do sujeito no empreendimento, que justifica a existência da relação de emprego. Assim ocorre porque a essência do Direito do Trabalho está na proteção do homem, independentemente da causa da relação jurídica[90]. Por esse motivo, explica-se que a relação de emprego pode existir contra a vontade do empregador, mas não pode perfectibilizar-se sem a vontade do empregado.

---

(88) A eclética doutrina de La Cueva é normalmente classificada como "acontratualista", "paracontratualista" ou "contratualista realista".

(89) CUEVA, Mario de la. *Derecho mexicano del trabajo*. Mexico: Editorial Porrua, 1970. p. 455.

(90) *"No ocurre lo mismo en la relación de trabajo, pues los efectos fundamentales del derecho del trabajo principían únicamente a producirse a partir del instante en que el trabajador inicia la prestación del servicio, de manera que los efectos jurídicos que derivan del derecho del trabajo se producen, no por el simple acuerdo de voluntades entre el trabajador y el patrono, sino cuando el obrero cumple efectivamente su obligación de prestar un servicio. En otros términos expresado: el derecho del trabajo, que es un derecho protector de la vida, de la salud y de la condición económica del trabajador, parte del supuesto fundamental de la prestación del servicio y es, en razón de ella, que impone al patrono cargas y obligaciones"* (DE LA CUEVA, idem, ibidem).

A preocupação do mestre mexicano é a distinção do contrato de emprego dos contratos clássicos de Direito Civil, como forma de preservação e proteção do indivíduo trabalhador[91]. Para tanto, opta por afastar-se a própria contratualidade da relação de trabalho.

A teoria do contrato realidade de *Cueva* tem a importância histórica de reafirmar a diferença da relação de emprego das demais relações de direito obrigacional[92], como forma de proteção do indivíduo mais fraco. Igualmente, é valorada, porque justifica essa opção de negação de contratualidade na idéia de vinculação do trabalho realizado com indivíduo trabalhador e, dessa forma, reafirmar o primado da dignidade humana[93].

Frisa-se que mesmo na doutrina do mestre mexicano não há uma completa negação da vontade do trabalhador:

> *La exposición que antecede no debe conducir a la conclusión de que el acuerdo de voluntades entre un trabajador y un patrono para la prestación de servicios esté desprovido de efectos, pues de ser así resultaría un acto inútil. Estos efectos consisten, respecto del trabajador, en la obligación de ponerse a disposición del patrono para que éste utilice la fuerza de trabajo prometida y, tocante al patrono, en la obligación de permitir al trabajador que desempeñe el empleo que se hubierse ofrecido, a fin de que pueda obtener las ventajas económicas pactuadas en el contrato o consignadas en la ley*[94].

---

(91) *"Hay, consecuentemente, una diferencia esencial entre la relación de trabajo y los contratos de derecho civil: En éstos, la producción de los efectos jurídicos y la aplicación del derecho, solamente dependen del acuerdo de voluntades, en tanto en la relación de trabajo es necesario el cumplimiento mismo de la obligación del trabajador; de lo cual se deduce que en el derecho civil el contrato no está ligado a su cumplimiento, en tanto la relación de trabajo no queda completa si no es a través de su ejecución. La razón de esta distinta condición nos parece radicar en la circunstancia de que el derecho civil, en su parte de obligaciones y contratos, está destinado a regular el tránsito de las cosas de un patrimonio a otro y, por tanto, tiene que partir de un acuerdo de voluntades; este acuerdo de voluntades es el objeto de la protección de un acuerdo de voluntades; este acuerdo de voluntades es el objeto de la protección legal y tiene que ser así, porque nadie puede quedar obligado sino en la medida de su voluntad. El derecho del trabajo protege a la persona del trabajador, independientemente de sua voluntad o de la del patrono y por eso rige imperativamente la prestación de servicios, con independencia de su origen; o dicho en otros términos, la esencia del derecho del trabajo está en la protección al hombre que trabaja independientemente de la causa que haya determinado el nacimiento de la relación jurídica"* (CUEVA, idem, p. 456).

(92) A teoria do contrato realidade é tão importante para Cueva, que, em sua doutrina, torna-se o elemento diferenciador da relação de trabalho com outras relações jurídicas-obrigacionais no Direito Privado: *"La relación de trabajo es el conjunto de derechos y obligaciones que derivan, para trabajadores y patronos, del simple hecho de la prestación del servicio. Esta idea de la relación de trabajo produce la plena autonomía del derecho del trabajo: en efecto, el derecho civil de las obligaciones y de los contratos está subordinado en su aplicación a la voluntad de los particulares, en tanto la aplicación del derecho del trabajo depende de un hecho culquiera haya sido la voluntad de trabajador y patrono"* (CUEVA, idem, p. 457).

(93) Em Tarso Genro encontramos uma ampliação da teoria do contrato-realidade: "O contrato de trabalho é um contrato-realidade num sentido bem mais amplo do que defende Mário de La Cueva. É um contrato-realidade, não simplesmente por ser mera execução, mas sim porque suas determinações histórico-concretas, decorrentes do processo de produção, existem como forma jurídica e relação de poder, num mesmo ato, que impede as partes, mormente ao trabalhador (que tem apenas sua força de trabalho) de escolher outras condições de sobreviver, que não as determinadas pelas necessidades da produção, ou seja, através do contrato de trabalho" (GENRO, Tarso. *Introdução à crítica do direito do trabalho*. Porto Alegre: L&PM, 1979. p. 76-77).

(94) *Idem*, p. 457.

Mas o reconhecimento de que algumas relações jurídico-privadas obrigacionais desenvolvem-se a partir de meros comportamentos, sem vontade expressamente verbalizada ou escrita, não necessariamente afasta o reconhecimento da contratualidade. Tal entendimento é corrente mesmo na doutrina civilista, como se vê adiante.

Leciona *Betti* que um determinado comportamento, dentro de certo ambiente social, ainda que não tenha a intenção de dar conhecimento de uma relação jurídica, pode adquirir significado e valor de declaração, na medida em que torna reconhecível uma posição jurídica em própria relação jurídica[95]. Para o catedrático da Universidade de Roma, pode-se admitir que mesmo o silêncio, como ausência de uma manifestação positiva, valha, todavia, como negócio jurídico[96].

Também *Roppo* compreende a força vinculativa de um comportamento. Estabelece que proposta e a aceitação de um contrato são declarações de vontade. Para que esta vontade possa produzir efeitos jurídicos, deve ser tornada socialmente conhecida, deve ser declarada ou pelo menos manifestada para o exterior. Outros sinais, além da linguagem, podem ser utilizados para tanto. Explica o professor genovês que há situações em que a vontade não se manifesta pela comunicação, mas resulta de comportamentos do sujeito, numa *manifestação tácita de vontade*. Mas adverte que o silêncio não é equiparável à declaração de vontade, pois antes são as próprias ações (desacompanhadas da palavra) que manifestam a vontade[97][98].

Na doutrina lusófona, *Mota Pinto* perfila-se entre os que reconhecem a possibilidade de um comportamento concludente ser suficiente para a formação de um negócio jurídico. Para o autor, não há necessidade de averiguação da vontade real, mas sim de se buscar na conduta praticada um conjunto de circunstâncias que possa outorgar significação ao negócio jurídico[99].

O contrato de trabalho insere-se na principiologia do Direito das Obrigações. O aporte doutrinário do comportamento concludente permite acolher a postura contratualista da vontade, ainda que com o consenso. Trata-se, todavia, de investigar o que é o acordo contratual, para que não se caia numa posição contratualista tradicional, que compreenda o contrato de emprego como um simples desdobramento de relações obrigacionais de natureza civil[100]. A compreensão da contratualidade, ambientada

---

(95) BETTI, Emílio. *Teoria geral do negócio jurídico*. Coimbra: Coimbra Editora, 1969. p. 267-268.

(96) *Idem*, p. 272-273.

(97) ROPPO. Enzo. *O contrato*, p. 93.

(98) Nesse sentido, já se manifestou Larenz: *"La declaración de las partes, en particular la aceptación de la oferta, no precisa hacerse 'expresamente' mediante palabras o signos compreensibles; puede producirse también 'tácitamente', es decir, al través de una conducta, que, de acuerdo con las circunstancias, pueda ser interpretada por otra parte como expresión del consentimiento (los llamados 'actos concluyentes'). (...) En determinadas circunstancias há reglamentado la ley los efectos del silencio con independencia del significado que al mismo debe darse por medio de la interpretación. En tales casos el silencio no há de contemplarse como una modalidad especial de la declaración. Trátase de los casos en que el silencio haya de entenderse como declaración típica de determinado contenido"* (LARENZ, Karl. *Op. cit.*, p. 86-87).

(99) PINTO, Paulo da Mota. *Declaração tácita e comportamento concludente no negócio jurídico*. Coimbra: Almedina, 1995. p. 412.

(100) GENRO, Tarso Fernando. *Direito individual do trabalho*. São Paulo: LTr, 1994. p. 90.

na autonomia privada, e na função social do contrato, permite que a relação de emprego possa ser construída sob o paradigma da solidariedade.

Rossal de Araújo é autor que reconhece o contrato de emprego inserido na categoria de negócio jurídico: apesar das sérias limitações impostas pela lei, conserva a sua característica negocial, ainda com algum espaço para a liberdade de estipulação das partes, principalmente o empregador[101].

Também *Dallegrave* chama atenção para que a adoção pelo Código Civil Brasileiro da "vetusta" Teoria do Negócio Jurídico não significa que se mantenha a vontade como pedra de toque de sua caracterização. O novel diploma o faz sob nova feição, esteada em um quadro axiológico constitucional, mais social e com forte preocupação ética e solidária. Para este autor, a noção do contrato de emprego como categoria de negócio jurídico é a que faz prevalecer a figura do *contrato dirigido*, o que equivale à passagem da autonomia privada para o solidarismo social[102].

Em *Genro* reencontramos a idéia de que a necessidade do trabalhador em vincular-se subordinadamente a uma ação empresarial, vendendo seu trabalho, não afasta o caráter contratual da relação. A relação contratual é, sem dúvida, de natureza contratual, ainda que sob o império da necessidade. A liberdade que possui a classe trabalhadora não se esgota na mera igualdade jurídica formal, mas deve ser entendida como um processo de apropriação, pelo próprio homem trabalhador, da sua própria vida[103].

Desta forma, vemos que a inadequação de institutos não se processa entre a relação de emprego e o negócio jurídico, mas entre o negócio jurídico e a autonomia da vontade[104]. No momento em que se adapta o negócio jurídico à autonomia privada, há uma facilitação de conjugação de valores e permite-se reconhecer o comportamento concludente como inserido numa realidade de negócio jurídico trabalhista.

Coutinho consegue enxergar a doutrina de *Cueva* como uma apreensão doutrinária que enquadra o contrato de trabalho como expressão da autonomia da vontade, "ainda que de forma tácita, levando à necessária apreensão jurídica da prestação de trabalho subordinado em equivalência de posturas relacionistas ou contratualistas". Para a professora da UFPR, a teoria do contrato realidade deve ser reapreciada a partir de um contrato construído a partir da teoria da autonomia privada, por comportamento concludente[105].

---

(101) ARAÚJO, Francisco Rossal. *A boa-fé no contrato de emprego.* São Paulo: LTr, 1996. p. 197.
(102) DALLEGRAVE NETTO, José Affonso. Nulidade do contrato de trabalho e o novo Código Civil. In: DALLEGRAVE NETTO, José Affonso; GUNTHER, Luiz Eduardo. *O impacto do novo Código Civil no direito do trabalho.* São Paulo: LTr, 2003. p. 87-88.
(103) GENRO, Tarso Fernando. *Introdução à crítica do direito do trabalho.* São Paulo: L&PM, 1979. p. 76.
(104) "É viável ainda dotar-se a contratualidade como explicação jurídica para a relação de emprego, desde que superada a deturpada e ultrapassada concepção da contratualidade como da autonomia da vontade, reconhecendo-se no contrato de trabalho a atuação direta do Estado na preservação do interesse público e a constituição da relação jurídica pelo comportamento concludente dos sujeitos ou, se assim optar, das situações jurídicas patrimoniais e existenciais" (COUTINHO, Aldacy Rachid. A autonomia privada: em busca da defesa dos direitos fundamentais dos trabalhadores. In: SARLET, Ingo Wolfgang (organizador). *Constituição, direitos fundamentais e direito privado.* 2. ed. Porto Alegre: Livraria do Advogado Editora, 2006. p. 181).
(105) COUTINHO, Aldacy. *Função social do contrato individual do trabalho,* p. 42-43.

O aporte doutrinário do comportamento concludente revitaliza a teoria do contrato realidade. Possibilita-se que haja a formação de um contrato de emprego através de uma declaração de vontade não verbalizada, mas tornada inconteste a partir de um comportamento reconhecido socialmente como formador de uma relação jurídica obrigacional.

Para formação do contrato de emprego por comportamento concludente basta que, por um lado o trabalhador comporte-se como legítimo empregado, inserindo-se pessoal, contínua e subordinadamente numa atividade empresarial, sob intenção de recebimento de salário. De outra banda, deverá o empresário receber passivamente o trabalhado prestado e remunerar, ou prometer remunerar, o serviço. Desse processo há a formação de um efetivo contrato de emprego. Não se trata de reconhecer a força jurígena do silêncio, como manifestação tácita de vontade, mas de entender que o comportamento das partes é valorado pelo ordenamento e pela sociedade como autêntica relação de emprego.

Na formação do negócio jurídico trabalhista por comportamento concludente, a manifestação de vontade do trabalhador é firmemente identificada. Não pelo silêncio, nem pela comunicação verbal ou escrita do contrato, mas precisamente pela realização da conduta reconhecida socialmente como formadora do pacto.

6.2.3. Reafirmação da dignidade do sujeito trabalhador

Como dito no capítulo II deste trabalho, desde pelo menos a aceitação da necessidade de construção do Estado Social, há uma preocupação de despatrimonialização do Direito Obrigacional e resgate do sujeito singular como centro do ordenamento jurídico.

A própria afirmação do Direito em um âmbito social é significativa da valoração do indivíduo. Como lembra *Duguit*, a regra de Direito é individual porque também só se aplica e só pode impôr-se a seres dotados de consciência e de vontade; "e até hoje não se demonstrou que outros seres, além do homem, tivessem consciência e vontade"[106].

Segundo *Fachin*, a necessidade é de reconhecer os sujeitos destinatários da legislação como sujeitos concretos, revertendo a postura paternalista do liberalismo individualista. Para a observância desse sujeito concreto, é importante encará-lo em seus múltiplos significados e valoração primária de sua subjetividade. Para o autor, recolocando-se o sujeito no cerne das relações jurídicas, duas conclusões são necessárias: primeiro, deve haver uma valoração ética dos comportamentos; segundo, a impossibilidade de se estabelecer uma disciplina jurídica fechada para essa valoração[107].

O trabalho produtivo tem um importante papel de afirmação da "humanidade" daquele que trabalha. Como já lembrou *Marx*, foi o trabalho que criou o fenômeno

---

(106) DUGUIT, León. *Fundamentos do direito*. Porto Alegre: Sergio Antonio Fabris, 2005. p. 24.
(107) FACHIN, Luiz Edson. *Teoria crítica do direito civil à luz do novo Código Civil brasileiro*. Rio de Janeiro: Renovar, 2003. p. 313-314.

especificamente humano, que deu ao homem a consciência de pertencimento a uma coletividade, consciência de um ser genérico, livre, universal:

> O homem é um ser genérico não só porque na teoria e na prática toma como objeto o gênero, tanto o seu próprio, como o das demais coisas, mas também, e isto não é mais que outra expressão do mesmo, porque se relaciona consigo mesmo, como o gênero atual, vivente, porque se relaciona consigo mesmo como ser universal e portanto livre.[108]

A construção do Direito do Trabalho legislado teve a grata vitória de retirar o sujeito trabalhador de uma série de incertezas que traziam o Liberalismo individualista e a absoluta autonomia da vontade na formação do contrato de emprego. Mas em paralelo teve efeitos muito marcantes para o enquadramento institucional dos trabalhadores. *Foucault* nos tem ensinado, em suas obras fundamentais, como nos séculos da modernidade o biopoder tem se afirmado. Trata-se de um conceito que afeta as dimensões do econômico, do político, num sistema de enquadramento das massas aos padrões de normalização. O biopoder é a força que investe na totalidade da vida, submetendo-a disciplinarmente às regras econômico-políticas de disciplina dos indivíduos[109]. Também a submissão do trabalhador aos esquemas disciplinares atua como expressão do biopoder. Nesse sentido, registra *Fonseca* a impressão de que o trabalhador, mesmo com a legislação trabalhista, permaneceu como alguém enquadrado, vigiado, controlado. Segundo o autor, foi também através do Direito — ainda que não apenas dele — que o trabalhador pôde continuar sendo disciplinado e normalizado, sob os olhos atentos do empregador[110].

A regulação estatal das relações de trabalho é aplicada de forma que se reconheça o trabalhador como sujeito abstrato de direito, como mero destinatário passivo da proteção[111]. A legislação trabalhista mantém o trabalhador enquadrado e vigiado, pois retira sua subjetividade, não o reconhece como sujeito concreto. Essas idéias constroem o sujeito trabalhador como pessoa abstrata, ainda que privilegiada juridicamente pelo contrato mínimo legal. Mas é importante poder ver que o mesmo processo também lhe retira a subjetividade, rebaixando-o a mero destinatário passivo do que o Estado quer lhe dar.

Essa construção abstrata do homem que trabalha, e é simples destinatário passivo da legislação tutelar, retira a dignidade do sujeito concreto, na medida em que não o

---

(108) MARX, Karl. *O Capital.* Rio de Janeiro: Civilização Brasileira, 1975. p. 110-111.
(109) FOUCAULT, Michel. *Em defesa da sociedade.* Curso no Collège de France (1975-1976). Tradução de Maria Ermentina Galvão. São Paulo: Martins Fontes, 1999. p. 302-304.
(110) FONSECA, Ricardo Marcelo. *Modernidade e contrato de trabalho.* São Paulo: LTr, 2002. p. 166-167.
(111) "Para cumprir sua função instrumental, o Direito do Trabalho, em sua vertente liberal, buscou no Direito Privado o instrumento jurídico do contrato, e focou o trabalho, principalmente, como objetivo de uma operação econômica e como objeto da relação jurídica contratualizada. Nessa perspectiva política e teórica, a figura do trabalhador só tem relevância na qualidade de sujeito titular de um bem com valor econômico, sendo dotado de liberdade para firmar contrato e transferir a titularidade de sua força de trabalho. Após o exercício de sua liberdade contratual, o trabalhador reveste-se da qualidade de empregado e passa a ser juridicamente subordinado, com a finalidade de tornar socialmente legítima a transferência de seu trabalho ao empregador" (GEDIEL, Antônio Peres; GEDIEL, José Antônio Peres. A irrenunciabilidade a direitos da personalidade pelo trabalhador. In: SARLET, Ingo Wolfgang (organizador). *Constituição, direitos fundamentais e direito privado* 2. ed. Porto Alegre: Livraria do Advogado Editora, 2006. p. 154)."

reconhece como sujeito capaz e interativo com o sistema. A negação da vontade do homem trabalhador alimenta essa concepção de abstração de sua subjetividade consciente e ativa.

Reconhecer a necessidade de afastamento do modelo de Direito Privado baseado na autonomia da vontade nas relações de trabalho e, em paralelo, buscar uma fórmula que garanta direitos fundamentais do trabalhador é a agenda preconizada por *Coutinho*. Para a professora da UFPR, a afirmação de que a relação de emprego envolve direitos fundamentais, de personalidade e de crédito, obriga que haja uma tutela que afaste a exploração e o egoísmo, mas possa fazer justiça social e distribuir riquezas[112]. Nesta perspectiva, que chama de *autonomia emancipatória*, "o poder de celebração de vínculos jurídicos pelos quais se dá a venda de trabalho no modo de produção capitalista deve garantir a emancipação da pessoa humana, embora também o trabalho não abstrato revele a sua dignidade"[113].

A opção de ver o empregado como homem de "carne e osso" pelo sistema jurídico não se limita a afirmar e proteger abstratamente sua dignidade. A proteção em concreto passa pelo reconhecimento de que se trata cada um de sujeito singular. A afirmação da dignidade humana do trabalhador e indissociabilidade do sujeito do trabalho passa, portanto, por poder reconhecer o destinatário da proteção como pessoa que pode e deve fazer opções valorativas.

Conclui-se com isso que o trabalho executado passa por uma imprescindível opção de vontade. Não é possível outorgar proteção em concreto ao sujeito sem que se reconheça sua subjetividade, com todas as suas opções valorativas. Ainda que premido por necessidades econômicas, e mesmo que por mero impulso, há uma opção consciente do trabalhador em realizar o trabalho.

Retomando os tópicos anteriores, a relação de emprego pode ser formada apenas por um comportamento concludente, e ainda assim se reconhecer uma manifestação volitiva. Esse reconhecimento da vontade serve não tanto para o reconhecimento da relação como instrumentalizada por um negócio jurídico animado pela autonomia privada, mas principalmente para reafirmação e reforço da condição humana subjetiva do sujeito trabalhador. Nessa afirmação da dignidade do homem trabalhador, afasta-se sua condição de destinatário passivo e eleva-se ao *status* de cidadão.

---

(112) COUTINHO, Aldacy Rachid. Autonomia privada na perspectiva do novo Código Civil. In: DALLEGRAVE NETTO, José Affonso; GUNTHER, Luiz Eduardo. *O impacto do novo Código Civil no direito do trabalho*. São Paulo: LTr, 2003. p. 83-84.

(113) *idem*, p. 84.

Capítulo IV

FUNÇÃO SOCIAL DO CONTRATO. NOÇÕES GERAIS

> *Yo muy serio voy remando*
> *muy adentro sonrío*
> *Creo que he visto una luz*
> *al otro lado del río.*

1. A expressão "função social"

O Código Civil Brasileiro de 2002 precisa em seu artigo 421 que "a liberdade de contratar será exercida em razão e nos limites da função social do contrato". Não há em nenhum corpo legislativo brasileiro o conceito expresso de "função social", de modo que cabe à doutrina estabelecer o seu significado.

A expressão pode ser buscada no direito comparado. Segundo *Facchini* as primeiras contribuições doutrinárias a abordar o tema da funcionalização social do Direito Privado e do contrato foram as obras do italiano *Enrico Cimbali* (La funzione sociale dei contratti e la causa giuridica della loro forza obbligatoria), de 1884. Ao longo do século XX, explica, foi levada para o Direito Privado a reflexão original do setor público de participação do Direito nas tarefas de consolidação das intituições e desenvolvimento de procedimentos que permitissem a composição de tensões e de conflitos, com um critério de justiça[1].

Para apreensão da expressão, também costuma ser válido — embora longe da suficiência — o recurso aos dicionaristas. *De Plácido e Silva* identifica a origem de "função" no latim *funcione*[2] e identifica o vocábulo como o direito ou dever de agir, de cumprir algo, desempenhar uma tarefa ou dever. Tal direito ou dever é atribuído pela lei a alguém para assegurar o preenchimento de uma função[3].

Na ciência jurídica, costuma-se utilizar do termo "função" para referir à finalidade de algum instituto de Direito, designando axiologicamente a razão pela qual

---

(1) FACCHINI NETO, Eugênio. A função social do direito privado. In: *Revista da AJURIS – Associação dos Juízes do Rio Grande do Sul*, v. 43, n. 105, ano XXXIV. Porto Alegre: AJURIS, março de 2007. p. 161.
(2) Derivado do verbo *fungor (functus sum, fungi)*.
(3) SILVA, De Plácido e. *Vocabulário jurídico.* São Paulo: Forense, 2006. p. 41.

existe[4]. A "função jurídica" também pode ser compreendida num sentido mais subjetivo, como um *poder* ou competência para por parte de um sujeito para que se atinja um fim ou comportamento esperado. Nesse sentido, mais abstrato, trata-se de um *poder-dever*, "o dever de fazer ou cumprir os limites estabelecidos pela norma ou lei"[5]. A função do contrato pode, nesta esteira, ser reconhecida como a vinculação à finalidade do sistema jurídico que oferece regramento às relações negociais entre privados.

Entende-se por "social" o que se relaciona à coletividade; o que suplanta a esfera individual e passa a ser de importância ao conjunto de cidadãos. Trata-se da própria sociedade, o que é próprio ou conveniente para ela[6]. Refere-se, enfim, ao bem-estar do povo, especialmente aos menos favorecidos[7]. No campo do trabalho, a idéia de associação é inafastável: para a divisão do trabalho é imprescindível a realização de esforços coletivos para que se alcancem os objetivos esperados.

A construção da figura do contrato, com sua evolução histórica e significação econômica e social, já foi efetuada. Remetemos aos capítulos I e II deste trabalho.

Rodotà expõe que, para compreender o conceito de "função social" é necessário distinguir "fim" e "função". Segundo o autor italiano, compreende-se o primeiro como destinação a uma tarefa abstratamente fixada e imóvel; já função, em seu sentido jurídico, é compreendida como o histórico e concreto movimento diante da situação sempre renovada e diversa[8]. Depreende-se um sentido dialético em "função", o que é valorado por *Nalin*[9], na medida em que a função social do contrato, numa perspectiva que parte do concreto para o jurídico, tem o mérito de permitir um conceito dialético e sempre atualizado, ultrapassando os meros conceitos formulados pelo legislador.

Na fórmula de *Rodotà*, possibilita-se compreender a função social num ambiente de sistema aberto, em constante transformação. Por efeito, torna possível que seus contornos sejam descobertos e redefinidos pelo intérprete, de acordo com situações que extravasam a limitada letra da lei. Com isso, são superadas pretensamente infalíveis fórmulas legislativas, dando vez à construção pelo intérprete. Inicialmente, outorga a possibilidade de que se busque em outros ramos da ciência jurídica a compreensão da razão de

---

(4) "Em Direito, esta voz função quer designar um tipo de situação jurídica em que existe, previamente assinalada por um comando normativo, uma finalidade a cumprir e que deve ser obrigatoriamente atendida por alguém, mas no interesse de outrem, sendo que, este sujeito — o obrigado — para desincumbir-se de tal dever, necessita manejar poderes indispensáveis à satisfação do interesse alheio que está a seu cargo prover. Daí, uma distinção clara entre a função e a faculdade ou o direito que alguém exercita em seu prol. Na função, o sujeito exercita um poder, porém o faz em proveito alheio, e o exercita não porque acaso queira ou não queira. Exercita-o porque é um dever. Então pode-se perceber que o eixo metodológico do Direito Público não gira em torno da idéia de poder, mas gira em torno da idéia de dever" (MELLO, Celso Antônio Bandeira de. *Discricionariedade e controle jurisidicional*. São Paulo: Malheiros, 1992. p. 14-15).
(5) TEIZEN JÚNIOR, Augusto Geraldo. *A função social no Código Civil*. São Paulo: Editora Revista dos Tribunais, 2004. p. 132.
(6) HOLANDA, Aurélio Buarque. *Dicionário Aurélio*. Positivo Informática, 2004.
(7) HOUAISS, Antônio. *Dicionário eletrônico Houaiss da língua portuguesa*. Instituto Antonio Houaiss, 2003.
(8) RODOTÀ, Stefano, *apud* NALIN, Paulo. *Do contrato*: conceito pós-moderno. Curitiba: Juruá, 2004. p. 227.
(9) NALIN, *op. cit.*, p. 216-220.

existir da operação jurídica sob análise. Num conceito mais amplo, permite-se, enfim, que sejam valoradas as constantes transformações na sociedade, na economia e no trabalho.

Parece claro que a opção de limitar os termos do contrato ao atendimento de uma função social retira da instituição contratual sua neutralidade. Entre as funções meramente individuais (daqueles envolvidos na operação econômica) e o restante da sociedade, o Estado adota uma postura antagônica às concepções liberais e abstencionistas. Partindo dessa idéia, *Carvalho* visualiza uma acepção jurídico-política para a função social do contrato, associando a conduta das partes com a estratégia do Estado para regulamentar a relação. Assim, associa-se a função social do contrato ao posicionamento político do Estado, quando estabelece o mínimo ético exigido nas relações contratuais[10].

O reconhecimento de uma constante função social em todas as modalidades contratuais insere-se no projeto preconizado por *Fachin* de "reelaboração" de uma teoria do Direito Civil. Para tanto, há de se ter como ponto de partida mais que a sua utilidade e, como perspectiva, a reordenação dos fundamentos do sistema jurídico à luz de outro projeto socioeconômico e político[11].

Mas não basta a afirmação da vinculação do contrato aos valores do Estado e da coletividade. É necessário identificar quais são esses valores e as formas com que podem ser encontrados pelo intérprete.

2. Deficiências técnicas do artigo 421 do CCB/02

O solidarismo, princípio do Estado Social que se confunde com a função social, já se encontrava implicitamente inserido no ordenamento jurídico brasileiro, pelo menos desde a Constituição Federal de 1988, como será desenvolvido nos tópicos seguintes deste capítulo. Não obstante, é importante a positivação da função social especificamente no Direito Obrigacional, a partir da vigência do Código Civil de 2002, como forma de repontenciação normativa. Mas ainda que se receba positivamente o alcance do artigo 421 do Código Civil, não se pode deixar de notar algumas imprecisões.

O primeiro problema reconhecido do dispositivo é a referência à "liberdade de contratar". Ocorre que "liberdade de contratar" atinge a autonomia que os privados possuem de estabelecer a conveniência de celebrar o contrato e a escolha do co-pactuante. Difere substancialmente da "liberdade contratual", a qual é autêntico princípio liberal individualista do Direito Obrigacional, implicando a liberdade de escolha do próprio conteúdo do pacto, independentemente de outras limitações.

Defende *Hironaka* que a função social prevista no artigo 421 faz referência à liberdade contratual, e não à liberdade de contratar. A limitação, para a autora, não

---

(10) CARVALHO, José Quintella de. A função social do contrato e o direito do trabalho. In: LAGE, Emérson José Alves; LOPES, Mônica Sette (organizadores). *Novo Código Civil e seus desdobramentos no direito do trabalho*. São Paulo: LTr, 2003. p. 73.

(11) FACHIN, Luiz Edson. *Teoria crítica do direito civil. À luz do novo Código Civil brasileiro*. Rio de Janeiro: Renovar, 2003. p. 216.

é a da escolha do contrato ou de com quem contratar. Em seus estudos, a limitação contratual derivada da funcionalidade social se instalaria no âmago do conteúdo contratual — e não exatamente no prenúncio da liberdade de contratar, domínio ainda perene da autonomia privada —, de sorte que restrinja a ingerência da vontade dos contratantes em áreas de salvaguarda social, de alcance inegavelmente mais dilatado[12].

A segunda imprecisão refere-se à afirmação, no texto do artigo 421, que o princípio da função social é a "razão" do exercício da liberdade. A forma como se estabeleceu a redação do dispositivo pode levar a crer que a liberdade contratual (ou liberdade de contratar) é exercida, retirando fundamento na função social do contrato. Ou seja, que a função social dá as bases para que o indivíduo tenha liberdade de estabelecer contratos.

Seria forçoso admitir que valor tão importante como liberdade pudesse ser lastreado num instituto de direito obrigacional, a função social do contrato. A incorreção é sentida a partir da compreensão de que a liberdade é valor maior, garantido constitucionalmente e que tem, em uma de suas manifestações, a autonomia privada. Nesse sentido, aduz *Santiago* que a função social apenas limita essa liberdade, não a substitui, porque a razão de ser do contrato ainda é a autonomia privada, o que inclusive é reforçado pelo próprio artigo 421[13].

A mesma conclusão foi alcançada na Jornada de Direito Civil, promovida em setembro de 2002, no Superior Tribunal de Justiça. Reconheceu-se, na ocasião, que o artigo 421 do Código Civil não elimina o princípio da autonomia contratual, mas apenas atenua ou reduz o alcance desse princípio, quando presentes estão interesses metaindividuais ou interesse individual relativo à dignidade da pessoa humana.

Como forma de corrigir as deficiências apontadas, por sugestão de *Antônio Junqueira de Azevedo* e *Álvaro Villaça Azevedo*, o Projeto n. 6.960/2002, de autoria do Deputado *Antônio Fiuza* busca alterar o artigo 421, para que disponha: "a liberdade contratual será exercida nos limites da função social do contrato". O autor do projeto tem a intenção de retirar a palavra *razão*, como forma de reforçar a idéia de princípio da função social do contrato e de que se trata de uma limitação à autonomia privada[14].

3. A função social como cláusula geral ou como princípio

Cláusula geral e princípios[15] têm a característica de possuírem uma "vagueza semântica" e implicarem atuação valorizada do intérprete. O conteúdo e atuação das

---

(12) HIRONAKA, Giselda Maria Fernandes Novaes. *Contrato:* estrutura milenar de fundação do direito privado. Disponível na *internet* via: <http://www1.jus.com.br/doutrina/texto.asp?id=4194> Acesso em: 30 mar. 2007.

(13) SANTOS, Mariana Ribeiro. *O princípio da função social do contrato.* Curitiba: Juruá, 2006. p. 91.

(14) "A alteração, atendendo a sugestão dos Professores Álvaro Villaça de Azevedo e Antônio Junqueira de Azevedo, objetiva inicialmente substituir a expressão 'liberdade de contratar' por 'liberdade contratual'. Liberdade de contratar a pessoa tem, desde que capaz de realizar o contrato. Já a liberdade contratual é o poder de livremente discutir as cláusulas do contrato. Também procedeu-se à supressão da expressão 'em razão'. A liberdade contratual está limitada pela função social do contrato, mas não é a sua razão de ser" (FIÚZA, Ricardo. *O novo Código Civil e as propostas de aperfeiçoamento.* São Paulo: Saraiva, 2003. p. 76).

(15) Segundo Ana Prata, princípio é a "orientação que informa o conteúdo de um conjunto de normas jurídicas, que tem de ser tomado em consideração pelo intérprete, mas que pode, em alguns casos, ter direta aplicação. Os

cláusulas gerais já foram estudadas no capítulo II deste trabalho e àquele tópico nos reportamos.

Cumpre, neste espaço, melhor identificar as funções e formas de atuação dos princípios. Leciona *Dworkin* que a limitação do papel ativo dos princípios jurídicos é próprio de um sistema positivista baseado na regra de subsunção. Nesse sistema, rechaçado, há dificuldade de reconhecer que o princípio possa obrigar, pois não tem a habilitação de prescrever um resultado particular[16]. Mas, com a impossibilidade desse sistema positivista fechado encerrar respostas satisfatórias para todos os problemas, percebe-se a necessidade de instrumentos que possibilitem a abertura do sistema. As cláusulas gerais e os princípios jurídicos são os principais instrumentos para tanto[17].

É importante, na doutrina de *Dworkin*, o reconhecimento dos princípios como *standarts* ou pautas, diferenciados das regras. Ambos — regras e princípios — são normas jurídicas, coexistem e interpenetram-se. Enquanto os primeiros têm as características de vaguidade e são portadores de valores, as *regras* são possuidoras de hipóteses de atuação mais bem definida[18].

A função social do contrato, sendo norma de otimização, compatível com vários graus de concretização, carece de mediação concretizadora do juiz. Na medida em que a função social do contrato limita os recursos de que podem as partes se valer para formação do regulamento do contrato, imputa deveres de conduta aos pactuantes. Mas não se tratam de dirigismos prévia e especificamente estabelecidos, pois o dispositivo legal que orienta — o artigo 421 do Código Civil — possui um alto grau de generalidade. Torna-se necessário que o conteúdo da função social do contrato seja definido na incidência do caso em concreto, tendo-se como parâmetros os princípios jurídicos, em especial os princípios materialmente constitucionais e os próprios do Direito do Trabalho.

A elevação do grau de importância outorgada à função social do contrato, leva autores como *Tartuce* a reconhecer a função social do contrato — e mesmo a função social da propriedade, raiz da primeira — como princípio geral do direito, equiparando-se aos grandes princípios da justiça, liberdade, igualdade e dignidade humana[19].

Sem dúvida, é a característica de vaguidade e generalidade que faz a função social do contrato ser encarado como princípio ou cláusula geral. A vinculação entre cláusulas gerais e princípios é acentuada por *Martins-Costa*, a qual reconhece a distinção, mas também percebe que uma cláusula geral pode conter um princípio, como no

---

princípios extraem-se das fontes e dos preceitos através da construção científica e servem, por sua vez, de orientação ao legislador na definição de novos regimes" (PRATA, Ana. *Dicionário jurídico*. Coimbra: Almedina 1995. p. 764).
(16) DWORKIN, Ronald. *Levando os direitos a sério*. São Paulo: Martins Fontes, 2002. p. 56-57.
(17) BARACAT, Eduardo Milléo. *A boa-fé no direito individual do trabalho*. São Paulo: LTr, 2003. p. 63.
(18) DWORKIN, *op. cit.*
(19) TARTUCE, Flávio. *A função social dos contratos*. São Paulo: Método, 2005. p. 77.

caso da boa-fé[20]. No mesmo sentido, leciona *Couto e Silva*, para quem o conteúdo das cláusulas gerais podem ser encontrados em princípios constitucionais[21].

Ambas as formulações — princípio ou cláusula geral — permitem que se busque em critérios metajurídicos o preenchimento do conceito de função social do contrato no caso concreto[22]. Reconhecendo como princípio os critérios extrajurídicos, puramente éticos ou morais, são encontrados de forma direta, pois este é o conteúdo dos *standarts*. Reconhecendo-se como cláusula geral o reenvio a essas pautas é indireto[23], pois recorre-se ao preenchimento com o conteúdo dos princípios, os quais, por sua vez, revestem-se de valores metajurídicos[24]. Desse modo, a cláusula geral de função social do contrato serve como mecanismo ao intérprete para que, no caso concreto, se utilize de um princípio.

Também não se pode afastar uma necessidade argumentativa de cunho singelamente prático. Há ainda uma notável dificuldade de se reconhecer aplicabilidade direta a princípios, sejam explícitos ou implícitos, embora não seja esse o marco teórico que utilizamos. A positivação do artigo 421 pode muito bem ser encarada como a passagem de um princípio, até então intuído do sistema[25], para uma forma expressa. Mas a afirmação de que se trata de cláusula geral permite, principalmente no meio hermeneuta mais conservador, que se alcance uma aplicabilidade mais efetiva e segura.

A função social como cláusula geral ou princípio tem como característica o reenvio ao juiz de princípios jurídicos buscados no ordenamento, o que permite, por via indireta, a utilização de critérios metajurídicos. Assim, reconhecemos, com *Martins-Costa*[26], que a inovação contida no artigo 421 do Código Civil é, concomitantemente, cláusula geral de modalidade restritiva da liberdade contratual e regulativa (em integração ao conceito do contrato) e também um princípio[27].

---

(20) MARTINS-COSTA, Judith H. *A boa-fé no direito privado*. São Paulo: RT, 1999. p. 323.

(21) COUTO E SILVA, Clóvis Veríssimo do. *A obrigação como processo*, p. 28.

(22) A vinculação entre princípios e cláusulas gerais também é acentuada por Jorge Júnior: "Configurado um possível impasse entre *princípio* que representa um valor socialmente amadurecido e que está a pedir não só reconhecimento, mas efetivação na ordem social, e um ordenamento jurídico dotado de normas *pontuais*, que na sua estruturação sob o prisma rígido da reserva legal não contempla a possibilidade de aplicação de valores-princípios, soltos nos anseios da sociedade, surgiram as *cláusulas gerais*, elementos de conexão entre os valores reclamados e o sistema codificado, propondo-se a efetuar o elo de ligação para a introdução desses valores no ordenamento, sem ruptura da ordem positivada, sem quebra do sistema" (JORGE JÚNIOR, Alberto Gosson. *Cláusulas gerais no novo Código Civil*. São Paulo: Saraiva, 2004. p. 40).

(23) JORGE JÚNIOR, Alberto Gosson. *Cláusulas gerais no novo Código Civil*. São Paulo: Saraiva, 2004. p. 42.

(24) "As menções à função social de alguns institutos jurídicos de direito privado, presentes nas normas constitucionais e nas de cunho ordinário, encontram-se vazadas na forma de princípio ou na de cláusula geral. Tanto num caso como no outro, a norma é jurídica, pois expressa um dever-ser, e não apenas uma recomendação" (FACCHINI NETO, Eugênio. A função social do direito privado. In: *Revista da AJURIS — Associação dos Juízes do Rio Grande do Sul*, v. 43, n. 105, ano XXXIV. Porto Alegre: AJURIS, março de 2007. p. 159-160).

(25) Segundo Nery Júnior, a função social já era implícita em nosso ordenamento, desde a Constituição Federal de 1988, em especial pelos artigos 1º, IV, 5º, XXIII e 170, III.

(26) MARTINS-COSTA, *op. cit.*, p. 353.

(27) Com a mesma conclusão GODOY, Cláudio Luiz Bueno. *Função social do contrato*. São Paulo: Saraiva, 2004. p. 108-109.

Seja como princípio ou como cláusula geral, seu conteúdo deriva de um princípio maior, o do solidarismo, como a seguir veremos.

4. O princípio do solidarismo ou da sociabilidade

Reale[28], o grande sistematizador do Código Civil de 2002, indica que o grande valor que define o diploma é o *sentido social*, o qual é operado pelos princípios da *operabilidade*[29], *eticidade*[30] e *sociabilidade*[31]. Ainda segundo o autor, o objetivo desses princípios é de outorgar aos contratos estrutura e finalidade sociais[32]. Tratam-se de princípios jurisdicizados, tornando-se novos princípios gerais do Direito Privado, podendo, por conseguinte, informar o regime contratual e atribuir novos parâmetros no tratamento da matéria contratual[33].

A sociabilidade é o horizonte que *Reale* associa com a "terceira fase do direito moderno"[34], no sentido de que a aceleração das inovações tecnológicas obriga a uma reelaboração do modo de atuação judicial[35]. O "horizonte ideológico" deve acompanhar o tempo em que se vive, obrigando o repensar de um complexo de idéias fundamentais, mas nem por isso inflexíveis e imutáveis. A ideologia é justificada nesse sentido de alcance do horizonte jurídico[36], cabendo ao jurista desvendar a ideologia da época para trazer o Direito a um ambiente de experiência cultural[37].

---

(28) REALE, Miguel. *O projeto do novo Código Civil*. São Paulo: Saraiva, 1999. p. 07-10.
(29) O princípio da operabilidade é ordinariamente identificado com o objetivo de dotar o Código Civil de concretude e efetividade, através da atuação valorizada e com maior liberdade do juiz da causa. Como expressão da simplicidade, também pode ser percebido pela previsão taxativa e conceitual dos contratos em espécie e facilitação da aplicação da prescrição e decadência.
(30) "O primeiro princípio encampado pela codificação emergente é o princípio da eticidade. Como é notório, o novo Código Civil se distancia do tecnicismo institucional advindo da experiência do direito romano, procurando, em vez de valorizar formalidades, reconhecer a participação dos valores éticos em todo o direito privado. Por isso, muitas vezes, percebe-se a previsão de preceitos genéricos e cláusulas gerais, sem a preocupação do encaixe perfeiro entre normas e fatos. O novo Código abandona o excessivo rigor conceitual, possibilitando a criação de novos modelos jurídicos, a partir da interpretação da norma diante de fatos e valores — melhor concepção da teoria tridimensional do direito concebida por Reale" (TARTUCE, Flávio. *A função social dos contratos:* do Código de Defesa do Consumidor ao novo Código Civil. São Paulo: Método, 2005. p. 43-44).
(31) "Se não houve a vitória do socialismo, houve o triunfo da sociabilidade, fazendo prevalecer os valores coletivos sobre os individuais, sem perda, porém, do valor fundante da pessoa humana. Por outro lado, o Projeto se distingue por maior aderência à realidade contemporânea, com a necessária revisão dos direitos e deveres dos cinco principais personagens do Direito Privado tradicional: o proprietário, o contratante, o empresário, o pai de família e o testador" (REALE, *O projeto*, p. 07).
(32) REALE, *O projeto*, p. 71.
(33) MANCEBO, Rafael Chagas. *A função social do contrato*. São Paulo: Quartier Latin, p. 42.
(34) "Dúvidas não há de que o direito civil em nossos dias é também marcado pela socialidade, pela situação de suas regras no plano da vida comunitária. A relação entre a dimensão individual e a comunitária do ser humano constitui tema de debate que tem atravessado os séculos, desde, pelo menos, Aristóteles constituindo, mais propriamente, um problema de filosofia política, por isso devendo ser apanhado pelo Direito posto conforme os valores da nossa — atual — experiência" (MARTINS-COSTA, Judith. *O novo Código Civil brasileiro:* em busca da ética da situação. São Paulo: Saraiva, 2002. p. 144).
(35) REALE, Miguel. *Nova fase do direito moderno*. São Paulo: Saraiva, 1990. p. 114.
(36) *Idem*, p. 117.
(37) *Idem*, p. 121.

Em escrito mais recente, em específico para o objeto deste estudo, *Reale* realça a ligação do princípio com o artigo 421, com a eticidade e com a boa-fé, em complementaridade:

> O princípio da sociabilidade atua sobre o direito de contratar em complementariedade com o de eticidade, cuja matriz é a boa-fé. A boa-fé está em 53 artigos e a má-fé em 43. A não-observância da função social implicaria o esquecimento do papel da boa-fé, impedindo que se indague da tentativa de fraude de obrigações do CCB e CF.[38]

Assim, o instituto de Direito Privado — a função social do contrato — tem uma relação muito estreita com um valor temporal. Por um lado, registrado na Constituição, mas também passível de constante reconstrução pelo intérprete.

Numa concepção restritiva do solidarismo constitucional e de seu substrato no Direito Obrigacional, que é a função social do contrato, *Lobato Gómez* as identifica na recuperação da vetusta figura romanista da causa do contrato, estabelecendo ligação com as construções da obrigação como processo:

> Uma causa, que não tem que ser entendida como um elemento puramente abstrato, desprovido de função prática, mas sim, como um instrumento de que dispõe o juiz para assegurar que os compromissos contratuais assinados pelas partes não estejam desprovidos de contrapartida, e inclusive, para garantir que a contrapartida proporcionada era aquela esperada pelo outro contratante. Uma causa que não se confunde com a função econômica e social de cada concreto tipo contratual. A causa, pois, é a razão de ser das obrigações contratuais, o que permite tomar em consideração a economia do contrato, a finalidade do contrato procurada pelas partes e o móbil dependente da prestação do consentimento social.[39]

Não é esse o marco doutrinário que utilizamos neste trabalho. Nesta concepção há uma bastante limitada ligação com o valor constitucional da solidariedade e o potencial irradiador que possui o sistema jurídico infraconstitucional. Com o suporte que seguimos, responde *Nalin* que a solidariedade contratual não se limita a casuísmos registrados no Código Civil, pois o que se deseja é a despatrimonialização do Direito Civil e tal não pode ser alcançada quando se vislumbra apenas imbricações econômicas nos pactos e limita-se à análise da causa do contrato[40].

Também *Lorenzetti* enfatiza que a sociedade vê a necessidade de que possa ter um papel ativo no controle dos negócios entabulados pelos particulares:

> O contrato atual não é um assunto individual, mas que tem passado a ser uma instituição social que não afeta somente os interesses dos contratantes. À sociedade,

---

[38] REALE, Miguel. *Função social do contrato*. Disponível na *internet* via: <www.miguelreale.com.br/artigos/funsoccont.htm> Acesso em: 31 mar. 2007.

[39] GÓMEZ, J. Miguel Lobato. *Contrato & sociedade*, vol. II. A autonomia privada na legalidade constitucional. Curitiba: Juruá, 2006. p. 265.

[40] NALIN, Paulo. *Do contrato:* conceito pós-moderno. Curitiba: Juruá, 2004. p. 175-176.

representada pelo Estado e outras entidades soberanas, atribui-se o controle de uma parte essencial do Direito Contratual.

À sociedade interessa que existam bons contratantes, que ajam bem, socialmente, e isso cria um novo espírito contratual que pode ser denominado 'princípio de sociabilidade'. Sobre essa base, impõem-se obrigações aos contratantes."[41]

O solidarismo é princípio previsto na Constituição Federal de 1988, na medida em que o artigo 3º, I, estabelece como objetivo fundamental da República a construção de uma sociedade livre, justa e solidária. Em complemento, o artigo 1º, III e IV enumera como fundamentos do Estado a dignidade da pessoa humana e os valores sociais do trabalho e da livre iniciativa[42].

Pela semelhança que as disposições brasileiras a respeito do solidarismo constitucional possuem com o artigo 2º da Carta italiana, são válidas as observações de *Perlingieri*. Para o autor, o solidarismo constitucional volta-se à atuação do desenvolvimento da pessoa; supera-se o mito superindividual, não concebendo um interesse superior àquele do pleno desenvolvimento do homem. O solidarismo previsto na Constituição deve, portanto, ser entendido em relação aos temas da igualdade e igual dignidade social[43].

Utilizando-se da experiência legal e doutrinária italiana (*Lipari, Lucarelli e BIanca*), *Nalin* também verifica que em torno da idéia de solidariedade agrega-se não apenas um interesse interprivado, mas também um coletivo, contextualizado na concepção de função social do contrato[44]. A solidariedade encaixa-se no primado da solidariedade na limitação que as relações entre privados devem ter na dignificação do homem, inclusive subordinando o princípio da autonomia privada ao da solidariedade social[45].

Tomando os primados constitucionais, cria-se a impossibilidade de dissociar os objetivos perseguidos pelo solidarismo, enquanto função que seja social, e a atuação positiva do Estado de controlar comportamentos humanos, como forma de atingir

---

(41) LORENZETTI, Ricardo Luis. *Fundamentos do direito privado*. São Paulo: Revista dos Tribunais, 1998. p. 551.

(42) "A idéia de 'função social do contrato' está claramente determinada pela Constituição, ao fixar, com um dos fundamentos da República, 'o valor social da livre iniciativa' (art. 1º, IV), essa disposição impõe, ao jurista, a proibição de ver o contrato como um átomo, algo que somente interessa às partes, desvinculado de tudo o mais. O contrato, qualquer contrato, tem importância para toda a sociedade, e essa asserção, por força da Constituição, faz parte, hoje, do ordenamento positivo brasileiro — de resto, o art. 170, *caput*, da Constituição da República, de novo, salienta o valor geral, para a ordem econômica da livre-iniciativa (...).

No direito brasileiro, o *status* constitucional da função social do contrato veio tornar mais claro, reforçar, o que, em nível da legislação ordinária, já estava consagrado como comportamento a seguir, pelos terceiros, diante do contrato vigorante entre as partes. Esse dever de respeito já existia por força do art. 159 do Código Civil, preceito que constitui verdadeira 'cláusula geral' no nosso sistema — e que é tanto mais forte, na exigência de um comportamento socialmente adequado, quanto mais longa e conhecida e pública a duração do contrato, porque tudo isto agrava a culpa pelo desrespeito, como nos casos dos contratos de fornecimento" AZEVEDO, Antonio Junqueira de. Princípios do novo direito contratual e desregulamentação do mercado. *Revista dos Tribunais*. São Paulo, n. 750, p. 113-120).

(43) PERLINGIERI, Pietro. *Perfis do direito civil*. Rio de Janeiro: Renovar, 2002. p. 36-37.

(44) NALIN, *op. cit.*, p. 179-181.

(45) *Idem*, p. 181-182.

certos objetivos[46]. Associando-se o princípio civilista da sociabilidade com o constitucional da solidariedade, encontra-se a fórmula já anunciada neste trabalho de despatrimonialização do direito das obrigações e resgate da subjetividade. Afasta-se o individualismo típico do liberalismo individualista, para colocar a normatização civil em um novo paradigma de prestígio de valores sociais, como princípio fundante do ordenamento[47].

No campo do Direito Obrigacional, o princípio do solidarismo obriga a uma concepção baseada na justiça social, de modo que passa a ser necessária a atuação do Estado removendo obstáculos para a efetiva igualdade. A função social do contrato, enquanto cláusula geral, tem sua atuação valorizada, pois assume-se valor diverso do meramente patrimonial. Como lembra *Perlingieri*, o preceito da igualdade incidirá sobre a individuação do conteúdo das cláusulas gerais: o valor da justiça social, inserido constitucionalmente, deve incidir no Direito Civil, contribuindo em sede interpretativa, para individualizar o conteúdo que, concretamente, devem assumir as cláusulas gerais[48].

5. Funcionalização do instituto contratual

No primeiro capítulo deste trabalho, tratamos singelamente do tópico "funções dos contratos" (item 6). O objetivo naquele momento foi o de apenas apresentar as concepções, dentro da historiografia do contrato, correntes sobre a utilidade que tinha o contrato. No presente tópico, pretendemos avançar um pouco mais, apresentando uma nova construção do termo "função", num ambiente já conformado por princípios de solidariedade.

Mas para tanto é necessário, primeiramente reconhecer um fenômeno mais amplo, o da funcionalização do Direito. *Fachin* verifica a funcionalização do Direito Privado principalmente a partir de uma limitação, outorgando uma nova direção. Exemplifica a partir dos direitos de propriedade, como no artigo 1.228 do Código Civil. A disposição que tem o proprietário submete-se a um outro princípio gerador dos direitos de dispor, fruir e utilizar. A funcionalização, portanto, é uma operação de redução da amplitude dos poderes do titular privado. Assim, a previsão da Constituição de que a ordem econômica é orientada pelo princípio básico da função social tem por resultado a funcionalização da ordem econômica[49].

Para que se reconheçam as características da funcionalização do instituto contratual, devemos, antes, verificar um fenômeno mais amplo e que afeta toda a ciência jurídica.

---

46) Nesse sentido BOBBIO (*Dalla struttura all funzione*), apud GODOY, Cláudio Luiz Bueno de. *Função social do contrato*. São Paulo: Saraiva, 2004. p. 115-116.
47) Com a mesma conclusão: SANTOS, Antonio Jeová. *Função social do contrato*. São Paulo: Método, 2004. p. 99.
48) PERLINGIERI, op. cit., p. 49.
49) FACHIN, Luiz Edson. *Teoria crítica do direito civil, à luz do novo Código Civil*. Rio de Janeiro: Renovar, 2003. p. 209.

5.1. A "função social" do Direito

No século XX claramente apareceram os elementos de uma construção jurídica inteiramente nova, com vistas a superar a Declaração Universal dos Direitos do Homem e o Código de Napoleão. Trata-se de uma transformação[50] que se manifesta, em diferentes graus, em todos os povos da Europa e América e em todos os domínios do Direito[51].

Explica *Duguit* que a Declaração de Direitos de 1789 e o *Códe* — bem como todos os demais códigos modernos que procedem deste, de forma mais ou menos evidente, baseiam-se em uma concepção puramente individualista do Direito. Mas o tempo é outro. Hodiernamente, elabora-se um sistema jurídico fundado sobre uma concepção essencialmente *socialista*[52]. Assinala a oposição entre um sistema jurídico fundado sobre a idéia do direito subjetivo do indivíduo e o fundado sobre a idéia de uma regra social que se impõe ao indivíduo[53].

Ocorre, segundo *Duguit*, que o sistema jurídico dos povos modernos tende a se estabelecer sobre a comprovação de fato de que a função social impõe-se sobre os indivíduos e grupos. "O sistema jurídico civilista era de ordem metafísica; o novo sistema que se elabora é de ordem realista.[54]"

O centro da teoria do autor está na idéia de que o Direito é um produto da vida social, das necessidades da vida em sociedade, portanto, um fenômeno social. O seu fundamento está na solidariedade humana, a interdependência entre os indivíduos. O Direito, sob este aspecto, funda-se no caráter social e nas obrigações sociais do homem, que estaria, assim, ligado aos outros homens pelos laços da *solidariedade* ou, como *Duguit* prefere, da *interdependência social*. Há, como se vê, uma base sociológica que nitidamente se liga ao trabalho de *Durkheim*[55], em especial de que a sociedade é um fato primário e natural, e não o produto de uma vontade humana, bem como de que a solidariedade se revela em duas formas essenciais: a solidariedade por similitude (*mecânica*) e a solidariedade por divisão do trabalho (*orgânica*).

---

(50) Ripert acentua que há certeza da evolução do Direito e que é dever dos que governam e daqueles que são governados obrar para que se efetivem as transformações ambicionadas pela coletividade (RIPERT, Georges. *O regime democrático e o direito civil moderno*. São Paulo: Saraiva, 1997. p. 43).

(51) DUGUIT, Leon. *Las transformaciones del derecho. Público y privado*. Buenos Aires: Editorial Heliasta, 1975. p. 172-173.

(52) Na edição Argentina de que nos utilizamos para conhecimento de parte da doutrina de Duguit, optou-se pelo termo em castelhano *socialista*. Como já expusemos em outros momentos desta dissertação, o princípio do *solidarismo* não se identifica com a corrente política *socialista*. Todavia, a fim de manter a originalidade do escrito mantivemos o termo utilizado pelo tradutor. O próprio Duguit, em outro trecho de sua obra, enfatiza que seu pensamento não adere a um partido socialista. O mesmo autor, na edição brasileira de "Fundamentos do Direito (Porto Alegre: Sergio Antonio Fabris Editor, 2005), extraída de seu consagrado "Manuel de Droit Constitutionnel" publicado em Portugal, em 1940, defende uma doutrina do *direito social*, fundado na *solidariedade social*, como contraponto à doutrina individualista.

(53) DUGUIT, *Las transformaciones*, p. 173.

(54) Tradução livre de "*El sistema jurídico civilista era de orden metafísico; el nuevo sistema que se elabora es de orden realista*" (DUGUIT, *Las transformaciones*, p. 174).

(55) A observação é de Sérgio Victor Tamer, na apresentação de *Fundamentos de direito privado*, p. 9.

No campo do Direito Privado, reconhece como artificial a concepção puramente individualista do direito subjetivo, pois toma a idéia do homem natural, isolado, independente em sua qualidade de sujeito de direitos anteriores à sociedade. Ocorre, segundo o professor da Universidade de Burdeos, que esse homem nunca existiu, pois sempre se viveu em sociedade. Ou, como se expressa, *"hablar de derechos anteriores a la sociedad es hablar de nada"*.[56]

A noção que vem substituir essas construções "artificiais" e "metafísicas" do Direito é a "função social". Afirma-se que nem o indivíduo, nem a sociedade têm direitos[57]. Falar de direitos do indivíduo, de direitos da sociedade, é dizer que é preciso conciliar os direitos do indivíduo com os da coletividade, e isso também é metafísica para *Duguit*. A noção de função social reconhece que todos os indivíduos têm uma certa função na sociedade, de executar uma certa tarefa. Abstendo-se desta função ou realizando atos contrários, seu comportamento deve ser socialmente reprimido. A regra jurídica que se impõe aos indivíduos descansa sobre o fundamento estrutural da sociedade: a necessidade de se manter coerentes entre si os diferentes elementos sociais para o cumprimento da função social que incumbe a cada indivíduo e a cada grupo[58].

O Direito fundado na solidariedade social obriga que se reconheça que a conduta é imposta ao homem social na medida em que atente à solidariedade social. A conduta também é determinada à realização de tudo o que for de natureza ao desenvolvimento da solidariedade social[59]. Nesse sentido, todo indivíduo passa a ser obrigado pelo direito objetivo a cooperar na solidariedade social. O efeito é que cada homem tem o direito de praticar todos os atos pelos quais coopera na solidariedade social e de impedir, com a mesma extensão, obste a realização do papel social que lhe incumbe. Numa noção bastante diferente da tradicional de direito individual, a fundamentação da regra de Direito está na obrigação de cada homem de desempenhar seu papel social, e os direitos que cada indivíduo pode gozar têm por princípio e limites a missão que deve executar[60].

A autonomia da vontade não fica imune a essa concepção *socializada* do Direito. O ato de vontade persiste como ato de vontade individual, sem uma verdadeira vontade coletiva que afirme a missão de realização de uma tarefa esperada pela sociedade, pelo indivíduo, ou pelo grupo[61]. O Direito não protege a vontade coletiva, como também não

---

(56) DUGUIT, *El regimen*, p. 178.
(57) *Idem*, p. 178.
(58) *Idem*, p. 181.
(59) DUGUIT, *Fundamentos*, p. 23.
(60) *Idem*, p. 25.
(61) "A funcionalização dos institutos jurídicos significa que o direito em particular e a sociedade em geral, começam a interessar-se pela eficácia das normas e dos institutos vigentes, não só no tocante ao controle ou disciplina social, mas também no que diz respeito à organização e direção da sociedade, abandonando-se a costumeira função repressiva tradicionalmente atribuída ao direito, em favor de novas funções, de natureza distributiva, promocional e inovadora" (AMARAL, Francisco. *Direito civil. Introdução*. Rio de Janeiro: Renovar, 2003. p. 366).

protege a vontade individual; mas protege e garante o fim coletivo que é perseguido por uma vontade individual[62].

Ao Direito não cumpre a proteção da vontade manifestada, ou da vontade compreendida, ou da vontade internalizada. A tutela pelo Direito ocorre na medida em que a situação jurídica possui um fundamento social[63]. Esta é a condição necessária e suficiente para a proteção jurídica do ato de vontade[64].

A socialização atinge o centro do Direito Privado. Compreende *Facchini Neto* que um Direito Privado funcionalizado corresponde a um Direito Privado socializado, de cunho social[65]. Toma por base a Constituição Federal de 1988, que representa uma mudança de paradigma na compreensão do Direito brasileiro: definitivamente abandona seu tradicional viés individualista e adota uma perspectiva mais social, comprometida com os direitos fundamentais, buscando erigir uma sociedade presidida pelo princípio reitor da dignidade da pessoa humana[66]. No campo do Direito Privado, a idéia da funcionalização está ligada ao valor da solidariedade, base da construção do Estado Social e conceito fundamental para o Direito contemporâneo[67].

Lembra ainda *Facchini* que, historicamente, a teoria do Direito Social foi elaborada no decorrer da discussão e reformulação dos conceitos jurídicos envolvidos nas áreas do Direito do Trabalho. Mas o novo paradigma para a formulação do Direito Social (funcionalizado) que propõe deve ser compreendido por outras áreas, próprias do Direito moderno, como também as áreas mais tradicionais. Lembra o autor que, hoje em dia, os poderes do titular de um direito subjetivo estão condicionados pela respectiva função, ao mesmo tempo em que se alarga a esfera dos direitos que não são conferidos no interesse próprio, mas no interesse de outrem ou no interesse social (direito função)[68].

A raiz do problema da função social do Direito Privado está na compatibilização da existência individual do ser humano, na sua unicidade, com sua natureza essencialmente social. Da inerente sociabilidade humana está a condicionante de que, ao normatizar as relações interpessoais, o Direito deve fazê-lo levando em consideração as características e valores sociais da sociedade[69]. Será no contrato que esses conflitos atuarão de forma mais intensa.

---

(62) DUGUIT, *El regimen*, p. 202.
(63) "A nova concepção de contrato, pelo princípio aqui visualizado — fundado nos princípios constantes nos dispositivos inaugurais do Texto Maior (*dignidade, socialidade, igualdade*) —, é uma concepção social, em que não só o momento da manifestação da vontade, mas também a condição social e econômica das pessoas nele envolvidas, além dos efeitos do contrato na realidade social, é que serão levados em conta para a validade, eficácia e perpetuação da avença" (TARTUCE, Flávio. *A função social dos contratos*. São Paulo: Método, 2005. p. 204).
(64) DUGUIT, *El regimen*, p. 208.
(65) FACCHINI NETO, Eugênio. A função social do direito privado. In: *Revista da AJURIS — Associação dos Juízes do Rio Grande do Sul*, v. 43, n. 105, ano XXXIV. Porto Alegre: AJURIS, março de 2007. p. 153.
(66) *Idem*, p. 158.
(67) *Idem*, p. 159.
(68) *Idem*, p. 158.
(69) *Idem*, p. 160.

5.2. O contrato socialmente funcionalizado

Neste momento de identificação dos contornos da função social do contrato, instrumentalizado em explícito pelo Código Civil de 2002, permanece sendo importante o retorno às explicações do autor do dispositivo. Relata *Reale* que o contrato não atende somente aos interesses das partes, pois exerce uma função social inerente ao *poder negocial*, que é uma das fontes do Direito, ao lado da legal, jurisprudencial e consuetudinária. Desta feita, é natural que se atribua ao contrato uma função social, a fim de que ele seja concluído em benefício dos contratantes sem conflito do interesse público. Ainda segundo o sistematizador do Projeto, o artigo 173, § 4º, do Código é uma das formas de constitucionalização do Direito Privado: não se admite negócio jurídico que implique, por exemplo, abuso do poder econômico e dominação do mercado[70].

A função institucional do contrato é ressaltada por *Francisco Amaral*, partindo da idéia de que a funcionalização dos institutos é uma autêntica forma de compreendê-los. Os institutos jurídicos deixam de ser vistos na limitação de fornecer meios de solução de conflitos e passam a ser voltados à organização da sociedade. O contrato, nessa esteira, insere-se no contexto de organização comunitária, assumindo uma função que o autor chama de institucional: as estruturas que formam também objetivam o atendimento de objetivos que ultrapassam os meros interesses individuais. Segundo *Amaral*, há funcionalização institucional quando os poderes ligados aos indivíduos — a autonomia privada é expressão — são aplicados como meio de afirmação da dignidade humana. Dessa forma, o contrato assume a função de também atuar na afirmação da solidariedade social, plasmada nos interesses gerais da comunidade[71].

A funcionalização do contrato, lastreada no ideário do Estado Social, também é idéia que, afastando o liberalismo abstencionista, passa a reconhecer que o pacto não é um fenômeno neutro. Esse processo de funcionalização pelo qual passa o contrato é o que ultrapassa a condição de mero veículo de circulação de riqueza, para que, no projeto comunitário de produção de dignidade e igualdade, sejam as operações econômicas vistas como plenamente inseridas no contexto[72].

Essa é a concepção que norteia a obra de *Nalin*, para quem "funcionalizar", na perspectiva da Carta de 1988, significa oxigenar as bases estruturantes do Direito com elementos externos à sua própria ciência. Trata-se de promover o rompimento com

---

(70) REALE, Miguel. *Função social do contrato*. Disponível na *internet* via: <www.miguelreale.com.br/artigos/funsoccont.htm> Acesso em: 31 mar. 2007.

(71) AMARAL, Francisco. O contrato e sua função institucional. *Studia Iuridica — Colloquia,* Boletim da Faculdade de Direito da Universidade de Coimbra, v. 48, n. 6. Coimbra: Coimbra Editora, v. 48, 1999/2000. p. 114.

(72) "Não se pode, contudo, querer extirpar o contrato do mundo negocial, uma vez que esse instrumento representa a principal ferramenta para circulação de riquezas, tanto no modelo do Estado Liberal, quanto no modelo de Estado Social. Assim, como instrumento de circulação de riquezas, o contrato deve assumir também uma função de circulação equânime de riquezas. Ora, se o contrato deixa de ser considerado um fenômeno economicamente neutro, ele passa a produzir, segundo a sua função social, efeitos distributivos" (GOMES, Rogério Zuel. *Teoria contratual contemporânea — função social do contrato e boa-fé*. Rio de Janeiro: Forense, 2004. p. 85).

a auto-suficiência do Direito, estruturalmente hermético e mais preocupado com os aspectos formais que com sua eficácia social. Por isso, explica, a função perseguida é a social[73].

Compartilhando dessas expectativas, *Lorenzetti*[74] identifica um aspecto social da função econômica do contrato: afastando-se o conjunto de características individuais, passa a ser necessário que se busque nos efeitos da avença o que o contrato gerou para as partes e para o restante da comunidade.

A funcionalização do contrato, na obra de *Sens dos Santos*, tem por objetivo a compatibilização dos três princípios fundamentais do Direito Contratual: a autonomia privada, a boa-fé objetiva e o equilíbrio contratual. Para que se conceba um conceito adequado de função social do contrato, é preciso que se busque também um elemento externo do contrato, ou seja, que se atinja o bem comum. Defende o autor que o bem comum não pode ser entendido somente como o bem dos indivíduos ou singelamente o bem de toda a coletividade. O bem comum, leciona, deve ter uma concepção mista: o bem do todo e também dos indivíduos[75].

Em suma, a funcionalização do contrato é a vinculação que o instituto de Direito Privado passa a ter com os programas de solidariedade e dignidade humana do Estado Social; de valorização da igualdade material entre os atuantes do contrato em resguardo aos interesses da comunidade. A afirmação de uma função exclusivamente individual para o contrato é incompatível com o Estado Social[76].

Enfim, o contrato funcionalizado é o que não "vira as costas" para os programas constitucionais de justiça social; mas que, antes, é formado, executado e encerrado objetivando o cumprimento de deveres não meramente patrimoniais e exclusivos do interesse das partes. É, em poucas palavras, o contrato executor do programa social.

6. Distinções entre função social do contrato e institutos afins

6.1. Função social e boa-fé objetiva

Função social e boa-fé objetiva são duas das mais importantes conquistas do Código Civil Brasileiro de 2002. Mas, apesar de suas semelhanças, é necessário, para uma mais aprofundada compreensão de ambos, estabelecer distinções.

O Código Civil Brasileiro estabelece, no artigo 422, a obrigação acessória de agir segundo os princípios da probidade e da boa-fé, independentemente de previsão no regulamento contratual ou de qualquer outro ajuste.

---

(73) NALIN, *Do contrato*, p. 217.
(74) LORENZETTI, Ricardo Luis. *Tratado de los contratos*. Buenos Aires: Rubinzal-Culzoni, 1999. Tomo I, p. 23-24.
(75) SANTOS, Eduardo Sens dos. A função social do contrato: elementos para uma conceituação. *Revista de Direito Privado*, São Paulo, n. 13, p. 99-111, jan./mar. 2003. p. 109.
(76) LÔBO, Paulo Luiz Neto. Princípios Contratuais. In: LÔBO, Paulo Luiz Neto; LYRA JÚNIOR, Eduardo Messias Gonçalves de (coordenadores). *A teoria do contrato e o novo Código Civil*. Recife: Nossa Livraria, 2003. p. 16.

Rememorando o estudado no capítulo II, item "9.4", o princípio da boa-fé objetiva tem por objetivo completar o regulamento da convenção, estabelecendo regras complementares para integrar o negócio jurídico. Tais obrigações acessórias são as que obrigam a um comportamento ético, leal e que seja direcionado ao esperado cumprimento das obrigações.

Pela boa-fé objetiva, cumpre às partes a observância de uma conduta que não é expressa pelos pactuantes, mas esperada socialmente. Em paralelo, também outorga ao julgador a obrigação de integração da conduta esperada no caso concreto a partir de critérios encontrados no sistema jurídico, mas que, na maioria das vezes, também não está individualizado na lei. Nessas duas características, vemos grande semelhança com a função social do contrato.

Mas, apesar das semelhanças, não podem ser confundidas. *Theodoro Júnior* chama atenção ao fato de que, se o legislador cuidou de disciplinar separadamente os dois princípios (função social e boa-fé objetiva), foi porque lhes reconheceu individualidade. Explica que o terreno próprio da função social do contrato é o da modernização do antigo e inflexível princípio da relatividade dos contratos. Os problemas do comportamento ético entre os próprios contratantes, segundo o autor, não são cuidados pela função social do contrato, mas pela boa-fé objetiva[77].

Retomando as explanações de *Reale* a respeito dos princípios que dirigem o direito das obrigações no novo Código, *Theodoro Júnior* relaciona a boa-fé com o princípio da *eticidade* (em que se aplicam regras como a lealdade e solidariedade entre os pactuantes) e a função social com o da *socialidade* (pelo qual se deve preocupar com a ordem econômica e com a ordem social, no plano exterior do relacionamento travado entre os contratantes, ou seja, no plano do impacto do contrato com terceiros ou com toda a comunidade)[78].

Assim, conforme esses estudos, delimita-se a boa-fé objetiva e função social da seguinte forma: a) ofende-se a boa-fé objetiva quando o contrato ou a maneira de interpretá-lo ou executá-lo redundam em prejuízo injusto para uma das partes; b) ofende-se a função social do contrato sempre que os efeitos externos do contrato prejudicam injustamente os interesses da comunidade ou de estranhos ao vínculo social[79].

Essa distinção não reconhece a função social do contrato como instrumento da concretização de princípios constitucionais de solidariedade e dignidade humana. No sentido mais amplo que temos apresentado, a aplicação da função social obriga o afastamento do princípio dogmatizador da autonomia da vontade. Para que se observe nas relações entre privados condutas que se coadunem com valores comuns à comunidade, não apenas deve-se evitar a lesão a terceiros, mas reconhecer o contrato como inserido nos instrumentos de concretização de valores comunitários.

---

(77) THEODORO JÚNIOR, Humberto. *O contrato e sua função social*. Rio de Janeiro: Forense, 2004. p. 48-49.
(78) *Idem*, p. 49-50.
(79) *Idem*, p. 51.

É imprescindível que as relações interprivados não importem prejuízos para terceiros e principalmente para a comunidade em que se insere. Mas isso não é suficiente num ambiente de solidarismo ambicionado. Ocorre que faz parte do projeto constitucional comum que as relações entre os privados igualmente atuem na produção de dignidade e igualdade também para aqueles que contratam. Numa distinção restritiva da função social apenas para uma eficácia *ultra partes*, seria possível que as avenças contivessem as mais indignificantes condições para um dos contratantes, desde que o mesmo consentisse[80].

Nessa versão robusta da função social do contrato, a distinção com a boa-fé objetiva é amortizada. Ambas impõem condutas socialmente esperadas pelas partes, mas a partir de valores diversos. A boa-fé refere-se a valores éticos, ambicionando a lealdade das partes no cumprimento da obrigação: a eticidade é concretizada com valores retirados do meio social, para que se estabeleçam os elementos que permitirão o cumprimento da avença. A execução da função social é mais ampla e condiciona o cumprimento do contrato a um projeto social amparado na dignidade humana e no solidarismo.

6.2. Função social, ordem pública e bons costumes

Na medida em que a ordem pública e os bons costumes, desde a sistematização contratual liberal, atuaram como limitação à então ampla liberdade individual no estabelecimento do regulamento contratual, é compreensível que haja a confusão com a função social. Trata-se de institutos que colocam a autonomia dos privados submetida a interesses superiores.

Mas também é necessário fixar as distinções. *Roppo* relaciona a ordem pública com um complexo de princípios e valores que informam a organização política e econômica da sociedade, numa certa fase da sua evolução histórica e que, por isso, são imanentes ao ordenamento jurídico do momento[81]. *Maria Helena Diniz* diz que são normas de ordem pública "as que, em um país, estabelecem os princípios indispensáveis à organização do Estado, sob o prisma social, político, econômico e moral, seguindo os preceitos de direito"[82].

---

(80) Gustavo Tepedino traz o exemplo, retirado da jurisprudência francesa, em que houve a proibição de lamentável prática-espetáculo de casa noturna, em que havia, para diversão dos clientes, arremesso de um anão. O próprio indivíduo catapultado aceitava a situação, em troca de dinheiro. Compreendeu o juízo francês que "o respeito à dignidade da pessoa humana é um dos componentes da noção de ordem pública; a autoridade investida do poder de polícia municipal pode, mesmo na ausência de circunstâncias locais específicas, interditar um espetáculo atentatório à dignidade da pessoa humana" (TEPEDINO, Gustavo. Direitos humanos e relações privadas. In: TEPEDINO, Gustavo (coordenador). *Temas de direito civil*. Rio de Janeiro: Renovar, 1999. p. 58-59). Trazendo os fundamentos para a realidade brasileira, também podemos reconhecer como indevidos — pois contrários à dignidade humana — os espetáculos televisivos em que se promovem "pegadinhas" ou outras formas de humilhação pública consentida, como ingestão de insetos e outros animais notadamente repugnantes.

(81) ROPPO, Enzo. *Do contrato*. Coimbra: Almedina, 1988. p. 179.

(82) DINIZ, Maria Helena. *Lei de introdução ao Código Civil brasileiro interpretada*. São Paulo: Saraiva, 1999. p. 362

Em suma, os preceitos de ordem pública, enquanto limites aos contratos, relacionam-se principalmente aos interesses que o Estado toma para si de forma organizacional imanente, condicionado ao estágio político e histórico da organização política.

No que se refere aos bons costumes, a moral toma prevalência. *Larenz* identifica os bons costumes como regras morais reconhecidas pela comunidade jurídica, atuando como limite imanente da liberdade moral objetiva e que se explica por si mesma; relaciona-se a razões de conteúdo moral, de consciência[83]. Os bons costumes remetem a critérios meta-jurídicos, mas que são homogêneos em determinado grupo social. *Sílvio Rodrigues* conceitua como "regras morais não reduzidas a escrito, mas aceitas pelo grupo social e que constituem o substrato ideológico inspirador do sistema jurídico"[84].

Percebem-se os bons costumes com lastro em explicações morais de dada sociedade e, dessa forma, limitados em seu conteúdo e extensão temporal.

A diferença que se estabelece entre ordem pública, em específico, e função social, segundo *Mateo Júnior*, pode ser encontrada na tutela de interesses de primeira geração e os de terceira geração: a ordem pública correspondia ao primeiro, próprio do Estado Liberal, enquanto a função social significa a proteção de interesses que ultrapassam os dos figurantes concretos da relação negocial, ditos difusos, coletivos ou individuais homogêneos[85]. O Estado Social, na intenção de promover valores de solidariedade, utiliza-se da função social na imposição de condutas úteis a esse fim.

As três figuras — ordem pública, bons costumes e função social — revelam a preferência axiológica do ordenamento jurídico pela limitação individual na fixação das obrigações. A diferença se estabelece no conteúdo advindo da origem dessas restrições[86]. Os dois primeiros seguem os interesses da sociedade estatalizada, dos interesses próprios da organização política da forma Estado. A função social é produto de outra época; é orientada pelos ideais do Estado Social, de modo que a função a que o Estado então se arvora é de garantidor, não apenas de interesses próprios, imanentes, mas voltados a cada um dos indivíduos que o compõem. Por esse motivo, a preocupação passa a ser que a felicidade de cada sujeito não seja barrada por interesses individuais instrumentalizados no negócio jurídico.

A razão da função social nos contratos não afasta a necessidade de observância de ordem pública e bons constumes. Principalmente em relação à ordem pública é possível que seja reconhecida, remodelada no ambiente do Estado Social[87], como instrumentalizada pela função social. Ao se identificar os valores de dignidade humana e sociabilidade como informadores da organização política e econômica do Estado, têm-se como autênticos balizadores de ordem pública.

---

83) LARENZ, Karl. *Derecho de obligaciones*, tomo I. Madrid: Editorial de Derecho Privado, 1958. p. 75.
84) RODRIGUES, Sílvio. *Direito Civil:* dos contratos e das declarações unilaterais de vontade. São Paulo: Saraiva, 2002, v. 3, p.17.
85) MATEO JÚNIOR, Ramon. *A função social e o princípio da boa-fé objetiva nos contratos do novo Código Civil.* Disponível na *internet* via: <www1.jus.com.br/doutrina/texto.asp?id=2786> Acesso em: 1º/34/2007.
86) Nesse sentido, DINIZ, M. H., *op. cit.*, p. 359.
87) "Assim, a constatação da ordem pública, bons costumes e licitude se verifica na realização do direito em seu ambiente, a sociedade. A função social do contrato acompanha estas novações e instrumentaliza diretamente esta realização" (MANCEBO, Rafael Chagas. *A função social do contrato*. São Paulo: Quartier Latin, 2005. p. 76).

6.3. Função social e eqüidade

As bases conceituais da função social do contrato, além de ancoradas na quebra do individualismo, da autonomia da vontade e na projeção de princípios de dignidade humana e solidariedade, são muitas vezes lastreadas na eqüidade[88].

Seguramente, a mais difundida e estudada noção de eqüidade é trazida na obra de *Aristóteles*[89] dedicada a Nicômaco. Nela, justiça e eqüidade não são idênticas em absoluto, nem genericamente diferentes. A eqüidade, embora superior a uma espécie de justiça, é justa em si; não é superior à justiça por ser genericamente diferente dela. Explica o filósofo que a eqüidade, embora justa, não é justiça legal, mas sim uma retificação da justiça legal. A natureza, portanto, da eqüidade é a retificação da lei onde esta é imperfeita por causa de sua generalidade[90].

Em *Kant*, a eqüidade não passa do Direito destituído de coerção: "uma deusa surda que não pode reinvindicar uma audiência de Direito"[91]. Embora consiga reconhecer um dever moral que lastreia a reivindicação com base na eqüidade, o pensador alemão não vê como possa um juiz deferi-la apenas por esse fundamento. O mal que dá origem ao pedido lastreado na eqüidade "só pode ser apresentado diante de um 'Tribunal da Consciência', ao passo que toda a questão de Direito deve ser levada perante um 'Tribunal Civil'"[92].

Em grande parte contrariando o pensamento de *Kant*, há tendência moderna de ampliação dos poderes do juiz; de exaltação de sua capacidade de valorar fatos e situações, de modo responsável e autônomo, através de valorações eqüitativas, a par do "direito estrito". *Roppo* sinaliza esta tendência em disposições do Código Civil italiano de 1942, inclusive com a possibilidade de o juiz enriquecer e precisar, com base na eqüidade, as determinações do regulamento contratual, introduzindo-lhe previsões e associando-lhe efeitos objetivamente não recondutíveis à vontade dos contratantes[93].

Tal tendência, lembra *Diniz*[94], pode ser encontrada no artigo 5º da Lei de Introdução ao Código Civil Brasileiro[95], na medida em que outorga poderes ao decisor de

---

(88) NALIN, Paulo. *Do contrato*, p. 223.
(89) ARISTÓTELES. *Ética a Nicômaco*. Coleção "Os grandes filósofos do direito". São Paulo: Martins Fontes, 2002. p. 16.
(90) "(...) a lei é sempre uma declaração geral; no entanto, existem casos que não podem ser abrangidos por uma declaração geral. Por isso, em questões das quais seja necessário falar em termos gerais, mas não seja possível fazê-lo de forma correta, a lei leva em consideração a maioria dos casos, embora tenha consciência do erro que isso implica. E isso não a torna uma lei errada; porque o erro não está na lei nem no legislador, mas sim na natureza do caso" (ARISTÓTELES, p. 16).
(91) KANT, Immanuel. *Filosofia do direito*. Coleção "Os grandes filósofos do direito". São Paulo: Martins Fontes, 2002. p. 241.
(92) *Idem*, p. 242.
(93) ROPPO, *op. cit.*, p. 174.
(94) DINIZ, Maria Helena. *As lacunas no direito*. São Paulo: Saraiva, 2002. p. 250-251.
(95) LICC. Art. 5º – Na aplicação da lei, o juiz atenderá aos fins sociais a que ela se dirige e às exigências do bem comum.

valorizar, na aplicação da lei, os fins sociais a que ela se destina e às exigências do bem comum. Também a Consolidação das Leis do Trabalho, em seu artigo 8º[96], autoriza as autoridades administrativas e a Justiça do Trabalho a decidir por eqüidade.

Mas a ressalva celetista das hipóteses em que o julgamento por eqüidade é permitido (apenas quando faltarem disposições legais ou contratuais) também é reconhecida para os demais contratos. Nesse sentido, ressalva *Roppo* que a valorização eqüitativa, associando efeitos não pretendidos pelas partes, apenas opera para suprir as previsões lacunosas do texto, de modo que permita o prosseguimento do negócio e respeito substancial pelo que foi querido. Assim, não cabe ao juiz a utilização de poderes de eqüidade para modificar o contrato e fazer derivar dele conseqüências contrárias à composição de interesses das partes[97].

Em análise da distinção entre boa-fé e eqüidade, *Menezes Cordeiro* revela que esta abriga duas acepções fundamentais: a primeira, de uma noção, de sabor aristotélico, que, apelando às particularidades da questão real, permitiria corrigir injustiças ocasionadas pela natureza rígida das regras jurídicas abstratas. Outra, que, prescindindo do Direito estrito, oferece soluções apenas baseadas na chamada justiça do caso concreto. Em ambas, segue o autor, não há critérios objetivos que possam informar a própria natureza da eqüidade, "a bitola material que, em última análise, vai corrigir a regra estrita ou enquadrar o caso concreto sem auxílios". O intérprete não tem elementos seguros para a individualização, não absorve a importância do sistema, não é submetido a qualquer controle[98].

A decisão por eqüidade apresenta diferenças marcantes em relação à aplicação da função social do contrato. Enumeramos quatro distinções.

Primeiramente, porque a eqüidade tem por objetivo singular a apresentação de solução para o caso concreto esperado, sem qualquer pretensão de firmamento de modelo para situações análogas vindouras. Tal como a boa-fé[99], a aplicação da função social do contrato intenta uma solução para a situação singular que se apresenta. Mas também possui vocação de ser generalizante, pois a opção de atenção de aplicação sistemática do direito provoca a tendência de repetição. Em suma, a imanência da decisão de eqüidade difere substancialmente da característica de transcendência que fundeia a decisão com base na função social.

---

96) CLT. Art. 8º – As autoridades administrativas e a Justiça do Trabalho, na falta de disposições legais ou contratuais, decidirão, conforme o caso, pela jurisprudência, por analogia, por eqüidade e outros princípios e normas gerais de direito, principalmente do direito do trabalho, e, ainda, de acordo com os usos e costumes, o direito comparado, mas sempre de maneira que nenhum interesse de classe ou particular prevaleça sobre o interesse público.

97) ROPPO, *op. cit.*, p. 175-176.

98) CORDEIRO, António Manuel da Rocha Menezes. *Da boa-fé no direito civil.* Coimbra: Almedina, 2001. p. 1198-1207.

99) "Por isso, as decisões formuladas com base no princípio da boa-fé, embora atentem para o caso concreto, tendem a ser generalizantes, eis que, com finalidade sistematizadora, tende-se a repeti-las. Já a eqüidade é sempre voltada para o particular, o específico caso concreto, afastando-se, portanto, de preocupações generalizantes" (BARACAT, Eduardo Milléo. *A boa-fé no direito individual do trabalho.* São Paulo: LTr, 2003. p. 71).

Segundo, em vista do alcance dos institutos. Diante das restrições de aplicação da eqüidade (lacunas na lei ou no regulamento), tem-se que o instituto não se presta como instrumento com o qual possa o intérprete fazer valer o interesse público contra as escolhas da autonomia das partes que se revelem contrárias[100]. Diversamente, a função social do contrato significa a possibilidade de alteração no estabelecido pelos contratantes, não simples e abstratamente em nome de um ideal moral de justiça, mas para a concretização de interesses que ultrapassam a mera soma de intenções individuais e que estão registrados constitucionalmente. Atua-se, na função social, em nome de interesses de toda a comunidade, tendo a principiologia do ordenamento como único limitador[101].

Terceiro, pelas situações de invocação dos institutos. A eqüidade atua *supletivamente*, de modo que apenas na falta de determinação voluntária das partes, e com o fim de permitir a execução da avença, possa o juiz completar o negócio. Como determinado no artigo 421 do Código Civil de 2002, o condicionamento da função social não é supletivo ou secundário ao contrato, mas fornece a própria razão do reconhecimento pelo ordenamento no estabelecido pelo regulamento. A função social é protagonista do regulamento do contrato.

Por fim, pela fundamentação hermenêutica. O julgamento por eqüidade oferece soluções baseadas apenas na justiça do caso concreto, sem critérios claros e demonstráveis de sua própria natureza. O decisor transita sobre fundamentos inseguros, prescindindo do reconhecimento do Direito como sistema. Tal não ocorre com o instituto comparado: a função social do contrato, compreendida nas determinantes axiológicas do Estado Social e da solidariedade que lhe é imanente, recebe desse ideário seu lastreamento. Ainda que se tratem de valores de individualização por atuação argumentativa do decisor — e dependem do correto manejo das ferramentas próprias como forma de legitimação da decisão —, estabelecem-se critérios seguramente mais objetivos de aplicação[102].

7. Função social da propriedade

Na ótica da funcionalização social, o direito de propriedade recebe uma profunda alteração em suas conformações. Refere *Duguit* que o direito de propriedade só deve conceber-se como o poder, para certos indivíduos que se encontram numa certa situação econômica, de desempenhar livremente a missão social que lhes incumbe por virtude da sua situação especial de proprietários. Nessa concepção, a propriedade individual deve ser compreendida como um fato contingente, produto momentâneo

---

(100) ROPPO, *op. cit.*, p. 176.
(101) A respeito dos "perigos e limites da atividade de repartição eqüitativa", refere Perlingieri que "(...) esta análise só pode ser feita pelo intérprete, respeitando o desenho global do ordenamento, sem aniquilar inteiros institutos que também concorrem a caracterizar o sistema e sem veleidade de superar distinções sociais compatíveis com a tutela da dignidade humana" (PERLINGIERI, Pietro. *Perfis do direito civil*. Renovar: Rio de Janeiro, 2002. p. 51).
(102) A legitimação e forma de atuação do julgador na aplicação de princípios constitucionais na concretização função social do contrato serão objeto de análise do capítulo VI deste trabalho.

da evolução social; e o direito do proprietário, como justificado e ao mesmo tempo limitado pela missão social que lhe incumbe, em conseqüência da situação particular em que se encontra[103].

É evidente a correlação que existe entre função social do contrato e função social da propriedade. Contrato e propriedade privada são institutos que fundamentaram o Liberalismo[104] e continuam a lastrear o Capitalismo. O Iluminismo nasceu com a proposta de libertação do homem da superstição, da tradição e das corporações. Tratou-se da matriz apropriada pela burguesia para a construção do Liberalismo não intervencionista do Estado. Na mesma medida e importância se colocavam a propriedade e a liberdade contratual como direitos absolutos dos particulares. A funcionalização de propriedade e contrato significa a diminuição da importância da esfera individualista, na afirmação de supremacia de valores de importância comunitária para a sociedade[105].

A "carnal" relação entre contrato e propriedade é extraordinariamente bem estudada por *Roppo*, para quem é impossível o estudo do contrato, sem analisá-lo com o instituto privatístico fundamental da propriedade. Apenas assim é possível individualizar as conexões funcionais e a posição recíproca no sistema que possuem[106].

Em relação com a propriedade, o *Códe* reafirmou o caráter de subordinação e instrumentalidade do contrato: a propriedade era a categoria chave de todo o processo econômico e fruição de suas utilidades, enquanto o contrato tinha o papel — complementar — de simples meio para sua circulação[107]. Com a progressão do capitalismo e complexificação das operações econômicas, abre-se um processo de *mobilização* e *desmaterialização* da riqueza, que tende a tirar do direito de propriedade a supremacia entre os instrumentos de controle e gestão da riqueza. Num sistema capitalista desenvolvido, a riqueza não se identifica apenas com as coisas materiais e com o direito de usá-las; ela consiste também, e sobretudo, em bens imateriais, em relações, em promessas alheias e no correspondente direito de outrem[108]. O importante é que essas formas de riqueza imaterial têm, na maioria das vezes, sua fonte num contrato. Num curto sentido, os bens imateriais são assimiláveis ao direito de propriedade. O direito, assim, transforma profundamente sua relação com o contrato, pois este não apenas transfere a propriedade, mas também a cria. Conclui *Roppo* que, num sistema capitalista avançado, parece ser o contrato, e já não a propriedade, o instrumento fundamental de gestão dos recursos e de propulsão da economia.[109]

---

(103) DUGUIT, Leon. *Fundamentos do direito*. Porto Alegre: Sergio Antonio Fabris Editor, 2005. p. 26.
(104) Estabelecia o artigo 544 do Código Napoleônico que "a propriedade é o direito de gozar e dispor das coisas da maneira mais absoluta".
(105) "(...) a função social da propriedade corresponde a limitações fixadas no interesse público e tem por finalidade instituir um conceito dinâmico de propriedade em substituição ao conceito estático, representando uma projeção da reação antiindividualista" (FACHIN, Luiz Edson. *A função social da posse e da propriedade contemporânea (uma perspectiva da usucapião imobiliária rural)*. Porto Alegre: Fabris, 1988. p. 19).
(106) ROPPO, Enzo. *Do contrato*. Coimbra: Almedina, 1988. p. 63.
(107) *Idem*, p. 64.
(108) *Idem*, p. 65.
(109) *Idem*, p. 66.

Como se vê, as relações de subordinação e instrumentalidade, formadas entre contrato e propriedade, dão lugar a uma preponderância da primeira característica. A propriedade primitiva foi o mais remoto antecedente da utilização social da propriedade, ainda que não se pudesse afirmar que houvesse um conceito de função social da propriedade, como hoje entendemos[110]. Mas com a alteração do papel do contrato na produção — e não apenas de circulação de riqueza — sua funcionalização passa a ser não apenas uma decorrência da função social da propriedade, mas de proeminência no projeto de sociabilidade.

Ainda que timidamente, o Direito positivo brasileiro registra a função social da propriedade. O Estatuto da Terra (Lei n. 4.504/64) foi a primeira legislação nacional a registrar a expressão função social da propriedade, em seus artigos 2º, *caput* e 12, afirmando um projeto de que a propriedade deve ter uma destinação social.

O Código Civil Brasileiro segue nesse trilha, a qual já vinha sendo calçada firmemente através do texto constitucional. Segundo *Wald*, o legislador, na formação do artigo 421 do Código Civil, claramente se inspirou na Constituição Federal de 1988, para a qual a propriedade tem função social[111]. A Constituição da República Federativa do Brasil assegura o direito de propriedade em seu artigo 5º, XXII[112], mas em paralelo refere no inciso XXIII[113] que a "propriedade atenderá à sua função social". Também o artigo 170[114] estabelece a função social da propriedade como princípio da ordem econômica. Finalmente, o artigo 186[115] da Carta Magna brasileira enumera os requisitos para que a propriedade rural observe a sua destinação social.

Em derradeiro, o Código Civil Brasileiro de 2002 também faz referência à função social da propriedade, dispondo no artigo 1.228, § 1º:

> O direito de propriedade deve ser executado em consonância com as suas finalidades econômicas e sociais e de modo que sejam preservados, de conformidade com o estabelecido em lei especial, a flora, a fauna e as belezas naturais, o equilíbrio ecológico e o patrimônio histórico e artístico, bem como evitada a poluição do ar e das águas.

---

(110) Recorda Alberto Gosson Jorge Júnior que, no Direito Lusitano, a Lei de 26 de junho de 1375 estatuía a obrigatoriedade da lavoura pelos proprietários, arrendatários, foreiros e outros", em evidente demonstração de que o antigo regime português exigia que a terra fosse explorada, que tivesse uma certa função (JORGE JÚNIOR, Alberto Gosson. *Cláusulas gerais no novo Código Civil*. São Paulo: Saraiva, 2006. p. 98).

(111) WALD, Arnoldo. A dupla função econômica e social do contrato. In: *Revista Trimestral de Direito Civil*. Rio de Janeiro, PADMA, 2004, v. 17, p. 03.

(112) Art. 5º – "Todos são iguais perante a lei, sem distinção de qualquer natureza, garantindo-se aos brasileiros e aos estrangeiros residentes no País a inviolabilidade do direito à vida, à liberdade, à segurança e à propriedade, nos termos seguintes:
(...)
XXII – é garantido o direito de propriedade."

(113) XXIII – a propriedade atenderá a sua função social.

(114) Art. 170 – A ordem econômica, fundada na valorização do trabalho humano e na livre iniciativa, tem por fim assegurar a todos existência digna, conforme os ditames da justiça social, observados os seguintes princípios:
(...)
III – função social da propriedade.

(115) Art. 186 – A função social é cumprida quando a propriedade rural atende, simultaneamente, segundo critérios e graus de exigência estabelecidos em lei, aos seguintes requisitos: (...).

Na perspectiva constitucional, o direito de propriedade é prioritariamente conformado pela idéia da função social. *José Afonso da Silva* destaca que a propriedade deve ser encarada pelo intérprete em constante consonância com sua fundamentação na função social, incidindo tanto sobre os fundamentos dos poderes do proprietário, como sobre o modo com que o conteúdo do direito vem positivamente determinado. Segundo o autor, a função social se manifesta na própria configuração estrutural do direito de propriedade, pondo-se concretamente como elemento qualificante na predeterminação dos modos de aquisição, gozo e utilização dos bens. Também reconhece que o princípio da função social da propriedade não suprime legislativamente a propriedade privada, mas faz com que ela não possa mais ser vista como um mero direito individual[116].

Vê-se que a função social da propriedade relaciona-se a um poder de destinação da propriedade, a um objetivo determinado pela sociedade. Nesse sentido, impõe-se ao proprietário uma série de deveres positivos, e não apenas de restrição à ação do mesmo[117][118]. Trata-se, segundo *Comparato*, de um direito-meio, e não direito-fim[119]: não é concebida como valor imanente de se dotar a propriedade de um fim social, mas como instrumento de proteção de valores fundamentais[120][121].

Em relação ao alcance da função social da propriedade, deve-se pensar além do mero economicismo. A afirmação de que somente os bens produtivos têm uma função social é desmentida pelas disposições constitucionais acerca da matéria. Trata-se das normas dos artigos 170 e 186 de enunciados próprios à propriedade com valor econômico, mas não há tal distinção no estabelecido no artigo 5º, XXIII. Como leciona *Perlingieri*, a afirmação generalizada de que a propriedade privada tem função social não consente discriminações e obriga o intérprete a individuá-la em relação à particular ordem de interesses juridicamente relevantes[122]. A ordem constitucional, portanto, funcionaliza não a propriedade imóvel, mas a integralidade dos bens economicamente valorados.

---

(116) SILVA, José Afonso da. *Curso de direito constitucional positivo.* São Paulo: Malheiros, 1994. p. 274-275.

(117) COMPARATO, Fábio Konder. Função social da propriedade dos bens de produção. In: *RDM* n. 63. São Paulo: RT, p. 75.

(118) No mesmo sentido, sobre a concepção da função social da propriedade, para além de uma função negativa: BERCOVICI, Gilberto. A Constituição de 1988 e a função social da propriedade. In: *Revista de Direito Privado.* Revista dos Tribunais, n. 7, jul./set. 2001. p. 84.

(119) A atuação positiva do proprietário para construção da função social da propriedade, também é afiançada por Eros Roberto Grau: "O que mais releva enfatizar, entretanto, é o fato de que o princípio da *função social da propriedade* impõe ao proprietário — ou a quem detém o poder de controle, na *empresa* — o dever de exercê-lo em benefício de outrem e não, apenas, de não o exercer em prejuízo de outrem. Isso significa que a função social da propriedade atua como fonte de imposição de comportamentos positivos — prestação de fazer, portanto, e não, meramente, de não fazer — ao detentor do poder que deflui da propriedade (GRAU, Eros Roberto. *A ordem econômica na Constituição de 1988.* p. 269).

(120) COMPARATO, *op. cit.*, p. 79.

(121) Também Tepedino enfatiza a funcionalização da propriedade no projeto de promoção da dignidade humana: "o pressuposto para a tutela de uma situação proprietária é o cumprimento de sua função social, que por sua vez, tem conteúdo pré-determinado, voltado para a dignidade da pessoa humana e para a igualdade com terceiros não proprietários" (TEPEDINO, Gustavo. A nova propriedade – o seu conteúdo mínimo, entre o Código Civil, a legislação ordinária e a Constituição. *Revista Forense* n. 306, p. 76).

(122) PERLINGIERI, Pietro. *Perfis de direito civil.* Rio de Janeiro, São Paulo: Renovar, 2002. p. 230.

Ambos os institutos, função social da propriedade e do contrato não constituem sacrifício à liberdade individual. Do mesmo modo que a funcionalização do contrato não extingue a autonomia privada, também a nova compreensão da propriedade, socialmente funcionalizada, mantém o direito dos particulares de transmitir livremente seu bem[123]. A previsão é de que interesses coletivos devem axiologicamente se sobrepor às satisfações perseguidas pelos privados. Nesta perspectiva solidarista e funcional, o proprietário não pode realizar um ato que lhe dê uma vantagem mínima para criar uma grande desvantagem ou dano a outro[124].

A matriz constitucional da função social da propriedade atinge a definição da função social do contrato. Como lembra *Martins-Costa* com base em observações de *Reale*, a função social do contrato representa, verdadeiramente, uma projeção da própria função social da propriedade[125]. Nessa perspectiva, contrato e propriedade são funcionalizados seguindo-se a mesma matriz constitucional, atuando na proteção da personalidade humana e da sociedade[126].

8. Função social da empresa

Ao objetivo deste trabalho — e como forma de não estender em demasia este tópico —, o aspecto da função social da empresa que será, em breves linhas, analisado refere-se à sua responsabilidade social[127]. O enfoque é o de que o fenômeno empresarial não fica, no Estado Social, alienado e divorciado dos valores da sociabilidade.

A atividade empresarial tem significado privilegiado na organização social capitalista[128]. Certo é que, na medida em que integra o esforço de geração de emprego, tributo, valor, consumo, produto, serviço, inovação e renda, insere-se privilegiadamente nas estruturas sociais. Mas as imbricações das iniciativas empresárias aos interesses gerais da comunidade e a sua própria integração em projetos coletivos são questões ainda nebulosas.

O balizador mais importante está no reconhecimento de que, na medida em que a propriedade teve seu conceito e seu significado relativizados, a empresa também, e

---

(123) "A proteção do contrato torna-se imperiosa, já que este nada mais é do que uma propriedade pessoal do celebrante. O pacto tem um intuito, na maioria das vezes, econômico e financeiro, devendo ser sintonizado com a realidade fática social que o envolve. O conceito de função social de propriedade serve como fundamento constitucional para a análise da natureza jurídica da função social do contrato" (TARTUCE, Flávio. *Função social dos contratos*. São Paulo: Método, 2005. p. 204).

(124) PERLINGIERI, *op. cit.*, p. 233-234.

(125) MARTINS-COSTA, Judith. O novo código civil brasileiro em busca da ética da situação. In: MARTINS-COSTA, Judith; BRANCO, Gerson Luiz Carlos. *Diretrizes teóricas do novo Código Civil brasileiro*. São Paulo: Saraiva, 2002. p. 57.

(126) MANCEBO, Rafael Chagas. *A função social do contrato*. São Paulo: Quartier Latin, p. 26-27.

(127) Nessa limitação que nos propomos, não iremos discorrer sobre outros aspectos normalmente desenvolvidos quanto ao tema da função social da empresa, como a perspectiva da administração (governança corporativa) e organização societária.

(128) DALLEGRAVE NETO, José Affonso. *A responsabilidade civil no direito do trabalho*. São Paulo: LTr, 2005. p. 269.

de um modo geral, não pode ser considerada como mero direito individual, em face da finalidade econômica que o mercado lhe atribui[129]. A função social da empresa é fenômeno do Estado Social. Essa nova visão afeta o mundo empresarial, pois o conceito constitucional de propriedade passa a ser mais amplo que o conceito tradicional do Direito Civil, abrangendo também o poder de controle empresarial.

A vinculação da empresa aos projetos coletivos é mais intensamente verificada na atividade financeira, vez que afeta de forma mais direta o ente estatal. Identifica *Facchino Neto* que, sob o ângulo da função social da empresa, pode ser explicada a outorga de poderes à Comissão de Valores Mobiliários — CVM — para intervir no mercado de ações, assegurando o equilíbrio entre os participantes, impondo obrigações às empresas que têm títulos negociados no mercado de capitais e restringindo a autonomia privada dessas sociedades mercantis. Segundo o autor, a ingerência estatal no mercado de capitais, por meio da CVM, mostra-se justificada apenas para que a empresa, como a propriedade e o contrato, atenda à sua função social e não apenas aos interesses dos sócios[130].

Mas pode-se também avançar na afirmação da ligação da iniciativa empresarial a interesses não meramente econômicos. Não se aceita, na perspectiva exposta por *Lobo*, o discurso hegemônico da economicidade, típico da empresa tradicional, em que a função do empreendimento se reduz à criação de valor para seus sócios[131]. A própria incapacidade política do Estado brasileiro de implementação em efetivo de um Estado de Bem-Estar Social acarreta um aumento do terceiro setor e incentivo à colaboração da sociedade civil para a solução de questões sociais. Nesse contexto, há o fortalecimento da concepção de empresa socialmente responsável, em que a responsabilidade social do empreendimento é ordinariamente associada à comunicação das relações produtivas com as obrigações estatais.

A obrigação estatal de obrar para a dignificação da vida dos indivíduos passa a ser também projeto compartilhado pela iniciativa empresarial. *Dinaura Pimentel Gomes* identifica que são os graves problemas que atualmente atingem os assalariados e produzem desemprego estrutural que determinam que a dinâmica empresarial deve ser orientada em favor do ser humano e do bem comum. Sob esse ângulo, o caráter institucional da empresa — enquanto organização de pessoas para um fim comum — tem justificativa no fato de que o trabalho de todos redunda em proveito direto dos membros da sociedade civil. Portanto, conclui, acima dos interesses particulares

---

(129) GOMES, Dinaura Godinho Pimentel. *Direito do trabalho e dignidade da pessoa humana, no contexto da globalização econômica.* São Paulo: LTr, 2005. p. 125.

(130) FACCHINI NETO, Eugênio. A função social do direito privado. In: *Revista da AJURIS — Associação dos Juízes do Rio Grande do Sul*, v. 43, n. 105, ano XXXIV. Porto Alegre: AJURIS, março de 2007. p. 185.

(131) "A função social da empresa deve incluir a criação de riquezas e de oportunidades de emprego, qualificação e diversidade da força de trabalho, estímulo ao desenvolvimento científico por intermédio de tecnologia, e melhoria da qualidade de vida por meio de ações educativas, culturais, assistenciais e de defesa do meio ambiente" (LÔBO, Jorge. O princípio da função social da empresa. In: *Revista Jurídica Consulex.* Ano X, n. 228, julho de 2006. p. 29).

daqueles que estão integrados ao empreendimento, devem predominar os interesses de toda a coletividade civil[132].

A função social da empresa está ligada à função social da propriedade e função social dos contratos, na medida em que a empresa interage com esses dois institutos[133]. Como bem observa *Thais Poliana de Andrade*, esse reflexo possui fundamental importância no Direito do Trabalho, pois a identificação do empregador com a noção de empresa, assegurada pelo próprio artigo 2º da CLT, implica irrefutavelmente a exigência de cumprimento de sua função social[134].

A empresa, compreendida como concretização da iniciativa privada, somente receberá tutela jurídica quando atuar em favor de seus empregados, valorizando o trabalho humano. Nesse sentido, compreende *Dallegrave* que, como forma de combater o desemprego estrutural, a função social da empresa deve ser formada na atuação para concreção dos valores constitucionais do trabalho: o cumprimento integral dos direitos trabalhistas (art. 7º), política de geração de pleno emprego (art. 170, VIII) e procurando evitar, na medida do possível, a substituição do trabalhador pelos agentes de automação (art. 7º, XXVII)[135].

Deve-se salientar que o Projeto de Lei n. 6.960/02 (Projeto Fiuza) pretende incluir um parágrafo segundo no artigo 966 do CCB/02, para que se incorpore o princípio da função social da empresa no diploma civil, nos seguintes termos:

> O exercício da atividade de empresário, fundada na valorização do trabalho humano e na livre iniciativa, observará os limites impostos pelo seu fim econômico e social, pela boa-fé e pelos bons-costumes.

Como se disse, é no Direito do Trabalho que a função social da empresa e do contrato, nos termos em que apresentamos, mostra-se mais dramática. Em especial, devido à permanente situação de prevalência da empresa-empregadora na definição do regulamento do contrato de emprego. Parte desses desdobramentos será estudada no capítulo que segue.

---

(132) GOMES, *op. cit.*, p. 128.
(133) CAVALLI, Cássio Machado. Apontamentos sobre a função social da empresa e o moderno direito privado. In: *Revista de direito privado*. São Paulo: Revista dos Tribunais, n. 22, p. 210.
(134) ANDRADE, Thaís Poliana. *Novas perspectivas para a contratualidade no direito do trabalho:* reflexos do novo ordenamento jurídico constitucional. Curitiba: 2005, 205 f. Dissertação (Mestrado em Direito) – Pós-graduação em Direito da Universidade Federal do Paraná.
(135) DALLEGRAVE NETO, *op. cit.*, p. 269-270.

Capítulo V

FUNÇÃO SOCIAL DO CONTRATO DE EMPREGO

*"Oigo una voz que me llama
casi un suspiro"*

1. O microssistema trabalhista

Não obstante o avanço do Direito Civil para um cada vez mais intenso dirigismo contratual, e conseqüente restrição à autonomia dos privados na fixação do regulamento do contrato, o Direito do Trabalho possui princípios próprios e diversos dos que valem para o Direito Comum[1]. Ainda que faça parte do universo do Direito Obrigacional, e seja permeável, o ramo laboral deve ser estudado a partir de uma perspectiva singular.

Apenas se pode falar de um Direito do Trabalho, com as configurações mínimas que temos hoje, a partir da Revolução Industrial, iniciada no século XVIII. Descola-se do Direito Civil, a partir da compreensão da necessidade de um ramo autônomo do Direito que tivesse, por um lado, a missão de mediar as relações entre capital e trabalho e, de outra banda, que se afastasse das idéias jurídicas dominantes calcadas no Liberalismo Individualista de submissão absoluta do contrato à autonomia individual.

A Consolidação das Leis Trabalhistas é a fórmula encontrada pelo Estado Brasileiro, na década de 30 do século XX, para dotar o Direito do Trabalho de uma autonomia legislativa, mas preservando, como fonte subsidiária, o Direito Comum instrumentalizado no Código Civil[2]. Acerca da permeabilidade do Direito do Trabalho, já escreveu

---

(1) O mesmo não ocorre para o direito civil e comercial. Nesse sentido, defende Francisco Amaral que a dicotomia entre esses ramos não se justifica, pois não há um conjunto próprio individualizado de normas dominados por princípios diferentes. A disciplina de contratos e obrigações, nesse caso, é uma só, não se distinguindo comercial e civil (AMARAL, Francisco. *Direito civil. Introdução*. Rio de Janeiro: Renovar, 2000. p. 130).

(2) A doutrina Argentina teve uma evolução parecida com a brasileira na formação da autonomia do Direito do Trabalho. Um de seus maiores estudiosos, Ernesto Krotoschin, não descarta a hipótese de um regresso à legislação comum, ainda que acredite pouco provável: *"Regular el trabajo dependiente, teniendo en cuenta la importancia económico-social determinó la creación de un estatuto jurídico conforme a esas premisas. Para ello sirve el derecho del trabajo. Mientras esa finalidad no se logre mediante el derecho común (...) hace falta un derecho especial. La diferenciación que así se establece entre el derecho del trabajo y el derecho común no há de ser, por lo tanto, necesariamente perpetua, sino que bien es posible que en algún tiempo futuro ambas ramas*

Krotschin que não se trata de um Direito ilhado, mas que tem se desenvolvido, e segue desenvolvendo-se, em contato estreito com outros ramos da ciência jurídica; portanto, precisa ser completado por outras partes do ordenamento jurídico. Segundo o mestre argentino, o Direito do Trabalho não deve ser visto como um Direito de exceção, mas um Direito singular que derroga o Direito Comum, desde que este não condiga com os objetivos que persegue aquele; mas que, no mais, guarda estreito contato com o ordenamento jurídico geral[3].

A previsão no Direito positivo brasileiro de subsidiariedade do Direito Civil segue uma fórmula ideológica. Segundo *Baracat*, a disposição do artigo 8º, parágrafo único da CLT[4], teve por objetivo a preservação da influência de valores liberais previstos no Código Civil. O autor defende o rompimento com a fascinação do Código Civil e reconhecimento de que as leis especiais constituem o Direito geral de uma matéria completa[5]:

> A doutrina majoritária se manifesta no sentido de considerar a CLT como um desenvolvimento da disciplina codificada, sendo que esta, assim, conserva a natureza e função de direito geral, admitindo-se, assim, que os princípios gerais que guiam a interpretação e preenchem as lacunas da lei devam ser sempre extraídos do Código Civil, considerado como sede natural e insuperável dos princípios. Vê-se, assim, porque a doutrina trabalhista brasileira é praticamente unânime ao importar do Código Civil como elementos essenciais do contrato de trabalho os pressupostos da 'capacidade das partes' e da idoneidade do objeto', como também os requisitos do 'consenso' e da 'causa', como, ainda, caracterizar o contrato de trabalho como sendo um negócio jurídico.[6]

No entanto, a característica do Código Civil de 2002 de avanço para a sociabilidade confronta com as raízes individualistas do diploma de 1916. O rumo do Direito Civil para a sociabilidade e impregnação de valores morais na disciplina do Direito das Obrigações pode servir para que esses novos contornos do Direito Comum possam influenciar o Direito do Trabalho[7]. Nesse sentido, leciona a juslaborista argentina

---

vuelvan a confundirse. Pero en la actualidad, que se cumplir con su misión particular, y en vez de confundirse con el derecho común parece más probable que por algún tiempo aún progrese alejándose de él... para que el derecho del trabajo, especialmente en su faz contractual, se incorpore nuevamente al derecho común — cientificamente — sería necesaria una mayor flexibilidad, que se caracterizan al derecho del trabajo" (KROTOSCHIN, Ernesto. *Tratado práctico del derecho del trabajo*. Buenos Aires: Editorial Sudamericana, 1965. p. 8-9).

(3) KROTOSCHIN, *op. cit.*, p. 5-9.

(4) Estabelece o artigo 8º, parágrafo único, da CLT: "O direito comum será fonte subsidiária do direito do trabalho, naquilo em que não for incompatível com os princípios fundamentais deste". Em relação ao direito processual do trabalho, a regra é semelhante: prevê o artigo 769 da CLT que "nos casos omissos, o direito processual comum será fonte subsidiária do direito processual do trabalho, exceto naquilo em que for incompatível com as normas deste Título."

(5) BARACAT, Eduardo Milléo. *A boa-fé no direito individual do trabalho*. São Paulo: LTr, 2003. p. 60.

(6) BARACAT, *op. cit.*, p. 60-61.

(7) "O mais interessante é que hoje, no entanto, o Direito Civil caminha em sentido oposto. Já não valoriza tanto a liberdade contratual, pelo menos não a leva, nunca, a pontos extremados. Surpreendentemente, porém, o Direito do trabalho parece que retrocede, procurando recuperar a liberdade contratual que os civilistas já abandonaram. Tenham em conta a polêmica que houve — e ainda é muito atual — sobre os programas de demissão voluntária.

Vásquez que a evolução que se tem visto fazer o Direito Civil, durante a segunda metade do século XX, permite sustentar que já não existem as tensões entre os princípios sociais do Direito do Trabalho e os princípios qualificados pejorativamente como "individualistas" do Direito Civil[8].

Em paralelo, também se abrem construções doutrinárias de superação da compreensão das normas constitucionais como simples enunciados voltados para o futuro e carentes de qualquer valor práxis. Como bem observa *Mazurkevic*, o Direito do Trabalho deve ser interpretado reconhecendo-se a aplicabilidade direta de princípios constitucionais, numa atitude de comprometimento com a efetividade e igualdade material[9].

O microssistema trabalhista, como visto, não pode ser visto de forma isolada e isoladora. Não se pode pretender que sua autonomia signifique uma modalidade de independência para separação do Direito em geral. Como refere *Despontin*, pode-se falar de uma autonomia completa do Direito Babilônico ou do Direito Helênico, como já desaparecidos, mas não de algo vivente como o Direito do Trabalho[10]. Como um ramo da ciência jurídica não auto-suficiente, o Direito do Trabalho deve voltar-se para os institutos de Direito Civil que sejam compatíveis com seus objetivos e na proposta de concretização de valores constitucionais.

Para tanto, o princípio da função social do contrato, registrado no artigo 421 do Código Civil, pode atuar como instrumento valoroso para a abertura do sistema justrabalhista e inversão do critério hermenêutico dedutivo-axiomático para indutivo-axiológico[11]. Chamamos essa perspectiva de permeabilização do microssistema trabalhista.

Várias decisões reconheceram plena legitimidade a tais programas, admitindo a quitação ampla e ilimitada dada pelo empregado no momento na rescisão do contrato de trabalho. Cabe aqui a pergunta: sobreviveria esta solução à regra do artigo 157 do novo Código Civil, que se refere à lesão quando verificada desproporção manifesta entre a obrigação das partes? Se o pagamento recebido no momento da dispensa é muito pouco significativo e, em contrapartida, a prestação a que se obriga o empregado — corresponde a não reclamar mais nenhum direito relacionado com o extinto contrato de trabalho — afigura-se extremamente onerosa, não haveria campo, mesmo no Direito Comum, para invalidação do ajuste, afastando-se a quitação ampla? A resposta, creio eu, há de ser positiva" (MALLET, Estevão. O novo Código Civil e o direito do trabalho. In: DALLEGRAVE NETO, José Affonso; GUNTHER, Luiz Eduardo. *O impacto do novo Código Civil no direito do trabalho*. São Paulo: LTr, 2003. p. 54).

(8) VÁSQUEZ, Gabriela Alejandra. *El regreso al derecho civil para la protección del trabajador*. Buenos Aires: Editorial de la Universidad Católica Argentina, 2004. p. 23.

(9) MAZURKEVIC, Arion. A boa-fé objetiva: uma proposta para reaproximação do direito do trabalho ao direito civil. In: DALLEGRAVE NETO, José Affonso; GUNTHER, Luiz Eduardo. *O impacto do novo Código Civil no direito do trabalho*. São Paulo: LTr, 2003. p. 358.

(10) DESPONTIN, Luis A., *apud* VÁSQUEZ, *op. cit.*, p. 30.

(11) Como refere Eroulths Cortiano Júnior, o Código Civil de 2002 traz um desprestígio da fórmula oitocentista de afirmação do direito como possuído de todas as respostas para os problemas apresentados, obrigando uma técnica hermenêutica diferenciada: "A técnica da subsunção é substituída (ou, ao menos, complementada) pela legislação por meio de princípios, de conceitos jurídicos indeterminados e de cláusulas gerais. Uma linguagem mais aberta na legislação permite que as respostas aos problemas da realidade sejam *progressivamente construídas pela jurisprudência*. Intencionalmente imprecisas, as novas formas de legislar dão maior mobilidade ao sistema, permitindo que as soluções aos problemas se aproximem da justiça, da eqüidade e dos valores constitucionalmente eleitos pela coletividade. O desafio de construir um novo direito se impõe, agora verdadeiramente, ao operador" (CORTIANO JÚNIOR, Eroulths. A propósito do novo Código Civil brasileiro. In: DALLEGRAVE NETO, José Affonso; GUNTHER, Luiz Eduardo. *O impacto do novo Código Civil no direito do trabalho*. São Paulo: LTr, 2003. p. 13).

2. Aplicação do artigo 421 do CCB/02 ao contrato de emprego: permeabilização do microssistema trabalhista

Como visto no tópico anterior, o Direito Comum, é fonte supletiva do Direito do Trabalho. A regra do artigo 8º, parágrafo único, da CLT inseriu-se originalmente na busca de preservação da influência de valores liberais previstos no Código Civil de 1916. Todavia, o rumo trilhado hodiernamente pelo Direito Civil na concretização de valores constitucionais, e sociabilização das obrigações, outorgam uma nova importância ao dispositivo e auxiliam na reconstrução da contratualidade trabalhista.

O reconhecimento da aplicabilidade da disposição do artigo 421 do Código Civil de 2002 passa também pela própria generalidade do Código. Como assinala *Nalin*, o diploma de 2002 tenta manter certa neutralidade às tantas relações interprivadas contemporâneas, distanciando-se do modelo de leis interventoras que se seguiu à Constituição de 1988. O efeito é que não há antecipação do determinado sujeito da relação jurídica que recebe a tutela da lei geral[12].

O intencional desprezo da indicação *a priori* do sujeito possibilita que a aplicação dos mecanismos codificados de tutela sejam individualizados *a posteriori*, analisando-se concretamente a relação jurídica. Esta generalidade, todavia, não significa ser abstrata, nem neutra nas opções de tutela: o merecimento aos mecanismos de proteção obriga que se veja a pessoa como ser concreto e cuja fragilidade deve ser reconhecida pontualmente.

O modelo de contrato que se faz surgir das múltiplas fontes do Direito Privado (Constituição Federal, macrossistema representado pelo Código Civil e microssistema dos estatutos) é o da preocupação com a sociabilidade e compreensão de que interesses sociais são superiores à vontades egoístas na formação do contrato. São características que aproximam o Direito Civil do Direito do Trabalho[13].

Apenas a simples redação do artigo 8º, parágrafo único, da CLT pode fazer reconhecer a aplicabilidade do artigo 421 do Código Civil nas relações de emprego. Principalmente porque o Direito do Trabalho está inserido num sistema jurídico positivo axiológico, em cujo ápice estão os valores constitucionais que orientam a função social do contrato. A via de aplicação seria, então, a partir da própria Constituição.

Mas também porque, apesar de o Direito do Trabalho possuir um microssistema comandado pela Consolidação, não se trata de um universo impermeável, alheio a influências de outros microssistemas. Como defende *Fachin*[14], o Direito que se pretende construir precisa saber conviver com uma indispensável instabilidade que lhe dê entradas e saídas, dos fatos para o Direito e do Direito para os fatos. Daí por que, defende o autor, deve-se pensar o sistema jurídico como um sistema que se reconstrói cotidianamente, que não é pronto e acabado.

---

(12) NALIN, Paulo. A autonomia privada na legalidade constitucional. In: NALIN, Paulo (organizador). *Contrato & Sociedade. A autonomia privada na legalidade constitucional*. Curitiba: Juruá, 2006. p. 21-22.

(13) LIMA, Taísa Maria Macena. O contrato no Código Civil de 2002: função social e principiologia. In: *Revista do Tribunal Regional do Trabalho da 3ª Região*. Belo Horizonte, 37 (67): 51-63, jan./jun. 2003. p. 63.

(14) FACHIN, Luiz Edson. *Teoria crítica do direito civil*. Rio de Janeiro: Renovar, 2000. p. 125-126.

A possibilidade vislumbrada, com a aplicação do artigo 421 do Código Civil à relação de emprego, surge em momento em que se verifica que nas últimas décadas é o Direito do Trabalho que vem se afastando de sua raiz intrínseca de combate de desigualdades[15]. Inovações legislativas e jurisprudenciais retiram o Direito do Trabalho de sua gênese social e o aproximam de um Direito Civil já retrógrado. Os exemplos se multiplicam: a ampla terceirização trabalhista, o cooperativismo de fachada, o trabalho voluntário travestido, o trabalho em domicílio precarizado, a ampliação dos pactos provisórios, o trabalho em tempo parcial com ampla execução de horas extraordinárias, o "banco de horas", a suspensão contratual, a tentativa de supremacia do negociado sobre o legislado.

Trata-se de inovações que exacerbam o individualismo, violam a dignidade do trabalhador e precarizam profundamente a relação jurídica. A denúncia do retrocesso legislativo e social que essas medidas trazem é imprescindível. Mas também deve-se preparar a doutrina e jurisprudência para responder diante de situações legislativas já consumadas, reafirmando que o contrato de emprego possui uma função social de aplicação preferencial a leis casuísticas. E mais adiante: é preciso que se afirme que à tutela reservada ao trabalhador não é singelamente a expressamente prevista na legislação dita trabalhista.

Mas não se trata — frisamos — de simples incorporação do modelo geral civilista. Como lembra *Sady*, a técnica protetiva adotada pela CLT difere fundamentalmente da técnica incorporada pelo novo Código Civil. Ocorre que no Direito do Trabalho brasileiro legislado, optou-se para que a lei estabelecesse o que é justo, indicando os padrões de contratos equilibrados, de modo que a eqüidade foi transportada do campo subjetivo para o objetivo. Na área do Direito Civil, em especial com o artigo 421 do Código, irrompe a possibilidade de que o juiz possa estabelecer o que é eqüidade, através do método *judge made law*[16].

Nesse intento de superação do caráter meramente instrumental-econômico do contrato de emprego e na reafirmação da dignidade do indivíduo trabalhador, voltar a atenção ao Direito Civil parece ser uma boa decisão, numa revitalização estratégica do artigo 8º, parágrafo único, da CLT[17].

---

(15) "Note-se que o divisor de águas entre o juslaborismo e o direito comum não chega a perder a nitidez pela onda de socialidade que vem se manifestando no mundo civilista. É certo que, por força da evolução natural dos acontecimentos, o direito privado comum, além de abarcar matérias relativas aos novos interesses coletivos e difusos, vem alastrando o campo de influência do social, a partir do próprio direito de propriedade. Ganhou mais corpo com a edição do Código de Defesa do Consumidor e agora com o novo Código Civil. Porém, ainda assim, entendo que o Direito do Trabalho seguirá sendo o principal guardião da socialidade em virtude da mais acentuada desigualdade, natural e crônica, entre seus protagonistas, ainda que desvirtuada por diversos tipos de simulação que proliferam nos dias de hoje" (CARVALHO, José Quintella. A função social do contrato e o direito do trabalho. In: LAGE, Emerso José Alves; LOPES, Mônica Sette. *Novo Código Civil e seus desdobramentos no direito do trabalho*. São Paulo: LTr, 2003. p. 78).

(16) SADY, João José. O novo Código Civil e o direito do trabalho: a função social do contrato. In: *Revista LTr*, 67-07/819, vol. 67, n. 07, julho de 2003. p. 4.

(17) "Há uma reaproximação das duas disciplinas, embora com movimentos contrários e distintos. A maior 'socialização do Direito Civil' significa um caminhar à frente; a 'civilização' do Direito do Trabalho constitui um retorno renovado à matriz ideológica, fruto do amadurecimento doutrinário e da experiência jurídica. Em ambos os casos, esses novos caminhos marcam um efetivo progresso científico." ROBORTELLA, Luiz Carlos Amorim. *O moderno direito do trabalho*. São Paulo: LTr, 1994. p. 46.

3. Aplicação de princípios constitucionais à relação jurídico-privada de emprego

Apesar de o sistema jurídico trabalhista não ter sido condensado formalmente em um "código" (no sentido de um diploma pretensamente completo, harmônico e auto-referente), sempre foi considerado fechado[18]. Trata-se de um microssistema formado com a intenção de outorgar segurança ao sujeito dotado de patrimônio, podendo fazer o uso que entendesse, de acordo com os valores da burguesia liberal.

Como visto no capítulo II deste trabalho, é característica do Estado Social o fomento de valores solidaristas e promoção da dignidade humana. Como ressalta *Streck*, é no Estado Democrático de Direito que se obtém um substrato constitucional de regulação de princípios e regras voltados a limitar e controlar o poder estatal, concretizando o postulado da dignidade da pessoa humana, concebido como referência unificadora de todos os direitos fundamentais. Segundo o autor, o *plus* normativo é a colocação à disposição do Judiciário de mecanismos para implantação do *welfare state* compatíveis com o atendimento ao princípio da dignidade da pessoa humana[19].

No ordenamento brasileiro, a Carta de 1988 é a primeira a integrar ao elenco dos direitos fundamentais os direitos sociais, antes restritos no capítulo referente à Ordem Econômica e Social. Na linha das constituições sociais democratas, a Lei Maior brasileira vigente inscreve o cânone da dignidade da pessoa humana entre os fundamentos da organização nacional.

Com os princípios e regras constitucionais que têm por fim proteger a pessoa humana, o bem jurídico *trabalho* foi erigido pela Constituição Federal de 1988 como valor social, um dos fundamentos do Estado Democrático de Direito (artigo 1º, IV). Mais além, o mesmo diploma fundamental relaciona que a ordem econômica deve ser fundada na valorização do trabalho (artigo 170) e que a ordem social tem por base o primado do trabalho (artigo 193)[20].

A aplicação dos comandos constitucionais não depende da localização do contrato e ocorre independentemente do ordenamento infraconstitucional[21]. Assim, mesmo a relação de trabalho instrumentalizada no contrato de emprego, está inscrita no primado do seu titular, e não no crédito.

Reafirmando a importância da exigibilidade dos direitos sociais previstos nas constituições, *Abramovich* e *Courtis* defendem a importância da aplicação direta desses princípios, inclusive e especialmente, pela via judicial. Dizem que ao positivar os direitos sociais no ordenamento jurídico, o país não tem o objetivo de construir um "direito natural", mas formar as bases de uma dogmática que torne exigíveis os direitos

---

(18) BARACAT, Eduardo Milléo. *A boa-fé no direito individual do trabalho*. São Paulo: LTr, 2003. p. 35.
(19) STRECK, Lenio Luiz. As Constituições sociais e a dignidade da pessoa humana como princípio fundamental. In: CAMARGO, Margarida Maria Lacombe (organizadora). *1988-1998: Uma década de Constituição*. Rio de Janeiro: Renovar, 1999. p. 323.
(20) Além dos dispositivos de cunho principiológico elencados, a Constituição Federal de 1988, também apresenta um amplo rol de direitos dos trabalhadores, expressamente auto-executáveis, previstos nos artigos 7º e 8º.
(21) NALIN, Paulo. *Do contrato*. Curitiba: Juruá, 2004. p. 248.

previstos na Constituição e tratados internacionais. Pensar em contrário seria reafirmar a posição do Estado mínimo do século XIX, em que os direitos fundamentais gerariam apenas obrigações negativas ou de abstenção por parte do Estado. Para os autores argentinos, ainda que tenha havido consagração constitucional, não se alcançará o reconhecimento universal como direitos plenos até a superação dos obstáculos que impedem a sua adequada *justiciabilidade*, compreendida como a possibilidade de reclamar ante um juiz ou tribunal o cumprimento ao menos de algumas obrigações que derivem do direito. Por efeito, o que qualificará a existência de um direito social como direito pleno não é simplesmente a conduta cumprida pelo Estado, mas a existência de algum poder jurídico para a ação do titular do direito em caso de descumprimento da obrigação devida. Há, nessa situação, a imposição de decisão judicial que imponha o cumprimento da obrigação gerada pelo direito[22].

Em diversos julgados tem a Corte Interamericana de Direitos Humanos afirmado a responsabilidade dos Estados membros por violações não apenas às convenções interamericanas, mas também quando não são observados princípios constitucionais. Compreende o órgão internacional que os Estados são responsáveis por dotar a normativa constitucional de concreção, responsabilizando-se internamente pela não-observância da Constituição nacional e internacionalmente quando o valor também está inserido em tratado[23].

---

(22) ABRAMOVICH, Víctor; COURTIS Christian, C. *Los derechos sociales como derechos exigibles*. Madrid: Trota, 2002. p. 21-38.

(23) Exemplo importante da atuação da Corte Interamericana de Direitos Humanos no sentido indicado pode ser retirado na decisão do caso Ximenes Lopes contra Brasil, em que se buscava a responsabilização da nação brasileira por maus-tratos cometidos com paciente psiquiátrico em instituição hospitalar privada. Em sentença publicada em 4.7.2006, decidiu a Corte que os Estados têm o dever de assegurar atendimento médico eficaz às pessoas portadoras de deficiência mental. Essa obrigação se traduz no dever estatal de assegurar seu acesso a serviços de saúde básicos; à promoção da saúde mental; à prestação de serviços dessa natureza que sejam o menos restritivos possível; e à prevenção das deficiências mentais. Salientou o órgão decisor que da obrigação geral de garantia dos direitos à vida e à integridade física nascem deveres especiais de proteção e prevenção, os quais, neste caso, se traduzem em deveres de cuidar e de regular. Dispôs o Tribunal que o dever dos Estados de regular e fiscalizar as instituições que prestam serviço de saúde, como medida necessária para a devida proteção da vida e integridade das pessoas sob sua jurisdição, abrange tanto as entidades públicas e privadas que prestam serviços públicos de saúde quanto aquelas instituições que prestam exclusivamente serviços privados de saúde (§§ 89 e 90 *supra*). Especialmente com relação às instituições que prestam serviço público de saúde, como fazia o hospital sob análise, o Estado não somente deve regulá-las e fiscalizá-las, mas tem, ademais, o especial dever de cuidado com relação às pessoas ali internadas. No caso em estudo, verificou-se que a instituição de saúde funcionava no âmbito do sistema público de saúde e o Estado estava obrigado a regulamentá-la e fiscalizá-la, não somente em virtude de suas obrigações decorrentes da Convenção Americana, mas também em razão de sua normativa interna. *Verbis:* "Com base no disposto no artigo 197 da Constituição, 'são de relevância pública as ações e serviços de saúde, cabendo ao Poder Público dispor, nos termos da lei, sobre sua regulamentação, fiscalização e controle [...]'. Igualmente, o artigo 200 da Constituição ressalta que 'o Sistema Único de Saúde compete [...] controlar e fiscalizar procedimentos [... e] executar as ações de vigilância sanitária [...]'. Por sua vez, o artigo 6º da Lei n. 8.080, de 1990, dispõe que 'estão incluídas ainda no campo de atuação do Sistema Único de Saúde (SUS), [*inter alia,*] a execução de ações [...tanto] de vigilância sanitária, [a qual] se entende por um conjunto de ações capaz de eliminar, diminuir ou prevenir riscos à saúde e de intervir nos problemas sanitários decorrentes [...] da prestação de serviços de interesse da saúde, [bem como] o controle e a fiscalização de serviços, produtos e substâncias de interesse para a saúde [...]." Disponível na *Internet* via: <http://www.corteidh.or.cr/docs/casos/articulos/seriec_149_por.pdf>.

A Constituição não apenas reconhece a existência da dignidade da pessoa humana, mas transforma-a em valor supremo da ordem jurídica. No campo do trabalho, enfatiza *Dinaura Pimentel Gomes*, o efeito é o de que não se pode dar mais atenção aos interesses da economia, que condicionam e engessam a atuação governamental, e "deixar o trabalhador vagar solitário no meio das leis do mercado"[24].

Com a compreensão exposta, os princípios constitucionais passam a sustentar a própria autonomia privada do contrato de emprego. Nessa perspectiva, como fundamenta *Gediel*, é possível lastrear a tutela constitucional da autonomia privada como princípio ou como bem constitucionalmente protegido; e também fundamentar que essa tutela resulta dos direitos fundamentais: à liberdade e ao livre desenvolvimento da personalidade (artigo 5º, *caput*); à livre iniciativa econômica (artigo 1º, IV e artigo 170, *caput*); ao livre exercício de qualquer trabalho, ofício ou profissão (artigo 5º, XIII); à propriedade (artigo 5º, *caput* e XXII); à realização de convenção ou acordo coletivo de trabalho (artigo 7º, XXVI)[25].

Assim, em especial os princípios constitucionais voltados para a concretização da dignidade humana recebem na relação jurídica de emprego um campo necessário para aplicação. A função social do contrato está intimamente ligada à proteção dos direitos inerentes à dignidade da pessoa humana, amparada no artigo 1º, III, da CRFB/88. Deve-se salientar que a realização da justiça social (artigo 170, *caput*) é objetivo da República. Juntamente na solidariedade (artigo 3º, III) reside a função social dos pactos. Vê-se, assim, que há uma fusão de preceitos patrimoniais e pessoais, assegurando-se, por meio da aplicação de valores fundamentais constitucionalizados, o direito do sujeito ao mínimo para que possa viver com dignidade[26].

4. Eficácia dos direitos fundamentais no contrato de emprego

A função social do contrato, como visto no desenvolvimento dos capítulos anteriores, é construção jurídica que se remodela para vincular os mais essenciais interesses da coletividade. Também o contrato de emprego insere-se no projeto coletivo de vinculação das relações jurídico-privadas à promoção dos direitos fundamentais.

O primeiro combate é o da visão restrita do rol da proteção que o Direito do Trabalho está apto a oferecer. Obriga-se o repensar do campo jurídico para que possa ser visto como promotor de tutelas não necessariamente previstas expressamente na legislação de limitação da esfera de disponibilidade das partes na formação do regulamento contratual[27]. Como bem refere *Coutinho*, não se pode reduzir o trabalho

---

(24) GOMES, Dinaura Godinho Pimentel. *Direito do trabalho e dignidade da pessoa humana no contexto da globalização econômica. Problemas e perspectivas*. São Paulo: LTr, 2005. p. 95.

(25) GEDIEL, José Antônio Peres. A Irrenunciabilidade a Direitos da Personalidade Pelo Trabalhador. In: SARLET, Ingo Wolfgang (organizador). *Constituição, direitos fundamentais e direito privado*. 2. ed. Porto Alegre: Livraria do Advogado Editora, 2006. p. 158.

(26) TARTUCE, Flávio. *Função social dos contratos*. São Paulo: Método, 2005. p. 200.

(27) A Primeira Jornada de Direito Material e Processual na Justiça do Trabalho, realizada em Brasília, em novembro de 2007, produziu um importante referencial para a interpretação e aplicação dos direitos fundamentais, integrados a uma perspectiva coletiva: Enunciado n. 1 – DIREITOS FUNDAMENTAIS. INTERPRETAÇÃO E APLICAÇÃO.

ao trabalho abstrato, imaginando que tendo incorporado o trabalhador nas condições de possibilidade do capitalismo, exaurisse o espaço da efetividade do Direito do Trabalho. Lembra a autora que o trabalho é salário, mas salário não é tudo; trabalho sempre será um processo de identificação dos momentos da reprodução social, reinventada a cada momento e a conquista de condições dignas de vida expressas em direitos[28].

Deve-se buscar compreender a categoria do direito subjetivo de fixação do regulamento do contrato de emprego com a estrutura de direitos relativos, boa-fé objetiva, função social do contrato e dignidade da pessoa humana. Invertendo-se a lógica liberal dos séculos passados, o prisma de análise das relações jurídicas da atualidade deve ser o da dignidade da pessoa humana e preservação de sua intimidade. Mesmo o trabalho subordinado e a propriedade privada, sustentáculos do sistema capitalista, devem se curvar a tais postulados ético-normativos.

A singela circunstância de determinada cláusula de regulamento contratual não ser expressamente vedada não significa que deva ser aceita como válida. Assinala *Sarlet* que apenas o fato de uma ação não ser vedada — e portanto ser tida como permitida — não significa que o Estado se abstenha de valorar a conduta particular. Segundo o professor gaúcho, mantém o poder público responsabilidade por determinadas ações de um particular em relação a outro; responsabilidade essa que não se limita a um dever de proibir intervenções em bens jurídicos fundamentais, cuja inobservância acarreta uma infração a um dever de proteção[29].

São as teorias de abuso de direito — adiante analisadas — que expressam uma tentativa da dogmática crítica em superar o formalismo da liberdade contratual sem seu completo abandono, inclusive na esfera jurídica trabalhista. Nesse campo, importante inovação ocorreu com a introdução dos artigos 186, 187 e 422 do Código Civil de 2002. A idéia positivamente introduzida é a de que o exercício de direitos, incluindo-se a liberdade contratual, deve estar permanentemente ligada à integração do sistema normativo, da qual o ideal de boa-fé sempre faz parte. Os fundamentos da boa-fé objetiva e da justiça social acrescentam novas possibilidades de interpretação do ato jurídico, direcionando-se o contrato ao atendimento da dignidade da pessoa humana como valor maior e objetivo da república brasileira (artigo 1º, III, da CRFB/88).

A teoria do abuso de direito, todavia, deve estar permanentemente articulada com uma teoria de direitos fundamentais, a qual é pressuposta. Há compreensão majoritária na doutrina espanhola e alemã, e particularmente advogada no Brasil por *Sarlet*, acerca da vinculação direta dos particulares aos direitos fundamentais, aplicando o instituto a toda a ordem pública. Os direitos à não-discriminação e à privacidade, como direitos fundamentais, implicam a necessidade de se proteger os particulares,

---

Os direitos fundamentais devem ser interpretados e aplicados de maneira a preservar a integridade sistêmica da Constituição, a estabilizar as relações sociais e, acima de tudo, a oferecer a devida tutela ao titular do direito fundamental. No Direito do Trabalho, deve prevalecer o princípio da dignidade da pessoal humana.

(28) COUTINHO, Aldacy Rachid. A autonomia privada: em busca da defesa dos direitos fundamentais dos trabalhadores. In: SARLET, Ingo Wolfgang (organizador). *Constituição, direitos fundamentais e direito privado*. 2. ed. Porto Alegre: Livraria do Advogado Editora, 2006. p. 170.
(29) SARLET, Ingo Wolfgang. *A Constituição concretizada*, p. 136-137.

não apenas contra atos atentatórios praticados pelo Estado, mas também contra os demais indivíduos e entidades privadas[30].

No mesmo sentido tem se dirigido a doutrina portuguesa, a qual reconhece que, nas relações privadas, deve-se observar os princípios maiores da dignidade e repressão à discriminação:

> O princípio da igualdade formal e correlativas proibições em função da raça, sexo, condição social, etc., será imediatamente vinculante nas relações entre privados sempre que, nas relações entre estes estabelecidas, quer sejam relações paritárias, quer relações de poder (de facto ou de direito), a liberdade individual entra em conflito com a dignidade humana, incompatível com inadmissíveis formas de tratamento social discriminatório.[31]

Ocorre que novo paradigma erigiu-se a partir da CRFB/88, passando a ordem jurídica a se estruturar a partir da dignidade humana e dos direitos fundamentais[32], inclusive no que se refere ao conteúdo das obrigações contraídas pelos particulares. Aduz *Santos Briz* que o Direito das Obrigações, como o Direito Privado em geral, se baseia na dignidade e na liberdade de desenvolvimento da personalidade do particular, o qual não pode ocorrer sem o reconhecimento dos direitos e liberdades fundamentais[33].

Também a relação jurídica instrumentalizada pelo contrato de emprego curva-se ao primado dos direitos fundamentais, especialmente pela impossibilidade de separação do indivíduo trabalhador — detentor de dignidade humana a ser preservada — da força de trabalho pessoalmente entregue.

Diante dos contornos modernos da contratualidade que apresentamos ao longo desse trabalho, a noção de indissociabilidade entre trabalhador e trabalho passa a ser imprescindível para a defesa da irrenunciabilidade dos direitos fundamentais pelo trabalhador. Nos estudos de *Gediel*, elevam-se ao patamar de direitos fundamentais os direitos da personalidade e os direitos sociais dos trabalhadores. Por efeito dessa compreensão, delineia-se emblematicamente, a um só tempo, a indissociabilidade das dimensões do humano vivendo em sociedade: o cidadão livre do espaço público e o trabalhador juridicamente subordinado no espaço privado"[34].

É da essência do Direito do Trabalho a impossibilidade de análises estanques, na relação de emprego, de sujeito e força de trabalho. Trata-se do que *Genro* chama de vinculação ontológica da força de trabalho com o prestador e que traduz a impossibilidade de separar o contrato da condição do homem trabalhador. Neste elemento, segundo o autor, é que se constrói, no plano ideológico, a tese de que o Direito do

---

(30) SARLET, idem, p. 117-119.
(31) DAMAS, Joaquim Augusto. *O princípio da igualdade na relação jurídica de trabalho*, p. 108.
(32) Segundo definição de Ferrajoli, *"son derechos fundamentales aqueles derechos subjetivos que las normas de un determinado ordenamiento jurídico atribuyen universalmente a todos en tanto personas, ciudadanos y/o personas capaces de obrar"* (FERRAJOLI, Luigi. *Los Fundamentos de los derechos fundamentales*. Madrid: Editorial Trotta, 1998. p. 291).
(33) BRIZ, Jaime Santos. *La contratación privada*. Madrid: Editorial Montecorvo, 1066. p. 18-19.
(34) GEDIEL, José Antônio Peres. A irrenunciabilidade a direitos da personalidade pelo trabalhador. In: SARLET, Ingo Wolfgang (organizador). *Constituição, direitos fundamentais e direito privado*. 2. ed. Porto Alegre: Livraria do Advogado Editora, 2006. p.162.

Trabalho visa "dignificar" o prestador. Formam-se duas conseqüências básicas: de uma parte, marca a condição operária como objeto da dominação imanente à produção capitalista. De outra, o domínio sobre a força viva do trabalho evidencia no processo produtivo a presença do homem que é juridicamente livre para reivindicar melhores condições de trabalho[35].

Pela historiografia de *Gediel*, percebe-se que a permanência da diversidade de idênticos fenômenos — sujeito, trabalho e contrato — pelas disciplinas jurídicas decorre, em grande parte, da racionalidade científica moderna que delimitou objetos dessas matérias e atribuiu à normatividade jurídica a função de regulação social por excelência[36]. Por efeito, a importância do trabalho para a economia moderna imprimiu ao Direito do Trabalho um caráter instrumental e patrimonial que dificulta o trânsito dos direitos da personalidade no contrato de emprego[37].

Há uma natural dificuldade de concreção dos direitos fundamentais nos contratos de emprego, tendo-se presente a desvantagem econômica do trabalhador e a conseqüente prevalência da atuação empresarial na definição do regulamento do pacto de trabalho individual. O enunciado caráter tutelar do Direito do Trabalho está articulado em torno da noção de hipossuficiência da pessoa trabalhadora. O caminho para essa superação passa, inicialmente, pela compreensão da vinculação dos particulares na formação de condições dignas de vida e, segundo, pela afirmação de que a renúncia temporária de direitos fundamentais pelo trabalhador não pode ser aceita, normalmente, como renúncia.

Nessa perspectiva, o afastamento da contratualidade trabalhista baseada na autonomia da vontade é importante para uma teoria dos direitos fundamentais articulada ao Direito do Trabalho. Não há como se considerar livre e juridicamente válida disposição do contrato que prevê a subtração de parcela de direitos fundamentais do trabalhador. Deve-se ter claro que a entrega da força de trabalho não se refere apenas a questões de natureza singelamente patrimonial, mas que sempre carrega situações jurídicas pessoais traduzidas em direitos. Como fundamenta *Coutinho*, para o objetivo de reconhecimento da impossibilidade de renúncia de direitos fundamentais, através do contrato de emprego, deve-se ter clara a inafastabilidade de que a relação sempre carrega uma "pessoa humana", impregnada de direitos que desvelam e afloram sua dignidade. Por efeito, a objetivação do trabalho, em parte, oculta o sujeito titular de direitos que deve ser (re)focado[38].

A partir da centralidade da pessoa que trabalha, o contrato se constitui como instrumento hábil a permitir não somente o direito à sobrevida em uma sociedade capitalista, como também a integridade física e mental que permite a constituição e revelação da identidade pessoal de cada um[39].

---

(35) GENRO, Tarso Fernando. *Contribuição à crítica do direito coletivo do trabalho*. São Paulo: LTr, 1988. p. 19.
(36) GEDIEL, *op. cit.*, p. 153.
(37) *Idem.*, p. 155.
(38) COUTINHO, Aldacy Rachid. A autonomia privada: em busca da defesa dos direitos fundamentais dos trabalhadores. In: SARLET, Ingo Wolfgang (organizador). *Constituição, direitos fundamentais e direito privado*. 2. ed. Porto Alegre: Livraria do Advogado Editora, 2006. p. 182.
(39) *Idem*, p. 183.

5. A função social como delimitador do princípio da relatividade. Conteúdo *ultra partes*. Eficácia social.

A perspectiva da funcionalização do contrato de emprego evidencia que mesmo este, como qualquer instrumento de acerto entre os privados, submete-se aos interesses da comunidade em que se insere[40]. O próprio *Reale* revela que ao contrato é atribuída função social para que seja "concluído em benefício dos contratantes, sem conflito com o interesse público"[41].

A doutrina de *Theodoro Júnior* traz a idéia de que a função social atribuída ao contrato contrapõe-se, principalmente, ao princípio da relatividade[42]. Ou seja, a eficácia do pacto, no tocante às obrigações contratuais, é sempre relativa, mas sua oponibilidade é absoluta, quando em jogo interesses de terceiros ou da comunidade[43].

A rigor, o princípio contratual da relatividade estabelece que a avença não prejudica nem beneficia terceiros, pois o contrato é *res inter alios acta tertio nec nocet nec prodest*. A eficácia *inter partes* da função social do contrato tem como principal característica representar um corte nesse princípio.

Esta secção na relatividade reconhece que mesmo os pactos firmados entre privados pode ensejar desvantagens para terceiros, para grupos sociais inteiros ou mesmo para a integralidade da comunidade. Como refere *Lorenzetti*, "o contrato não é um assunto individual, mas que tem passado a ser uma instituição social que não afeta somente o interesse dos contratantes."[44]

O cumprimento da função social do contrato implica a expansão da eficácia de qualquer entabulação. Reconhecendo-se o contrato como fato social, obriga-se a admitir

---

(40) "O Estado requer um Direito Privado, não um direito dos particulares. Trata-se de evitar que a autonomia privada imponha suas valorações particulares à sociedade; impedir-lhe que invada territórios socialmente sensíveis. Particularmente, trata-se de evitar a imposição a um grupo, de valores individuais que lhe são alheios. Aqui faz seu ingresso a ordem pública de coordenação, e de direção. Outra parte, os valores coletivos, que se traduzem juridicamente em obrigações, não devem enfraquecer, mas complementar e ajustar a normativa individual. Trata-se de fatores legais que concorrem com a autonomia privada para produzir um efeito jurídico determinado. Quando se diz que o contrato causa obrigações, faz-se referência a valores individuais; quando se alude a obrigações imperativas, implicam-se valorações coletivas" (LORENZETTI, Ricardo Luis. *Fundamentos do direito privado*. São Paulo: Revista dos Tribunais, 1998. p. 540).

(41) REALE, Miguel. *Função social do contrato*. Disponível na *Internet* via: <www.miguelreale.com.br/artigos/funsoccont.htm> Acesso em: 10 abr. 2007.

(42) Embora não seja apenas a compreensão que seguimos em nosso trabalho, registramos que o autor reconhece apenas a eficácia *ultra partes* para delimitação da função social do contrato: "O único e essencial *objetivo do contrato* é o de promover a circulação da riqueza, de modo que pressupõe sempre partes diferentes com interesses diversos e opostos. Para harmonizar interesses conflitantes, o contrato se dispõe a ser *útil* na definição de como aproximá-los e dar-lhes uma *saída negocial*. Nunca, todavia, o interesse do vendedor será igual ao do comprador, o do mutuante igual ao do mutuário, o do locador igual ao do locatário, o do empreiteiro igual ao do dono da obra e assim por diante. Quem visa o lucro, obviamente, não pode ser igual a quem busca o uso ou a propriedade da coisa alheia. O lucro do comerciante (fornecedor) não tem como ser igual à vantagem que o comprador espera obter com o uso do bem adquirido. As coisas são tão heterogêneas que não chegam a oferecer parâmetro algum para cotejo. Daí a imprestabilidade da tese de que o contrato teria a função social de igualar os contratantes" (THEODORO JÚNIOR, *op. cit.*, p. 46-47).

(43) *Idem*, p. 15.

(44) LORENZETTI, Ricardo Luis. *Fundamentos do direito privado*. São Paulo: Revista dos Tribunais, 1998. p. 132.

que, de maneira geral, possa ser oposto por terceiros[45]. Nesse sentido, compreende *Godoy* que importa é considerar que o contrato, em hipótese alguma, pode ser considerado indiferente à sociedade em cujo seio se insere. A nova teoria contratual impõe se o compreenda como voltado à promoção de valores sociais e, mais, obriga que se veja o contrato como tendo a habilitação de interferência na esfera alheia[46].

Estabelece-se uma graduação para a eficácia *ultra partes*: primeiramente, no sentido de terceiros, como sujeitos individualizados, detentores do direito de evitar reflexos danosos e injustos que o contrato, desviado de sua natural função econômica e jurídica, possa ter na esfera de quem não participou da pactuação[47]. Num aspecto mais robusto, o de submissão da fixação do regulamento do contrato a interesses mais amplos, identificados como de toda a comunidade em que o pacto se insere.

O primeiro ambiente, mais restrito, relaciona-se com uma expansão dos sujeitos que podem se opor ao ajuste[48]. Não se trata de possibilitar que qualquer terceiro possa ser reconhecido como contratante, ou mesmo que possa exigir o cumprimento das prestações acordadas. Neste campo, *Godoy* traz os seguintes exemplos: a) as Leis ns. 6.194/74 e 8.441/92 (seguro obrigatório), que permitem a direta postulação indenizatória pelo terceiro prejudicado; b) o artigo 456 do CCB/02 permite a denunciação da lide, na evicção, contra o alienante, ou quaisquer dos anteriores; c) a estipulação em favor de terceiros (artigo 436 do Código Civil)[49].

Theodoro Júnior também relaciona as seguintes situações: a) alugar imóvel em zona residencial para fins comerciais incompatíveis com o zoneamento da cidade; b) alugar quartos de apartamento de prédio residencial, transformando-o em pensão; c) ajustar contrato simulado para prejudicar terceiros; d) qualquer negócio de disposição de bens em fraude de credores; e) desviar-se a empresa licitamente estabelecida em determinado empreendimento, para contratação de operações não permitidas; f) agência de viagens que, sob a aparência de prestação de serviço de seu ramo, contrata na realidade o chamado "turismo sexual"[50].

Verdadeiramente relacionada à sociabilidade, a eficácia *ultra partes* da função social do contrato tem um campo de atuação mais amplo quando vislumbra a possibilidade

---

(45) "O princípio da função social condiciona o exercício da liberdade contratual e torna o contrato, como situação jurídica merecedora de tutela, oponível *erga omnes*. Isto é, todos têm o dever de se abster da prática de atos (inclusive a celebração de contratos) que saibam prejudiciais ou comprometedores da satisfação de créditos alheios. A oponibilidade do contrato traduz-se, portanto, nesta obrigação de não fazer, imposta àquele que conhece o conteúdo de um contrato, embora dele não seja parte. Isto não implica tornar as obrigações contratuais exigíveis em face de terceiros (é o que a relatividade impede), mas impõe aos terceiros o respeito de tais situações jurídicas validamente constituídas e dignas da tutela do ordenamento (é o que a oponibilidade exige)" (NEGREIROS, Tereza. *Teoria do contrato. Novos paradigmas*. Rio de Janeiro: Renovar, 2002. p. 229).
(46) GODOY, Cláudio Luiz Bueno. *Função social do contrato*. São Paulo: Saraiva, 2004. p. 133.
(47) THEODORO JÚNIOR, *op. cit.*, p. 32.
(48) AZEVEDO, Antônio Junqueira de. Princípios do novo direito contratual e desregulamentação do mercado — direito de exclusividade nas relações contratuais de fornecimento — função social do contrato e responsabilidade aquiliana do terceiro que contribui para o inadimplemento contratual. São Paulo: RT, v. 750, abril de 1998. p. 117.
(49) GODOY, *op. cit.*, p. 134-135.
(50) THEODORO JÚNIOR, *op. cit.*, p. 57-58.

de submissão a interesses ditos sociais[51]. Pessoa e formação social não têm uma paridade de valoração. Não se trata, todavia, de estabelecer uma política fascista de colocação dos interesses estatais sempre em prioridade ao indivíduo. No lugar de se reconhecer a pessoa como um membro isolado da comunidade, tem-se um sujeito que coopera com as suas potências criadoras dentro de uma ou diversas comunidades.

A formação social tem valor constitucional apenas se atender à função do livre desenvolvimento da pessoa. Logo, mesmo entre as formações sociais há uma graduação. Isso é feito de acordo com a sua específica função socioeconômica, valorada constitucionalmente, atuando prioritariamente em relação à tutela da pessoa, de seus direitos fundamentais, como faz referência *Perlingieri*[52].

Como expressão da vontade estatal de limitar a ação dos particulares, o contrato de emprego regrado pelo direito do trabalho possui duas partes, como lembra *Ribeiro Santos*: os direitos e garantias fundamentais, com a característica de bens indisponíveis, constitucionalmente protegidos no interesse da ordem pública e social, e uma parte contratual, emergente das negociações coletivas e dos contratos individuais de trabalho[53].

No Direito do Trabalho, como se verá a seguir, a transcendência social do contrato de emprego individualizado é tratado ao nível de princípio.

5.1. Princípio justrabalhista da submissão ao interesse coletivo

Conforme estudado no capítulo III deste trabalho, há um caráter preferencialmente coletivo no Direito do Trabalho, consolidado nos movimentos e nas ações organizadas dos trabalhadores.

---

(51) "Daí concluir-se que o contrato, como instrumento de realização das operações econômicas, da circulação e acumulação de riquezas, permite a transformação e a evolução e o progresso social, é, dessa forma, instrumento de política econômica e social e serve como pilar das garantias constitucionais da propriedade e da livre iniciativa; justifica-se, também, a intervenção nos seus limites, em especial na liberdade de contratar, quando tal liberdade seja contrária aos interesses sociais e ao progresso econômico ou que venha pôr em risco valores constitucionalmente protegidos que permitam a redução das desigualdades regionais e sociais, incluindo-se: a soberania nacional, a propriedade privada em sua *função social*, a livre concorrência, a defesa do consumidor e do meio ambientes" (TEIZEN JÚNIOR, Augusto Geraldo. *A função social no Código Civil*. São Paulo: RT, 2004. p. 128-129).

(52) "Não se pode estabelecer uma paridade de valoração entre pessoa e formação social, atribuindo a esta última um valor em si; a formação social tem valor constitucional somente se atender à função do livre desenvolvimento da pessoa. Por conseguinte, entre as formações sociais é obrigatório estabelecer uma graduação. Não é legítimo colocar no mesmo plano sindicato, partido, cooperativa, família. O enfoque contrastaria com o Texto Constitucional porque colocaria no mesmo nível situações patrimoniais, ou melhor, atividades patrimoniais, e afetos, comunhões de vida e funções existenciais. Entre as diversas formações sociais existe uma grande diversidade de funções, de modo que resulta ambíguo expor de forma unitária o problema de seu controle. Este deve ser exercido de acordo com a sua específica função sócio-econômica, valorada constitucionalmente, e deve ser atuado, prioritariamente, em relação à tutela da pessoa, de seus direitos inalienáveis e fundamentais. As formações sociais, mesmo quando se colocam em planos diferentes, têm autonomia e capacidade de auto-regulamentação, mas sempre no âmbito do ordenamento no qual são destinadas a ter precípua relevância. Homologar, aprovar, controlar atos e atividades de uma formação social, significa garantir no seio da comunidade, o respeito à dignidade das pessoas que dela fazem parte, de maneira que se possa consentir a efetiva participação às suas vicissitudes" (PERLINGIERI, Pietro. *Perfis do direito civil*. Rio de Janeiro: Renovar, 2002. p. 39-40).

(53) SANTOS, Enoque Ribeiro dos. *A função social do contrato, a solidariedade e o pilar da modernidade nas relações de trabalho*. São Paulo: LTr, 2003. p. 98.

Recorda *Camino* que, no Direito do Trabalho, externa-se com concreta nitidez o fenômeno da submissão do indivíduo ao interesse grupal coletivo, porque este ramo da ciência jurídica é o único em que as relações jurídicas se estabelecem, sistematicamente, em dois planos distintos, porém vinculados: o coletivo e o individual[54]. O principal efeito é o da submissão dos interesses coletivos do trabalhador-indivíduo aos interesses de sua categoria profissional[55].

O Direito do Trabalho, na medida em que encerra um grande feixe de determinantes normativos estatais e convencionais coletivos na composição do regulamento contratual, permite a construção de uma relação jurídica menos desigual nas prestações a que se obrigam os contratantes. Todavia, o contrato fortemente dirigido para a promoção de maior igualdade na prestação das partes nem sempre significa a promoção de interesses gerais da comunidade. A circunstância mais comum ocorre em relação às pessoas desempregadas, que estão fora do mercado de trabalho ou que participam da economia informal[56].

O caráter protetivo do Direito do Trabalho em relação ao indivíduo não significa que seja visto como um conjunto de regras imanentes, divorciado do conjunto de interesses da sociedade. Como lecionava *Krotoschin*, o Direito do Trabalho é um Direito especial para um único setor social, ainda que se trate de um setor sumamente importante numericamente. Mas advertia o professor argentino que se deve sempre ter em mente que esse setor (o dos trabalhadores) está vinculado à sociedade inteira, e o direito do trabalho, portanto, está incorporado necessariamente ao ordenamento jurídico geral[57].

Observa-se, como já fez *Thais Poliana de Andrade*, que toda vez que um trabalhador individual aceita, como condição de conseguir o posto de trabalho ou de se manter no emprego, a precarização de algum direito, está não apenas tornando seu contrato de emprego contrário à função social, mas também está afetando toda a categoria de trabalhadores, que também se verão obrigados a abrir mão de condições conquistadas[58]. Dizemos mais: é exatamente a repercussão gerada no restante da categoria que a precarização individualizada de algum direito faz o contrato (ou pelo menos sua cláusula) tornar-se contrário à função social.

Ocorre que os efeitos da relação de emprego não se limitam à pessoa dos sujeitos que firmam o contrato individual de trabalho. Na tarefa de superação do caráter meramente instrumental-econômico do pacto de emprego, deve-se reconhecer que a essencialidade do trabalho para a sociedade dilata tremendamente os afetados por condições de labor precarizadas.

---

(54) CAMINO, Carmen. *Direito individual do trabalho*. Porto Alegre: Síntese, 1999. p. 61.

(55) *Idem*, p. 62.

(56) GÓMEZ, J. Miguel Lobato. Livre iniciativa, autonomia privada e liberdade de contratar. In: NALIN, Paulo. *Contrato & sociedade. A autonomia privada na legalidade constitucional*. Curitiba: Juruá, 2006. p. 264.

(57) KROTOSCHIN, Ernesto. *Tratado práctico del derecho del trabajo*. Buenos Aires: Editorial Sudamericana, 1965. p. 8.

(58) ANDRADE, Thaís Poliana. *Novas perspectivas para a contratualidade no direito do trabalho. Reflexos do novo ordenamento jurídico constitucional*. Curitiba: 2005, 205 f. Dissertação (Mestrado em Direito). Pós-Graduação em Direito da Universidade Federal do Paraná.

Por um lado, há uma séria afetação a todas as pessoas que dependem diretamente dos frutos econômicos da relação, o salário gerado pelo trabalho posto à disposição. A precarização passa a ser contrária à função social, porque diminui as condições de obtenção de dignidade que deveriam ser propiciadas pelo trabalho, seja para o indivíduo trabalhador, seja para sua família.

De outra banda, o achatamento nos rendimentos do trabalho traz conseqüências à universalidade da força de trabalho, que também terá de se submeter — sempre em nome da competitividade alimentada pelo sistema capitalista — à precarização até então singularmente instituída. Numa ampliação autofágica, cria-se a possibilidade de afetação da própria condição salarial, enquanto compreendida como inserida nos objetivos de fomento do consumo.

As condições de desemprego estrutural e extrema competitividade empresarial influem de modo inexorável na contínua formação de novos modos de precarização das condições de trabalho, muitas vezes totalmente de acordo com a positivada legislação tutelar. A inclusão do Direito do Trabalho num universo ampliado de instrumentalização de valores sociais permite que se reconheça que a aplicação estrita de seu regramento nem sempre faz cumprir a diretriz da função social do contrato de emprego. Arrolamos alguns exemplos, retirados do cotidiano do trabalho em nosso país.

a) Horas extras habituais

A legislação brasileira estabelece limitações à jornada de trabalho ordinária: oito horas diárias e 44 horas semanais[59]. Permite-se, todavia, a prorrogação do trabalho, com a execução de horas extraordinárias, até o limite de duas horas diárias (artigo 59 da CLT[60]). A prática, todavia, tem demonstrado a banalização da possibilidade de extensão do trabalho, além do limite de 8 horas por dia. Grande número de empregadores obriga que o labor constantemente exceda tal balizador, não porque há necessidades extraordinárias de trabalho em alguns dias, mas porque se cria o *standart* da jornada de 10 horas. Não há dúvidas de que a jornada além dos limites legais promove maior desgaste físico ao obreiro, diminuição das horas de lazer e descanso. Por si só deveria ser prática restrita à excepcionalidade. Mas o fato também permite o recebimento de remuneração complementar majorada[61]. Especialmente em categorias que recebem baixos salários, as horas extras costumam ser esperadas como um importante *plus* remuneratório.

Embora com o objetivo declarado de combate ao desemprego, a Lei n. 9.601/98 acabou por aumentar as possibilidades de cumprimento de horas extras habituais. O

---

(59) Artigo 7º, da CRFB/88 e artigo 58, *caput*, da CLT.

(60) CLT. Artigo 59. A duração normal do trabalho poderá ser acrescida de horas suplementares, em número não excedente de duas, mediante acordo escrito entre empregador e empregado, ou mediante contrato coletivo de trabalho.

(61) Conforme o parágrafo 1º do artigo 59 da CLT, à remuneração das horas extras deve ser, no mínimo, a soma d 50% da hora normal.

diploma inseriu o artigo 59, § 2º, da CLT, permitindo que o módulo temporal de compensação de horas extras cumpridas passasse a ser de um ano, desde que observado o limite diário de dez horas[62].

Todavia, numa análise mais ampliada, o cumprimento habitual de horas extras numa empresa impede a criação de novos postos de trabalho[63]. Entre a possibilidade de contratação de outros trabalhadores para cumprimento do serviço, preferem as empresas manter um número reduzido de empregados, mas todos fazendo horas extras habituais. Com o pequeno acréscimo remuneratório dos empregados contratados que cumprem e recebem as horas extras, prejudica-se o restante da categoria, sem colocação profissional. Nessa usual situação das relações de emprego no Brasil, não há cumprimento da função social do contrato, em sua eficácia *ultra partes*: o cumprimento do contrato, com a execução de horas extras habituais, pode até ser de inteiro interesse do empresário e dos empregados, mas é prejudicial à comunidade que compõe a força de trabalho, que tem sua contratação barrada.

De outra banda, a função social do contrato de emprego também deve servir como cânone interpretativo da Súmula n. 291 do TST, a qual trata de injusta supressão significativa do trabalho em horas extras e conseqüente diminuição remuneratória. A interpretação da Súmula n. 291 deve ser restritiva e acompanhada da compreensão de que o trabalho extraordinário precisa dever ser visto como situação transitória, excepcional; que deve ser superada, como forma de promover os interesses do indivíduo trabalhador e da coletividade de que faz parte.

A interpretação da regra da Súmula n. 291 do TST de forma ampliativa — estabelecendo-se indenização não apenas pela supressão, mas também pela redução das horas extras trabalhadas — é contrária ao cânone hermenêutico da função social e, portanto, deve ser afastada. A ampliação das hipóteses previstas no enunciado sumular leva à impossibilidade do empregador de, cumprindo com os interesses maiores da categoria, promover a redução das horas extras prestadas. Ocorre que o trabalho contínuo de horas extras contraria o interesse da coletividade, pois impede a contratação de novos funcionários, aumenta o desemprego, concentra o mercado de trabalho e torna o serviço constante e ordinariamente mais penoso, ainda que outorgue maior remuneração para o empregado que o presta.

Deve-se observar o princípio da função social do contrato de emprego que, acima dos interesses individuais das partes do pacto de emprego, devem estar colocadas as

---

(62) Originalmente, a Lei n. 9.601/98 estabelecia o limite de 120 dias para compensação, sendo o prazo estendido por meio da Medida Provisória n. 1709-1, de 1998.

(63) "E, não obstante a previsão legal no sentido de que o novel instituto deve resultar da negociação coletiva, inequívoco é que tais medidas legislativas apenas contribuem para a fragilização das relações de trabalho, uma vez que os empregados não mantêm nem reduzem os postos de trabalho, mas encontram facilidades em reduzi-los em função da possibilidade de contarem com as horas extras não remuneradas com o adicional para suplementar a demanda por mão-de-obra. As horas extras não são coibidas, mas apenas não são pagas com o adicional em face da compensação, e talvez outro fosse o efeito se, por exemplo, houvesse a redução do limite semanal das horas trabalhadas e/ou a majoração do adicional de horas extras" (HOFFMANN, Fernando. *O princípio da proteção ao trabalhador e a atualidade brasileira*. São Paulo: LTr, p. 204).

intenções da coletividade. O interesse da categoria é de que haja a contínua diminuição das horas extras prestadas pelos empregados, como forma de permitir o compartilhamento do serviço em mais postos de trabalho.

b) Extinção do contrato de emprego para o aposentado por tempo de serviço

A identificação dos efeitos da aposentadoria por tempo de serviço na vigência do contrato de emprego também é questão que deve ser analisada, enfocando-se que se trata de fato que afeta os interesses sociais de regulação do mercado de trabalho.

Enquanto vigente a Lei n. 6.950/91, havia determinação de necessidade de prévio desligamento do trabalhador da empresa para que pudesse requerer a concessão de aposentadoria. Com o advento da Lei n. 8.213/91, por força de seu artigo 49, "*b*", passou-se a conceder ao trabalhador a possibilidade de permanecer trabalhando, o que também se denota pela regra do artigo 18, § 2º, da mesma lei. A disposição do artigo 33 da Lei n. 8.213/91 afiança o entendimento de que a renda mensal do benefício previdenciário substitui o salário.

Os dispositivos legais apontam no sentido de que há uma necessidade social de se aceitar que a aposentadoria espontânea promova a extinção do contrato de emprego. Deixando o empregado aposentado o posto de trabalho, haverá a necessidade de contratação de novo trabalhador para ocupar sua vaga. Como efeito social do encerramento da relação de emprego, tem-se medida que ajuda no combate ao desemprego, trazendo ao mercado formal nova força de trabalho. Para o aposentado não há grande malefício, pois passará a receber proventos de aposentadoria voluntária, como substituto ao salário.

Nesta perspectiva, pode-se afirmar que a necessária extinção do contrato de emprego, com a aposentadoria por tempo de serviço, atua no auxílio da política social de busca do pleno emprego. A intenção livremente manifestada por empregador e empregado de continuar o pacto laboral, com o recebimento dos proventos de aposentadoria, cria dificuldades de colocação profissional de substitutos que não recebem qualquer outro benefício remuneratório. Em relação a essa coletividade, o prejuízo é latente.

No final de 2006, o Pleno do Tribunal Superior do Trabalho cancelou a Orientação Jurisprudencial n. 177[64], de modo que passou a reconhecer que a aposentadoria espontânea não extingue o contrato de emprego[65]. O entendimento foi alterado, a

---

(64) TST. Orientação Jurisprudencial n. 177. *"A aposentadoria espontânea extingue o contrato de trabalho, mesmo quando o empregado continua a trabalhar na empresa após a concessão do benefício previdenciário. Assim sendo, indevida a multa de 40% do FGTS em relação ao período anterior à aposentadoria."* (ERR n. 628600/00).

(65) A jurisprudência no TST, todavia ainda está em processo de consolidação. Segundo o Ministro Rider Nogueira de Brito, então vice-presidente do TST, na sessão do Pleno que aprovou o cancelamento da OJ n. 177, "cada ministro decidirá como achar por bem, até que a corte possa encontrar novamente um denominador comum a respeito do tema. Também o Ministro Vantuil Abdala, presidente da Comissão de Jurisprudência, explica que o cancelamento não significa uma tomada de posição quanto ao mérito do assunto: *"Cancelamos para que a jurisprudência evolua naturalmente, de acordo com a convicção de cada ministro"*.

partir do julgamento efetuado pelo STF, declarando a inconstitucionalidade do artigo 453, § 2º, da CLT[66].

c) *Impedimento de dispensa sem justa causa para empregada grávida*

A garantia de emprego da funcionária gestante é prevista no artigo 10, II, *a*, do Ato das Disposições Constitucionais Provisórias da Constituição Federal de 1988[67]. A jurisprudência firmou-se no sentido de que, para que haja o direito ao posto de trabalho, não há a necessidade de que a empregada ou o empregador soubessem, no ato da dispensa, da gravidez. Ainda que ambos ignorassem completamente o fato, tem a funcionária gestante o direito de reintegração ao posto de trabalho e garantia do mesmo até o término do período de cinco meses após o parto[68].

---

(66) CLT. Parágrafo § 2º do artigo 453: "O ato de concessão de benefício de aposentadoria a empregado que não tiver completado 35 anos de serviço, se homem, ou trinta, se mulher, importa em extinção do vínculo de emprego".

(67) ADCT da CRFB/88. Artigo 10º – Até que seja promulgada a lei complementar a que se refere o artigo 7º, I, da Constituição: (...) II – fica vedada a dispensa arbitrária ou sem justa causa: a) (...); b) da empregada gestante, desde a confirmação da gravidez até cinco meses após o parto.

(68) EMENTA: "AÇÃO RESCISÓRIA. MATÉRIA CONSTITUCIONAL. INAPLICABILIDADE DAS SÚMULA N. 343 DO STF E DO ENUNCIADO N. 83 DO TST. VIOLAÇÃO DO ARTIGO 10º, INCISO II, "B" DO ADCT. I – É sabido ser uníssona a jurisprudência desta Corte, tanto quanto a do Supremo, sobre a inaplicabilidade da Súmula n. 343 do STF e do Enunciado n. 83 do TST, quando a pretensão rescindente escorar-se em ofensa à norma constitucional, tal como a deduzira a recorrente ao remeter à violação do artigo 10º, inciso II, "b" da Constituição. II – A redação dada à norma do artigo 10º, inciso II, "b", do ADCT sugere em princípio que a garantia de emprego, assegurada à empregada-gestante, teria sido vinculada à confirmação da gravidez, a partir da qual alguns arestos passaram a sufragar a tese da indispensabilidade da prévia comunicação ao empregador. Ocorre que levando essa interpretação às últimas conseqüências depara-se-ia com o absurdo de o constituinte ter subordinado o benefício não à gravidez mas à ciência do empregador, além de o tornar inócuo considerando a possibilidade, real e freqüente, de a própria empregada ignorá-la logo em seguida à concepção. Por isso é forçoso valer-se da interpretação teleológica da norma, segundo a qual deve ser interpretada em benefício de quem fora editada, pelo que se impõe a ilação de a garantia ter sido instituída pela gravidez contemporânea à relação de emprego e que apenas os seus efeitos pecuniários foram postergados à sua confirmação. Some-se a isso a interpretação histórica de que tal garantia, anteriormente prevista em instrumentos normativos, provinha do mero fato biológico do estado gravídico, a dispensar provas de que a empregada o dera a conhecer ao empregador. Elevando-a em nível constitucional, veio o constituinte de 1988 sufragar a orientação tradicional de a aquisição do direito remontar à concepção ocorrida na vigência do contrato de trabalho, mesmo diante da incidência do empregador, pois a sua responsabilidade é objetiva, só inovando no que refere à sua expressão patrimonial associada à data da sua confirmação. Recurso provido para julgar-se procedente a rescisória." (TST, Turma D2, Subseção II Especializada em Dissídios Individuais, Recurso Ordinário em Ação Rescisória 471762/98. Rel. Ministro Antônio José de Barros Levenhagen julgado em 10.10.2000).

"EMENTA: RECURSO DE REVISTA. GARANTIA DE EMPREGO À GESTANTE. AUSÊNCIA DE COMUNICAÇÃO DO ESTADO GRAVÍDICO AO EMPREGADOR. VIOLAÇÃO DOS ARTIGOS 10º, II, "b", DO ADCT, 7º, XXIX, E 5º, XXXV, XXXVIII E LIV, DA CONSTITUIÇÃO FEDERAL E 9º DA CLT. DIVERGÊNCIA JURISPRUDENCIAL. RECURSO CONHECIDO E PROVIDO. A controvérsia já se encontra superada por jurisprudência remansosa desta Corte, cristalizada na Orientação Jurisprudencial n. 88, no sentido de que o desconhecimento do estado gravídico pelo empregador, salvo previsão contrária em norma coletiva, não afasta o direito ao pagamento da indenização decorrente da estabilidade. Trata-se de proteção objetiva contra a despedida arbitrária da gestante, cuja finalidade é a tutela do nascituro e que, por isso mesmo, independe do conhecimento da gravidez, ao tempo da despedida, inclusive ela própria gestante. Recurso conhecido e provido. (TST, Segunda Turma, RR 33354/02, julgado em 6.8.2003, Rel. Juiz Convocado Samuel Corrêa Leite. Publicado em 15.8.2003).

Estabelece-se uma obrigação ao empregador: manter o posto de trabalho à funcionária, retratando a denúncia vazia do contrato de emprego, ainda que, sem qualquer culpa tivesse despedido empregada grávida. Há um ônus imposto à empresa, sem que tenha tido qualquer responsabilidade, na dispensa sem conhecimento da gravidez.

Assim ocorre pela compreensão de que a garantia de emprego à trabalhadora gestante não se dá para assegurar um benefício individual à funcionária. O lastro da "estabilidade" — e mais ainda daquela que é assegurada, independente do conhecimento da gravidez — é o interesse maior do Estado na preservação de condições que assegurem uma gestação tranqüila. As proteções à família, à maternidade e à criança são asseguradas em diversos dispositivos da Constituição Federal: artigo 203, I (princípio da assistência social de proteção à família, à maternidade e à infância); artigo 227 (dever da família e do Estado de assegurar à criança direito à saúde, à alimentação, à educação, etc., além colocá-las a salvo de toda forma de negligência, discriminação, exploração, violência, crueldade e opressão) e artigo 226 (reconhecimento da família como base da sociedade, com especial proteção do Estado).

A efetivação da proteção à gestação e à maternidade ocorre com a manutenção do posto de trabalho. É a garantia de emprego que permite que a trabalhadora continue, a partir do salário recebido, a manter financeiramente a si e ao filho recém-nascido. Estabelece-se, assim, condições de implementação dos dispositivos dos artigos 229 (dever dos pais de assistir, criar e educar os filhos menores) e 230 (a família e o Estado têm o dever de amparar as pessoas idosas, "assegurando sua participação na comunidade, defendendo sua dignidade e bem-estar e garantindo-lhes o direito à vida").

Para assegurar os primados constitucionais relativos à família, gestante e maternidade, estabelece-se uma limitação no contrato de emprego, impedindo sua resilição. Evidencia-se a função social do contrato, como instrumento utilizado para permitir que os frutos financeiros da força de trabalho posta à disposição, permitam a gestação e que primeiros meses de vida humana sejam passados sem os sobressaltos do desemprego involuntário da mãe trabalhadora. Nesse aspecto, o contrato individual de trabalho subordinado transborda o elementar caráter instrumental-econômico, em nome da dignidade humana[69].

d) Contrato de trabalho de estagiário

A relação de trabalho havida nos contratos de estágio é caracterizada pela finalidade educativa do estudante trabalhador. O estagiário tem um duplo rendimento pela prestação de seu trabalho, a percepção de uma bolsa-auxílio (embora a existência de remuneração não seja obrigatória) e também o benefício do aprendizado.

A Lei n. 6.494/77 regula essa relação de trabalho. Existe uma finalidade eminentemente educativa no trabalho de estágio. A atividade do trabalhador-estagiário

---

(69) Numa aparente contradição, o Tribunal Superior do Trabalho não reconhece a mesma função social nas situações em que a gravidez ocorre nos contratos a prazo determinado.

necessariamente deve estar vinculada ao aprendizado, não se podendo admitir prestação de trabalho sem essa característica.

Como modalidades de contrato de atividade, o trabalho estágio e emprego apresentam quase os mesmos elementos. Da mesma forma que o empregado, também o estagiário comunga de duas características muito próprias do pacto de emprego: a subordinação e a pessoalidade. Mas o elemento marcante do trabalho estágio está numa diferenciação de outras das particularidades da prestação: onerosidade e objeto de atuação. Em primeiro lugar, o estagiário apenas pode exercer funções que impliquem objetivamente um aprendizado que possa ser útil em suas escolhas profissionais futuras. Ou seja, deve aprender uma profissão e não apenas se habilitar a um emprego, a um posto de trabalho. Deve servir sua atuação produtiva como complemento ao que aprende no ensino médio, curso profissionalizante ou faculdade. É por esse motivo que se reconhece que parte de seu rendimento do trabalho não se dá na forma de contraprestação financeira, mas no fruto do conhecimento.

Hodiernamente, vê-se a proliferação de formais relações de trabalho de estágio, nas mais diversas áreas econômicas, com realização de trabalho com pouquíssima carga de aprendizado. Não obstante, a extrema precarização dessa forma de trabalho — com baixa remuneração, extensa jornada e ampla possibilidade de denúncia do contrato — em freqüência considerável, há interesse do trabalhador-estagiário em se manter nessa situação[70].

Trata-se de fenômeno de modificação paradigmática que acompanha as novas formas de organização do trabalho. De modo geral, tem como efeito no mercado de trabalho a realização das atividades produtivas por meio de rede de subcontratados, terceirizados, estagiários, cooperativados e outros trabalhadores subproletarizados com flexibilidade numérica e sem segurança no emprego. São preferíveis porque suas relações de trabalho formais são desprovidas da proteção da legislação tutelar do emprego.

---

(70) CONTRATO POR PRAZO DETERMINADO-GESTANTE-ESTABILIDADE PROVISÓRIA-NÃO ASSEGURADA-Nos termos do artigo 10º, inciso II, letra "b", do ADCT, somente a dispensa arbitrária ou sem justa causa permite a concessão da estabilidade provisória à gestante, hipóteses cabíveis apenas nos contratos por prazo indeterminado, que não era o caso dos autos. Portanto, reconhecida a existência de contrato por prazo determinado válido, não há que se falar em estabilidade provisória. Neste sentido, a Orientação Jurisprudencial n. 196 da SDI-I do TST. (TRT/IX Recurso Ordinário 05918-2002-003-09-00-5 ACORDÃO-18558-2003. Relator: Juiz SERGIO MURILO RODRIGUES LEMOS. Publicado no DJPR em 15.8.2003).
EMENTA: GESTANTE. ESTABILIDADE PROVISÓRIA. CONTRATO POR PRAZO DETERMINADO. Não há desrespeito ao artigo 10º, inciso II, alínea b, do ADCT quando, ciente da natureza transitória, a reclamante subscreve o contrato por prazo determinado, ainda que ostente a condição de gestante. Não há direito a reintegração ou indenização equivalente. (TRT/IX. Recurso Ordinário 16481/1999-AC 13136/2000-1a.T-Relator Juiz Tobias de Macedo Filho. Publicação em 9.6.2000).
EMENTA: GESTANTE. CONTRATO POR PRAZO DETERMINADO. ESTABILIDADE INEXISTENTE. Contrato de experiência não induz à possibilidade de se reconhecer o direito da gestante à estabilidade provisória, o que só seria possível se o vínculo fosse por tempo determinado. (TRT/IX. Recurso Ordinário 6.695-93 – Ac.1ª T 14.996-94 – Rel. Juiz Armando de Souza Couto. Publicação em 19.8.1994).
O estagiário não possui piso salarial, contribuições previdenciárias e diversos outros benefícios da legislação tutelar trabalhista e previdenciária.

Entidades de angariação de estagiários atuam como braços de um mesmo empreendimento: a arregimentação de empregados e colocação em trabalho sem vínculo formal de emprego em empresas terceiras. A atuação de tais entidades, mais do que trair os interesses de quem deveriam proteger, serve à outorga de parca remuneração aos estudantes, prestando-se primordialmente ao aumento da precarização do mercado de trabalho, pois diminui a oferta e achata o salário.

A ordinariedade do trabalho de estagiários formais acaba por prestar um desserviço a todo o mercado de trabalho, pois promove a colocação dos estudantes na condição de *empregados de segunda classe*. E, o mais grave, atua de forma contrária aos interesses de médio e longo prazo dos próprios estudantes, pois pavimenta o caminho da diminuição da força da classe trabalhadora e achatamento dos rendimentos dos operários do setor em que buscarão se inserir, após academicamente formados.

Ainda que não se trate de um formal contrato de emprego, os pactos de estágio, na proporção em que se apresentam, deixam de cumprir com sua função social. Os contratos livremente aceitos pelas partes muito bem podem ser adequados às intenções mesmo dos estudantes que não possuem a disponibilidade de labor em tempo integral. Todavia, na medida em que deixam as empresas tomadoras de contratar profissionais formados, acabam por achatar salários da categoria respectiva, prejudicando o futuro profissional de seus estagiários. Afastam-se as empresas de sua função social, da mesma forma que os contratos de estágio também não atendem aos interesses maiores da coletividade trabalhadora.

e) Meio ambiente do trabalho

O tema da proteção à saúde do trabalhador, em sua evolução, passou por diversas etapas, lembradas por *Sebastião Geraldo de Oliveira*: a) da medicina do trabalho, a partir de 1830; b) da saúde ocupacional, a contar de 1950; c) da saúde do trabalhador, desde 1970; d) da qualidade de vida, iniciada por volta de 1985[71].

O controle dos agentes prejudiciais à saúde serve tanto para evitar a produção de acidentes de trabalho[72], como também de doenças profissionais[73] e doenças do trabalho[74]. Segundo *Sebastião Geraldo de Oliveira*, identifica-se a possibilidade de redução desejável (eliminação) e uma redução aceitável dos riscos (neutralização).

---

(71) OLIVEIRA, Sebastião Geraldo de. *Proteção jurídica à saúde do trabalhador*. São Paulo: LTr, 2004. p. 120.

(72) Artigo 19 da Lei n. 8.213/91: "Acidente de trabalho é o que ocorre pelo exercício do trabalho a serviço da empresa ou pelo exercício do trabalho dos segurados referidos no inciso VII do artigo 11 desta Lei, provocando lesão corporal ou perturbação funcional que cause morte ou a perda ou redução, permanente ou temporária, da capacidade para o trabalho".

(73) Também chamadas de "tecnopatias", assim entendidas como as que se produzem ou desencadeiam pelo exercício do trabalho peculiar a determinada atividade e constante da respectiva relação elaborada pelo Ministério da Previdência Social (artigo 20, I, da Lei n. 8.213/91).

(74) Compreende-se por "doença do trabalho" a adquirida ou desencadeada em função de condições especiais em que o trabalho é realizado e com ele se relacione diretamente, constante da relação mencionada no inciso I (artigo 20, II, da Lei n. 8.213/91).

A primeira significa a completa supressão do risco, ou seja, a eliminação do agente agressivo. A redução aceitável, porém, indica a limitação do agente agressor a níveis toleráveis pela saúde humana. O propósito primeiro da lei é a redução máxima, eliminando-se por completo o agente prejudicial. Apenas na impossibilidade técnica de se alcançar tal objetivo é que o empregador terá de reduzir a intensidade do agente prejudicial, de modo que o torne, ao menos, tolerável.[75]

O estágio atual da saúde do trabalhador — o da qualidade de vida — obriga que se invista na profilaxia e satisfação pessoal na atividade profissional. Nesse sentido, no plano normativo internacional, a Organização Internacional do Trabalho (por meio da Declaração de Alma-Ata, Kazaquistão, de 12.9.1978) afirma enfaticamente que a saúde é um direito fundamental, e que a consecução do mais alto nível possível de saúde é a mais importante meta social mundial, cuja realização requer a ação de muitos outros setores sociais e econômicos, além do da saúde. Na mesma declaração, o organismo internacional também esclarece que a saúde do trabalhador não é simplesmente a ausência de doença ou enfermidade, mas o completo bem-estar físico, mental e social. Os atos da OIT que se seguiram permanecem reafirmando o conceito de saúde do trabalhador e a necessidade de redução de condições de trabalho insalubres perigosas, independentemente de recebimento de adicional próprio[76].

A Lei Fundamental brasileira segue a normativa internacional. O artigo 225 da Constituição Federal determina que todos têm direito ao meio ambiente ecologicamente equilibrado, bem de uso comum do povo e essencial à sadia qualidade de vida. Estabelece o artigo 7º, XXII, que é direito dos trabalhadores a redução dos riscos inerentes ao trabalho, por meio de normas de saúde, higiene e segurança. Em complemento, indica o artigo 198 que, entre as diretrizes das ações de saúde, está o atendimento integral, com prioridade para as atividades preventivas, sem prejuízo dos serviços essenciais (inciso II).

---

(75) OLIVEIRA, op. cit., p. 129.
(76) Pacto Internacional dos Direitos Econômicos Sociais e Culturais. Artigo 12. Os Estados-Partes do presente Pacto reconhecem o direito de toda pessoa de desfrutar o mais elevado nível possível de saúde física e mental (Aprovado na XXI Sessão da Assembléia Geral das Nações Unidas, de 19.12.1966, com vigência no Brasil desde 24.4.1992 – Decreto 591, de 6.7.1992).
Convenção n. 155 da OIT: Artigo 3º, "e". O termo Saúde com relação ao trabalho, abrange não só a ausência de afecções ou de doenças, mas também os elementos físicos e mentais que afetam a saúde e estão diretamente relacionados com a segurança e a higiene do trabalho. (Convenção aprovada em 3.6.1981, com vigência no Brasil desde 18.5.1993).
Convenção n. 161 da OIT, sobre Serviços de Saúde do Trabalho (Aprovada em 17.2.1988, com vigência no Brasil desde 18.5.1991). A expressão "Serviços de Saúde no Trabalho" designa um serviço investido de funções essencialmente preventivas e encarregado de aconselhar o empregador, os trabalhadores e seus representantes na empresa em apreço, sobre I) os requisitos necessários para estabelecer e manter um ambiente de trabalho seguro e salubre, de molde a favorecer uma saúde física e mental ótima em relação com o trabalho; II) a adaptação do trabalho às capacidades dos trabalhadores, levando em conta seu estado de sanidade física e mental. Diretiva do Conselho 89/391/CEEE, de 12.6.1989, relativa à aplicação de medidas para promove a melhora da segurança e da saúde dos trabalhadores no trabalho. Princípios gerais: (...) d) Adaptar o trabalho à pessoa, em particular no que se refere à concepção dos postos de trabalho, assim como à escolha dos equipamentos de trabalho e do dos métodos de trabalho e de produção, com vistas em particular a atenuar o trabalho monótono e o trabalho repetitivo e a reduzir os efeitos dos mesmos na saúde.

Também o Código Civil estabelece, em seu artigo 1.228, § 1º, que o direito de propriedade deve ser exercido em consonância com as suas finalidades econômicas e sociais, de modo que seja preservado o equilíbrio ecológico e evitada a poluição.

Em suma, do conjunto normativo geral retiram-se duas conclusões sobre a matéria. Primeiro, de que a saúde do trabalhador não significa simplesmente a ausência de doença, mas que o meio ambiente de trabalho seja saudável, sem que represente qualquer afetação à saúde e salubridade. Objetiva-se que o local de trabalho favoreça o mais elevado nível possível de saúde física e mental ótima. Segundo, de que cumpre, não apenas ao Estado, mas também às empresas, e ao conjunto da sociedade, que se alcance um local de trabalho saudável[77].

A sistemática brasileira em relação às condições de trabalho insalubres e perigosas não segue a intenção normativa. Paga-se o adicional respectivo para a condição de trabalho que deveria ser evitada e pouco se faz para subtração das más condições de higiene laboral. Mesmo o trabalhador, destinatário do direito ao meio ambiente do trabalho saudável, deixa de reinvindicá-lo, porque termina por se adaptar, seja pela necessidade de manter o emprego, como porque tem interesse econômico no recebimento do adicional.

Ocorre que, apesar das diversas normas de cunho principiológico que visam à produção de um meio ambiente de trabalho saudável, a legislação trabalhista brasileira não estabelece determinações objetivas para que se substitua o pagamento do adicional pela extinção das condições insalubres ou perigosas. Como resultado, há apenas uma adição na remuneração do trabalhador (com o pagamento do adicional de insalubridade ou periculosidade), mas a permanência de um efetivo prejuízo à sua saúde.

O contrato de emprego que em tais condições se desenvolve muitas vezes segue o interesse dos contratantes, principalmente financeiros: o empregado recebe um aporte financeiro sobre seu salário, aumentando rendimentos; o empregador não precisa investir somas consideráveis para aperfeiçoamento do local de trabalho. Como estabelece o artigo 196 da Constituição Federal, a saúde é dever de todos e dever do Estado, através de políticas sociais e econômicas que visem à redução do risco de doença e de outros agravos e ao acesso universal igualitário às ações e serviços para a sua promoção, proteção e recuperação. Esse dever não é cumprido pelo empresário quando substitui a eliminação das más condições de trabalho pelo pagamento do adicional.

O pacto desenvolvido nessas condições não cumpre sua função social, na medida em que deixa de observar os interesses da coletividade de proporcionar saúde aos seus membros. O trabalho em más condições higiênicas não é apenas prejudicial ao indivíduo que conscientemente se submete a ela, mas ao conjunto da sociedade que eventualmente deverá suportar conseqüências econômicas de licenças médicas, aposentadorias precoces e tratamentos médicos dispendiosos. Para que se atinja a destinação

---

(77) René Mendes indica diversos critérios que considera fundamentais para adoção de medidas capazes de eliminar ou neutralizar as condições que impliquem risco para a saúde e integridade física dos trabalhadores, e que vão da eliminação ou neutralização dos fatores de risco até a adequação do custo da ação à capacidade financeira da empresa (MENDES, René. *Patologia do trabalho*. Belo Horizonte: Atheneu, 2004. p. 786-787).

social do contrato de emprego, é necessário que, não apenas sejam pagos os adicionais compensatórios a condições higiênicas deficientes, mas que se obre efetivamente para a redução e extinção desses elementos violadores ao direito a um meio ambiente saudável[78].

5.2. Direito coletivo do trabalho

Embora o objetivo deste trabalho seja o de enfocar especificamente a aplicação da função social do contrato no campo do Direito Individual do Trabalho, é importante algumas poucas considerações sobre a incidência no Direito Coletivo. Como já relembramos, o contrato de emprego tem seu regulamento formado por múltiplas fontes: a vontade das partes, o contrato mínimo legal e as normas coletivas. De pouco adianta estabelecer-se vinculação delimitadora da vontade das partes à função social se o restante das fontes normativas não tiverem o balizador da sociabilidade[79].

Na medida em que a aplicação da função social do contrato em seu aspecto de eficácia *ultra partes* robusta (submissão a interesses sociais) limita tremendamente a autonomia da vontade, forma-se tendência de trancamento do ideário neoliberal no mundo do trabalho. Com o objetivo de preservação de valores coletivos, há maior dificuldade de se aceitar que a livre negociação das partes do contrato de emprego estabeleça condições desfavoráveis ao trabalhador, ainda que amparado em lei específica[80].

No mesmo sentido, defende *Ribeiro dos Santos* que o reconhecimento de que se aplica a função social, prevista no artigo 421 do Código Civil, aos pactos de emprego, significa que passam a ser tendencialmente barradas as iniciativas de flexibilização trabalhista. Para o autor, o instituto agora positivado obriga que não sejam apenas valorados os interesses do capital, ordinariamente clamados para fazer face aos aspectos concorrenciais da globalização econômica[81].

---

(78) "Assim, por exemplo, o trabalho em local insalubre não é juridicamente relevante só enquanto um adicional letal de 40%, 20% ou 10% sobre o salário mínimo, mas especialmente como um possível e eventual dano à saúde — direito fundamental — ou a revista não é só uma questão de poder ou sua limitação, mas a expressão da inviolabilidade do direito à vida privada e à intimidade — direito fundamental. A possibilidade de negociação, neste campo, deve ser extirpada, e a vontade reconhecida como inexistente. A manutenção da visão de contratualidade explicitada pela autonomia da vontade serve para esvaziar a teoria dos direitos fundamentais" (COUTINHO, Aldacy Rachid. A autonomia privada: em busca da defesa dos direitos fundamentais dos trabalhadores. In: SARLET, Ingo Wolfgang (organizador). *Constituição, direitos fundamentais e direito privado*. 2. ed. Porto Alegre: Livraria do Advogado Editora, 2006. p. 182).

(79) Uma dimensão paralela da perspectiva coletiva da função social do contrato de emprego pode ser encontrada na aceitação das greves atípicas. Nesse sentido, a Primeira Jornada de Direito Material e Processual na Justiça do Trabalho, promovida pelo TST, em 2007, reconheceu a prática como válida: Enunciado n. 6: GREVES ATÍPICAS REALIZADAS POR TRABALHADORES. CONSTITUCIONALIDADE DOS ATOS. Não há, no texto constitucional, previsão reducionista do direito de greve, de modo que todo e qualquer ato dela decorrente está garantido, salvo os abusos. A Constituição da República contempla a greve atípica, ao fazer referência à liberdade conferida aos trabalhadores para deliberarem acerca da oportunidade da manifestação e dos interesses a serem defendidos. A greve não se esgota com a paralisação das atividades, eis que envolve a organização do evento, os piquetes, bem como a defesa de bandeiras mais amplas ligadas à democracia e à justiça social.

(80) CARVALHO, José Quintella de. A função social do contrato e o direito do trabalho. In: *Novo Código Civil e seus desdobramentos no direito do trabalho*. São Paulo: LTr, 2003. p. 76.

(81) SANTOS, Enoque Ribeiro dos. *A função social do contrato, a solidariedade e o pilar da modernidade nas relações de trabalho*. São Paulo: LTr, 2003. p. 98-99.

A prevalência dos princípios de solidariedade social, próprios do Estado Social e instrumentalizados em parte nas relações jurídico-privadas pela aplicação da função social do contrato retira grande parte da lógica de preconização de um Estado mínimo e o predomínio das forças onipotentes do mercado. Neste "pilar de modernidade das relações de trabalho seriam preservados os direitos mínimos do trabalhador, que não seriam objeto de negociação".[82] Em nome da sociabilidade, reforçam-se as barreiras de flexibilização normativa do trabalho.

Ainda no campo do Direito Coletivo do Trabalho, num duplo aspecto, também se estabelece restrição da liberdade de pactuação de normas coletivas. Leciona *Carvalho* que a prevalência da função social faz com que sejam desmerecidos os interesses corporativistas, como manifestações de individualismo de grupo, a despeito do contexto social geral[83]. Numa ampliação da "função social do contrato", de modo que abranja a categoria geral de convenções e acordos coletivos de trabalho — também espécies de contratos —, impede-se que os grupos sindicais débeis cedam a uma vontade mais poderosa de gerar normas trabalhistas piores que as fixadas em anteriores acordos.

Não há incoerência em cogitar de limitação no estabelecimento de cláusulas livremente estipuladas por entidades de representação do capital e do trabalho, ainda que cumpridas as restrições legais explícitas. Como já referido na doutrina de *Perlingieri*, a afirmação de prevalência das formações sociais não impede que mesmo entre estas se estabeleça uma graduação. Ocorre que entre as formações sociais há uma diversidade de funções, de modo que não parece correto expor de forma unitária o problema de seu controle. A validade do reconhecimento da capacidade de auto-regramento entre as entidades de representação limita-se ao âmbito do ordenamento no qual são destinadas no âmbito da sociedade a ter relevância e sempre vinculadas à promoção da dignidade humana[84].

A função social da convenção ou acordo coletivo deve ser retirada do atendimento aos interesses e duas ordens de coletividade: primeiramente, da integralidade da comunidade, observando-se todo o espaço nacional; segundo, os próprios representados pelo sindicato. Com essa premissa, aclara-se que a função social do contrato, ou da negociação coletiva, também se apresenta pela contraposição entre valores coletivos e valores individuais (ainda que "coletivizados" pelo sindicato) como fator da liberdade de contratar[85].

Por efeito, o estabelecimento de cláusulas de convenções e acordos coletivos ainda que livremente firmadas entre entidades representativas do capital e trabalho mas contrárias aos interesses da coletividade — representada ou não — não podem ser consideradas como cumpridoras de sua função social.

---

(82) SANTOS, E. R., *op. cit.*, p. 100.
(83) CARVALHO, *op. cit.*, p. 79.
(84) PERLINGIERI, *op. cit.*, p. 39-40.
(85) Observa-se a disposição do artigo 2.035 do Código Civil: "(...) Parágrafo único. Nenhuma convenção prevalecerá se contrariar preceitos de ordem pública, tais como os estabelecidos por este Código para assegurar função social da propriedade e dos contratos."

6. A função social como justificador do equilíbrio contratual. Conteúdo *inter partes*

A visão do contrato também sob a ótica de uma operação distributiva ganha espaço na medida em que são afastadas as fórmulas clássicas do liberalismo contratual. Reconhece *Lorenzetti* que, na teoria clássica, o contrato era entendido como fenômeno econômico neutro, mas que se trata de concepção equivocada, pois há efeitos redistributivos verificados quando se efetua uma análise globalizada do negócio celebrado. Explica que, hodiernamente, faz parte dos fundamentos do contrato, por exemplo, o favorecimento ao consumo, como norma implícita de ordem pública[86].

A função social da relação contratual observa a hierarquia de valores acolhida como orientadora para a vida em sociedade. Na atualidade, há uma opção pelos efeitos socialmente esperados nas operações privadas. Como refere *Santos Briz*, a vida social não é um fim em si mesma, mas deve ser ordenada para que se alcance o bem dos indivíduos em seu conjunto. É nesse ambiente que a função social do contrato também deve se desenvolver[87]. Nos estudos desse autor, para que se intensifique a função social do contrato, sua finalidade será principalmente a proteção da parte débil da relação, aquele que, por sua condição econômica deficiente, ocupa uma posição de inferioridade ao contratar[88].

A necessidade de se reconhecer uma eficácia *inter partes* para a concreção do contrato, no sentido de equivalência das prestações, também passa pelo reconhecimento da vinculação de toda a sociedade na realização da dignidade humana. Em análise aos efeitos do novo paradigma de valorização da dignidade humana no direito dos contratos, *Luiz Édson Fachin* identifica a prevalência do sentido da comutatividade e da igualdade, como valores perseguidos pela sociedade. Por efeito, passam a ser cada vez mais efetivas as tentativas de impedir as desproporções, permitindo a revisão das equações econômicas e financeiras das avenças[89].

Explica o professor da UFPR que a idéia de interesse social corresponde ao início de distribuição de cargas sociais, de modo que o sentido que se coloca no centro do sistema jurídico é o da relação entre pessoas, e que faz do princípio da igualdade uma presença necessária. Nesse sentido, que chama de "ideológico", há uma dimensão mais enriquecida da igualdade, entendida como a carga confessadamente política que o princípio da função social possui[90].

---

(86) LORENZETTI, Ricardo Luis. *Fundamentos do direito privado*. São Paulo: Revista dos Tribunais, 1998. p. 541-543.

(87) *"El aspecto social del contrato moderno, con ser innegable, no debe exagerarse. El enfoque de lo social dentro del Derecho de obligaciones en general ha de partir de una visión del Derecho fundamentalmente personalista (lo que no quiere decir en modo alguno individualista), en la cual la conciliación y armonía de los fines individuales y sociales se realice sobre la base del reconocimiento, el respeto y el rango preferente que en la jearquía de los valores corresponde al fin del hombre, aunque la vida de éste se desenvuelva siempre en el seno de los medios sociales. La vida social, aun siendo presupuesto necesario del Derecho, no es un fin en símisma y ha de ser ordenada al bien de los individuos en su conjunto. Y con arreglo a estas ideas es como hay entender la variación efectuada en la función social de la relación contractual"* (SANTOS BRIZ, Jaime. *La contratación privada*. Madrid: Editorial Montecorvo, 1966. p. 32).

(88) *Idem*, p. 33.

(89) FACHIN, Luiz Edson. *Teoria crítica do direito civil. À luz do novo Código Civil brasileiro*. Rio de Janeiro: Renovar, 2003. p. 229.

(90) *Idem*, p. 289-291.

Mas *Fachin* também ressalva que a conquista do princípio da igualdade — presente no Código e na Constituição — não implica ausência de discriminação, tratamento absolutamente sistemático. Significa, isto sim, uma igualdade perante a regra, uma igualdade perante a lei[91]. Para operacionalização do valor, a paridade contratual vai informar não apenas a constituição do vínculo contratual, mas a hermenêutica da sua aplicação, vez que é no momento da eficácia que a desproporção fica mais evidente. Segundo o autor, as desproporções geradas pelos efeitos do contrato que permitirão uma ingerência na equação econômico-financeira de dadas relações jurídico-privadas[92].

A identificação da função social do contrato com a busca da igualdade substancial e busca da dignidade humana é tema igualmente desenvolvido por *Tepedino*. Segundo o autor, é a própria Constituição, nos princípios e objetivos fundamentais, que determina ser a função social conceito vinculado à dignidade humana e redistribuição de rendas, através da igualdade substancial de todos. Ultrapassando a conquista burguesa da igualdade meramente formal — todos são iguais perante a lei — a isonomia constitucional deve ser interpretada como a busca da remoção de todas as desigualdades de fato[93]. Por efeito, passa a ser dever do Estado a redução dos desníveis econômicos, mediante a interferência nas relações de trabalho e produção, para que se busque a igualdade de todos no acesso aos bens materiais e espirituais disponíveis[94].

No mesmo sentido compreende *Tartuce*, para o qual o papel da função social do contrato está intimamente ligado ao ponto de equilíbrio que o negócio celebrado deve atingir e ao princípio da eqüidade contratual. Por efeito, um contrato que traz onerosidade a uma das partes — considerada hipossuficiente ou vulnerável — não está cumprindo o seu papel sociológico, necessitando de revisão pelo órgão judicante[95].

Em análise da extensão do artigo 421 do Código Civil Brasileiro de 2002, o Ministro do Superior Tribunal de Justiça, José Delgado, também identifica ambiente de atuação da função social do contrato na repressão ao desequilíbrio econômico. O magistrado chega a várias conclusões, dentre as quais destacamos quatro: Primeiro, é de ordem pública a norma do artigo 421, pelo qual pode ser aplicada pelo juiz, de ofício, em qualquer ação judicial. Segundo, a função social do contrato visa a prestigiar o equilíbrio entre os contratantes. Terceiro, o juiz pode, em decorrência da aplicação do princípio da função social do contrato, emitir sentença para, entre outros efeitos, reduzir a prestação de uma das partes quando entender que, em razão da situação econômica comprovada, está exagerada ou desproporcional. Quarto, a função social do contrato tem por objetivo evitar que, no negócio jurídico, nenhuma das partes seja lesada[96].

Tais construções podem ser transportadas para o ambiente das relações de trabalho contratualizadas. *Santos Briz* vê, precisamente no Direito do Trabalho, o ramo especializado

---

(91) FACHIN, *op. cit.*, p. 294.
(92) *Idem*, p. 295.
(93) TEPEDINO, Gustavo. A nova propriedade (o seu conteúdo mínimo entre o Código Civil, a legislação ordinária e a Constituição). In: *Revista Forense*, v. 306, 1989. p. 75.
(94) *Idem*, p. 76.
(95) TARTUCE, Flávio. *A função social dos contrato*. São Paulo: Método, 2005. p. 96.
(96) DELGADO, José. O contrato no Código Civil e a sua função social. In: *Revista Jurídica*, n. 322, 2004. p. 27-28.

do Direito das Obrigações em que são as considerações sociais predominantes para que o contrato seja mais equânime[97].

Mas, por evidente, não é possível, mantido o sistema capitalista de classe vigente, declarar uma absoluta proporção de obrigações nos contratos. Afirmar a preponderância dos efeitos redistributivos equânimes de riqueza nas operações contratuais seria absolutamente utópico em qualquer sociedade segmentada pelos potenciais econômicos individuais. Por isso, uma tentativa factível de garantir a eficácia *inter partes* da função social do contrato pode passar pela imposição da repressão a cláusulas danosas aos contratantes reconhecidamente indefesos, em especial em contratos de adesão.

Nesse sentido, defende *Antonio Jeová Santos* que a função social do contrato, com seus balizamentos próprios, procura evitar a imposição de cláusulas danosas aos contratantes indefesos. Os consecutários lógicos que sugerem a função social do contrato, para esse autor, são a vedação da lesão e a aplicação da teoria da imprevisão[98].

No mesmo caminho, *Carvalho* verifica que, na tentativa de potenciar a convivência entre os princípios da igualdade e da liberdade, a prevalência do primeiro parece inequívoca quando se trata de contrato de adesão. Nessa situação, o legislador cria a presunção de desigualdade. Reconhecendo o contrato de emprego como categoria do contrato de adesão, a aplicação da função social do contrato obriga que se imponha a nulidade de cláusulas que impliquem qualquer renúncia antecipada[99].

Para vedações de renúncias antecipadas do trabalhado, o Princípio da Proteção ocupa um lugar importante, na aplicação de dois de seus subprincípios.

O princípio da Norma Mais Favorável determina que, havendo mais de uma norma a regular a mesma situação de fato, independentemente da sua posição no plano da hierarquia das fontes formais, aplica-se aquela que for a mais favorável ao trabalhador. A norma de hierarquia superior consubstancia direitos mínimos, passíveis de serem ampliados na norma hierarquicamente inferior. Garante-se ao trabalhador que incidirá sobre seu contrato regramento que importar maiores vantagens.

Também o Princípio da Condição Mais Benéfica objetiva oferecer garantias ao trabalhador. Vantagens — no sentido de cláusulas contratuais — já conquistadas pelo empregado não podem ser suprimidas. Sucedendo-se normas, no curso da relação de emprego, a regularem um mesmo instituto, mantêm-se as condições mais benéficas adquiridas na constância da norma anterior. em síntese, veda-se a *reformatio in pejus* e respeita-se o direito adquirido. As Súmula ns. 51[100] e 288[101] do Tribunal Superior do Trabalho bem estampam essa orientação.

---

(97) SANTOS BRIZ, *op. cit.*, p. 33.
(98) SANTOS, Antonio Jeová. *Função social do contrato. Lesão e imprevisão no CC/2002 e no CDC*. São Paulo: Método, 2004. p. 129.
(99) CARVALHO, *op. cit.*, p. 80.
(100) Tribunal Superior do Trabalho. Súmula n. VANTAGENS – REGULAMENTO DE EMPREGO. As cláusulas regulamentares, quer revoguem ou alterem vantagens deferidas anteriormente, só atingirão os trabalhadores admitidos após a revogação ou alteração do regulamento (RA 41/1973, DJ 14.6.1973).
(101) Tribunal Superior do Trabalho. Súmula n. COMPLEMENTAÇÃO DOS PROVENTOS DA APOSENTADORIA. A complementação dos proventos da aposentadoria é regida pelas normas em vigor na data da admissão do empregado, observando-se as alterações posteriores desde que mais favoráveis ao beneficiário do direito (Resolução n. 21/1998, *DJ* 18.3.1998).

O Direito do Trabalho nacional também oferece uma razoável garantia de não formação de lesões ao trabalhador, pela alteração do pactuado, ao longo do contrato. Trata-se do princípio da inalterabilidade lesiva, instrumentalizado no artigo 468 da CLT[102].

Não há dúvidas de que a aplicação dos dois subprincípios do primado da Proteção formam instrumentos importantes para impor um regramento mínimo ao contrato de emprego e que, por efeito, impedem grande número de desproporções nas prestações. Mas há uma limitação intrínseca à formulação de ambos princípios: o de que os balizamentos do mínimo são os previamente estabelecidos na legislação tutelar, nas normas coletivas, ou no contrato de emprego.

Na medida em que historicamente o Direito do Trabalho brasileiro estabeleceu que o justo é o previsto no sistema normativo laboral — em especial o legislado —, comprime-se a visão de adequação de reconhecimento como anti-social o regramento de trabalho *de acordo com a lei*, mas contrário aos valores abstratamente estabelecidos pela sociedade, em especial através de princípios constitucionais. As conformações recorrentes do Princípio da Proteção pouco podem atuar nessa frente. Torna-se necessária uma formulação que avance no reconhecimento da inadequação de certas práticas não expressamente vetadas pelo microssistema trabalhista.

Seguindo a obra de *Christophe Dejours*, *Wandelli* reconhece que a sistemática da contratualidade trabalhista muitas vezes produz uma vitimização, "segundo o sistema", e que é banalizada como um processo de fetichização silenciadora da justiça no interior do sistema[103]. Sem embargo da importante conquista do Direito do Trabalho de vedação da alteração lesiva no curso do contrato, há uma incrível dificuldade dos operadores do Direito laboral de verificar ilicitude na contratação quando a cláusula não é vetada pela normatividade tutelar explícita[104].

---

(102) CLT. Artigo 468. Nos contratos individuais de trabalho só é lícita a alteração das respectivas condições, por mútuo consentimento, e, ainda, desde que não resultem, direta ou indiretamente, prejuízos ao empregado, sob pena de nulidade da cláusula infringente desta garantia.

(103) WANDELLI, Leonardo Vieira. *Despedida abusiva. O direito (do trabalho) em busca de uma nova racionalidade.* São Paulo: LTr, 2004. p. 93.

(104) A jurisprudência trabalhista é recorrente para situações em que o empregado alega coação ínsita ao contrato de trabalho e os tribunais desprezam a pretensão sob o argumento de que a coação se caracteriza por uma ameaça que devia ser provada pelo obreiro:
EMENTA: VÍCIO DE CONSENTIMENTO – COAÇÃO. Consoante decorre dos artigos 98 a 101 do Código Civil de 1916 (Seção III, Da coação; Capítulo II, Dos defeitos dos atos jurídicos) ou artigos 151 a 155 da Lei n. 10.406/2002, a coação, para viciar a manifestação de vontade há de ser tal que incuta ao paciente fundado temor de dano pessoal à família ou seus bens (artigo 98 CCB 1916 ou artigo 151 NCCB). Ressalta-se, nesse particular, a regra do artigo 99 CC-1916 ou parágrafo único do artigo 151 NCCB, que prevê que na análise da coação se deverá ter em conta as peculiaridades do caso como idade, sexo, condição de saúde, dentre outras. Não havendo como indicar que as condições peculiares da situação fática delineada conduzam à presunção de vício, não se pode pautar no mero elemento subordinação, inerente ao vínculo empregatício, para justificar o vício, medida que não condiz com o princípio da razoabilidade. (TRT/IX. Recurso Ordinário 00648-2000-670-09-00-5-ACO-00164-2004. Relatora juíza Sueli Gil El-Rafihi. Publicação em 23.1.2004).
EMENTA: Cooperativa. Vínculo de emprego. A autora confessou que não sofreu coação para associar-se à cooperativa e o fez espontaneamente. Pagou a contribuição do cooperado por cinco meses. Se a reclamante pagava contribuição para trabalhar, não era empregada. (TRT 2ª Região, Processo 20000217365, Relator Juiz Sérgio Pinto Martins, publicado no *DOE* SP, PJ, TRT 2ª, data: 17.7.2001);

Banaliza-se o mal oriundo do quase monopólio empresarial de fixação das cláusulas abertas do contrato de emprego e que retiram substancial parcela de direitos fundamentais dos empregados, e formam prestações tremendamente desequilibradas. Verifica-se no processo a constância de indignificação contra a injustiça e desdramatização do mal, fazendo-se encarar a injustiça produzida como algo normal. A reversão dos processos de banalização, defende *Wandelli*, deve começar pela afirmação de que o sistema não elimina os sujeitos: é preciso denunciar o sistema e ter a coragem de manifestar o sofrimento[105].

O tema da Alteração das circunstâncias e onerosidade superveniente, com aplicação da teoria da imprevisão ocupa uma parte importante no estudo da aplicação da função social dos contratos em geral, em sua eficácia *inter partes*. Não há, todavia, tanta aplicabilidade no campo do contrato de emprego, pois as alterações onerosas, produzidas no curso do pacto, já são nulas per si, sem que se precise adentrar no exame do grau de intensidade da onerosidade.

Mas a aplicação do instituto da lesão por aplicação de cláusulas abusivas, como faceta da função social do contrato em sua eficácia *inter partes*, pode servir como importante meio de atuação no Direito do Trabalho para reversão de posturas contrárias ao esperado pela coletividade. Ainda que o tema venha sendo timidamente desenvolvido, permanece atual a observação de *Josserand*, feita na década de 30 do século passado, no sentido de que "o contrato de trabalho, mais do que as outras convenções, é a terra de eleição do abuso dos direitos"[106].

6.1. Lesão e cláusulas abusivas

O Código Civil de 1916 trazia como vícios o erro ou ignorância, o dolo, a coação, a simulação e a fraude, nada dispondo sobre a lesão. O Estatuto de 2002 agregou a todos esses as figuras do estado de perigo e da lesão.

A idéia de lesão, prevista no artigo 157 do Código Civil[107], vincula-se à noção de contratos onerosos, em que existe uma reciprocidade entre proveitos e obrigações,

---

EMENTA: Coação presumida. A coação seja ela psicológica (*vis compulsiva*) ou física (*vis atrox*), deve ser comprovada perante o juiz, não podendo ser presumida com base em possível temor reverencial do empregado diante do empregador. O artigo 818 da CLT não admite discriminação quanto ao ônus da prova. (TRT/II. Processo 20000293487, Relator Juiz Luiz Edgar Ferraz de Oliveira, publicado no *DOE* SP, PJ, TRT 2ª, data: 4.5.2001);

EMENTA: Ação rescisória. Coação descaracterizada: desconfigura o argumento do autor-obreiro de ter sido coagido a firmar conciliação judicial para haver parcelas trabalhistas, quando, na instrução promovida na ação rescisória, em depoimento, admite haver optado pelo acordo, por necessidade de dinheiro, naquela oportunidade. (TRT/II. Processo 1997003174, Relatora Juíza Dora Vaz Treviño, publicado no *DOE* SP, PJ, TRT 2ª, data: 14.9.1999).

(105) "Uma vez, porém, que trabalhadores assumam a coragem de manifestar o sofrimento e recusa em reproduzir o mal, é possível elaborar publicamente a vulnerabilidade e impor barreiras à banalização do mal" (WANDELLI, *op. cit.*, p. 106).

(106) JOSSERAND, Louis. O contrato de trabalho e o abuso dos direitos. Trad. Revista Forense. *Revista Forense*, n. 75, set./1938. p. 514.

(107) Código Civil Brasileiro de 2002. Artigo 157. Ocorre a lesão quando uma pessoa, sob premente necessidade, ou por inexperiência, se obriga a prestação manifestamente desproporcional ao valor da prestação oposta.

em grau corretivo. Em resumo, ocorre lesão no contrato oneroso, quando um contratante, valendo-se de suas circunstâncias pessoais, obtém uma vantagem desproporcional em prejuízo de uma pessoa que contratou em estado de ignorância ou por pura necessidade[108].

Segundo a redação do artigo 157, três são os elementos da lesão: a) prestação manifestamente desproporcional — o elemento objetivo, ainda que não tarifado; b) deficiência do sujeito lesionado, quer por inexperiência, como por estar em estado de necessidade; c) exploração pelo lesionante de uma dessas situações.

A lesão normalmente é produzida pela imposição de uma cláusula abusiva. Veda-se a abusividade da cláusula para que lesão não seja produzida. O aproveitamento não deriva de uma atitude dolosa do sujeito ativo, mas simplesmente do aproveitamento de circunstâncias que caracterizam um déficit no sujeito passivo.

O ato praticado com o vício pode ser anulado ou modificado, com o objetivo de adequar as prestações de ambas as partes contratantes, atingindo os planos de justiça e eqüidade exigidos pelo direito. Procura-se, já no nascedouro da obrigação, corrigir ou mesmo evitar a situação de desequilíbrio, assegurando uma situação de substancial igualdade nas contratações.

Mesmo se reconhecendo a lesão como vício de vontade, não se podem afastar as repercussões sociais que provoca, tal como os vícios sociais da simulação e da fraude contra credores. Conforme artigo 157, § 1º, do CCB/02, a desproporção deve ser vista a partir de uma apreciação valorativa, hoje diretiva no direito privado. Também as disposições dos artigos 421 e 2.035, parágrafo único, do Código, direcionam a compreensão de que a relação negocial é preceito que interessa a toda a coletividade. É a partir dessas premissas que *Flávio Tartuce* verifica que a lesão dá ao princípio da função social do contrato grande efetividade, possibilitando sua ampla aplicação no âmbito socioeconômico. Lembra o autor que um negócio que traz onerosidade excessiva (lesão objetiva), um desequilíbrio em prejuízo à parte vulnerável ou hipossuficiente, para quem muitas vezes foram impostas as regras contratuais, não merecerá prosperar no mundo jurídico, eis que não está adequado aos valores da sociedade[109].

Nessa perspectiva, a lesão é vício do negócio jurídico que mantém um contato estreito com o princípio da função social do contrato, pois a manutenção da onerosidade excessiva no contrato atinge todo o meio social, não podendo ser assim suportada[110].

Fundamentam-se lesão e vedação de cláusulas abusivas no princípio da justiça contratual, como se disse, diretamente voltadas a escoimar das contratações traços de

---

§ 1º – Aprecia-se a desproporção das prestações segundo os valores vigentes ao tempo em que foi celebrado o negócio jurídico.

§ 2º – Não se decretará a anulação do negócio, se for oferecido suplemento suficiente, ou se a parte favorecida concordar com a redução do proveito.

(108) SANTOS, Antonio Jeová. *Função social do contrato. Lesão e imprevisão no CC/2002 e no CDC*. São Paulo: Método, p. 175-176.

(109) TARTUCE, Flávio. *A função social dos contratos*. São Paulo: Método, 2005. p. 220.

(110) *Idem*, p. 223.

desigualdade congênita, que as faz manifestamente desproporcionais, desequilibradas, desiguais e, portanto, injustas. A bem dizer, como conclui *Godoy*, não se está a tratar exatamente de um vício da vontade, mas, antes, de correção de situação de desequilíbrio contratual, como decorrência de impositivo constitucional que determina, necessariamente, relação mais justa entre as pessoas, de acordo com o artigo 3º, I, da Constituição Federal. Aí, estaria, por efeito, o fundamento dos institutos[111].

A desigualdade das prestações, como já se adiantou, faz parte da liberdade econômica que lastreia o capitalismo. O problema está em que essa desigualdade precisa ser livre e conscientemente querida[112].

São as teorias de abuso de direito que expressam uma tentativa da dogmática crítica em superar o formalismo positivista da liberdade absoluta na formulação do regulamento do contrato, sem seu completo abandono. Nesse campo, importante inovação ocorreu com a introdução dos artigos 186, 187 e 422 do Código Civil de 2002. A idéia positivamente introduzida é a de que o exercício de direitos, incluindo-se a liberdade contratual, deve estar permanentemente ligado à integração do sistema normativo, da qual o ideal de boa-fé sempre faz parte. Ocorre, portanto, o abuso de direito quando há o descumprimento de um dever não especificamente decorrente de uma norma positivada e que contraria sua finalidade, como no estabelecimento de cláusula contratual indevida. Os fundamentos da boa-fé objetiva e da justiça social acrescentam novas possibilidades de interpretação do ato jurídico que forma o contrato, direcionando-se a pactuação ao atendimento da dignidade da pessoa humana como valor maior e objetivo da república brasileira (artigo 1º, III, da CRFB/88).

Afirma *Venosa* que a compreensão inicial de abuso de direito não se situa, nem deve situar-se, em textos de direito positivo. A noção é supralegal. Decorre da própria natureza das coisas e da condição humana[113]. Extrapolar os limites de um direito em prejuízo do próximo merece repreenda, em virtude de consistir em violação a princípios de finalidade da lei e da eqüidade.

O conceito de abuso de direito, pela vinculação à boa-fé objetiva, permanece vago, impreciso. Soma-se a dificuldade de conceituação a divergência ainda existente na doutrina acerca da necessidade de o agente agir com intenção de lesão. *Chabas* bem resume, fornecendo os principais elementos para a delimitação do instituto. Indica duas teorias, a restritiva ou subjetivista (*thèse restrictive*) e a extensiva ou objetivista ou finalista (*thèse extensive*), conforme a aceitação da necessidade de intenção do agente na produção do prejuízo[114].

---

(111) GODOY, Cláudio Luiz Bueno de. *Função social do contrato*. São Paulo: Saraiva, 2004. p. 47.
(112) *Idem*, p. 51.
(113) VENOSA, Sílvio de Salvo. *Direito Civil*. São Paulo: Atlas, 2004. v. 1, p. 620-621.
(114) *"Dans quels cas la personne qui exerce un de ses droits en abuse-t-elle? Quel est le critère de l'abus des droits? Pour les uns, c'est l'intention de nuire, la faute intentionnelle. Pour les autres, l'abus peut exister même en l'absence d'une pareille intention. Josserand propose de se référer au but social des droits: un droit est exercé abusivement quand il l'est à l'encontre d'intérêt social dans lequel il a été édicté. Mais pareille recherche est difficile, voire dangereuse. Aussi est-il préférable de choisir la faute comme critère de l'abus: il y a abus dans*

Josserand compreende que todos os direitos possuem uma finalidade social, de modo que é justamente o ato abusivo que é, por si só, excessivo, contrário à instituição, ao espírito e à finalidade da lei[115]. Responde *Chabas* que a noção de falta (*la notion de faute*) é insuficiente, sendo necessário identificar como abusivo o direito que produz um prejuízo, afirmando que não é nem um pouco necessário que esta falta seja intencional[116].

Filiamo-nos à última teoria, a qual é agasalhada na própria definição do artigo 157 do Código Civil Brasileiro. O abuso de direito no estabelecimento da cláusula contratual, portanto, relaciona-se com a utilização indevida de determinado direito subjetivo, independentemente da intenção de produção do prejuízo, mas desde que o mesmo ocorra. A existência de um prejuízo, de forma imanente, é suficiente para a caracterização do ato como de responsabilidade do pactuante.

Por isso, é correta a observação de *Noronha*, no sentido de que se bem atentarmos aos atos geralmente apontados como de abuso de direito, veremos como em todos está presente uma violação do dever de agir de acordo com a boa-fé.[117] Complementa *Baracat*, afirmando que o princípio da boa-fé objetiva atua com a finalidade de estabelecer o critério para caracterizar o abuso de direito[118].

Mesmo autores civilistas visualizam exemplos de relações típicas de emprego como configuradoras de lesão formada pela abusividade do direito conferido às partes de um contrato de emprego para definição de parte do regulamento. *Espanés* relata a seguinte hipótese: Um patrão se aproveita da abundância de mão-de-obra para contratar trabalhadores, pagando-lhes salários excessivamente baixos. De acordo com a noção objetiva da lesão não haveria lugar a nenhuma ação, porque o empregador ofereceu o valor de troca, determinado pelo livre jogo da oferta e da procura. Sem embargo, a solução é evidentemente injusta; uma das partes aproveita a situação para explorar a outra e esta verdadeira lesão aos interesses do trabalhador cria em todo o mundo uma reação que, projetada sobre o campo jurídico, dá origem à formação de uma nova disciplina, o direito laboral — dentre outras coisas — tendente a impedir que

---

l'exercice d'un droit chaque fois que son titulaire, en l'exerçant, commet soil une faute intentionnelle, soit une imprudence ou négligence. C'est ce qu'admet la jurisprudence" (CHABAS, E. Applications de la notion de faute délictuelle et contractuelle en matière de responsabilité du fait personnel. *Leçons de Droit Civil. Obligations – Théorie Générale*, p. 474).

(115) "*(...) notion d'ordre profondément moral aussi, car elle est appellée à assurer le triomphe de l'esprit de la loi sur son texte, à protéger le droi contre l'égoïsme et la méchanceté qui seraient tentés d'y reconnaître la meilleure, la plus sûre de toutes les armes; notion sociale enfin, puisqu'elle tend à assurer la réalisation des droits pour le plus grand bien de la collectivité, loyalement, opportunément, civiliter*" (JOSSERAND, Louis. *L'abus des droits*. Paris: Librairie Nouvelle de Droit et de Jurisprudence. Arthur Rousseau Éditeur, 1905. p. 06).

(116) "*Il n'est nullement nécessaire que cette faute soit intentionnelle. Une faute non intentionnelle engage la responsabilité de son auteur; porquoi en serait-il autrement lorsque le dommage est causé dans l'exercice d'un droit? Ce qu'il faut rechercher, c'est la conduit d'un individu avisé placé dans les mêmes circonstances. Aurait-il exercé son droit de la même manière? Du moment que l'on constatera ainsi une imprudence ou une négligence commise par le titulaire du droit, on engagera as responsabilité. Simple application des règles générales qui gouvernent la faute*" (CHABAS, *op. cit.*, p. 479).

(117) NORONHA, Fernando. *O Direito dos contratos e seus princípios fundamentais (autonomia privada, boa-fé, justiça contratual)*, p. 176.

(118) BARACAT, Eduardo Milléo. *A Boa-Fé no direito individual do trabalho*, p. 188.

se produzam esses fatos nos quais o homem se converte no lobo do homem. Estamos diante de um caso típico de lesão subjetiva, que por sua difusão merece a sanção de leis especiais que são consideradas de ordem pública[119].

Parece claro, no exemplo acima, retirado de obra civilista, que o sistema capitalista, na medida em que contrata as pessoas pelo preço do mercado e não pelo valor do serviço prestado ou pelo importe necessário à subsistência do prestador, também infringe a garantia de que o regulamento contratual não será formado com lesão a uma das partes.

O reconhecimento explícito no direito positivo brasileiro da vedação da lesão e das cláusulas abusivas, como refere *Fraga* em relação ao Direito do Trabalho, traz um novo horizonte ao Direito do Trabalho. Uma nova visão legal se faz presente, onde não mais se admite que, pretensamente protegido por um direito ao fundo, sejam cometidas arbitrariedades[120].

De fato, as relações de trabalho são campos férteis para a produção de contratos lesivos por efeito de cláusulas abusivas. Ocorre que são raras as hipóteses em que o empregador tem condições de discutir as regras do seu contrato. O trabalhador normalmente adere ao regulamento, aos usos e costumes da empresa e às cláusulas que o empregador legitimamente tem a liberdade de impor, no ato da contratação[121].

A admissão da aplicação do instituto da lesão às relações de emprego, nos termos do estabelecido no artigo 157 do Código Civil, permite que se encontre um novo ambiente para reversão do quadro. Para a configuração da lesão, passa a ser necessário apenas que o lesionante se aproveite da inexperiência ou estado de necessidade do lesionado para impor uma prestação manifestamente desproporcional. Como refere *Sady*, seria suficiente a demonstração da sujeição do sujeito do trabalhador, como efeito da miserabilidade do obreiro, para que se tenha configurado o vício de consentimento[122].

O estado de vulnerabilidade do empregado é a regra na formação do contrato de emprego. O reconhecimento de lesão como efeito dessa situação de fato pode introduzir um novo dado nas discussões a respeito da validade de certas partes do regulamento do contrato individual de trabalho. O empregado se submete a diversas regras dentro da esfera de livre combinação individual devido a um estado de pressão ordinária produzida pela combinação da hipossuficiência econômica com a subordinação ao poder hierárquico do empregador[123].

Relacionamos dois exemplos em que se visualiza a lesão provocada ao empregado pela abusividade de cláusulas contratuais que não são explicitamente vetadas pela legislação tutelar trabalhista, mas estabelecidas no regulamento do contrato de emprego, por imposição do empregador lesionante.

---

(119) ESPANÉS, Moisset de. La lesión en los actos jurídicos. *Apud* SANTOS, Antonio Jeová, *op. cit.*, p. 188.
(120) FRAGA, Ricardo Carvalho. Novo Código Civil e direito do trabalho. In: *Revista do Tribunal Regional do Trabalho da 4ª Região*, n. 32. Porto Alegre: TRT da 4ª Região, 2003. p. 48.
(121) PANCOTTI, José Antonio. Algumas considerações sobre os reflexos do novo Código Civil no direito do trabalho. In: *Revista do TRT da 15ª Região*. Campinas: junho de 2003, n. 22, p. 115.
(122) SADY, João José. O novo Código Civil e o direito do trabalho: a função social do contrato. In: *Revista LTr*, vol. 67. São Paulo: julho de 2003, p. 04.
(123) *Idem*, p. 05.

a) Revistas pessoais em empregados

Com lamentável freqüência, grandes empresas brasileiras — em especial lojas de departamentos — promovem diariamente revistas a seus funcionários. Levada a prática ao conhecimento dos tribunais trabalhistas, a maior parte das decisões tem se direcionado ao reconhecimento da legalidade da prática, desde que não se trate do que se convencionou chamar como "revistas íntimas": aquelas em que o empregado despe-se, completa ou parcialmente, na frente do empregador[124]. A própria CLT, numa interpretação restritiva — e que defendemos por inadequada —, faz referência, em seu artigo 373-A, a que é vedado ao preposto proceder a revistas íntimas nas empregadas ou funcionárias (VI). Por isso, também a doutrina parece tolerar a prática de revistas "não íntimas"[125].

Ordinariamente, tolera-se a prática de permitir que o segurança da loja veja o que há dentro das bolsas e bolsos dos empregados. Além de normalmente haver previsão nos regulamentos de empresa sobre o fato, inclusive contratos individuais vêm trazendo a previsão de permitir esse tipo de intromissão do empregador na intimidade dos seus funcionários.

Argumentam as empresas que se trata de prerrogativa advinda do poder de proteção de seu patrimônio, que não há vedação na legislação trabalhista e que o próprio trabalhador adere à rotina. Evidentemente, trata-se de cláusula contratual — ou regulamentar — a que adere o empregado, sem possibilidade de discussão. A inadequação da cláusula contratual não ocorre simplesmente porque é imposta, mas em vista da sua abusividade[126] e lesividade.

---

(124) EMENTA: DANOS MORAIS. REVISTA PESSOAL. LIMITES DO PODER DIRETIVO NÃO ULTRAPASSADOS. A revista aos empregado é um procedimento legal e legítimo, situado no âmbito do poder diretivo do empregador, porém, desde que não ultrapassados os limites da moralidade e dos bons costumes. Não se desincumbindo a empregada em comprovar, na hipótese posta a exame, que o empregador excedeu-se no exercício do direito, não cabe a indenização pelo abalo moral alegado. Recurso da reclamante a que se rejeita. (TRT/IX. Recurso Ordinário 21851-2004-006-09-00-7-ACO-00162-2007. 1ª Turma. Relator juiz Ubirajara Carlos Mendes. Publicação em 19.1.2007)
EMENTA: DANO MORAL. REVISTA ÍNTIMA. A revista pessoal de empregado é admitida como legítima quando a fiscalização mais rigorosa se apresente como meio de proteger o patrimônio do empregador, como preservação do mal do que tenha a ver com o próprio objeto da atividade econômica empreendida ou com a segurança interna da empresa. Ainda assim, a revista íntima é interdiditada ao empregador pelo artigo 373 A da CLT, disposição que, embora endereçada à mulher, dá sintonia analógica à apreensão generalizada de trabalhadores. (...) (TRT/II. Recurso Ordinário 01329-2002-039-03-00-0. Relator juiz José Maria Caldeira. Publicação em 4.3.2003).

(125) "As revistas continuam sendo permitidas, estando proibido somente o procedimento que ofende a intimidade da mulher". PAROSKI, Mauro. *Dano moral e sua reparação no direito do trabalho*. Curitiba: Juruá, 2006. p. 126.

(126) Cláusulas abusivas são ordinariamente inseridas em contratos individuais de trabalho, em vista da desigualdade material entre as partes que formam a relação jurídica de emprego. Nesse sentido, bem acentua Gediel que "é inegável que os trabalhadores continuam a se apresentar no mercado de trabalho com a única mercadoria que dispõem, permanecendo em evidente desvantagem material que os coloca em posição de sujeição jurídico-formal, embora não haja dúvida que se trata de relação jurídica entre privados, formalmente iguais. Essa desigualdade material determina, também, a forma contratual de regulação privada do trabalho, resultando em contratos pré-elaborados ou por adesão, em que aspectos referentes à atividade laboral vinculados à personalidade

O argumento de legitimidade de proteção do patrimônio da empresa é hipócrita. Não há dúvidas de que, sendo a propriedade privada garantida constitucionalmente, cabe aos titulares obrarem para sua perpetuação. Mas desde a superação do liberalismo clássico de constitucionalismo garantidor dos chamados direitos de primeira geração (os direitos de liberdade), a propriedade não é mais o paradigma vigente.

Certo é que as empresas não promovem revistas a seus clientes e outras pessoas que visitam o estabelecimento. Tratando-se ordinariamente de grandes lojas de departamentos, há uma imensa quantidade de pessoas que adentram seus estabelecimentos diariamente. Muitos — sabe-se por experiência comum — nada adquirem nas lojas, apenas olham, experimentam produtos e se retiram. E não há qualquer revista a tais indivíduos. Não porque não haja perigo de que tais pessoas promovam furtos — sujeitos descompromissados contratualmente com as empresas têm maior probabilidade de subtrair patrimônio que os empregados, que vivem da confiança da empresa para manter sua fonte de sustento. O risco de perda do patrimônio é muito maior.

Para o risco de furtos de clientes as empresas não buscam a propalada legítima defesa de seu patrimônio com a promoção de revistas. Procuram meios mais discretos, que não humilhem seus clientes. Não há revista em clientes porque todo cidadão consideraria um desrespeito, um atentado a sua dignidade tal prática; simplesmente não se submeteria à situação humilhante. A revista apenas é exigida aos empregados porque estes se colocam em situação de hipossuficiência econômica: ou se submetem à revista ou não trabalham para o réu. O cliente revistado não volta à loja e elege outro varejista; o empregado que não admite a revista é despedido. O primeiro não é humilhado pois dele depende a empresa; o segundo sofre a humilhação porque da empresa depende.

Ou seja, o próprio empregador, na medida em que não revista aqueles de quem depende para a continuidade de sua atividade — o consumidor —, confirma a prática como desrespeitosa. A relativização de certos direitos de cidadania e dignidade humana, é verdade, não são absolutos. Podem ser, em determinadas situações, momentaneamente afastados como forma de promover ou garantir outros direitos de mesma ordem. A revista em eventos culturais e esportivos é prática corriqueira, mas aceita moral e juridicamente, ainda que provoque certa vergonha no revistado. A revista é a mesma, mas o bem tutelado com a prática é de interesse de toda a comunidade e, portanto, juridicamente válida. O objetivo, nessas situações, não é o de proteção do patrimônio com o sacrifício da dignidade do indivíduo, mas a promoção da segurança de toda a coletividade, evitando-se o ingresso de armas ou outros objetos e/ou substâncias de uso coletivamente reprovado. A intenção da revista produzida por empresas a seus funcionários não tem tal altruísmo, busca apenas auxiliar na promoção da conservação de seu patrimônio e o faz à custa da dignidade de seus trabalhadores.

Diversos outros meios poderiam ser observados para impedir riscos de funcionários: colocação de dispositivos de segurança eletrônica (câmeras, sensores), ou mesmo

---

do trabalhador não são levados em consideração" (GEDIEL, José Antônio Peres. A Irrenunciabilidade a direitos da personalidade pelo Trabalhador. In: SARLET, Ingo Wolfgang (organizador). *Constituição, direitos fundamentais e direito privado*. 2. ed. Porto Alegre: Livraria do Advogado Editora, 2006. p. 160.

impedir o acesso de bolsas às lojas. Essas empresas, todavia, preferem os mais baratos e mais indignificantes, a humilhação de seus funcionários, com revistas diárias. Conservam seu patrimônio, evitam gastos com equipamentos e readequações do espaço físico da loja à custa da dignidade de seus colaboradores.

Também é hipócrita a afirmação de que a revista apenas com a abertura de bolsas para averiguação pelo segurança não é vexatória. Primeiro, porque, se não fosse prática humilhante, todos os clientes seriam assim revistados. Segundo, porque as bolsas, mochilas e pastas não são transparentes por um motivo óbvio. Há diversos objetos de uso pessoal que podem causar vergonha caso mostrados a desconhecidos: remédios, absorventes íntimos, preservativos e outros métodos contraceptivos são apenas os mais óbvios. Apenas a particularidade psicológica de cada indivíduo pode afirmar o que lhe causa vergonha. Sobre a intimidade dos objetos pessoais do trabalhador, o empregador não tem poder diretivo ou fiscalizatório. O que se leva consigo na bolsa é para uso pessoal, não compartilhado, que faz parte da individualidade de cada sujeito; mostra-se o que se quer, para quem se quer e quando se desejar, não é o empregador quem decide.

O absoluto poder de condução da atividade empresarial, inclusive em relação às relações com os empregados, não é mais válido neste século, mormente quando se outorga papel de maior relevância aos princípios constitucionais de valorização dos direitos humanos. O contraponto que deve se estabelecer é o de identificação do sistema jurídico de regulação das relações de trabalho como tendo o papel maior de construção normativa das condições de cidadania e vida digna do trabalhador.

Especificamente, deve-se buscar compreender a categoria do *ius variandi* com a estrutura de direitos relativos, boa-fé objetiva, função social do contrato e dignidade da pessoa humana. Invertendo-se a lógica liberal dos séculos passados, o prisma de análise das relações jurídicas da atualidade deve ser o da dignidade da pessoa humana e preservação de sua intimidade. Mesmo o trabalho subordinado e a proteção da propriedade privada, sustentáculos do sistema capitalista, devem se curvar a tais postulados ético-normativos.

É evidente a abusividade da prática empresarial inserida na relação de emprego, pouco importando o consentimento do empregado. A prática é desqualificada, pelo caráter de ser atentatória à dignidade do trabalhador. A modalidade de "revista íntima" forma o ápice da promoção da indignificação do trabalhador, levando o poder de direção do empregador às conseqüências mais agressivas ao patrimônio moral de seu funcionário; a revolta causada é muito mais evidente. Mas também as revistas *não íntimas* são ilegítimas, antijurídicas e promotoras e atentatórias aos direitos de intimidade pessoal. Neste campo, não se pode admitir uma renúncia válida do empregado, na formação do contrato.

Resta por concluir que não cumpre sua função social o contrato de emprego em que a prática de revistas pessoais aos funcionários é uma constante.

b) Contratação por salário inferior ao de empregado despedido

Uma das mais claras expressões da descartabilidade da força de trabalho é encontrada na possibilidade de o empregador substituir funcionário, com recontratação de substituto por salário inferior. A legislação brasileira fornece garantias para que não haja diminuição nos rendimentos do empregado, no curso do pacto de emprego[127]. Mas, mantidos os limitadores legais e convencionais coletivos, não há impedimentos explícitos para o empregador livremente recontratar trabalhador com remuneração menor que a originalmente paga ao funcionário retirado do posto.

No caso da equiparação salarial, a doutrina relaciona como indispensável o requisito da simultaneidade no exercício funcional: "A simultaneidade da atividade entre o paradigma e o equiparando é requisito indispensável"[128]. "De fato, não se pode falar em discriminação caso não tenham equiparando e paradigma, em qualquer tempo, sequer laborado simultaneamente para o mesmo empregador"[129][130].

Mesmo o disposto no artigo 460 da CLT[131] não oferece a proteção adequada, vez que traz solução apenas para a hipótese em que não foi estabelecido o salário do empregado. Não há qualquer referência — pelo menos textual — para a hipótese que ora apresentamos.

A prática da dispensa e recontratação por salário menor normalmente é encontrada nas hipóteses de trabalhadores que se tornam "caros", devido ao elevado tempo de serviço na empresa, recebendo remuneração própria a tal circunstância, como anuênios e outros adicionais por tempo de trabalho. Mas também pode ocorrer em momentos de desemprego estrutural, em que há baixa oferta de postos de trabalho e grande quantidade de trabalhadores desempregados. Não podendo diminuir o salário de seu empregado — por aplicação do princípio da inalterabilidade lesiva —, descarta-o despedindo-o sem justa causa e contrata substituto por salário inferior.

---

(127) Em especial pela regra do artigo 468 da CLT: "Nos contratos individuais de trabalho só é lícita a alteração das respectivas condições, por mútuo consentimento, e, ainda assim, desde que não resultem, direta ou indiretamente, prejuízos ao empregado, sob pena de nulidade da cláusula infringente desta garantia."

(128) CARRION, Valentin. *Comentários à Consolidação das Leis do Trabalho*. São Paulo: Saraiva, 1998. p. 322.

(129) DELGADO, Mauricio Godinho. *Curso de direito do trabalho*. São Paulo: LTr, 2005. p. 791.

(130) Mozart Victor Russomano faz explícito o requisito da contemporaneidade como impedimento à equiparação com trabalhador despedido: "Embora a lei não haja, expressamente, indicado, como requisito essencial para equiparação, a simultaneidade do serviço, o sucessor do empregado aposentado, morto, demissionário ou despedido não tem a prerrogativa de exigir o salário anteriormente pago ao trabalhador substituído. Em primeiro lugar, porque seu contrato de trabalho é de todo independente das condições antes acertadas com o outro empregado. Em segundo lugar, porque a teoria e a prática da equiparação salarial giram em torno do *confronto* entre a atividade do que recebe mais e a do que recebe menos, exigindo-se, inclusive, igual perfeição técnica e igual quantidade de produção. Como será possível esse estudo em grau comparativo, sempre que o empregado estiver desligado do estabelecimento, sempre que não houver ou não tenha havido prestação simultânea do trabalho que só assim poderia ser confrontado com precisão?" (RUSSOMANO, Mozart Victor. *Comentários à Consolidação das Leis do Trabalho*. 1. vol. Rio de Janeiro: Forense, 1997. p. 567-568).

(131) CLT. Artigo 460. Na falta de estipulação do salário ou não havendo prova sobre a importância ajustada, o empregado terá direito a perceber salário igual ao daquele que, na mesma empresa, fizer serviço equivalente, ou do que for habitualmente pago para serviço semelhante.

A fundamentação da inadequação do procedimento empresarial deve ser buscada na interpretação sistemática do Direito. O uso capitalista a que nos referimos toma por base uma função meramente econômica do contrato de emprego; acaba por reduzir a relação jurídica à mera troca, dissociada do valor social que possui o trabalho humano. A prerrogativa patronal de denúncia vazia do pacto, nessa hipótese, é exercida com a finalidade única de precarização das condições de trabalho, vez que lança trabalhador ao desemprego para ter um custo mais barato no substituto.

A já natural desigualdade nas obrigações do contrato é maximizada. O efeito inegável é o do aprofundamento da desigualdade social, achatamento do salário e ampliação da mercantilização do trabalho humano. A prática já tem sido compreendida como inadequada por parte da jurisprudência. Em especial os Tribunais têm lançado precedentes normativos impeditivos da recontratação *in pejus*:

> INSTRUÇÃO NORMATIVA N. 01 DO TST. (...) IX – Para garantir os efeitos da sentença, poderá ser estipulado um salário normativo para a categoria profissional, ou parte dela, hipótese em que na sua vigência: (...) 2. admitido empregado para a função de outro dispensado sem justa causa, será garantido àquele salário igual ao do empregado de menor salário na função sem considerar vantagens pessoais.
>
> TRT 2ª Região: PRECEDENTE NORMATIVO N. 3 – SALÁRIO DO ADMITIDO EM LUGAR DE OUTRO: Garantia ao empregado admitido para a função de outro. dispensado sem justa causa, de igual salário ao do empregado de menor salário na função, sem considerar vantagens pessoais.
>
> TRT 3ª Região: PRECEDENTE NORMATIVO N. 25 – ADMISSÃO NA MESMA FUNÇÃO DO ÚLTIMO EMPREGO – GARANTIA DE IGUAL SALÁRIO.
>
> TRT 4ª REGIÃO: PRECEDENTE N. 28 – CONTRATAÇÃO DE SUBSTITUTO: Admitido o empregado para função de outro dispensado sem justa causa, será garantido àquele salário igual ao do empregado de menor salário na função, sem considerar vantagens pessoais.[132]

Todavia, pouco têm feito a jurisprudência e a doutrina para a criação de mecanismos repressivos de recontratação por salário inferior, fora do âmbito de sentenças normativas[133]. Evidencia o que *Genro* chama de "Código de Limites" que forma o Direito do Trabalho no âmbito estrutural do capitalismo: trata-se da perspectiva de reconhecer como justo o salário que o empresário se dispõe a pagar, desde que seja superior ao piso legal ou convencional[134]. Pouco importa que haja achatamento da remuneração no âmbito da categoria.

A opção empresarial de diminuir o salário reservado ao posto de trabalho cujo ocupante foi substituído divorcia o contrato de emprego do ambiente coletivo de

---

(132) O precedente n. 28 do TRT4 foi cancelado em 25.8.1995, em razão da edição da INSTRUÇÃO Normativa n. 01 do TST, IX, 2.

(133) Um ensaio de alteração de posicionamento pode ser notado com o enunciado n. 16 da Primeira Jornada de Direito Material e Processual na Justiça do Trabalho, realizada em Brasília, em novembro de 2007: Enunciado n. 16. SALÁRIO. I – SALÁRIO. PRINCÍPIO DE ISONOMIA. Os estreitos limites das condições para a obtenção da igualdade salarial estipulados pelo art. 461 da CLT e Súmula n. 6 do Colendo TST não esgotam as hipóteses de correção das desigualdades salariais, devendo o intérprete proceder à sua aplicação na conformidade dos arts. 5º, *caput*, e 7º, inc. XXX, da Constituição da República e das Convenções ns. 100 e 111 da OIT.

(134) GENRO, Tarso Fernando. *Introdução crítica ao direito do trabalho*. Porto Alegre: L&PM, 1979. p. 49.

promoção de interesses gerais da comunidade[135]. A prática do empregador é, na perspectiva da funcionalização do contrato, inteiramente injusta. Há um aproveitamento de uma situação de necessidade para exploração e precarização do trabalho[136]. Diante da premente necessidade do trabalhador em vender sua força de trabalho, não podem as prerrogativas da liberdade contratual atuar como vetor do incremento da exploração e descartabilidade da mão-de-obra[137].

Há, na situação proposta, a caracterização da lesão na formação do *novel* contrato de emprego. Na medida em que é aproveitada a necessidade do empregado contratado, impõe-se uma prestação desproporcional. A desproporção é evidenciada pelo fato de que salário superior já era antes pago e que é, com a recontratação, aumentada a carga na prestação do trabalhador.

A eficácia *inter partes* da função social do contrato, como vimos, passa pela repressão de cláusulas contratuais danosas aos contratantes. O desequilíbrio econômico gerado retira a validade que deve ser buscada no atendimento da função social do contrato. A abusividade da cláusula contratual que fixa salário achatado, e portanto desequilibrado, produz desequilíbrio econômico injustificado.

Também nesta hipótese, infere-se o não cumprimento da função social do contrato. Para submissão ao balizador social, deve-se manter o salário do empregado recontratado, evitando-se o retrocesso nas condições de trabalho.

7. A função social na extinção do contrato

O modo mais comum de extinção do contrato de emprego é a despedida sem justa causa, a denúncia vazia do pacto a prazo indeterminado, efetuada pelo empregador. Conforme determina o artigo 473 do Código Civil, ocorre a resilição do contrato quando um dos contratantes declara a dissolução da avença, através de denúncia notificada à outra parte. Trata-se de modalidade extintiva comum aos pactos por

---

(135) A Primeira Jornada de Direito Material e Processual na Justiça do Trabalho, promovida pelo TST, também identificou a importância da análise da perspectiva coletiva em condutas privadas. O conteúdo do Enunciado n. 4 faz claro esse entendimento: enunciado n. 4. "DUMPING SOCIAL". DANO À SOCIEDADE. INDENIZAÇÃO SUPLEMENTAR. As agressões reincidentes e inescusáveis aos direitos trabalhistas geram um dano à sociedade, pois com tal prática desconsidera-se, propositalmente, a estrutura do Estado social e do próprio modelo capitalista com a obtenção de vantagem indevida perante a concorrência. A prática, portanto, reflete o conhecido "dumping social", motivando a necessária reação do Judiciário trabalhista para corrigi-la. O dano à sociedade configura ato ilícito, por exercício abusivo do direito, já que extrapola limites econômicos e sociais, nos exatos termos dos arts. 186, 187 e 927 do Código Civil. Encontra-se no art. 404, parágrafo único do Código Civil, o fundamento de ordem positiva para impingir ao agressor costumaz uma indenização suplementar, como, aliás, já previam os arts. 652, *"d"*, e 832, § 1º, da CLT.

(136) Em análise do Precedente Normativo n. 3 do TRT da 2ª Região, diz João José Sady que "a idéia consiste em tentar evitar que o empregador despeça empregados sistematicamente para contratar outros por salário menor, aproveitando-se da vulnerabilidade da mão-de-obra nos períodos de desemprego" (SADY, *op. cit.*, p. 06).

(137) A prática empresarial do descarte do empregado para redução de custos evidencia a piora constante do poder aquisitivo oriundo do posto de trabalho: "A natureza onerosa do contrato de trabalho o torna instrumento fundamental para a produção e distribuição de riqueza, pelo que independente do que disciplina o regramento jurídico, o princípio da confiança contratual, a segurança das transações e tutela das expectativas do trabalhador deve sempre garantir, periodicamente, a manutenção do poder aquisitivo, com a atualização do valor salarial, para impedir que recaiam sobre um único sujeito obrigado riscos fora de seu alcance" (COUTINHO, *op. cit.*, p. 48).

prazo indeterminado, e parte da presunção de que os pactuantes não têm a intenção de realizar qualquer contrato perpétuo.

A função social do contrato incide de modo mediato na resilição do contrato, apesar de ser um direito potestativo. Ocorre que a expressão da vontade unilateral, oriunda de uma relação contratual, tal como na gênese da avença, também deve se submeter ao esperado e pretendido pela sociedade que forma o sistema jurídico de que a denúncia faz parte.

O direito subjetivo de denúncia do contrato de emprego não pode ser visto de forma arbitrária e absoluta, atribuído ao exclusivo interesse do sujeito. Como leciona *Perlingieri*, os chamados limites externos, de um ponto de vista lógico, não seguem a existência do princípio do direito subjetivo, mas nascem junto com ele e constituem seu aspecto qualificativo. Por efeito, o ordenamento tutela o interesse de dispensa sem justa causa enquanto atende a uma função social. Explica, ainda, que as situações subjetivas sofrem uma intrínseca limitação pelo conteúdo das cláusulas gerais e especialmente daquelas que se tornam expressões gerais do princípio da solidariedade. Caso tais diretrizes não sejam corretamente observadas, surge a figura do abuso da situação subjetiva[138].

O abuso do direito subjetivo da denúncia do contrato de emprego é mais facilmente visto a partir de condutas discriminatórias para com empregados[139]. A legislação

---

(138) PERLINGIERI, *op. cit.*, p. 121-122.

(139) São emblemáticos os julgados, com ementas abaixo transcritas, na afirmação da impossibilidade de dispensa sem justa causa do empregado, quando fundada em ato de discriminação, em especial porque afronta aos interesses maiores da comunidade, registrados na Carta Constitucional:
EMENTA: DO DANO MORAL. Hipótese em que não há como considerar-se que a atitude dos reclamados tinha por finalidade a observância dos fins sociais constitucionalmente previstos, uma vez que ao utilizar o seu direito potestativo discriminou o direito de exercício de trabalho do autor, ou seja, ao praticar ato que entendia ser de seu direito, os recorridos atingiram o direito do recorrente, afetando inclusive a sua dignidade como pessoa humana. Tem-se que o ato de discriminação perpetrados pelos reclamados, resultou em abuso de direito e violou os princípios constitucionais constantes no *caput*, incisos X, XII e XIII do artigo 5º, bem como ao disposto no inciso XXX e XXXI do artigo 7º e artigo 170, todos da vigente Constituição Federal. Recurso que se provê, para condenar os reclamados a indenizar o autor, por danos morais. (TRT/IV. Recurso Ordinário 00260.903/00-0. Relator juiz Clóvis Fernando Schuch Santos. Publicação em 7.7.2003)
EMENTA: EMPREGADO COM DOENÇA GRAVE. HANSENÍASE. DESPEDIDA ABUSIVA. REINTEGRAÇÃO. Optando-se pela teoria que justifica o poder potestativo de dispensa do empregador no direito propriedade, entende-se que esta, ao menos após a Constituição de 88, deverá cumprir sua função social. Portanto, pela funcionalização em questão, o direito de propriedade não poderá ser mais exercido por seu titular de forma absoluta. A Constituição, ao determinar um modelo de Estado Democrático, impõe limitações à atuação do empregador. Assim, a despedida abusiva deve ser coibida com base no princípio da dignidade da pessoa humana e na proteção contra o abuso do direito. (TRT/IX. Recurso Ordinário 18215-1999-012-09-00-1-ACO-03652-2004. Relator juiz Eduardo Milléo Baracat. Publicação em 27.2.2004)
EMENTA: RECURSO DA RECLAMADA DANOS MORAIS. DESPEDIDA DISCRIMINATÓRIA. A conduta do empregador de despedir o empregado sem justa causa, em princípio, não autoriza concluir pela ocorrência de dano moral. O ato de extinguir o contrato de trabalho é direito potestativo da empresa, desde que obedecidas as exigências legais para tanto. No caso dos autos, contudo, há elementos suficientes para concluir que a dispensa do autor deu-se como forma de retaliação à manifestação contrária a que o sistema de revezamento de turnos fosse renovado nas mesmas condições até então adotadas, o que não pode ser admitido, sob pena de ofensa ao princípio da dignidade da pessoa humana (artigo 1º da Constituição). Afiguram-se patentes os efeitos danosos ao reclamante da conduta da reclamada, inserindo-se no conceito de dano "auto-evidente". Assim, com base no artigo 186 combinado com o artigo 927, ambos do Código Civil, o reclamante faz jus ao pagamento de

infraconstitucional brasileira, ainda que de forma tímida, tem acompanhado a tendência internacional de vedação de despedida discriminatória. O diploma mais importante é a Lei n. 9.029/95, a qual, além de regulamentar o expresso na Constituição acerca da isonomia, também disciplinou o que está implícito,[140] estabelecendo sanções de natureza penal, civil, administrativa e trabalhista. Veda-se a discriminação tanto nas admissões, como na manutenção do contrato de emprego. Na forma do artigo 4º da referida lei, o rompimento da relação de trabalho por ato discriminatório implica a readmissão do funcionário com o ressarcimento integral dos rendimento do período do afastamento.

De se lembrar, ainda, que a Convenção n. 111 da Organização Internacional do Trabalho (introduzida no Direito Brasileiro em 19.1.1968) consagra o Princípio da Não-Discriminação no ambiente de trabalho. De forma positiva, o Estado Brasileiro reconhece o primado do Direito Laboral de rejeitar toda forma de tratamento não-isonômico de trabalhadores. O artigo 1º da Convenção n. 111 da OIT conceitua discriminação como qualquer distinção, exclusão, ou preferência fundada em raça, cor, sexo, religião, opinião pública, ascendência nacional, origem social ou outra distinção, exclusão ou preferência especificada pelo Estado-membro interessado, qualquer que seja sua origem jurídica ou prática e que tenha por fim anular ou alterar a igualdade de oportunidades ou de tratamento no emprego ou profissão.

O direito subjetivo de despedida sem justa causa, como categoria de direito potestativo, tem suas limitações impostas pelo ordenamento não apenas como forma de resguardar um interesse individual do empregado discriminado. Como lembra

---

indenização por danos morais. Sentença mantida. (TRT/IV. Recurso Ordinário 00727-2005-731-04-00-3. Relator juiz Fabiano de Castilhos Bertolucci. Publicação em 5.3.2007).
EMENTA: ALTERAÇÃO CONTRATUAL — REVERSÃO PARA FUNÇÃO DE CONFIANÇA INTERMEDIÁRIA — REDUÇÃO SALARIAL — ILEGALIDADE. A destituição do empregado da função de confiança, suprimindo a gratificação correspondente, nos termos do artigo 468, parágrafo único, da CLT, constitui-se direito potestativo do empregador. Entretanto, o direito potestativo, embora independa da conduta do titular passivo (no caso, o empregado) não é absoluto, sujeitando-se o seu exercício aos limites imposto a qualquer sujeito de direito, pois "não significa que seu exercício concreto seja impermeável a constrições advindas do restante das normas válidas do ordenamento, ante as quais são potencialmente relevantes dados como os motivos, critérios e efeitos de seu exercício" (WANDELLI, Leonardo Vieira. *Despedida abusiva — direito (do trabalho) em busca de uma nova racionalidade*. São Paulo: LTr, março-2004, p. 335). Assim, a faculdade inserta no parágrafo único do artigo 468 da CLT não pode prevalecer diante da proteção específica ao trabalho da mulher, conferida pelos artigos 373-A, 392, o 4º, I, e 393 do mesmo diploma legal, mormente quando, como no caso confessadamente, somente exercida em face do estado gestacional da Reclamante, sob pena de ofensa ao princípio da não discriminação, fundamento constitucional para a proteção conferida pelo Capítulo III do Título III, da CLT, no qual estão inseridos os dispositivos acima referidos. Ademais, o artigo 468, parágrafo único, da CLT, não autoriza a redução da remuneração percebida enquanto o empregado exercer cargo de confiança, como se verificou no caso, onde a Autora foi rebaixada a partir de setembro de 2000 para outro cargo em comissão, de coordenadora da unidade, com redução da gratificação de função. Não havendo reversão ao cargo efetivo, não poderia sofrer redução de sua remuneração, por manifesta ofensa ao artigo 7º, VI, da Constituição Federal, como já decidido pelo E. Supremo Tribunal Federal (RE N. 378.932-PE-RELATOR: Min. CARLOS BRITTO). (TRT/IX. Recurso Ordinário 11380-2002-001-09-00-5-ACO-21732-2004. Relator juiz Arion Mazurkevic. Publicação em 1.10.2004).

(140) A observação é de Márcio Túlio Viana: Proteção trabalhista contra os atos discriminatórios: análise da Lei n. 9.029/95. In: VIANA, Márcio Túlio e RENAULT, Luiz Otávio Linhares (coordenadores). *Discriminação*. São Paulo: LTr, 2000.

Perlingieri, os direitos potestativos se justificam no âmbito de situações relacionadas a interesses ulteriores e mais amplos[141]. Em poucas palavras, o reconhecimento do direito de o empregador livremente denunciar o contrato de emprego não se justifica como exercício de um direito potestativo absoluto; antes disso, condiciona-se à necessidade de que o ato não seja motivado por circunstâncias discriminatórias e, portanto, atentatórias aos direitos fundamentais do trabalhador. Nessa circunstância de ligação de interesses coletivos vinculativos à relação jurídico-privada de emprego, a resilição contratual condiciona-se ao atendimento da função social do contrato.

Cumpre analisar, também neste ponto, a modalidade extintiva da resolução do contrato. Leciona *Diniz* que se trata do modo de terminação do pacto pelo inadimplemento do contrato por culpa de um dos contratantes[142]. Qualquer das partes pode considerar desde logo resolvido o contrato pelo fato do não-cumprimento da obrigação. Enquanto no direito comum o contratante responde por "simples culpa", para o Direito do Trabalho o inadimplemento capaz de provocar a resolução do contrato deve assumir a figura da "justa causa", ou seja, de um motivo que torne indesejável o prosseguimento da relação[143].

Também na definição de justa causa o interesse social deve ser confirmado nos valores que fundamentam e condicionam os acordos. A vinculação da função social determina que mesmo após o término da relação contratual, preservam suas conseqüências sociais e econômicas na vida social, bem como eventuais interesses que mereçam tutela jurídica[144].

A partir dos valores até aqui expostos, a definição das justas causas não pode ser expressão única de faltas relacionadas apenas ao regulamento estrito do contrato. Se apenas as cláusulas contratuais que estão de acordo com a função social do contrato podem ser reconhecidas como válidas e exigíveis, o descumprimento daquelas que não observam essa premissa não pode significar inexecução faltosa do contrato[145].

---

(141) PERLINGIERI, *op. cit.*, p. 125.
(142) DINIZ, Maria Helena. *Curso de direito civil brasileiro, teoria geral das obrigações contratuais e extracontratuais*, 3. vol. São Paulo: Saraiva, 2002. p. 118.
(143) SÜSSEKIND, Arnaldo; MARANHÃO, Délio; VIANNA, Segadas; TEIXEIRA, Lima. *Instituições de direito do trabalho*, vol. I, 19. ed., 3. tir. São Paulo: LTr, 2000. p. 574.
(144) MANCEBO, Rafael Chagas. *A função social do contrato*. São Paulo: Quartier Latin, 2005. p. 125.
(145) O julgado, cuja ementa do TRT do Paraná é adiante transcrita, bem demonstra a compreensão da impossibilidade de afirmação de justa causa como o não atendimento pelo empregado de ordens abusivas do empregador. Como registrou o relator do recurso, a insurgência pelo empregado de tolhimento de direito fundamental seu por parte do empregador não significa inexecução faltosa de suas obrigações e, portanto, impede que o fato justifique a extinção do contrato:
EMENTA: LIBERDADE DE MANIFESTAÇÃO DE PENSAMENTO: DEMISSÃO SUMÁRIA DE EMPREGADO. RIGOR EXCESSIVO, PASSÍVEL DE INDENIZAÇÃO POR DANO MORAL. "É livre a manifestação de pensamento" (CF, artigo 5º, IV). A atitude de demitir sumariamente o empregado em razão da manifestação de pensamento em resposta à mensagem da empresa, via correio eletrônico, que não guarda correlação com o contrato de trabalho, afigura-se discriminatória. A despedida abusiva, que gera um desequilíbrio na relação jurídica e humana, merece a censura legal. Todo excesso no exercício do poder potestativo que cause sofrimento de ordem moral ao trabalhador é passível de indenização. Com efeito, o poder potestativo do empregador esbarra nos direitos e garantias individuais, em especial aqueles referentes às liberdades públicas. A Constituição Federal, além de consagrar a inviolabilidade da intimidade, da honra, da vida privada e da imagem, garante

Por efeito, nem toda negação pelo empregado de realização de ordens emanadas pelo empregador pode corresponder a atos de indisciplina ou insubordinação. Como no exemplo já citado neste trabalho, a insurgência do empregado em se submeter a revistas pessoais, ainda que haja previsão da prática no instrumento contratual, não pode ser considerada ato de indisciplina ou insubordinação. Por igual efeito, demais determinações emanadas pelo empregador que afetem os direitos fundamentais do empregado, ou impliquem situações vexatórias, não significam inexecução faltosa do contrato e, portanto, não ensejam dispensa por justa causa[146].

8. Uma nova garantia de emprego

Não existe no Brasil uma sistemática proteção de emprego[147]. Desde o advento da Lei n. 5.107, de 1966, a garantia de vedação geral à denúncia do contrato por parte do empregador foi substituída por uma indenização pecuniária[148].

---

também a liberdade de pensamento, de expressão e de comunicação, independente de censura ou licença prévias (artigo 5º, incisos IV e IX). No presente caso, há um evidente dano moral, causado ao obreiro, decorrente do sofrimento que lhe foi imposto pela injusta demissão, apenas por haver manifestado o seu pensamento, o que gera para o empregador a obrigação de indenizá-lo. (TRT/IX. Recurso Ordinário 01791-2001-670-09-00-5-ACO-02618-2006 – 1ª Turma. Relator juiz Benedito Xavier da Silva. Publicação em 31.1.2006)

(146) A verificação de abuso do *ius variandi* do empregador pode ser encontrada em julgado do TRT da 4ª Região (Recuso Ordinário n. 00179-2006-014-04-00-0, Relatora juíza Rosane Serafini Casa Nova, publicado em 27.4.2007) em que se analisou situação em que o empregador — uma das maiores companhias cervejeiras do planeta — expunha seus empregados a situações humilhantes, como forma de "estimular" vendas: "Muito embora a empresa possa estipular, no âmbito do seu poder diretivo, metas e modos de estimular seus empregados na realização das suas atividades, deve fazê-lo sempre respeitando o trabalhador e sua dignidade, não o expondo a situações vexatórias e humilhantes perante os demais colegas, sob pena de afronta aos dispositivos constitucionais de proteção ao ser humano, que envolve, entre outros, a inviolabilidade à imagem e honra e, sobretudo, à dignidade da pessoa humana, princípio maior que fundamenta o Estado Democrático de Direito, inserto no artigo 1º, inciso III, da Constituição Federal. Nesse sentido, infligir ao empregado ou mesmo ameaçar com a possibilidade de pagamento de "prendas", consistentes em caminhar com tartaruga na mão, vestir chapéu de couro ou saia, xingar de forma ofensiva e apresentar produtos de *sex shop* em reunião, indicando os empregados que chegavam por último nas entregas de mercadorias, sem dúvida, atinge a dignidade do trabalhador e viola os seus direitos de personalidade, ensejando o pagamento da respectiva indenização, tal como assegurado no artigo 5º, inciso X da Constituição Federal."

(147) O sistema jurídico nacional apenas prevê as seguintes garantias provisórias de emprego: dirigente sindical, gestante, cipeiro, acidentado e membro da CIPA.

(148) "A Carta Política de 1988 compatibilizou o regime do FGTS com a proteção contra a despedida arbitrária ou sem justa causa (artigo 7º, incisos I e III). Contudo, o Estado brasileiro omite-se acintosamente de prover os instrumentos legais de garantia no emprego que a soberania popular insculpiu na Constituição Federal, na mesma linha em que orientadas as legislações de outros povos.

(...)

Temos sustentado, com convicção que melhor teria sido um Constituição omissa a respeito de quaisquer regras de proteção contra o despedimento imotivado. Isso porque, ao remeter a regulamentação da proteção enganosamente assegurada no inciso I do seu artigo 7º a uma lei complementar cuja aprovação é necessária a maioria absoluta do Congresso Nacional (artigo 69), a própria Assembléia Constituinte a inviabilizou. Houvesse o silêncio da Constituição, a garantia de emprego poderia ser obviada através de lei ordinária, assim como o fora anteriormente a outubro de 1988. A própria CLT, um decreto-lei consagrou, durante mais de quatro décadas, a estabilidade decenal como um dos seus institutos mais marcantes. Também garantiu, e ainda garante, a estabilidade do dirigente sindical e, desde 1977, resguardou o empregado eleito titular da CIPA contra o despedimento arbitrário" (CAMINO, Carmen. *Direito individual do trabalho*. Porto Alegre: Síntese, 1999. p. 289-290).

A positivação da função social do contrato abre um caminho a ser trilhado para a construção da fundamentação de uma nova garantia de emprego. A omissão do Congresso Nacional de regulamentação do direito estabelecido no artigo 7º, I, da Constituição Federal, confirma *Camino*, é fruto de uma visão economicista do valor do trabalho, em que a força laboral entregue pelo homem é medida em números, estatísticas, colunas de ganhos e perdas, de lucros e custos[149]. É esta visão centrada no capital que promove a certeza da falta de segurança pessoal naqueles que vivem da entrega da força de trabalho.

A despedida arbitrariamente decidida pelo empregador é resquício do soberano poder do chefe de empresa; mas, como revelam *Orlando Gomes* e *Elson Gottshalk*, deve-se lembrar que é também fonte incontrastável de desemprego[150]. O argumento é de imprescindibilidade do poder organizacional da empresa e exercício das prerrogativas do estado de direito democrático de liberdade de contratar e distratar. Como elemento ideológico projetado, esconde-se que esse direito-poder afeta terrivelmente as condições de sobrevivência e dignidade de milhões e milhões de pessoas. Oculta-se que a prerrogativa de encerramento da fonte de sustento do homem esteja exasperadamente atada a um interesse social contrastante.

Mas a afirmação da exigência de concreção de valores de sociabilidade, também nas relações jurídico-privadas, impõe que o contrato de emprego seja encarado sob a ótica de superação de uma visão meramente economicista. Conforme viemos desenvolvendo ao longo deste trabalho, a compreensão do valor *social* do trabalho obriga que se aponte o indivíduo trabalhador concretizado como possuidor de direitos de personalidade, que devem ser sempre preservados.

Se o sujeito trabalhador não pode ser desvinculado da força de trabalho que emprega, como já alertou *Coutinho*, não é possível restringir o fenômeno da denúncia do contrato de emprego a uma interpretação e análise meramente econômicas de fatalidade do direito de liberdade empresarial do capitalismo concorrencial[151].

A vedação à livre e imotivada denúncia do contrato pelo empregador é aspecto que sempre incomodou os operadores juslaboristas que, nas últimas décadas, quase nada puderam fazer para reverter a situação[152]. Mas o reconhecimento de uma

---

(149) CAMINO, *op. cit.*, p. 289.
(150) GOMES, Orlando; GOTTSCHALK, Élson. *Curso de direito do trabalho*. Rio de Janeiro: Forense, 1988. p. 357.
(151) "Se é certo que o contrato como categoria e, em especial o contrato de trabalho, se prestam à circulação de bens e serviços e, como instrumentos jurídicos à inserção do trabalho como elemento da organização produtiva capitalista, baseada no reconhecimento da propriedade privada, não menos certo é que não se pode restringir o fenômeno negocial a uma interpretação e análise somente econômicas, sob pena de manter-se dentro da racionalidade do mercado" (COUTINHO, Aldacy Rachid. Função social do contrato individual de trabalho. In: *Transformações do direito do trabalho. Estudos em homenagem ao professor João Régis Fassbender Teixeira*. Curitiba: Juruá, 2000. p. 47).
(152) "O Brasil perdeu a oportunidade de substituir a simples dispensa sem justa causa (denúncia vazia do contrato) pela mais consistente, do ponto de vista sociojurídico, *dispensa motivada mas sem causa celetista*, caso houvesse incorporado em seu sistema jurídico as regras da Convenção n. 158 da OIT. O ato de despedida manter-se-ia como decisão empresarial, porém submetido ao atendimento a motivações razoáveis, mesmo que sem cometimento de infração pelo trabalhador (motivos tecnológicos ou econômicos efetivamente consistentes e comprovados, por exemplo). Não obstante, a decisão da Corte Suprema, em setembro de

função social do contrato de emprego, integralizada nos valores da sociabilidade e direcionada para a promoção da dignidade do homem, pode permitir que se lance uma visão renovada que ultrapasse a dinâmica do pacto individual.

O encontro que deve ser operado é o da natureza não meramente econômico-patrimonial da relação de emprego com a compreensão de que também o contrato individual de trabalho deve se submeter a intenções não meramente individuais dos contratantes, e que vêm à tona, com maior intensidade, no instante de sua extinção. Primordialmente, obriga-se a também observar que, diante da premente necessidade do trabalhador de vender sua força de trabalho, as prerrogativas de liberdade contratual não podem servir de veículo para a manutenção da progressividade da exploração e descartabilidade da mão-de-obra[153].

A vigência do novo Código Civil, em especial seu artigo 421, pode significar um instrumento renovado de afirmação de garantia de emprego ampla. Reconhece *Renault* que não há nada mais revelador de valores tão uniformes e com pontos de vista racionais tão coincidentes com relação aos resultados (natureza teleológica) do que a finalidade social do contrato e a exigência de uma motivação social para a resilição do contrato de emprego[154].

Da determinante liberal individualista do trabalhador como proprietário de força de trabalho, passa-se a um indivíduo que se torna *proprietário* do posto de trabalho. Fala *Ripert* da necessidade de se admitir a "propriedade do emprego", como forma de agregá-lo à empresa, para que não possa mais tarde ser destacado sem justa causa. A idéia é de que se reconheça a insuficiência do contrato de trabalho para reger sozinho as relações entre empregado e empregador[155].

Partindo da premissa de inafastabilidade da aplicação da função social do contrato à relação de emprego, *Renault* apresenta seguinte formulação: se está assente no novo Código que a liberdade de contratar deve ser exercitada de acordo com os fins sociais do contrato, impulsionada pela boa-fé e pela probidade, é chegada a hora de se colocar em prática a antiga fórmula justrabalhista que pretende se exija do empregador a apresentação de um motivo socialmente justificável para a rescisão do contrato de trabalho[156].

Sem subversão do sistema capitalista, não se fala de um engessamento da atividade empresarial e absolutização da propriedade do posto de trabalho por um único empregado.

1997, considerando inassimilável a referida Convenção ao disposto no artigo 7º, I, da Carta Magna, além da própria denúncia do disposto no artigo 7º, I, da Carta Magna, além da própria denúncia do diploma internacional, feita pelo Presidente da República (Decreto declaratório 2.100, de 25.12.1996), tudo inviabilizou semelhante avanço sociojurídico no Direito do país" (DELGADO, Mauricio Godinho. *Curso de direito do trabalho*. São Paulo: LTr, 4. ed., 3. tir., atualizada, 2005. p. 1148-1149).

(153) COUTINHO, *op. cit.*, p. 48.

(154) RENAULT, Luiz Otávio Linhares. O novo código civil, a proteção ao emprego e o velho contrato de trabalho. In: LAGE, Emerson José Alves e LOPES, Mônica Sette (organizadores). *Novo Código Civil e seus desdobramentos no direito do Trabalho*. São Paulo: LTr, 2004. p. 126.

(155) RIPERT, Georges. *Aspectos jurídicos do capitalismo moderno*. Rio de Janeiro: Livraria Editora Freitas Bastos, 1947. p. 314-315.

(156) RENAULT, *op. cit.*, p. 126.

O que se exige, por aplicação da função social do contrato de emprego, é que haja uma motivação social para o ato de denúncia do pacto[157].

Se os atos dos privados devem guardar adequação com o esperado pelo conjunto da sociedade, também o ato de denúncia do pacto de emprego deve observar uma fundamentação dita social, e não meramente individual do empregador. A fundamentação social da dispensa sem justa causa pode conseguir a preservação de ambos os valores estabelecidos no artigo 421 do Código Civil, a liberdade de contratar e a função social do pacto.

A formulação propugnada não é tarefa fácil, mas pode permitir que o contrato individual de trabalho projete uma função social mais próxima da plenitude, pois alcança um dos pontos mais sensíveis da relação de emprego. Nesse projeto, a função social da empresa e do contrato se fazem atuar como instrumentos da justiça social potencializada.

---

[157] Por efeito das determinações da função social da empresa e do contrato, Dinaura Gomes visualiza uma limitação ao direito de despedidas sem justa causa quando se tratar de dispensa coletiva: "A dispensa coletiva, como ato socialmente injustificado, deixa de ser caracterizada decorrente do exercício do poder de organização, ínsito no poder de direção do empregador, por afrontar normas constitucionais que resguardam a dignidade da pessoa humana e condicionam o exercício da livre iniciativa à função social da empresa, no sentido de 'assegurar a todos existência digna, conforme os ditames sociais' (CF, artigo 173, *caput*). Assim, o ato da dispensa coletiva não apenas causa a privação do emprego como afasta a empresa de sua função social, proclamada a exigida pelo ordenamento jurídico, além de atentar contra a função social do contrato (CC, artigo 421)" (GOMES, Dinaura Godinho Pimentel. *Direito do trabalho e dignidade da pessoa humana, no contexto da globalização econômica*. São Paulo: LTr, 2005. p. 133).

Capítulo VI

O PROTAGONISMO JUDICIAL NA INTERPRETAÇÃO E APLICAÇÃO DA FUNÇÃO SOCIAL DO CONTRATO

> *"Sobre todo creo que*
> *no todo está perdido.*
> *Creo que he visto una luz*
> *al otro lado del río.*
> *Rema, rema, rema,*
> *Rema, rema"*

1. Introdução

O papel dos juízes no sistema jurídico, e sua função de interpretação, de longa data, vem interessando à teoria jurídica. Trata-se do espaço paradigmático da ciência do Direito em que continuamente se embatem distintas teorias e, de forma mais acentuada, as posições ideológicas formam trincheira. Principalmente, é o próprio papel do judiciário que é redimensionado na perspectiva crescente de tutela dos direitos fundamentais[1].

A relevância do tema toma novos contornos com o avanço da percepção de complexidade[2][3] da sociedade atual em que vivemos: aceleração histórica, novos descobrimentos científicos e, em especial, a diversidade de opções no universo de eleições possíveis no campo da interação humana.

---

(1) *"Puesto que los derechos humanos se refieren no sólo a la autonomía privada sino también a la pública encierra su fundamentación, necesariamente la fundamentación de los derechos humanos es con esto la fundamentación de la necesidad de un sistema de derecho con un determinado contenido y una determinada estructura"* (ALEXY, Robert. *Teoría del discurso y derechos humanos*. Bogotá: Universidad Externado de Colombia, 2004. p. 96).

(2) Sobre uma noção mais aprofundada de complexidade, ver: ZOLO, Danilo. *Democracia y complejidad*. Un enfoque realista. Buenos Aires: Nueva visión, 1994.

(3) Para Luhman, autor que bem desenvolveu o tema, o processo de geração dos sistemas sociais é paulatino. São várias as possibilidades de realidade, o que implica aumento de complexidade e contingências. Fatalmente, os subsistemas têm função de provocar diferenciações e a imprevisibilidade aumenta as tensões. O autor reivindica a virtualidade do paradoxo: reduz-se as complexidades do ambiente, aumentando a complexidade dos subsistemas. Esse, segundo Luhman, é o grande lucro da modernidade, pois evita a entropia e aumenta a liberdade da sociedade. É a complexidade interna dos subsistemas que diminui a complexidade do sistema (LUHMANN, Niklas. *Sociologia do direito*. Rio de Janeiro: Tempo Brasileiro, 1985).

Em paralelo, a vinculação do contrato a um conceito normativo aberto e carente de precisão, como a função social, obriga a um repensar dos mecanismos interpretativos. Reavaliam-se os tradicionais instrumentos de interpretação e aplicação do Direito, com a necessidade de repensar a ferramenta da subsunção. Principalmente, é o próprio papel do judiciário que é redimensionado na perspectiva crescente de aplicação de cláusulas gerais, concretização de princípios e tutela dos direitos fundamentais.

A perspectiva de concretização da função social do contrato coloca em relevo a atuação judicial[4]. Como refere *Martins-Costa*, o desafio a ser enfrentado pelo ordenamento jurídico brasileiro passa a ser o de dotar a sociedade de uma técnica legislativa e jurídica que possua uma unidade valorativa e conceitual, ao mesmo tempo em que haja a possibilidade de a doutrina e a jurisprudência integrarem-nas num sistema compreendido de forma aberta. A técnica expressa preferencialmente através da cláusula geral, segundo a autora, constitui convite para uma atividade judicial mais criadora e, todavia, sujeita a controles adequados[5].

A opção legislativa da inserção do comando na forma de cláusula aberta torna explícita a intenção legislativa de colocar em relevo a atuação do juiz. A vigência do CCB/02 é iniciada em momento em que a ciência jurídica, com a perda de força do positivismo, retoma a discussão da responsabilidade judiciária pela concreção dos postulados políticos das comunidades. O papel do judiciário é repensado em paralelo com o centro de sua atuação, a interpretação do Direito.

2. O papel da interpretação

A tradição interpretativa européia segue a prevalência do local, ou aparelho[6], de predominância da burguesia: parlamento, aristocracia ou universidades. Na Inglaterra, a busca do Direito se dava nos precedentes, e na Alemanha, na doutrina. A tradição oriunda da Revolução Francesa é a de um método interpretativo de desconfiança da magistratura[7]. As dúvidas dos juízes deviam ser resolvidas com a identificação da vontade do legislador.

Apenas em 1814, com *Savigny*, começa a se esboçar o problema do modelo hermenêutico, passando-se a procurar um critério para interpretação autêntica. Compreendia o jurisfilósofo que a interpretação consistia no compreender o pensamento

---

(4) Observa Ruy Rosado de Aguiar Júnior que na aplicação das cláusulas gerais, o juiz deverá fundamentar as suas decisões ainda mais do que nos casos típicos de subsunção. Caberá ao decisor a explicitação das razões de seu convencimento (AGUIAR JÚNIOR, Ruy Rosado de. O poder judiciário e a concreção das cláusulas gerais: limites e responsabilidade. In: *Revista da Faculdade de Direito da UFRGS* n. 18, p. 221).

(5) MARTINS-COSTA, Judith. As cláusulas gerais como fatores de mobilidade do sistema jurídico. In: *Revista de Informação Legislativa.* Brasília: Subsecretaria de Edições Técnicas do Senado Federal, 1991. p. 27-28.

(6) Sobre a presença e ocupação pela burguesia dos aparelhos ideológicos de poder, seguimos as lições de Poulantzas, pelo qual todo o poder (e não somente um poder de classe) só existe materializado nos aparelhos (e não só nos aparelhos de Estado). Estes não são simples apêndices de poder, mas detêm um papel constitutivo. As lutas sempre detêm primazia sobre os aparelhos-instituições e constantemente os ultrapassam. As lutas de classe, para o autor, são travadas em todos os aparelhos ideológicos de poder, inclusive entre as facções da burguesia (POULANTZAS, Nicos. *O Estado, o poder, o socialismo*, São Paulo: Graal-Paz e Terra, 2000. p. 43).

(7) CÁRCOVA, Carlos Maria. *Direito, política e magistratura.* São Paulo: LTr, 1996. p. 168.

do legislador, manifestado no texto da lei. Cindiu-se a doutrina em dois grupos: conforme o reconhecimento da vontade do legislador (doutrina subjetivista) ou conforme a vontade da lei (doutrina objetivista)[8].

Já no início do século XX, o kelsenianismo teve importância determinante para o tema da interpretação. *Kelsen* conceitua interpretação como "uma operação mental que acompanha o processo de aplicação do Direito no seu progredir de um escalão superior para um escalão inferior[9]." Ou seja, o conceito segue sua teoria de pirâmide normativa e de fundamentos de validade das normas. Mas *Kelsen* revoluciona ao reconhecer que o Direito produz diversas oportunidades de interpretação e que o juiz deve escolher uma. Rompe, portanto, com a tradição de interpretação intelectualista e insere-se na vanguarda dos voluntaristas. Reconhece que todo ato jurídico em que o Direito é aplicado é em parte determinado pelo Direito e, em parte, indeterminado. A indeterminação pode tanto resultar do fato pressuposto, da conseqüência condicionada ou da intenção do órgão que produziu a norma (plurissignificação de palavras). Os métodos de interpretação conduzem apenas a um resultado possível, mas não ao único correto. Portanto, a obtenção da norma individual no processo de aplicação da lei é uma função livre e voluntária. Mas das diversas possibilidades, apenas uma torna-se direito positivo, quando aplicada pelo órgão com tal função.

Nos estudos de *Hart*, há a necessidade de uma norma de reconhecimento como remédio para a falta de certeza[10], de modo que especifica as características que a norma primária (que impõe deveres ou obrigações) deve possuir, exercendo pressão social correspondente[11]. Mesmo estruturando sua obra na base do positivismo, *Hart* é um dos primeiros a falar sobre um sistema jurídico aberto. A importância da interpretação se coloca na inferição de que o *status* de Direito não advém de um exercício tácito do Poder Legislativo, mas da aceitação da norma de reconhecimento pelo tribunal como adequada para ser usada dessa maneira.

Uma nova etapa é inaugurada a partir do pensamento de *Dworkin*, autor que, mesmo se mantendo atado à tradição anglo-saxônica do precedente, defende que o Direito é um conceito primordialmente interpretativo. Por efeito, as divergências entre os aplicadores são divergências aplicativas. "Os juízes devem decidir o que é o direito interpretando o modo usual como os outros juízes decidiram o que é direito[12]".

---

(8) Von SAVIGNY, Friedrich Carl. *Da vocação de nosso tempo para a legislação e a jurisprudência*. Coleção "Os Grandes Filósofos do Direito". São Paulo: Martins Fontes, 2004. p. 298.

(9) KELSEN, Hans. *Teoria pura do direito*. Tradução de João Baptista Machado. Coimbra: Armênio Amado Editora, 1984. p. 463.

(10) HART, Herbert L. A. *O conceito de direito*. Tradução de A. Ribeiro Mendes. Lisboa: Fundação Calouste Gulbenkian, 1986. p. 107-109.

(11) A própria existência de uma norma de reconhecimento é rechaçada por Dworkin, o qual afirma ser "errado supor, como essa teoria supõe, que em todo sistema jurídico existe algum teste fundamental, normalmente reconhecido como válido, para determinar quais padrões contam como direito e quais não contam" (DWORKIN, Ronald. *Levando os direitos a sério*, p. 73).

(12) DWORKIN, Ronald. *O império do direito*. São Paulo: Martins Fontes, 2003. p. 488.

Mesmo teorias gerais do Direito são, para o professor norte-americano, apenas interpretações gerais da nossa própria prática judicial. Entre o *convencionalismo* e o *pragmatismo*, adota a concepção do Direito como *integridade*, compreendendo a doutrina e a jurisdição. O julgamento interpretativo deve observar as diferentes dimensões interpretativas (eqüidade, justiça e devido processo legal), as quais são conflitantes entre si[13]. Afirma que qualquer argumento jurídico prático, não importa quão detalhado e restrito seja, adota o tipo de fundamento abstrato que lhe oferece a doutrina e, quando há confronto entre fundamentos antagônicos, um argumento jurídico assume um deles e rejeita os outros. Desse modo, o direito de uma comunidade é o sistema de direito e responsabilidades que autorizam a coerção e decorrem de decisões anteriores do tipo adequado[14].

Em um passo seguinte, *Perelman* identifica a importância da interpretação no reconhecimento da exigência da univocidade dos elementos nos quais ela se fundamenta[15]. A argumentação obriga não apenas a seleção de dados, mas igualmente o modo como são interpretados; o significado que se escolheu atribuir-lhes. Aos dados escolhidos será oposta uma interpretação, mas esta não é apenas uma escolha, num plano bem definido, entre interpretações que pareçam incompatíveis, mas também a escolha do plano que será o objeto do esforço de interpretação. O professor belga afirma que a interpretação pode ser, não mera seleção, mas também criação, invenção de significações. Nega a existência de interpretações "verdadeiras". As premissas de interpretação não são evidentes, mas resultam de um acordo entre quem argumenta e seu auditório. Para *Perelman*, não importam os fundamentos de validade da norma (a derivação correta da norma superior), mas apenas os meios necessários para sustentação da decisão como sendo mais justa, eqüitativa, razoável, oportuna ou conforme o direito, do que tantas outras decisões igualmente cabíveis. Toda a regra pretensamente interna de interpretação, tal como a coerência, é infalivelmente acompanhada de critérios vindos do intérprete. Mas o autor também reconhece que se a interpretação de um texto deve traduzir o conjunto das intenções do sujeito, há que se levar em conta o fato de o texto comportar em geral uma argumentação implícita, que constitui o seu essencial[16]. A escolha efetuada pelo orador de uma interpretação dos fatos só se distingue dela quando outra interpretação se mostra plausível[17].

A doutrina de *Perelman* é importante para a definição da função social do contrato. Nos estudos desse autor, há um inegável rompimento com a tradição da interpretação lógico-dedutiva inaugurada com a codificação napoleônica e que é bastante abrandada no CCB/02. A importância que vemos na obra está principalmente no resgate da noção de raciocínio dialético e reconhecimento do esgotamento do modelo cientificista de conhecimento. Em definitivo, existe um afastamento da doutrina kelseniana ao

---

(13) *Idem*, p. 489.
(14) *Idem*, p. 116.
(15) PERELMAN, Chaïm. *Tratado da argumentação*. São Paulo: Martins Fontes, 1996. p. 136.
(16) *Idem*, p. 141.
(17) *Idem*, p. 142.

afirmar a igual importância do conhecimento produzido por estudiosos e aplicadores do Direito, pois todos são tidos como articuladores de argumentos convincentes, gnoseologicamente situados em igualdade.

Das novas e muitas perspectivas abertas por essa ruptura anticientificista no seio da filosofia jurídica, destacam-se duas por sua importância. Primeira, a perda do caráter normativo da teoria do conhecimento jurídico; segunda, a interpretação entre produção doutrinária-acadêmica e o cotidiano profissional do Direito.

Ou, como refere *Ferraz Júnior*, o problema da dogmática jurídica não é mais o da verdade ou da falsidade de seus enunciados, mas das pautas de decisões possíveis, a partir da argumentação retórica. O professor brasileiro aceita as idéias de *Lask* ao referir que, quando dizemos que interpretar é compreender outra interpretação (a fixada na norma), afirmamos a existência de dois atos: um que dá à norma o seu sentido e outro que tenta captá-lo[18]. Afasta o sistema dedutivo de *Kelsen* para afirmar o Direito como uma "ordem instaurada em função de pontos-de-vista significativos"[19].

Kelsen, Dworkin, Hart, Perelman, Lask e *Ferraz Júnior*, todos animam suas inferições sobre interpretação na necessidade de criação de balizadores de decidibilidade. Essa é a questão básica que domina a atividade do jurista. A hermenêutica jurídica visa, fundamentalmente, criar condições para que eventuais conflitos possam ser resolvidos com um mínimo de perturbação social. Todavia, o jurista, ao enfrentar a questão da decidibilidade, raras vezes se fixa num só modelo, mas utiliza os modelos em conjunto, dando apenas pontualmente primazia a um deles e subordinando os demais. Ao que nos parece, com maiores ou menores explicitações, nega-se a ideologia como fundamento do interpretar e decidir. E assim se faz sob o fundamento de produção de um saber jurídico capaz de se organizar segundo as exigências de generalidade e sistematicidade.

Mas a partir da necessidade de se outorgar um protagonismo judicial na construção da norma a ser aplicada, também esses elementos passam a ser descortinados.

3. Introdução ao protagonismo judicial. Fundamentos jusfilosóficos

No Ocidente, no final do século XX, passa-se à revalorização do papel de uma justiça independente e reconhecimento da magistratura como garantidora final do funcionamento do sistema democrático. Segundo *Cárcova*, nas "novas democracias", os juízes aparecem instalados no imaginário popular como *ultima ratio*, garantidores finais do funcionamento democrático. Tem-se depositado uma maior expectativa de *performance* do Poder Judiciário que nos demais poderes de Estado. As expectativas que esta especificidade funcional alenta aumentam o reclamo por um maior grau de protagonismo dos juízes, estimulando o que chama de *activismo jurisdiccional*[20].

---

[18] FERRAZ JÚNIOR, Tércio Sampaio. *A Ciência do direito*. São Paulo: Atlas, 1977. p. 72.
[19] FERRAZ JÚNIOR, Tércio Sampaio. *O conceito de sistema no direito:* uma investigação histórica a partir da obra jusfilosófica de Emil Lask. São Paulo: Ed. Revista dos Tribunais; Editora da Universidade de São Paulo, 1976. p. 148.
[20] CÁRCOVA, *op. cit.*, p. 167.

O crescente reconhecimento do Direito como *discurso* — como processo social de criação de sentido — favoreceu ao repensar de um protagonismo judicial. Os estudos de *Ost*[21] ao mesmo tempo em que aprofundam o tema da importância da interpretação, lançam importantes referenciais para os paradigmas que devem ser seguidos pelo juiz no processo interpretativo.

Três modelos de juízes são imaginados: *Júpiter*, *Hércules* e *Hermes*. *Ost* rejeita inicialmente o modelo de *Júpiter*. Trata-se do modelo da pirâmide ou do Código, sempre proferido de cima, adotando a forma da lei. O juiz expressa-se de modo imperativo e dá preferência à natureza do proibido. Intenta inscrever-se em um depósito sagrado, leis, códigos e Constituições modernas.

O modelo do magistrado *Hércules*, valorizado por *Dworkin*[22], também não pode ser aceito. *Ost* o identifica com a figura da revolução, o gesto iconoclasta que faz do juiz a fonte única do Direito válido. O que mira é um juiz semideus que se submete ao trabalho esgotante de julgar e acabar por levar o mundo em seus braços. A grande crítica de *Ost* é que neste modelo é a decisão individual, e não a lei, a fonte criadora da autoridade.

O projeto defendido é o do juiz *Hermes*: respeita-se o caráter hermenêutico e reflexivo do juízo jurídico que não se reduz à improvisação, nem à simples determinação de uma regra superior. No modelo de Hermes, deve-se pensar o Direito como circulação incessante de sentido, mais do que como discurso de verdade. É necessário advertir a pluralidade e diversidade dos atores que jogam na cena jurídica e que contribuem, cada um à sua maneira, para aplicar o Direito. É na teoria do Direito como circulação de sentido que se deve centrar a idéia sobre o qual nada, nem o juiz nem o legislador, tem o privilégio. A circulação do sentido jurídico opera no espaço público e nada poderia, sem violência ou ilusão, pretender monopolizá-lo[23].

Este modelo circulatório — do "banco de dados" — tem o êxito de reafirmar o Direito como discurso incompleto e propor uma interpretação mais ampla, menos monológica, efetivamente aberta. Mas, principalmente, alcança o resultado positivo de conseguir articular os elementos de legitimação da força da decisão no estabelecimento

---

(21) OST, François. *Júpiter, Hercules, Hermes:* Tres modelos de juez y de derecho. In: Doxa, 14, Alicante, 14, 1993.

(22) Dworkin recorre a um juiz imaginário para explicar o funcionamento ideal da integridade. Esse juiz é chamado de Hércules, porque tem uma missão cuja dificuldade é comparável àquela da realização dos Doze Trabalhos, impostos pelo Rei Euristeu. Ao juiz Hércules cabe a interpretação construtiva das decisões políticas do passado, da qual deve resultar um sistema de princípios perfeitamente coerente e capaz de dar a melhor resposta (a "resposta certa") a cada caso jurídico. O juiz Hércules, portanto, é o encarregado de realizar o direito como integridade em termos ótimos. É o modo figurativo que Dworkin usa para esclarecer o conteúdo da idéia de integridade, sem, contudo, atrelá-lo totalmente à capacidade desumana do herói grego (DWORKIN, *op. cit.*, p. 287).

(23) A compreensão do direito como discurso é também defendida por Cárcova: "Frente aos tradicionais reducionismos da teoria jurídica (normativa/facticismo) sustentamos a tese de que o direito deveria ser entendido como discurso, como o significado que os lingüistas atribuem a esta expressão, isto é como processo social de criação de sentido — como uma prática social discursiva que é mais do que palavras, que é, também, comportamentos, símbolos, conhecimentos; que é, ao mesmo tempo, o que a lei manda, os juízes interpretam, os advogados argumentam, os litigantes declaram, os teóricos produzem, os legisladores sancionam ou os doutrinários criticam e sobretudo que, ao nível dos súditos, opera como sistema de representações" (CÁRCOVA, Carlos Maria. *Direito, política e magistratura.* São Paulo: LTr, 1996. p. 175).

do diálogo com o discurso da autoridade. As garantias principais de legitimidade, indicadas por *Ost*, devem ser o respeito às condições de discussão e respeito aos direitos fundamentais. Este é o juiz pretendido: que busca o preenchimento do Direito na circulação do discurso e que legitima sua ação na democracia do agir. Trata-se do protagonismo judicial que se pretende democrático e eficaz[24].

A necessidade de preenchimento do conceito da função social do contrato pela análise objetiva dos operadores jurídicos torna necessária a atuação do decisor atuando num processo de diálogo multidisciplinar[25]. A pauta é pensar o contrato como produtor de efeitos para terceiros, a necessidade de adequação do objeto da avença ao respeito dos direitos humanos não positivados e a compatibilização do acordado com eventuais onerosidades excessivas supervenientes ou já presentes no nascedouro do pacto. São essas as construções possíveis para a função social do contrato e que não podem ser operadas em restrições achatadas ao texto legal, ou conhecer seriedade e rigor na tentação de legitimação da decisão apenas na vontade individual do decisor.

A necessidade imposta passa a ser encontrar construções hermenêuticas adequadas à instrumentalização do artigo 421 do Código Civil, que sejam ao mesmo tempo eficazes e afinadas com o princípio democrático e com os demais primados constitucionais. A perspectiva hermenêutica lastreada na Constituição, como veremos, passa a ser o caminho a ser trilhado.

4. A perspectiva hermenêutica do neoconstitucionalismo

A busca de novos modelos de interpretação e atuação jurisdicional é, em grande parte, impulsionada pelo rápido declínio do positivismo. E tal parece ser o pensamento jurídico contemporâneo. A corrente de pensamento que, em grande parte, tem sido vista como substituta é o chamado constitucionalismo, ou neoconstitucionalismo. Trata-se do campo de estudo em que as dogmáticas podem encontrar interface com uma moral positivada, pois reconhece a Constituição como concretizadora de princípios morais.

Diversos motivos têm atuado para uma dificuldade geral na defesa do chamado positivismo teórico. Com razoável coincidência, diversos autores relacionam fatores como a pluralidade de fontes normativas[26], em substituição do monopólio legislativo;

---

(24) (...) percebe-se que a sociedade está por esperar muito mais do que uma neutra e fria subsunção lógica do caso à lei. É preciso um esforço maior, especialmente dos juízes, e o Código Civil parece trazer elementos para uma virada *tout a coup* das práticas judiciais. A experiência (pragmática) do direito já deu conta de ensinar que a lei em si não tem o condão de alterar a realidade da vida, sendo fundamental a participação do magistrado para fazer da lei um instrumento de mutação social" (NALIN, Paulo. Cláusula geral e segurança jurídica no Código Civil. In: *Revista Trimestral de Direito Civil*, vol. 6, n. 23. São Paulo: Padma, jul./set. 2005. p. 59).

(25) "A verdade é que há uma relação direta entre a presença de cláusulas gerais em determinado ordenamento jurídico e o papel representado pelos juízes, no sentido de que, a partir de sua adoção, o magistrado terá um incremento na sua função de intervenção nos negócios jurídicos privados. Numa palavra, as cláusulas gerais colocam em ainda maior relevância o trabalho dos julgadores" (MENKE, Fabiano. A interpretação das cláusulas gerais: a subsunção e a concreção dos conceitos. In: *Revista de Direito do Consumidor* n. 50, p. 11).

(26) *"En suma, la pluralidad de fuentes representa no solo un golpe mortal para el legalismo estatalista, sino que obliga también a replantearse en otros términos la idea de unidad del ordenamiento"* (SANCHÍS, Luis Prieto. *Constitucionalismo y positivismo*. México, D.F.: Distribuciones Fontamara S.A., 1999. p. 37).

o estabelecimento do juízo de ponderação, com substituição ao processo de subsunção[27]; necessidade de concretização judicial de direitos essenciais; e o desenvolvimento das teorias da argumentação jurídica.

Esse constitucionalismo pós-positivista também parece contribuir ao reconhecimento da inafastabilidade dos juízos morais como resposta a conflitos jurídicos, em especial os que dizem respeito à tutela de direitos fundamentais. O efeito intransponível é da inquirição sobre a existência — e principalmente justificação — de um poder de decisão nas mãos da magistratura, ainda que de natureza distinta da encarnada no legislador.

Ocorre que o (neo)constitucionalismo, ao combinar os direitos e a democracia, tende a criar o problema da justificação e limitação simultânea da regra mínima da maioria com os direitos individuais. Em contraponto ao primado da democracia deliberativa e a certeza jurídica, a tensão que inevitavelmente se estabelece é a de que, ao aplicar os princípios constitucionais, possam os juízes mesmo considerar certa norma legislada como inválida. Essa é uma perspectiva presente na agenda de identificação da função social do contrato, em vista de que a cláusula geral do artigo 421 do Código Civil não indica expressas restrições para a delimitação de sua atuação às relações jurídico-privadas.

A pergunta cuja resposta se busca é a muitas vezes repetida, de diversas formas, por *Gargarella*[28], *Palombella*[29] e *Nino*[30]: dado que buscamos que nosso sistema político responda adequadamente à vontade das maiorias, e que assegure suficiente proteção às minorias, qual deve ser o papel do judiciário nesse sistema? No específico objetivo deste trabalho, a inquirição é se há legitimidade do Poder Judiciário em impedir efeitos jurídicos do contrato contrários aos interesses de terceiros ou que, formalmente aceito pelas partes, possa lhes trazer prejuízos desproporcionais. Mais: se mesmo no Direito do Trabalho, ramo da ciência jurídica que historicamente traz proteção positivada ao hipossuficiente da relação jurídica, é cabível uma atuação de maior liberdade judicial.

O judiciário trabalhista é o que, desde sua constituição, trabalha com a clarificada diferença de potência dos contratantes da relação jurídica que lhe interessa, instrumentalizada no pacto de emprego. O Direito do Trabalho, desde muito antes do Direito Civil, já via a necessidade de limitar a liberdade de contratar. A opção nesse

---

(27) "É bem verdade que a técnica positivista do silogismo de subsunção, por meio do qual se acentua o pensamento axiomático-dedutivo, não mais encontra ampla repercussão entre mentes oxigenadas, servindo, apenas, para convencer, e não para demonstrar. A técnica mais empregada, atualmente, é a da lógica dialética ou a da argumentação, com a qual se faz o constante debate entre a norma aplicável e os valores do caso concreto (NALIN, Paulo. Cláusula geral e segurança jurídica no Código Civil. In: *Revista Trimestral de Direito Civil*, vol. 6, n. 23. São Paulo: Padma, jul./set. 2005. p. 59).

(28) GARGARELLA, Roberto. *La justicia frente al gobierno. Sobre el carácter contramayoritario del poder judicial.* Barcelona: Editorial Ariel, 1996. p. 11-13.

(29) *"Las dificultades que surgen conciernen a la compatibilidad entre política ordinaria y decisiones sustanciales de los jueces. La actitud que los jueces deben asumir"* (PALOMBELLA, Gianluigi. *Constitución y Soberania. El sentido de la democracia constitucional.* Albalote (Granada): Editorial Comares, 2000. p. 134).

(30) NINO, Carlos Santiago. *La constitución de la democracia deliberativa.* Barcelona: Editorial Gedisa, 1997. p. 258.

campo do Direito foi de positivação da proteção, estabelecendo-se padrões mínimos a serem respeitados pelas partes[31]. Todavia, é elementar que mesmo o mais amplo sistema de proteção ao hipossuficiente não impede a formação de situações formalmente válidas que impliquem profundas agressões à orientação de preservação da função social.

Por isso, parece natural, ainda que de certa forma paradoxal, a dificuldade que têm os juízes do trabalho em reconhecer a possibilidade e necessidade de estabelecer o que é eqüidade a partir de cláusulas gerais. Em poucas palavras, se observa a guinada civilista em direção à sociabilidade, enquanto grande número de operadores do Direito do Trabalho propugna em eliminar tal mecanismo. Acreditam que basta aos trabalhadores utilizarem da pressão direta para a restauração do equilíbrio econômico; que o contrato individual de trabalho possui reduzidos efeitos ao restante da coletividade; ou, ainda, imagina-se que a relação de emprego se limita ao expressamente previsto na legislação protetiva – sem nada a menos; mas também nada a mais.

O objetivo deste estudo é o de demonstrar que o método de ponderação, operado pelo Judiciário — em especial o judiciário trabalhista —, na análise de casos concretos, com a aplicação e interpretação direta de princípios constitucionais, a partir das teorias da argumentação, é o que proporciona maior eficácia aos direitos fundamentais, como concretização da função social do contrato. Em especial nos itens subseqüentes, se buscará afirmar e justificar que tal opção não encontra óbices nos primados da democracia deliberativa e segurança jurídica, mas que de certa forma os confirma.

5. Campos de atuação do (neo)constitucionalismo

Sobretudo a partir do final da II Guerra Mundial, o constitucionalismo contemporâneo tem definido traços característicos aptos a justificar e estimular o protagonismo judicial. Como sublinha *Carbonell*, não se trata de um único *neoconstitucionalismo*, mas de uma série de fenômenos evolutivos, com impactos no paradigma do Estado constitucional[32]. Possuem em comum a busca de resposta a uma aparente crise do Estado Legislativo de Direito, a um "colapso da capacidade reguladora da lei e retorno ao papel criativo da jurisdição"[33]. Por isso, o constitucionalismo pós-positivista tem se mostrado, simultaneamente, como ideologia, como uma correspondente metodologia e uma teoria concorrente ao positivismo.

---

(31) "A técnica protetiva adotada pelo Legislador Trabalhista difere, contudo, fundamentalmente, da técnica agora incorporada pelo Legislador Civil. No campo do Trabalho, a escolha foi positiva, o que é justo, estabelecendo padrões mínimos de contratos equilibrados e de relações condignas, transportando a eqüidade do campo subjetivo para o campo objetivo. Assim, no Direito do Trabalho, a justificativa é o respeito à norma que impõe o mínimo que é justo" (SADY, João José. O novo Código Civil e o direito do trabalho: a função social do contrato. In: *Revista LTr* 67-07-819, vol. 67, n. 07, julho de 2003. p. 4).

(32) CARBONELL, Miguel. Nuevos tiempos para el constitucionalismo. In: CARBONELL, Miguel (organizador). *Neoconstitucinalismo(s)*. Editorial Trotta, 2003. p. 9-10.

(33) FERRAJOLI, Luigi. Pasado y futuro del Estado de derecho. In: CARBONELL, Miguel (organizador). *Neoconstitucinalismo(s)*. Editorial Trotta, 2003. p. 20.

Exemplos dessas implicações podem ser encontrados nos escritos de autores como *Dworkin, Habermas, Alexy, Zagrebelsky, Sanchís* e, ainda que de modo limitado, *Ferrajoli*.

Numa primeira acepção, o neoconstitucionalismo faz convergir duas tradições constitucionais: uma primeira que concebe a Constituição como regras de jogo de competência social e política, como pactos de direitos mínimos para assegurar a autonomia dos indivíduos — a tradição norte-americana, chamada por *Comanducci* de *constituição dos contrapoderes*[34]. A segunda, *constituição das regras*, vista como encarnação de um projeto político articulado com um programa de transformação social e política — é o modelo nascido com a Revolução Francesa.

De outra banda, o constitucionalismo europeu do pós-guerra parece ter retornado à herança norte-americana que via na Constituição a expressão acabada de um poder constituinte limitador dos poderes constituídos, incluindo o legislador. Há dois elementos que confirmam essa idéia: a) a *rematerialização constitucional*, pela qual a Constituição não apenas limita o legislador ao indicar o modo de produção do Direito, mas também limita ao predeterminar amplas esferas de regulação jurídica; b) o *espraiamento constitucional*, a imersão da Constituição no ordenamento jurídico como norma suprema; o acesso à Constituição não se dá *através* da lei, mas permanente e diretamente.

O neoconstitucionalismo, portanto, une elementos de forte conteúdo normativo e garantia jurisdicional, da tradição norte-americana de desconfiança do legislador. Segundo *Sanchís*, é uma noção de poder constituinte mais liberal que democrático[35] e, como resultado, tem-se uma Constituição bastante transformadora, que pretende condicionar as importantes decisões da maioria e cujo protagonista fundamental não corresponde ao legislador, mas aos juízes.

A proposta, portanto, é de conjugação de uma Constituição normativa e garantista. É normativa, pois cria diretamente direitos e obrigações exigíveis; sua eficácia não depende de vontades legislativas. O caráter garantista supõe que seus preceitos podem valer através de procedimentos jurisdicionais existentes à proteção dos direitos.

5.1. Neoconstitucionalismo teórico

O chamado *neoconstitucionalismo teórico* evidencia o espaço ocupado pela Constituição no sistema jurídico. *Comanducci* nomina a Constituição contemporânea como *invasora*[36], na medida em que o sistema jurídico presencia a onipresença na Carta Constitucional como rol de princípios e regras, de catálogo de direitos fundamentais.

---

(34) COMANDUCCI, *op. cit.*, p. 77.
(35) SANCHÍS, Luis Prieto. Neoconstitucionalismo y ponderación judicial. In: CARBONELL, Miguel (organizador). *Neoconstitucionalismo(s)*. Editorial Trotta, 2003. p. 126.
(36) COMANDUCCI, *op. cit.*, p. 83.

A segunda importante característica do neoconstitucionalismo como teoria do Direito está na prevalência da ponderação sobre a subsunção.

Reconhece-se uma onipotência da Constituição: os princípios constitucionais estão presentes em todos os campos do Direito. Por trás de cada preceito legal sempre se encontra uma norma constitucional que o confirma ou contradiz. O efeito é o da *impregnação* ou *irradiação* do texto constitucional; a lei deixa de ser a referência suprema para a solução dos casos.

A característica acima descrita também tem por efeito a segunda particularidade — a onipotência judicial. O legislador perde autonomia, porque a Constituição oferece orientações para as mais diversas áreas, as quais são confiadas à garantia judicial.

Obriga-se à superação de regras interpretativas clássicas. A teoria da interpretação positivista concebe o Direito como sistema pleno, ou ao menos *completável*, de modo que a aplicação da norma ao caso representa uma tarefa mecânica ou subsuntiva, sem que o juiz precise de justificações morais. Reconhece que o Direito possua algumas lacunas e contradições, que produz uma subsunção difícil. Nesses casos, admite que o juiz goze de uma relativa e irremediável discricionariedade.

A despeito da teoria juspositiva tradicional, obriga-se um câmbio nas peculiaridades interpretativas, sem que signifique uma nova teoria da interpretação jurídica. Força-se reconhecer um novo papel no documento constitucional. Ainda que não imprescindível, haveria pelo menos uma forte conveniência na análise do ponto de vista interno dos operadores do Direito[37]. Mas o que se pode afirmar é de uma peculiaridade da interpretação constitucional, uma diferença mais quantitativa que qualitativa. As Constituições têm número maior de princípios (como gênero *norma*), o que vai requerer um emprego mais amplo de certas ferramentas interpretativas, as quais serão analisadas neste capítulo.

5.2. Neoconstitucionalismo ideológico

Como ideologia, o constitucionalismo pós-positivista põe em segundo plano a dimensão constitucional de limitação do poder estatal e valoriza seu caráter de garantidora dos direitos fundamentais[38]. O neoconstitucionalismo valoriza positivamente e busca a defesa e ampliação do processo de constitucionalização para tutela dos direitos fundamentais[39].

---

(37) Ressalve-se que há importantes doutrinadores, como Zagrebelsky, que reconhecem imprescindível a operação de tal análise.

(38) Numa concepção ideológica *forte*, Sanchís, reconhece o neocostitucionalismo ideológico, como a filosofia política que considera que o Estado constitucional de Direito representa melhor, ou de forma mais justa, a organização política (SANCHÍS, *Neoconstitucionalismo*, p. 123).

(39) "(...) desde el momento en que se acepta que los derechos humanos 'valen' jurídicamente porque cuentan con el respaldo del constituyente, se está recononociendo que su fundamento reside en una voluntad histórica, es decir, en una moral social legalizada, con independencia de que, además, no puedan parecer exigencias de la moral crítica" (SANCHÍS, *Constitucionalismo*, p. 74).

Em paralelo ao fenômeno do final do século XX de revalorização do papel do juiz, também tomam relevo os estudos de *Ferrajoli* de fundamentação da legitimação da jurisdição na tutela da intangibilidade dos direitos fundamentais. No marco de sistema democrático garantista deste autor, o funcionamento da legitimação da jurisdição concerne à tutela de intangibilidade dos direitos fundamentais consagrados[40].

A partir do exemplo da construção judicial alemã, *Alexy* defende uma máxima posição dos direitos fundamentais[41]. Indica quatro extremos: a) *posição máxima*, pela circunstância de estarem regulados na Constituição; b) *máxima força jurídica*: os direitos fundamentais vinculam diretamente todos os Poderes do Estado, de modo que os juízes devem observá-los em cada decisão; c) *máxima importância do objeto*: os direitos fundamentais referem-se à estrutura básica da sociedade; d) *máximo grau de indeterminação*: as declarações do texto constitucional são sucintas, concisas e vazias, fazendo com que apenas interpretação judicial possa afirmar o que são os direitos fundamentais.

No mesmo sentido, *Dworkin* observa que a função mais importante de um sistema jurídico é a garantia dos direitos individuais diante das agressões da maioria e do governo[42]. Os direitos fundamentais, portanto, adquirem uma dimensão objetiva, desprendendo-se da simples matiz subjetiva privilegiada do jusnaturalismo. Passam a figurar como princípios cujo conteúdo deve se espraiar por toda a ordem jurídica[43].

Há relativo consenso na afirmação da importância dos julgados singulares para afirmação e proteção de direitos fundamentais, sobretudo nas relações privadas, o que é uma conquista de vulto.[44] Todavia, há ainda uma dificuldade de fundamentar democraticamente esses novos poderes conferidos ao magistrado. O neoconstitucionalismo metodológico auxiliará nessa tarefa.

5.3. Neoconstitucionalismo metodológico

Advoga-se um neocostitucionalismo metodológico, em substituição ao positivismo ideológico. Para este último, sempre é possível identificar e descrever o Direito como é, distinguindo-o como dever-ser e excluindo-se uma conexão necessária entre Direito e

---

(40) FERRAJOLI, *op. cit.*, p. 15.
(41) ALEXY, Robert. *Los derechos fundamentales en el Estado constitucional democrático*. In: CARBONELL, Miguel (organizador). *Neoconstitucionalismo(s)*. Editorial Trotta, 2003. p. 33-37.
(42) DWORKIN, Ronald. *O império do direito*. São Paulo: Martins Fontes, 2003. p. 134.
(43) Ressalva-se que o afirmar de que os direitos são limites à ação estatal não conduz à idéia de que um estado de direito está impedido de restringir direitos. Pode fazê-lo, porém de forma moderada, sem atingir o núcleo essencial dos direitos. Trata-se da aplicação das noções de proporcionalidade e razoabilidade.
(44) A força normativa direta da Constituição em matéria de direitos fundamentais foi enfatizada pela Primeira Jornada de Direito Material e Processual na Justiça do Trabalho, de 2007: Enunciado n. 2. DIREITOS FUNDAMENTAIS – FORÇA NORMATIVA. I – ART. 7º, INC. I, DA CONSTITUIÇÃO DA REPÚBLICA. EFICÁCIA PLENA. FORÇA NORMATIVA DA CONSTITUIÇÃO. DIMENSÃO OBJETIVA DOS DIREITOS FUNDAMENTAIS E DEVER DE PROTEÇÃO. A omissão legislativa impõe a atuação do Poder Judiciário na efetivação da norma constitucional, garantindo aos trabalhadores a efetiva proteção contra a dispensa arbitrária.

moral[45]. A tese do constitucionalismo pós-positivista é a de que qualquer decisão jurídica, e em particular a decisão judicial, está justificada, em última instância, numa norma moral[46].

Em especial *Alexy* e *Dworkin* sustentam a tese da conexão necessária, identificando ou justificando Direito e moral, pelo menos em situações constitucionalizadas, em que os princípios e direitos fundamentais formam uma ponte entre esses campos. Essa conexão ocorre através das normas de reconhecimento presentes na Constituição, as quais estabelecem as condições de validade do resto das normas.

O reconhecimento de que as normas constitucionais atuam como critério suplementar de identificação do valor é alcançado nos estudos de *Sanchís*[47]. Também é o caso de *Nino*, o qual chega a ver a moral nada menos como a ponte de união entre o Direito e a política democrática[48]. Mesmo para esse doutrinador — que não se identifica com a maioria dos postulados do neoconstitucionalismo, a interpretação é realizada por juízos morais, que devem ser aceitos como resultado de seus próprios méritos e não porque foram previamente estabelecidos. *Nino* refere-se à superfluidade da Constituição, referindo, em suma, que uma constituição não é legítima e não pode ser invocada para justificar ações e decisões, se carece de conteúdo moral. Se esse conteúdo for incluído na Constituição, ela é supérflua, pois as justificações podem ser inferidas diretamente dos princípios morais que prescrevem seu conteúdo[49].

Assim, a legitimidade de uma Constituição está determinada por princípios morais que veiculam direitos fundamentais. As indeterminações semânticas e sintáticas apenas podem ser superadas em considerações valorativas, as quais devem ser identificadas — acreditamos — na ponderação democraticamente articulada de princípios.

6. O juízo de ponderação

Conforme analisado no capítulo anterior, o neoconstitucionalismo aposta num protagonismo judicial. Primeiramente, no nível quantitativo: o espraiamento de tutelas ao nível constitucional implica a necessidade de o julgador operar diversos princípios para aplicação em casos concretos. Qualitativamente, mostra-se imprescindível um maior preparo do operador jurídico da decisão: a ausência de normas completas e a prevalência de princípios obrigará a uma manipulação muito mais complexa. O processo clássico da subsunção torna-se obsoleto.

---

(45) *"The early English common law was the classic demonstration, if one were needed, of the disaster that will come to a legal order when its own rules and internal structure come to be viewed as complete and self-sufficient, when it destroys its own capacity to responde to new needs and developing moral values in the society its serves"* (DAWSON, John, P. The general clauses, viewed from a distance. In: *Methoden des rechtes*. Nachworte, Anhäge, Register, 1975. p. 442).

(46) *"El jurista tiene que ser capaz de transitar de la moral al Derecho, y lógicamente sentirse obligado por ambos. Las normas jurídicas, si así puede decirse, no son más que la punta de un iceberg, la expresión institucionalizada pero parcial de un sistema de normatividad mucho más amplio dentro de cual no cabe trazar ninguna frontera rigurosa, y para cuya plena comprensión es preciso un compromiso, una aceptación moral"* (SANCHÍS, *Constitucionalismo...*, cit., p. 52).

(47) SANCHÍS, *Neoconstitucionalismo...*, p. 67.

(48) NINO, Carlos Santiago. *La constitución de la democracia deliberativa*. Barcelona: Editorial Gedisa, 1997. p. 287.

(49) NINO, *Neoconstitucionalismo...*, cit., p. 42.

Os autores que de forma mais intensa têm desenvolvido o tema são *Alexy*, *Guastini* e *Sanchís*. A partir de suas obras, serão apresentados os traços fundamentais do juízo de ponderação.

A circunstância da prevalência judicial não significa a outorga de liberdade de convicções morais subjetivas, mas razões morais relevantes, na busca de critérios corretos, fundados em convicções gerais, tomadas a partir de discussões jurídicas precedentes. Para *Alexy*, o modelo hermenêutico não é suficiente para a solução do problema da interpretação correta. A correção de uma interpretação somente pode demonstrar-se quando se aduzem razões a favor e contra. A interpretação, para o autor, traduz-se no ato de argumentar[50].

Três características são facilmente identificadas: a) a ponderação se realiza entre dois princípios em conflito, sem relações de especialidade, cujos supostos de fato se superpõem parcialmente; b) o intérprete estabelece uma hierarquia valorativa, mediante juízo de valor; c) a hierarquia é estabelecida em caso concreto, não tendo valor em abstrato — é o que *Guastini* nomina como *hierarquia móvel*[51].

Não se pode fugir da força normativa do princípio. Trata-se do que *Alexy* chama de caráter *prima facie* dos princípios, significando algo que deva ser realizado na maior medida do possível[52]. No mesmo sentido, *Dworkin*, defende que os juízes têm a obrigação de aplicar os princípios porque formam parte especial do Direito[53].

A partida se dá num conflito constitucional, não sendo aceitável resolver pelo critério da especialidade. Tratando-se de sopesamento de princípios constitucionais, não é possível resolver o conflito declarando-se a invalidade de alguma das razões ou que alguma sempre deva ceder diante da outra, pois isso implicaria estabelecer uma hierarquia que não está na Constituição[54]. No campo do Direito do Trabalho, a afirmação de que, em algumas situações, deve-se vetar o poder de denúncia vazia do contrato, quando o ato é motivado por discriminação de orientação sexual, ampara-se no princípio da dignidade humana e vedação de toda forma de discriminação. A partir de uma operação de sopesamento de princípios, afasta-se — apenas no caso concreto — o também princípio constitucional da livre iniciativa. A obrigação da utilização da ponderação reside no fato de que não existe uma descrição exaustiva dos

---

(50) ALEXY, Robert. *Teoría del discurso y derechos humanos*. Editora de la Universidad Externado de Colombia, 1995. p. 43-44.

(51) GUASTINI, Ricardo. La constituicionalización del ordenamiento jurídico: el caso italiano. In: CARBONELL, Miguel (organizador). *Neoconstitucionalismo(s)*. Editorial Trotta, 2003. p. 62.

(52) ALEXY, Robert. La estructura de las normas de derecho fundamental. In: ALEXY, Robert (organizador). *Teoría de los derechos fundamentales*. Madrid: Centro de Estudios Políticos y Constitucionales, 2002. p. 98-99.

(53) "(...) se um juiz tem o poder discricionário, então não existe nenhum directo legal *(right)* ou obrigação jurídica — nenhuma prerrogativa — que ele deva reconhecer. Contudo, uma vez que abandonemos tal doutrina e tratemos os princípios como directo, colocamos a possibilidade de que uma obrigação jurídica possa ser imposta por uma constelação de princípios" (DWORKIN, *op. cit.*, p. 71).

(54) *"Justamente, la singularidad de los principios emerge en los supuestos de colisión entre las normas, algo sin duda muy frecuente en el plano constitucional si tenemos en cuenta que las Constituciones reconocen numerosos principios de aplicación generalísima y tendencialmente contradictorios. Pues bien, si se da un conflicto entre dos reglas, una de ellas no puede ser válida; en cambio, cuando dos principios se interfieren o entran en conflicto, ambos siguen siendo válidos, por más que se conceda preferencia a uno de ellos en virtud de su peso o importancia en el caso concreto"* (SANCHÍS, *Constitucionalismo...*, cit., p. 20).

supostos de aplicação dos princípios, nem uma indicação indubitável das conseqüências de sua aplicação. Cabe, portanto, apenas formular um enunciado de preferência condicionada, trazendo a hierarquia *móvel* ou *axiológica*, restrita ao caso concreto.

A ponderação tem por objetivo ser um método para fundamentação desse enunciado de preferência referida ao caso concreto: um auxílio para resolver conflitos entre princípios de mesmo valor ou hierarquia. Sua regulação, segundo *Sanchís*, pode se definir com a frase "quanto maior seja o grau da não satisfação ou de afetação de um princípio, tanto maior tem de ser a importância de satisfação de outro"[55]. Para o autor espanhol, a virtude da ponderação está principalmente na estimulação de uma interpretação em que a relação entre as normas constitucionais não é uma relação de independência ou de hierarquia, mas de continuidade e efeitos recíprocos. O perfil de delimitação dos direitos não vem em abstrato e de modo definitivo, mas aparece em concreto à luz da necessidade e justificação da tutela de outros direitos ou grau pretendido[56]. A ponderação, portanto, exige proporcionalidade, que implica estabelecer uma ordem de preferência relativa ao caso concreto.

A busca não é de uma resposta válida para tudo, mas de uma preferência relativa ao caso concreto, que não exclui uma solução diferente em outros casos ou declaração de invalidade dos bens ou valores em conflito, ou exceção permanente. Ambos são abstratamente preservados, ainda que no caso concreto se reconheça a primazia de um sobre outro.

O método não se opera automaticamente e num único ato. *Sanchís* faz referência a fases distintas no processo de ponderação. Primeiramente, deve-se averiguar que a medida tenha um fim constitucionalmente legítimo, como fundamento de interferência na esfera de outro princípio de direito. Num segundo momento, a máxima ponderação requer creditar a adequação, aptidão ou idoneidade da medida objeto de ajuizamento em ordem à proteção ou consecução da finalidade expressada: a atuação que afete a um princípio ou direito constitucional deve mostrar-se consistente com o bem ou com a finalidade em cuja virtude se estabelece. Por fim, a ponderação se completa com o *juízo de proporcionalidade* em sentido estrito, que condensa todas as exigências anteriores e encerra o núcleo da ponderação, aplicável tanto às interferências públicas como às condutas particulares[57].

A partir de tais fases, percebe-se que a ponderação não é método alternativo à subsunção, pois ambas operam em fases distintas da aplicação do Direito. Se não há conflitos de princípios, o juiz se limita a subsumir, sem ponderação. Mas caso haja um problema de princípios — os *hard cases* de Dworkin[58] —, é preciso seguir pelo caminho da ponderação: obriga-se *subsumir*, constatar que o caso está incluído no campo de aplicação dos princípios. Depois de *ponderar*, novamente aparece a subsunção, quando se aplica a regra gerada pela ponderação: superada a antinomia, opera-se a nova regra pela premissa normativa da subsunção.

---

(55) SANCHÍS, *Neoconstitucionalismo...*, cit., p. 142.
(56) *Idem*, p. 143.
(57) *Idem*, p. 149-150.
(58) DWORKIN, *Levando os direitos...*, cit., p. 127-203.

Entre os autores citados, em diferentes matizes, parece claro que o juízo de ponderação, ao obrigar ao intérprete o desenvolvimento de uma racionalidade, nem as premissas normativas (os princípios), nem sua realização, diferem de forma substancial da argumentação moral. A análise da (boa) ponderação obriga, portanto, um exame um pouco mais apurado das teorias argumentativas para fundamentação do processo.

7. Teorias argumentativas

Conforme referido acima, a tradição imposta pelas revoluções burguesas foi de um método interpretativo de desconfiança da magistratura. A descoberta da vontade do legislador era o único método interpretativo válido para a aplicação do Direito. Como visto, as características próprias do Direito do Trabalho de positivação de proteção ao hipossuficiente reforçaram essa forma de atuação do judiciário especializado. O trabalho judicial que outorgue aplicação direta do referencial constitucional protetivo facilmente é atacado sob o argumento de exorbitar as funções institucionais próprias, gerador de insegurança jurídica e reforço do tensionamento entre capital e trabalho.

Gargarella reconhece que as principais críticas ao caráter contramajoritário — a atuação não-democrática — do Poder Judiciário nascem, em boa medida, na abertura que chama de *brecha interpretativa*[59], a abertura do processo interpretativo.

Outros estudiosos do tema, como *Alexy*, *Dworkin* e *Habermas*, não encaram a interpretação como uma *brecha*, mas a melhor forma de outorga de legitimidade à decisão. Com base nas obras desses autores pretende-se expor os fundamentos e requisitos básicos do grande campo das teorias da argumentação.

A possibilidade de aplicação de um princípio para formação da norma ao caso concreto costuma ser tormentosa para o intérprete. *Dworkin* reconhece que podem haver conflitos entre princípios e que o juiz deverá dar vitória ao princípio que tenha maior força de convencimento. A tarefa do julgador é de justificação racional do princípio eleito, mas propõe um modelo baseado na *resposta correta* sempre encontrada pelo juiz no direito preestabelecido. Também afasta a teoria silogista, estabelecendo que os juízes não fundamentam suas decisões em objetivos sociais ou diretrizes políticas, mas em princípios que fundamentam os direitos[60].

A partir de sua construção de Direito como integridade, *Dworkin* insiste que as afirmações jurídicas são opiniões interpretativas; interpretam a prática jurídica contemporânea como uma política em processo de desenvolvimento. As declarações de Direito são permanentemente construtivas, tanto a partir do produto da interpretação abrangente da prática jurídica, quanto sua fonte de inspiração. Assim, o programa que apresenta aos juízes que decidem casos difíceis é essencialmente interpretativo:

---

(59) GARGARELLA, Roberto. *La justicia frente al gobierno. Sobre el carácter contramayoritario del poder judicial.* Barcelona: Editorial Ariel, 1996. p. 59.
(60) DWORKIN, Robert. *Levando os direitos...* cit., p. 23.

o Direito como integridade pede-lhes que continuem interpretando o mesmo material que antes foi interpretado com sucesso. Exige-se que um juiz considere todas as virtudes componentes e que construa sua teoria geral do Direito contemporâneo, a fim de refletir coerentemente sobre os princípios.

O modelo do discurso da interpretação jurídica surge como reação às insuficiências e debilidades de modelos alternativos, como o modelo dedutivo, o modelo decisório, o modelo hermenêutico e o modelo de coerência[61]. A teoria de *Alexy* quanto à resolução dos conflitos entre princípios retira o caráter de decisionismo (subjetivismo) defendido pelo positivismo e propõe uma teoria cognoscitivista, pois introduz um critério de racionalidade comunicativa (procedimental-discursiva), justificando a escolha pelos pressupostos jurídicos e fáticos. A pretensão de correção vincula-se à justificação.

Conforme analisado no capítulo precedente, a colisão de princípios deve ser resolvida a partir do critério do peso ou ponderação. Assume importância o estabelecimento de relação de precedência entre os princípios colidentes. Mas não há relação de precedência *a priori* entre os princípios[62], de modo que a questão decisiva está na identificação das condições para que se encontre a prevalência de um princípio sobre outro. Nesse momento, adensa-se o papel da argumentação. Detendo ambos os princípios em colisão, o potencial de aplicação, o estabelecimento da prevalência, dependerá da carga de argumentação operada pelo julgador.

Para que os princípios fundamentais não fiquem adstritos a um campo de decisionismo e voluntarismo, é necessária a formação de um procedimento racional. Para tanto, *Écio Oto Ramos Duarte* propugna uma mudança no conceito de validez. A necessidade é de que haja controle de correção jurídica das normas objetivamente apresentadas em parâmetros de validez, tanto formais como substanciais. Deve-se partir de uma "regra de reconhecimento" normativo que se constrói de forma intersubjetiva (racionalidade comunicativa), a partir de procedimentos racionais de argumentação que pretendam inferir a busca de razões para a justificação da validez da norma em questão[63].

A crítica fácil é a de que a teoria dos princípios implicaria ponderações que, a seu turno, conduziriam a insegurança insuportável, além de estar vinculada à teoria dos valores. A essa crítica, *Alexy*, apoiado em *von Wright*, responde que princípios e

---

(61) Na busca do que Cárcova chama de uma *hermenêutica controlada*, o papel dos juízes deve ser criativo, interveniente e teleológico; principalmente para que se possa atender a um conjunto de valores consagrados contidos como garantias fundamentais: "Não se trata de pensar os direitos fundamentais como valores trans-históricos, imutáveis ou de qualquer forma petrificados. Trata-se, isto sim, de pensá-los como aquisições humanas incorporadas de forma imanente ao pacto de socialidade que o modelo democrático e a forma histórica do Estado de Direito envolvem. Pôr em crise sua hierarquia normativa significa o mesmo que pôr em crise aquele pacto" (CÁRCOVA, Carlos Maria. *Direito, política e magistratura*. São Paulo: LTr, 1996. p. 176-178).

(62) Alexy adverte que, somente a primeira vista, o princípio da dignidade humana constituiria exceção a não-precedência de princípios (ALEXY, *Los derechos fundamentales en el estado constitucional democrático*, p. 91-92).

(63) DUARTE, Écio Oto Ramos. *Teoria do discurso e correção normativa do direito. Aproximação à metodologia discursiva do direito*. São Paulo: Landy, 2003. p. 50.

valores pertencem a campos diversos: os primeiros reportam-se ao âmbito deontológico, ao passo que os últimos relacionam-se com o âmbito axiológico. Sendo os princípios mandados de otimização, residem na seara do dever-ser e, portanto, situam-se no âmbito deontológico. O processo que advoga não é de regras de valoração, mas de estabelecimento de *critérios* de valoração, vez que a aplicação de critérios de valoração entre os quais se deve sopesar corresponde à aplicação de princípios[64]. A diferença entre princípios e valores se reduziria, assim, a um ponto: os que no modelo de valores é qualificado como "melhor", no modelo dos princípios é o "devido". Trata-se da distinção pertinente aos âmbitos deontológico e axiológico[65].

Em poucas palavras, sobre os valores, como critério de valoração, pode-se dizer que valem ou não valem, e que essa validez não é objeto de algum tipo de evidência. Dependem, sim, de fundamentação, que pode ocorrer, conforme a espécie de validez de que se trate, jurídica, social ou ética. Rechaça-se a idéia de que a ponderação restaria ao inteiro arbítrio de quem a realiza. A ponderação não consiste pura e simplesmente na obtenção de modelo de decisão, mas, sim, de um modelo de fundamentação, num enunciado racional de preferência.

Certamente, a regra constitutiva para as ponderações nada diz sobre quando a importância de um princípio seria maior ou menor, pois o juízo não pode ser feito *a priori*. Mas define que é essa importância que deve ser devidamente fundamentada para justificar um enunciado de preferência condicionado.

A idéia básica da teoria do discurso é a de poder discutir racionalmente sobre os problemas práticos com uma pretensão de retidão[66]. *Alexy* esclarece que a teoria do discurso, em caso algum, substitui a fundamentação pela simples elaboração de consensos. Antes disso, ela incorpora completamente as regras do argumentar racional, que estão referidas em argumentos[67].

A fim de que se afaste a índole monológica do processo, deve-se assegurar regras de imparcialidade na argumentação prática. Mas, evidentemente, a idéia do discurso não é uma idéia neutra. Ela encerra a universalidade e a autonomia da argumentação. Por isso, *Alexy* afirma que a validade universal das regras de discurso pode fundamentar-se com um argumento composto de três partes distintas: a) argumento transcendental (que compõe o núcleo do argumento e determina essencialmente seu caráter universal); b) argumento centrado na maximização da utilidade individual; c) premissa empírica sobre a existência de homens com um interesse em correção[68].

---

(64) ALEXY, *La estructura...* cit., p. 144.
(65) *Idem*, p. 146.
(66) *"La idea básica de la Teoría del Discurso es la de poder discutir racionalmente sobre problemas prácticos, con una pretensión de rectitud. Bajo problemas prácticos entiendo problemas que conciernen a lo que es debido y prohibido, y lo que es permitido, bueno y malo. Con esto intenta la teoría del discurso ir por un camino medio entre teorías objetivistas y cognitivistas, de una parte, y subjetivistas y no cognotivistas, de otra. Su punto de partida es el discurso práctico general"* (ALEXY, *Teoría del discurso...* cit., p. 47).
(67) *Idem*, p. 49.
(68) *Idem*, p. 72-73.

Em relação à fundamentação dos direitos humanos, são três as classes de argumentação teorético-discursivas propostas por *Alexy*. O argumento da autonomia refere-se ao pressuposto de autonomia do interlocutor, excluindo-se a impugnação de dados direitos humanos. O segundo argumento — de consenso — baseia-se em "suposições sobre resultados necessários ou impossíveis dos discursos"[69]: consiste na introdução da imparcialidade no âmbito do discurso e, com isso, da igualdade. O terceiro argumento é o da democracia e funda-se na institucionalização jurídica de procedimentos democráticos, possibilidade de realização aproximada das exigências da racionalidade discursiva e cumprimento de alguns direitos fundamentais e humanos não políticos.

As regras democráticas do discurso são compartilhadas por *Alexy* e *Habermas*, o qual procura construir um sistema contrafático de discurso racional, que possa servir de base epistemológica de correção das pretensões de validez dos juízos normativos. Esse autor convence-se de que o critério de medição de imparcialidade não se satisfaz com um sistema de julgamento que justifica normativamente a correção de decisões, desde uma ponderação convincente de razões apresentadas pelas partes e decidas por um terceiro imparcial, o juiz. Para ele, a argumentação continua sendo o único meio disponível para assegurar-se da verdade.

Habermas adere à Teoria reconstrutivista dos Direitos elaborada por *Dworkin*. Por esta, dentro do quadro (moldura) da ordem jurídica vigente — em especial a moldura constitucional — serão determinados *construtivamente* os direitos aos quais compete objetivamente "melhor" interpretação judicial. Mas o grande limitador da teoria de *Dworkin*, reconhecido por *Habermas*, é condicionar sua teoria construtiva a partir da perspectiva do juiz. Nesse sentido, a teoria do direito deve ser enriquecida pela teoria do discurso, na qual os limites à interpretação do processo de decisão devem ser colocados pela pré-compreensão paradigmática do Direito em geral, compartilhada intersubjetivamente por todos os parceiros do direito. Expressa-se a autocompreensão constitutiva da identidade da comunidade jurídica[70].

Nesta linha, a defesa da fundamentação de um enunciado prático, numa prática de complementaridade procedimental entre o Direito e a moral racional passa a ser uma constante do pensamento de *Habermas*. O objetivo é de restabelecimento da íntima relação entre o raciocínio moral e jurídico: uma vez que o discurso jurídico e o discurso moral se inscrevem no âmbito da razão prática (ética, moral), a tese das pretensões de validez dos atos de fala habermasiana indica uma tensão entre a facticidade (existem ou podem existir normas impositivas) e a validez (aceitáveis ou não).

A necessidade, para *Habermas*, é de elaboração de um modelo de discurso que sirva de procedimento para a consecução da pretensão de correção das proposições jurídicas. A ética do discurso proposta tem a finalidade de demonstrar a possibilidade de se encontrar a legitimação a partir do discurso intersubjetivo[71]. O processo deve

---

(69) *Idem*, p. 114.
(70) HABERMAS, Jürgen. *Direito e democracia*. Rio de Janeiro: Tempo Brasileiro, 1997. v. 1, p. 278.
(71) "O processo de legitimação do Direito, ao vincular-se a um conceito de validade que reivindica para as normas jurídicas a *resgatabilidade discursiva de sua pretensão de validade normativa* indica que a pretensão de correção

passar pelo Princípio da Universalização — a norma válida para a satisfação de um interesse individual deve ser aceita sem coação pelos demais afetados. Passa pela imparcialidade dos juízos práticos (Princípio do Discurso) e alcança o Princípio da Democracia, pelo qual é necessário o assentimento de todos. Para o autor, será possível afirmar que o consenso alcançado argumentativamente é a realização procedimental da universalidade.

Em resumo, *Habermas* e *Alexy* propõem formas procedimentais-discursivas com critérios para a universalização de enunciados normativos dentro de um modelo de ciência que busca racionalidade aos argumentos práticos-morais a partir de postulados metodológicos-deontológicos. Devem-se respeitar as regras do discurso desde uma teoria dos direitos fundamentais que atua, inicialmente, pela liberdade e igualdade no discurso e se conecta, após, ao procedimento de concretização daqueles direitos fundamentais.

A tarefa da metodologia jurídica deve ser de elaborar um modelo de argumentação que compartilhe todas as possibilidades de diferenciação, confrontação e reconciliação de posições de interesses e de valores contrários na busca de uma solução socialmente justificável. *Ramos Duarte* compartilha com *Habermas* e *Alexy* a idéia de que o jurista deve realizar uma tarefa que responda a uma sociedade comunicativa, vez que se trata de uma comunidade plural e complexa.[72] Propugna que a solução deve surgir do consenso, a partir de opiniões diferentes. Será produto de um entendimento produzido em função da pragmática concebida num espaço de discussão comunicativa que buscará a congruência de expectativas em relação à pluralidade de sentidos plausíveis[73]. A estruturação de princípios de argumentação deve ter o objetivo de procedimentalizar a concretização dos direitos fundamentais.

Essas funções construtivas e reconstrutivas das normas em desconformidade com as pautas axiológicas constitucionais impõem uma redefinição da própria teoria do Direito Constucional e podem servir ao "oxigenar" da aceitação do programa normativo-político da própria Constituição. Esses efeitos do juízo de ponderação

---

normativa no Direito deve ser alcançada desde a perspectiva de uma *racionalidade do entendimento* que assegura, normativamente, a prática intersubjetiva de interação das pretensões de validez levantadas pelos participantes de uma discussão jurídica. Esta construção demonstra que o processo de validação discursiva das pretensões normativas sustentadas nos discursos constitucionais, fática ou judicialmente empreendidas pelos participantes, vincula-se, epistemicamente, com a própria lógica da pragmática discursiva desencadeada pelos mesmos" (DUARTE, Écio Oto Ramos. *Teoria do discurso e correção normativa do direito. Aproximação à metodologia discursiva do direito.* São Paulo: Landy, 2003. p. 217).

(72) *Idem*, p. 208.

(73) "O *telos* regulador da ação, em sede de discurso constitucional, atuará imerso numa tensão sempre presente ocorrida entre a forma jurídica, constitucionalmente garantida, e o princípio do discurso, pragmaticamente implícito nos processos de argumentação jurídica que pretendam o consenso racional. O abandono dos cânones ligados a uma razão dogmática submete, hoje, a sociedade ao domínio de uma razão 'procedimental-normativa', que 'reivindica' para o *conceito de direito* a inclusão, além das normas, dos princípios, dos valores e das formas de argumentação, que servem de referência às decisões jurídicas. Neste caso, o Direito Constitucional acolhe, no plano científico do Direito, além da consideração dos princípios e valores, como elementos constituintes do tecido material e do próprio substrato estrutural da Constituição, o paradigma da racionalidade normativa inerente a uma metodologia jurídica pós-formal" (DUARTE, *op. cit.*, p. 209).

constitucional, operacionalizado pelas teorias da argumentação, serão adiante aprofundados.

8. A democracia deliberativa como (aparente) óbice à atuação judicial "criativa"

O constitucionalismo, por combinar os direitos e a democracia, cria alguns problemas a serem enfrentados. O mais importante é o de justificar e limitar simultaneamente a democracia, que significa a regra da maioria, e os direitos individuais.

Após expor suas "soluções" sobre a teoria geral do Direito Habermas, reconhece que se forma uma tensão no momento de disputa de paradigmas na interpretação da Constituição[74]. A tensão que se estabelece refere-se à segurança jurídica e pretensão de legitimidade e correção. Para o autor, o papel do Judiciário será o de proteger o procedimento democrático da legislação, passando por uma adequada formulação do conceito discursivo de política deliberativa[75].

A idéia central do princípio democrático é a de que a legitimação do conteúdo das normas jurídicas só pode ser remetida à própria vontade dos que são por elas governados. Tal mecanismo evita controvérsias sobre a legitimação do Direito, que são incontornáveis quando se recorre a princípios suprapolíticos universais ou valores políticos particulares[76]. A representação não desaparece, mas deve consistir em uma delegação produzida a fim de tornar possível a continuação da discussão e do consenso que foi obtido no processo eleitoral[77].

Mas a teoria desenvolvida pela democracia deliberativa também repousa na compreensão de que a democracia não pode mais se restringir à prerrogativa de eleger os representantes. Envolve igualmente a possibilidade de se deliberar publicamente sobre questões a serem decididas. As condições para deliberação também afirmam

---

(74) "Depois que o direito moderno se emancipou de fundamentos sagrados e se distanciou de contextos religiosos e metafísicos, não se torna simplesmente contingente, como o positivismo defende. Entretanto, ele não se encontra à disposição de objetivos do poder político, como um médium sem estrutura interna própria, como é defendido pelo realismo. O momento da indisponibilidade, que se afirma no sentido da validade deontológica dos direitos, aponta, ao invés disso, para uma averiguação racional — orientada por princípios — das 'únicas decisões corretas'. No entanto, como esses princípios não são historicamente comprovados, que podem ser extraídos exclusivamente do contexto tradicional de uma comunidade ética, como pretende a hermenêutica jurídica, a prática de interpretação necessita de um ponto de referência que ultrapasse as tradições jurídicas consuetudinária" (HABERMAS, *op. cit.*, p. 259-260).

(75) HABERMAS, *op. cit.*, capítulo VI.

(76) Por oportuno, deve-se ressalvar que circunscrever o discurso da justificação ao princípio democrático não acarreta a impossibilidade de se argumentar contramajoritariamente, tendo em vista que o argumento contramajoritário se legitima quando a restrição constitucional da vontade das maiorias ordinárias se der em benefício da própria manutenção ou promoção da democracia. Há, portanto, uma superação do ideário de Rosseau de "vontade popular": a democracia não pode ser confundida com o absolutismo da maioria; a minoria também faz parte do povo e tem o direito de ser reconhecida como tal. Nesse sentido, citam-se os estudos de Cláudio Pereira de Souza Neto (SOUZA NETO, Cláudio Pereira de. *Teoria constitucional e democracia deliberativa:* um estudo sobre o papel do direito na garantia das condições para a cooperação na deliberação democrática. Rio de Janeiro: Renovar, 2006).

(77) NINO, Carlos Santiago. *La constitución de la democracia deliberativa.* Barcelona: Editorial Gedisa, 1997. p. 205.

pressupostos democráticos: um contexto livre e igualitário em que todos possam participar de forma livre de qualquer coerção. A necessidade de negociação é enfatizada por *Nino*, para quem o valor epistêmico da democracia requer que se cumpram certos pré-requisitos: participação livre e igual no processo de discussão e decisão, orientação da comunicação tendo em vista a justificação, ausência de minorias isoladas e congeladas, marco emocional para a argumentação.

Nesse contexto, diversos autores buscam limitar a jurisdição a um papel de "garantidor das regras do jogo democrático". Assim entende *Nino*, para quem o Poder Judiciário deve buscar o equilíbrio entre aquilo que é anunciado pela Constituição histórica e pela constituição ideal. Tal qual *Gargarella*, *Nino* parte do reconhecimento de que os juízes não possuem uma origem democrática direta, não são eleitos pelo voto popular, não estão sujeitos à renovação periódica de seu "mandato" e não são diretamente responsáveis perante a opinião pública[78]. Por sua vez, *Gargarella* justifica o que denomina caráter contramajoritário do Poder Judiciário no histórico de formação do controle judicial de constitucionalidade. A partir do levantamento de criação dos mecanismos de freios e contrapesos dos EUA no período fundacional, reconhece que se trata de processo surgido como forma de assegurar a supremacia das classes proprietárias, diminuindo a parcela de poder do órgão por excelência de representação popular, o Parlamento[79].

Os argumentos contemporâneos justificadores de revisão judicial das leis também são bastante criticados. Em relação ao argumento histórico — de que boa parte da vontade popular não foi acolhida na Constituição —, *Gargarella* responde que há possibilidade de se encontrar uma Carta que possa ser plenamente democrática[80]. Também o argumento intertemporal de supremacia constitucional é afastado sob o fundamento de que pode haver um reencontro do consenso popular, de modo que não haveria de permanecer o governo da "mão morta do passado"[81]. Por último, o argumento da interpretação "automática" do significado unívoco é falso, pois os juízes fazem muito mais do que uma mera leitura da Constituição: a maioria assume a tarefa de "desentranhar" possíveis respostas aos dilemas, como se elas residissem supostamente nos interstícios da Constituição[82]. É este extraordinário poder que teria sido concebido aos juízes, e não ao povo, que resulta razoavelmente questionado.

---

(78) NINO, *op. cit.*, p. 258-259.
(79) GARGARELLA, Roberto. *La justicia frente al gobierno. Sobre el carácter contramayoritario del poder judicial.* Barcelona: Editorial Ariel, 1996. p. 33-34. O autor assinala que a Constituição norte-americana não apenas resultou traçada como proteção contra as maiorias, mas com o objetivo particular de proteção de um certo grupo minoritário, o grupo dos socialmente privilegiados.
(80) *Idem*, p. 54.
(81) *Idem*, p. 54-55. O autor comenta o mito de Ulisses e as sereias, como metáfora para a necessidade de controle ao poder de alteração na Constituição. Refere que a metáfora sugere bastante pouco, pois não avança no que é mais importante aos constitucionalistas: a justificação de uma comunidade para impor suas normas sobre outras comunidades diferentes. Ademais, as sociedades são corpos muito numerosos e o esperável é que um setor muito pequeno determine quais são as normas que vão reger todo o resto (GARGARELA, Roberto. Constitución y democracia. In: *Derecho constitucional*. Buenos Aires: Editorial Universidad, 1999. p. 75-76).
(82) *Idem*, p. 57.

Também a partir desses fatos — incontestes — Nino defende a tese de não aceitação do controle judicial de constitucionalidade, mas apresenta algumas exceções. Ao Poder Judiciário seriam reservados três papéis: a) o poder de controlar o processo democrático, permitindo que se satisfizessem as condições de legitimidade democrática, ou seja, as condições para a identificação dos princípios morais[83]; b) assegurar a autonomia pessoal, analisando-se as verdadeiras razões ou fundamentos das normas jurídicas, verificando-se sua razoabilidade e constitucionalidade[84]; c) a "constituição de uma prática social", preservando a prática social ou convenção dentro da qual a decisão opera[85].

8.1. Revisitando a ponderação sob a perspectiva democrática

A crítica que aparece de forma mais contundente é a da ilegitimidade do Poder Judiciário, que agiria em uma pretensa usurpação do poder constituinte. Ao atribuir ao juiz o poder de interpretar a constituição com base em princípios e de declarar a inconstitucionalidade das leis, haveria uma usurpação da função legislativa. Questiona-se a legitimidade do judiciário para decidir o que é moral e ditar normas, interpretando, no caso concreto, o enunciado lingüístico.

Como exposto anteriormente, a ponderação não é a técnica que se sobrepõe à subsunção de forma absoluta. Primeiro, porque o próprio juízo de ponderação, em momento determinado, pressupõe também um processo de subsunção. Mas, principalmente, porque não se trata de técnica a ser utilizada em todos os conflitos que se apresentam para solução. A utilização deve ser guardada para os casos difíceis, em que devem ser sopesados princípios constitucionais. A utilização do valor, juízos morais, não é usurpação de poder constituinte, pois o próprio valor, de forma abstrata, foi previsto na Constituição: há uma razoável abertura interpretativa escolhida pelo constituinte.

O processo de ponderação não encontra impedimentos nos primados da democracia deliberativa, pois ela própria impede que possa o legislador eliminar o conflito entre princípios mediante uma norma geral. A ponderação é tarefa essencialmente judicial e limitada aos difíceis casos concretos que se estabelecem. Não há dúvidas de que a valorização e o aprimoramento dos processos democráticos contribuem incrivelmente para a diminuição de tensões na sociedade. Mas daí a afirmar que elimine por completo é coisa bastante diferente. Também não se pode aceitar — nos moldes das

---
(83) NINO, Carlos Santiago. *La constitución de la democracia deliberativa.* Barcelona: Editorial Gedisa, 1997. p. 274. Para Nino, quando uma lei tem natureza perfeccionista, ou seja, busca impor ideais de excelência pessoal, qualquer cidadão ou juiz tem razões para desqualificá-la. A lei, nesse caso, não se baseia em juízo moral social.
(84) *Idem,* p. 278-279. Também refere Nino que quando uma lei tem natureza perfeccionista, ou seja, busca impor ideais de excelência pessoal, qualquer cidadão ou juiz tem razões para desqualificá-la. A lei, nesse caso, não se baseia em juízo moral social.
(85) *Idem,* p. 280-282. A idéia do autor é de que uma decisão, ainda que realize o valor epistêmico da democracia, pode afetar seriamente algum dispositivo da constituição histórica. Nesse caso, o juiz anula a norma sancionada e preserva a eficácia das decisões democráticas.

ideologias das codificações do século XIX — que o avanço da democracia deliberativa possa, por si, prever e estabelecer soluções para todas as possibilidades de conflitos entre valores; que possa estabelecer solução jurídico-moral para todos os dilemas.

As críticas ao subjetivismo não podem ser eliminadas, mas sim minimizadas. Primeiro, porque não nos movemos no plano de como se comportam os juízes, mas como deveriam mover. Do mesmo modo, as vantagens da democracia deliberativa são expostas pelo modo com que deve se comportar a sociedade e, de forma especial, seus representantes[86]. Segundo, porque a ponderação verdadeira não pode dar lugar a qualquer decisão. Devem os princípios ter suas propriedades relevantes bem identificadas, a partir de uma teoria da argumentação afinada com os pressupostos democráticos.

Os dois argumentos contrários à ponderação — margem de discricionariedade e ilegitimidade do controle judicial da lei — são adequadamente rebatidos por *Sanchís*. Para o autor, o que busca a ponderação é a norma adequada apenas ao caso concreto[87], e não, como sugere *Habermas* (a tese da unidade de solução correta), a imposição arbitrária de um ponto médio[88]. Não se trata de negociar entre valores, mas de construir uma regra suscetível de universalização para todos os casos, com análogas propriedades relevantes. Ademais, as esperanças positivistas da segurança jurídica e neutralidade da decisão mostraram-se historicamente como mitos, justificativas inalcançadas e inalcançáveis.

A chave, portanto, para uma possível reconciliação entre o princípio democrático com os direitos fundamentais está na delineação do que é que os cidadãos, com concepções pessoais distintas, consideram como condições de cooperação social justa, tão importantes que o legislador não pôde dizer sobre isso. O juiz deverá responder sem ir contra o legislador e buscar uma interpretação *argumentativa* dos cidadãos por oposição a sua representação política no parlamento.

O ideal é que se confie à deliberação pública a justificação das decisões políticas. Mas, como afirma *Souza Neto*, se o Estado de Direito não consegue garantir as condições necessárias para a deliberação, caberá às cortes constitucionais a tarefa de agir[89]. Para esse autor, a função precípua da jurisdição constitucional é a de restaurar as condições de cooperação quando a deliberação em outras instituições não foi capaz de efetuá-las. Mas ainda assim mantém-se a necessidade de justificação perante a opinião pública. As decisões da jurisdição não têm a finalidade de alcançar o consenso público, mas deve se embasar numa razão pública, o que não significa o consenso público[90].

O objetivo, portanto, é, a partir do reconhecimento da abertura para a realidade, buscar na democracia deliberativa a democratização do próprio processo de interpretação

---

(86) *"(...) la argumentación racional como actividad específica de la interpretación del Derecho constituye una exigencia de legitimidad; motivar equivale a justificar el por qué de una decisión, y es un llamamiento a su aceptación por los demás"* (SANCHÍS, *Constitucionalismo...* cit., p. 44).

(87) SANCHÍS, *Neoconstitucionalismo...* cit., p. 153-154.

(88) Em pouquíssimas palavras, trata-se do médio consenso da comunidade sobre o conteúdo do agir comunicativo.

(89) SOUZA NETO, *op. cit.*, p. 178.

(90) *Idem*, p. 187.

constitucional, de forma que propicie a recepção nos tribunais das expectativas normativas que se formam no espaço público. Esse processo é consumado na interpretação que deve ocorrer, recepcionando as mutações e utilizando-as para controlar as decisões que forem incompatíveis.

Partindo do exemplo de concreção ao direito à saúde, *Souza Neto* defende que quando o judiciário concretiza tais condições não está usurpando a soberania popular, mas garantindo seu pleno exercício. A teoria constitucional desenvolvida por esse autor atribui ao Judiciário um papel decisivo na efetivação das normas constitucionais. O importante, no prisma da legitimidade, é a atribuição de fundamentabilidade aos direitos sociais e que tal característica obriga uma concretização plena[91]. Independentemente da justificação que se utilize, o Poder Judiciário deve concretizar pelo menos o núcleo dos direitos fundamentais, com ou sem políticas públicas elaboradas pelo Executivo e Legislativo[92].

O neoconstitucionalismo, primeiramente, coloca em questão o dogma positivista da unidade da ordem normativa. Várias ordens jurídicas concorrentes coexistem no mesmo território. A atividade do Judiciário, portanto, também insere-se neste contexto. Reafirma-se que a democracia deliberativa deve ser mais que a democracia meramente parlamentar.

No debate da aplicação de direitos fundamentais, aprofunda-se a necessidade de ponderação e fundamentação democrático-argumentativa da decisão. Eliminar a colisão de princípios de direitos fundamentais com a generalidade da opção legislativa acabada requereria postergar em abstrato um princípio em benefício de outro e, com isso, estabelecer, por via legislativa, uma hierarquia entre preceitos constitucionais. O efeito seria atribuir ao parlamento ordinário um poder constituinte[93].

Alexy, tal qual *Sanchís*, defende que, sobre o controle judicial das leis, a fiscalização abstrata poderia desaparecer sem maiores problemas para o garantismo, mas tal não poderia ocorrer com a defesa dos direitos pela justiça ordinária, sob pena de afastamento do caráter normativo da Constituição. Parece claro que o método da ponderação representa certo risco à supremacia do legislador e regras de maioria democrática, mas trata-se de um risco inevitável para que se mantenha a força do constitucionalismo normativo. Por sua importância, a proteção dos direitos fundamentais não pode ser confiada à maioria parlamentar simples[94].

Eventual interpretação vinculante dos direitos fundamentais alcança o inalcançável pelo procedimento político usual: conversão de parte da Constituição em concepção própria, descartando-se o processo de reforma constitucional. Não há unicidade na identificação dos direitos fundamentais, de modo que a interpretação desses direitos

---

(91) SOUZA NETO, *op. cit.*, p. 246.
(92) *Idem*, p. 249.
(93) SANCHÍS, *Neoconstitucionalismo...* cit., p. 146.
(94) ALEXY, Robert. Los derechos fundamentales en el estado constitucional democrático. In: Miguel Carbonell (organizador). *Neoconstitucionalismo(s)*. Madrid: Editorial Trotta, 2003. p. 39.

não pode ocorrer para a proteção do que *todos* os cidadãos consideram. Cria-se uma impossibilidade de reconhecimento de concepções morais dos cidadãos em seu conjunto completo.

Evidentemente, não se pode negar o caráter valorativo e a margem de discricionariedade que comporta o juízo. Nem os juízes — e tampouco a sociedade — comportam uma moral objetiva e conhecida, nem sempre são coerentes e racionais. Mas isso não significa que a ponderação estimule um subjetivismo vazio. Se não garante uma única resposta, indica por onde há de mover a argumentação necessária.

8.2. O conceito de certeza jurídica e a atuação judicial criativa: fantasias e conservadorismo

São facilmente pensadas, e amplamente alardeadas, críticas à forma de atuação judicial propugnada neste trabalho. Além dos motivos expostos no item anterior (pretensa atuação antidemocrática), a crítica mais comum é relacionada à falta de segurança jurídica que esse sistema interpretativo poderá outorgar à vida comunitária. Fala-se sobre a mitigação do princípio da legalidade e impossibilidade de reconhecer a jurisprudência como fonte autônoma do Direito e de obrigações.

As questões relativas à forma de legitimação democrático-institucional da atividade julgadora na concreção de conceitos jurídicos abertos, e afastamento de ditos "critérios pessoais" do decisor, já foram objeto de estudo dos itens precedentes. Neste tópico será aprofundada a análise do tema da segurança jurídica.

Na órbita do Direito Privado, as críticas são reforçadas pela convicção de muitos doutrinadores sobre a ampla independência econômica do instituto contratual e a necessidade de "salvar" o contrato de toda a sorte de exceções exageradas aos princípios da autonomia da vontade e da força obrigatória dos contratos.

O risco da atuação desmesurada do judiciário é ressaltado por *Theodoro Júnior*:

> A adoção de um sistema normativo inspirado em conceitos abertos e cláusulas gerais tem, é certo, suas virtudes, mas apresenta, também, riscos e perigos que não são poucos nem pequenos. Uma norma legal em branco evidentemente permite ao juiz preencher o claro legislativo de modo a aproximar-se mais da justiça do caso concreto. O aplicador da lei, contudo, sofre a constante tentação de fazer prevalecer seus valores pessoais sobre os que a ordem jurídica adotou como indispensáveis ao sistema geral de organização social legislada[95].

A preocupação de autores como *Arruda Alvim* é de que não haja "exageros" na interpretação do contrato e que o valor econômico encerrado no instrumento não seja jamais abandonado:

> (...) um contrato, no fundo, apesar dessas exceções que foram apostas ao princípio do *pacta sunt servanda*, é uma manifestação de vontade que deve levar a determinados resultados práticos, resultados práticos esses que são representativos

---

(95) THEODORO JÚNIOR, Humberto. *O contrato e sua função social*. Rio de Janeiro: Forense, 2004. p. 125-126.

da vontade de ambos os contratantes, tais como declarados e que se conjugam e se expressam na parte dispositiva do contrato. Nunca se poderia interpretar o valor da função social como valor destrutivo do instituto do contrato[96].

Mesmo no Direito do Trabalho, grande parte da doutrina e jurisprudência elegeu o reforço de argumento de que a necessidade de pacificação social entre as forças representativas do capital e trabalho impede que o juiz possa estabelecer restrições maiores ou diferentes das positivamente estabelecidas no ordenamento. A "segurança" esperada é a de que trabalhadores e empregadores apenas terão o especificamente estabelecido na legislação tutelar; que ela basta em si e que o juiz trabalhista não pode conceber direitos e garantias que perpassem a letra da lei[97].

Não há dúvidas de que as cláusulas gerais contribuem para a insegurança. A falta de tradição em nosso sistema jurídico de tais instrumentos, ausência de entendimento jurisprudencial e doutrinário consolidados intensificam o quadro. Em relação ao artigo 421 do CCB/02, soma-se a ausência de previsão da penalidade pelo descumprimento.

Parece óbvio que a segurança propugnada é a segurança do mercado: a certeza de que os mecanismos herdados do liberalismo clássico sigam sendo utilizados para a obtenção de lucro e mais-valia crescentes. Nesta lógica, todo o tipo de mecanismo artificial ao mercado, semi-institucionalizado, e voltado à proteção do mais débil da relação jurídica, recebe a marca de gerador de insegurança. Sejamos claros: o que busca o capital é a segurança econômica, a convicção de que os contratos serão cumpridos à risca, sem modificações que impliquem a substância do lucro esperado. A possibilidade de o judiciário ativamente influir modificativamente nos termos das avenças retira uma considerável parcela de certeza nas expectativas econômicas que possui a parte mais forte da contratação.

A possibilidade de revisão dos contratos, como exceção ao *pacta sunt servanda*, e mitigação da segurança jurídica sempre foi vista sob a estrita perspectiva da alteração objetiva das circunstâncias.

O próprio contrato jurisdicizado surge da necessidade de dotar a relação econômica de segurança. *Ripert* acentua que todo contrato é um empreendimento sobre o futuro, de modo que tem, de forma intrínseca, a idéia de segurança. Em suas palavras, "contratar é prever"[98]. Mas também faz defesa da possibilidade de revisão dos contratos na situação

---

(96) ALVIM, Arruda. A função social dos contratos no Novo Código Civil. In: PASINI, Nelson; LAMERA, Antonio Valdir Úbeda; TAVALERA, Glauber (Coordenadores). *Simpósio sobre o novo Código Civil brasileiro*, São Paulo: Método, 2003. p. 100.

(97) Eduardo Baracat corretamente capta essas dificuldades hermenêuticas encontradas pelo operadores do Direito do Trabalho, ao referir que "o *juslaborista*, muitas vezes — para não dizer freqüentemente — vê-se diante do que considera uma grande injustiça. Intui-a, por considerações de ordem moral; deseja concretizar este sentimento, torná-lo Direito, aplicar sua intuição no caso concreto. Algumas vezes, à busca da justiça, acaba por fazê-lo, mas na maioria, sucumbe à ausência de uma lei específica aplicável à hipótese *sub judice*, ou aplica a lei existente, mesmo considerando-a injusta; curva-se à sua própria formação positivista legalista exegética" (BARACAT, Eduardo Milléo. *A boa-fé no direito individual do trabalho*. São Paulo: LTr, 2003. p.31).

(98) RIPERT, Georges. *A regra moral nas obrigações civis*. São Paulo: Saraiva, 1937. p. 156.

excepcional de imprevisão, quando se aplica a cláusula *rebus sic stantibus*. Existirá abuso no momento em que o desequilíbrio das prestações for de tal monta que o contratante não poderia normalmente prever que iria tirar do contrato a vantagem esperada[99].

Ainda que se reconhecendo a importância da construção doutrinária da revisão contratual por onerosidade excessiva superveniente, o presente trabalho avança por outra linha. A segurança jurídica buscada deve ser vista com mais profundidade que a adequação da vontade individual às circunstâncias também individuais do momento. A segurança que deve ser almejada não é simplesmente a relativa à intangibilidade de cláusulas contratuais, mas de que a avença sirva aos fins esperados por toda a coletividade, sem produção de lesões supervenientes aos pactuantes e terceiros. O contrato entabulado sem a observância desse elementar princípio de justiça contratual já tem em sua gênese o princípio da insegurança.

Nesse sentido, *Nalin* esclarece que a segurança jurídica não está mais no paradigma moderno da vontade, mas no pós-moderno da boa-fé. Para o autor o novo perfil de segurança jurídica deve observar a abertura do sistema privado, de modo que os princípios constitucionais de solidariedade orientem o intérprete a localizar os seus mais importantes fundamentos. Essa construção leva em conta, precipuamente, a justiça contratual contemporânea, baseada no equilíbrio das obrigações[100].

A análise da segurança jurídica contemporânea obriga a uma análise mais complexa, em uma visão do contrato sob a perspectiva da totalidade do sistema jurídico. Para a obtenção da segurança jurídica deve ser focada a busca primeira do equilíbrio, obtido a partir da valorização de todos os desdobramentos, objetivos e subjetivos que podem ser obtidos com a avença.

Além da boa-fé, também a função social do contrato exerce um importante papel na pós-modernidade do paradigma da vontade, pois estabelece balizadores do conteúdo do contrato para a parte menos favorecida e aos interesses da coletividade. Portanto, também participa do paradigma da segurança jurídica, dentro da sistematicidade do Direito.

Justiça contratual, cláusulas gerais e a segurança jurídica não são inconciliáveis, embora num sistema capitalista pouco ou mal regulado, os institutos possam sofrer constantes atritos. Ocorre, conforme acentuado por *Santiago*, que a idéia de segurança jurídica não pode ser usada para depreciar a validade da função social do contrato, porque este princípio tem em seu bojo a idéia de justiça[101]. Se o ideal de justiça e bem-estar social são os mais valorizados do sistema jurídico, não é possível concluir pela sua incompatibilidade com o princípio da segurança jurídica, o qual serve essencialmente com função instrumental. De outra forma, estar-se-ia utilizando do instituto da segurança jurídica para garantir higidez a pactos construídos já de forma viciada.

---

(99) *Idem*, p. 158-159.
(100) NALIN, Paulo. *Do contrato:* conceito pós-moderno. Em busca de sua formulação na perspectiva civil-constitucional. Curitiba: Juruá, 1. ed., 4. tir., 2001. p. 213.
(101) SANTIAGO, Mariana Ribeiro. *O princípio da função social do contrato.* 1. ed., 2. tir. Curitiba: Juruá, 2006. p. 125-126.

Essa conclusão também é encontrada por *Santos*, somando a idéia de que a segurança não conflita com a justiça, porque sem ordem e segurança não há justiça: o ideal de ordem não pode ter o poder de tornar-se instrumento desumano e desigualitário; com a promoção do ideário de justiça, deve-se privilegiar a solidariedade, os princípios e valores que a sustentam como cláusula aberta[102].

O sentimento de insegurança gerado pela função social do contrato é próprio de sua positivação como cláusula geral. Mas parece evidente que maiores benefícios são produzidos para a coletividade, e para a higidez sistemática do Direito, no sacrifício de parte da segurança jurídica, como forma de alcançar a justiça no caso concreto. Trata-se de valor que, inexoravelmente, é superior às certezas pretendidas pelos contratantes particulares.

---

(102) SANTOS, Antônio Jeová. *Função social do contrato.* São Paulo: Método, 2004. p. 145.

CONCLUSÕES

Feitas as considerações sobre o histórico da formação dos contratos, as remodelações atuais da teoria contratual, as imbricações com o Direito do Trabalho, as características e fundamentos da função social e sua aplicabilidade à relação de emprego, inclusive na perspectiva de concretização judicial, firmamos os seguintes entendimentos:

I — O contrato é instrumento essencial ao funcionamento do sistema econômico. A progressiva captura pelo Direito do fenômeno econômico levou o contrato a se desenvolver como categoria jurídica autonônoma.

II — Na Antiguidade e Medievo não é possível falar-se na figura do contrato, com os contornos hodiernos de acordo de vontades.

III — O Iluminismo pregou a libertação do indivíduo das múltiplas redes de vinculação e coerção, centralizando o poder na figura do Estado e permitindo que cada indivíduo vinculasse-se a outros pelo poder da vontade.

IV — No século XVIII, a burguesia ungiu-se dos ideais iluministas e os fez revolucionários, elegendo um corpo de leis robusto — o Código — para a "libertação das incertezas" e consolidação da ordem econômica à ordem política institucionalizada. Era necessário que permanecesse a certeza de que a regra do *quid dit contratuel dit juste* fosse respeitada e amparada na vontade e na propriedade.

V — Instituiu-se a doutrina da ampla liberdade dos privados na condução de seus negócios. Inseriram-se todos os bens — incluindo os bens imóveis e mão-de-obra — no fenômeno da produção e da troca.

VI — Ainda que a ideologia externada do contrato liberal seja de aparente neutralidade, os interesses da burguesia se fazem plenamente presentes no regulamento que impõe às contratações. Oculta-se que a liberdade de contratar não satisfaz os interesses da maior parte de coletividade e esconde-se a imensa desigualdade material dos contratantes.

VII — As funções essenciais dos contratos acentuam a instrumentalidade econômica.

VIII — Essa construção do sujeito livre, igual e pleno em sua singularidade marca a figura jurídica do sujeito de direito. O centro do Direito está longe de ser a pessoa humana, em sua dignidade e atributos da personalidade. Não há relevância na desproporção entre a realidade concreta e a efetividade da condição humana individual.

IX — O princípio da autonomia da vontade propugna pelas seguintes liberdades: de decidir se contratar ou não contratar, de escolha da pessoa com quem se contrata, de seleção do tipo, conteúdo e forma do contrato.

X — O princípio da força obrigatória consubstancia-se na regra de que o contrato é lei entre as partes. Os limites à obrigatoriedade do contrato apenas podiam ser negativos.

XI — Por aplicação do princípio da relatividade dos efeitos do contrato, não há condições de que haja vinculação daqueles que não participaram do processo de manifestação volitiva.

XII — De forma mais intensa, a partir da segunda metade do século XX, passou a ficar mais claro que o projeto burguês não atendia aos interesses mais básicos da maior parte da sociedade. Esta crise da modernidade afetou substancialmente as diretrizes básicas dos contratos.

XIII — O Estado Social mostrou-se como uma gigantesca transformação estrutural pela qual passou o Estado Liberal. Fala-se então de um Estado "garantidor", com atribuição de atuação positiva de garantia de concretização dos interesses maiores da comunidade. Passa o Estado a utilizar da via legislativa para a atuação da perspectiva de regulação da economia, da sociedade e do contrato.

XIV — O novo momento apresentado é marcado pela concorrência de princípios e valores produzidos fora do encontro de vontades individuais. Esvazia-se o papel da vontade, como elemento central, a qual dá lugar a comportamentos automáticos ou socialmente típicos que ocupam esse posto de protagonista.

XV — O contrato "pós-moderno" passa a ter as características de adesão, massificação, parte significativa do conteúdo dirigido pelo Estado e formado por uma pluralidade de fontes.

XVI — A relativização da dicotomia público e privado vem dos novos modelos constitucionais herdados do Estado Social. Reconstrói-se o ordenamento, desvinculado dos antagonismos de interesse para que se busque, pontualmente, a hierarquia normativa.

XVII — Das distintas vertentes do Direito Civil-Constitucional, tem-se em comum que a Constituição une o ordenamento de Direito Privado.

XVIII — A nova arquitetura normativa das relações interprivadas propõe a reconstrução do sujeito contratual. Repersonaliza-se o sujeito colocando a pessoa no centro do Direito Civil.

XIX — O princípio constitucional da iniciativa econômica submete-se ao vértice axiológico constitucional de promoção de valores sociais. Por efeito, a perspectiva individualista calcada no dogma da vontade cede à perspectiva coletiva como efeito obrigatório da construção de um Estado que não mais segue o paradigma do liberalismo individualista.

XX — A expressão de valores sociais no ordenamento jurídico privado encontra como instrumento mais adequado a fórmula das cláusulas gerais, pois permite a aplicação de princípios constitucionalizados.

XXI — Toma relevo a idéia de outorga de caráter efetivamente normativo dos princípios constitucionais nas relações jurídico-privadas.

XXII — Numa conformação atualizada, a autonomia privada substitui a autonomia da vontade, para que se englobe à manifestação volitiva do contrato, elementos de natueza não patrimonial, mas de significado social e pessoal.

XXIII — O princípio da obrigatoriedade remodela-se para fundar-se a necessidade de cumprimento do contrato, para que se alcancem as expectativas da coletividade em que o pacto é formado.

XXIV — A eficácia social que deve ter cada avença firmada entre particulares obriga que os efeitos que sejam produzidos também afetem positivamente à coletividade.

XXV — O Princípio da boa-fé objetiva impõe como determinante da conduta, uma regra de lealdade. Por sua amplitude, passa a atuar como elemento que substitui o ato volitivo na vinculação do contrato. Como efeito, dota-se o contrato de sentido ético, de afirmação do interesse do contexto social em busca da sociabilidade.

XXVI — Comprometem-se também os contratantes a dotar sua relação de eficácia na concreção dos direitos fundamentais. O indivíduo é, ao mesmo tempo, destinatário (titular), violador e promotor dos valores constitucionais. É a função social do contrato o instituto que faz a ponte entre a relação negocial privada com os requisitos de observância aos princípios constitucionais de valorização humana.

XXVII — Como conseqüência da Revolução Industrial, passou-se do regime de trabalho baseado na tutela para o contrato, colocando-se a força de trabalho na condição de coisa intercambiável, em liberdade absoluta.

XVIII — Em conseqüência da pauperização das condições de trabalho, e como estratégia burguesa de permanência do modelo baseado no capital, estabeleceram-se condições mínimas de tutela das relações de trabalho. Surge a legislação tutelar trabalhista.

XXIX — O Direito do Trabalho no Brasil segue o modelo contratual regulado por intenso dirigismo estatal nas relações de emprego. Defende-se a vontade, a liberdade contratual, mas com proteção daquele que é mais débil, como forma de equilibrar o poder das partes.

XXX — O Direito do Trabalho parte da premissa de que está presente a autonomia da vontade, mas impõe obrigações que não podem ser ultrapassadas pelas partes. As leis trabalhistas põem uma demarcação bem clara no estatuto de participação operária na sociedade burguesa, limitando as possibilidades de ultrapassar o que está reconhecido legalmente.

XXXI — Enfatiza-se na relação de emprego a impossibilidade de desvinculação de interesses não proprietários. O trabalhador deve ser visto enquanto pessoa humana ou cidadão, ou seja, detentor de direitos fundamentais lastreados no *ser*, antes do mero *ter*. O contrato de emprego também deve servir a interesses sociais e guardar relação com o equilíbrio entre direitos e obrigações.

XXXII — O negócio jurídico apenas caracterizado como o elemento do direito obrigacional, que exterioriza toda a força vinculante do querer dos indivíduos pactuantes, não guarda correspondência com a passagem para a autonomia privada.

XXXIII — As críticas à força da vontade individual como consagradora do negócio jurídico são efetuadas em três frentes. Primeiro, pela superação da autonomia da vontade, substituída pelo conceito de autonomia privada.

XXXIV — Segundo, pela constatação de que, na atualidade, a vontade expressada cada vez é menos importante para a entabulação de contratos (comportamento concludente).

XXXV — Terceiro, porque a negação de qualquer vontade do sujeito trabalhador na formação do pacto trabalhista retira-lhe a subjetividade e o reduz a mero destinatário passivo e incapaz da legislação tutelar.

XXXVI — A opção de limitar os termos do contrato ao atendimento de uma função social retira da instituição contratual sua neutralidade e insere no projeto de construção da sociedade.

XXXVII — A disposição do artigo 421 do Código Civil não se refere propriamente à liberdade contratual, mas na liberdade de fixação do conteúdo do contrato. A liberdade de contratar não se baseia na função social do contrato, mas é exercida em função desta.

XXXVIII — A função social como cláusula geral ou princípio tem como característica o reenvio ao juiz de princípios jurídicos, buscados no ordenamento, o que permite, por via indireta a utilização de critérios metajurídicos. A inovação contida no artigo 421 do Código Civil é, concomitantemente, cláusula geral de modalidade restritiva da liberdade contratual e regulativa (em integração ao conceito do contrato) e também um princípio.

XXXIX — O solidarismo é princípio previsto na Constituição Federal, agregando-se interesses interprivados, coletivos, contextualizados na concepção de função social do contrato. Obriga a uma concepção baseada na justiça social, de modo que passa a ser necessária a atuação do Estado removendo obstáculos para a efetiva igualdade.

XL — No processo de funcionalização, o Direito fundado na solidariedade social obriga que se reconheça que a conduta é imposta ao homem social na medida em que atente à solidariedade social. A tutela pelo Direito ocorre na medida em que a situação jurídica possui um fundamento social.

XLI — A funcionalização do contrato, lastreada no ideário do Estado Social, também é idéia que passa a reconhecer que o contrato não é um fenômeno neutro. Ultrapassa-se a condição de mero veículo de circulação de riqueza, para que no projeto comunitário de produção de dignidade e igualdade sejam as operações econômicas vistas como plenamente inseridas no contexto.

XLII — Boa-fé e função social impõem condutas socialmente esperadas pelas partes, mas a partir de valores diversos. A boa-fé refere-se a valores éticos, com valores retirados do meio social. O cumprimento da função social é mais amplo e condiciona o cumprimento do contrato a um projeto social amparado na dignidade humana e no solidarismo.

XLIII — Ordem pública, bons costumes e função social revelam a preferência axiológica do ordenamento jurídico pela limitação individual na fixação das obrigações. A diferença se estabelece no conteúdo advindo da origem dessas restrições, pois a função social é orientada pelos ideais do Estado Social.

XLIV — Eqüidade e função social atuam com fundamentos e repercussões diferentes.

XLV — Que a função social da propriedade relaciona-se a um poder de destinação da propriedade a um objetivo determinado pela sociedade. Nesse sentido, impõe-se ao proprietário uma série de deveres positivos, e não apenas de restrição à ação do mesmo. A função social do contrato representa uma projeção da própria função social da propriedade.

XLVI — A empresa, compreendida como concretização da iniciativa privada, somente receberá tutela jurídica quando atuar em favor de seus empregados, valorizando o trabalho humano.

XLVII — O microssistema justrabalhista é permeável a outros ramos do Direito, para que sejam compatíveis com seus objetivos e na proposta de concretização de valores constitucionais. A função social do contrato pode atuar para essa ligação.

XLVIII — Também no contrato de emprego, é possível lastrear a tutela constitucional da autonomia privada como princípio ou como bem constitucionalmente protegido; e também fundamentar que essa tutela resulta dos direitos fundamentais.

XLIX — Também a relação jurídica instrumentalizada pelo contrato de emprego curva-se ao primado dos direitos fundamentais, especialmente pela impossibilidade de separação do indivíduo trabalhador — detentor de dignidade humana a ser preservada — da força de trabalho pessoalmente entregue.

L — A eficácia *ultra partes* da função social do contrato tem como sua principal característica um corte no princípio contratual da relatividade, obrigando que se compreenda como voltado à promoção de valores sociais e obrigando que se veja o contrato como tendo a habilitação de interferência na esfera alheia. A oposição pode ser feita na verificação de interferência nos interesses de sujeitos individualizados, ou mesmo pelo malefício à coletividade.

LI — O trabalho em horas extras habituais, permanência do empregado aposentado no posto de serviço, disseminação de trabalho de estagiários, continuidade de trabalho em condições higiênicas deficientes (ainda que com o pagamento do adicional próprio) são situações contrárias à função social do contrato.

LII — A função social da convenção ou acordo coletivo deve ser retirada do atendimento aos interesses da integralidade da comunidade do espaço nacional e dos próprios representados pelo sindicato.

LIII — A função social do contrato, em sua eficácia *inter partes*, é interpretada como a busca da remoção de desigualdades de fato que fazem muito desproporcionais as obrigações oriundas do contrato de emprego, pois também revertem condutas reprovadas pela sociedade.

LIV — As relações de trabalho são campos férteis para a produção de contratos lesivos por efeito de cláusulas abusivas. Em especial pela raridade de ocasiões em que o empregado tem condições de discutir as regras do seu contrato. O reconhecimento de lesão como efeito dessa situação de fato pode introduzir um novo dado nas discussões a respeito da validade de certas partes do regulamento do contrato individual de trabalho. Verifica-se tal situação com a prática de revistas pessoais e contratação de empregado por salário inferior ao colega despedido.

LV — Atua a função social na extinção do contrato com a vedação de dispensas discriminatórias e justas causas pelo não-cumprimento de ordens indignificantes.

LVI — Por efeito da função social do contrato, pode-se pensar numa nova garantia de emprego, condicionando a denúncia vazia do contrato de trabalho subordinado ao atendimento de uma motivação social.

LVII — A opção legislativa de amplitude interpretativa do artigo 421 do Código Civil evidencia a prevalência do papel do aplicador e da atividade hermenêutica.

LVIII — A tradição interpretativa evoluiu da compreensão do pensamento do legislador (*Savigny*) para uma noção de raciocínio dialético e reconhecimento do esgotamento do modelo cientificista de conhecimento (*Perelman*). O problema da dogmática jurídica não é mais o da verdade ou da falsidade de seus enunciados, mas das pautas de decisões possíveis, a partir da argumentação retórica.

LVIX — O crescente reconhecimento do Direito como *discurso* — como processo social de criação de sentido — favoreceu ao repensar de um protagonismo judicial. A necessidade de preenchimento do conceito da função social do contrato pela análise objetiva dos operadores jurídicos torna necessária a atuação do decisor atuando num processo de diálogo multidisciplinar e articulado com a sociedade.

LX — O constitucionalismo pós-positivista — o chamado neoconstitucionalismo — contribui ao reconhecimento da inafastabilidade dos juízos morais como resposta a conflitos jurídicos, em especial os que dizem respeito à tutela de direitos fundamentais. Ao combinar os direitos e a democracia, tende a criar o problema da justificação e limitação simultânea da regra mínima da maioria com os direitos individuais.

LXI — O método de ponderação, operado pelo Judiciário — em especial o judiciário trabalhista —, na análise de casos concretos, com a aplicação e interpretação direta de princípios constitucionais, a partir das teorias da argumentação, é o que proporciona maior eficácia aos direitos fundamentais, como concretização da função social do contrato.

LXII — O chamado *neoconstitucionalismo teórico* evidencia o espaço ocupado pela Constituição no sistema jurídico: os princípios constitucionais estão presentes em todos os campos do Direito.

LXIII — Como ideologia, o constitucionalismo pós-positivista põe em segundo plano a dimensão constitucional de limitação do poder estatal e valoriza seu caráter de garantidora dos direitos fundamentais.

LXIV — No campo metodológico, a tese do constitucionalismo pós-positivista é a de que qualquer decisão jurídica, e em particular a decisão judicial, está justificada, em última instância, numa norma moral.

LXV — O processo clássico da subsunção torna-se obsoleto. O método que deve ser utilizado é o da *ponderação*: o sopesamento de princípios constitucionais, declarando-se a invalidade de alguma das razões de forma pontual. Efetua-se um enunciado de preferência condicionada, num processo de hierarquia *móvel* ou *axiológica*, restrita ao caso concreto.

LXVI — O modelo hermenêutico de justificação retira o caráter de decisionismo (subjetivismo) defendido pelo positivismo e propõe uma teoria cognoscitivista, pois introduz um critério de racionalidade comunicativa (procedimental-discursiva), justificando a escolha pelos pressupostos jurídicos e fáticos. A pretensão de correção vincula-se à justificação.

LXVII — O processo de ponderação não encontra impedimentos nos primados da democracia deliberativa, pois ela própria impede que possa o legislador eliminar o conflito entre princípios mediante uma norma geral. A ponderação é tarefa essencialmente judicial e limitada aos difíceis casos concretos que se estabelecem.

LXVIII — A segurança jurídica almejada não é simplesmente a relativa à intangibilidade de cláusulas contratuais, mas de que a avença sirva aos fins esperados por toda a coletividade, sem produção de lesões supervenientes aos pactuantes e terceiros. O contrato entabulado sem a observância desse elementar princípio de justiça contratual já tem em sua gênese o princípio da insegurança.

REFERÊNCIAS BIBLIOGRÁFICAS

AGUIAR JÚNIOR, Ruy Rosado de. O poder judiciário e a concreção das cláusulas gerais: limites e responsabilidade. In: *Revista da Faculdade de Direito da UFRGS* n. 18.

ALEXY, Robert. *Teoría del discurso y derechos humanos*. Bogotá: Editora de la Universidad Externado de Colombia, 1995.

_____. *La estructura de las normas de derecho fundamental*. In: ALEXY, Robert (organizador). *Teoría de los derechos fundamentales*. Madrid: Centro de Estudios Políticos y Constitucionales, 2002.

_____. Los derechos fundamentales en el estado constitucional democrático, in: Miguel Carbonell (organizador). In: *Neoconstitucionalismo(s)*. Madrid: Editorial Trotta, 2003.

ALVIM, Arruda. A função social dos contratos no Novo Código Civil. In: PASINI, Nelson; LAMERA, Antonio Valdir Úbeda; TAVALERA, Glauber (Coordenadores). *Simpósio sobre o Novo Código Civil brasileiro*. São Paulo: Método, 2003.

AMARAL, Francisco. *Direito civil. Introdução*. Rio de Janeiro: Renovar, 2000.

_____. O Contrato e sua função institucional. *Studia Iuridica — Colloquia*, Boletim da Faculdade de Direito da Universidade de Coimbra, v. 48, n. 6. Coimbra: Coimbra Editora, 1999/2000.

ANDRADE, Thais Poliana de. *Novas perspectivas para a contratualidade trabalhista*: reflexos do novo ordenamento jurídico constitucional. 2005. Curitiba. 204 f. Dissertação (Mestrado em Direito) — Pós-Graduação em Direito da Universidade Federal do Paraná.

ARAÚJO, Francisco Rossal. *A boa-fé no contrato de emprego*. São Paulo: LTr, 1996.

ARISTÓTELES. *Ética a Nicômaco*. Coleção "Os grandes filósofos do direito". São Paulo: Martins Fontes, 2002.

ARONE, Ricardo. *Por uma nova hermenêutica dos direitos reais limitados*. Rio de Janeiro: Renovar, 2001.

AZEVEDO, Antônio Junqueira de. *Negócio jurídico. Existência, validade e eficácia*. São Paulo: Saraiva, 2002.

_____. Princípios do novo direito contratual e desregulamentação do mercado. In: *Revista dos Tribunais*. São Paulo: RT, n. 750.

BARACAT, Eduardo Milléo. *A boa-fé no direito individual do trabalho*. São Paulo: LTr, 2003.

_____. A vontade na formação do contrato de trabalho: o problema do negócio jurídico. In: DALLEGRAVE NETO, José Affonso; GUNTHER, Luiz Eduardo (Organizadores). *O impacto do Novo Código Civil no direito do trabalho*. São Paulo: LTr, 2003.

BETTI, Emilio. *Teoria geral do negócio jurídico*. Coimbra: Coimbra Editora, 1969.

BOBBIO, Norberto. *O positivismo jurídico. Lições de filosofia do direito*. São Paulo: Ícone, 1995.

_____. *Estado, governo e sociedade*. São Paulo: Paz e Terra, 1999.

BONAVIDES, Paulo. *Do estado liberal ao estado social*. São Paulo: Malheiros, 2001.

BRIZ, Jaime Santos. *La contratación privada*. Madrid: Editorial Montecorvo, 1966.

CAPELLA, Juan Ramón. *Os cidadãos servos*. Porto Alegre: Sérgio Antônio Fabris Editor, 1998.

CARBONELL, Miguel. Nuevos tiempos para el constitucionalismo. In: CARBONELL, Miguel (organizador). *Neoconstitucionalismo(s)*. Editorial Trotta, 2003.

CÁRCOVA, Carlos Maria. *Direito, política e magistratura*. São Paulo: LTr, 1996.

_____. Los jueces en la encrucijada: entre el decisionismo y la hermenêutica controlada. In: *Revista da Associação dos Juízes do Rio Grande do Sul*, n. 68.

CARRION, Valentin. *Comentários à Consolidação das Leis do Trabalho*. São Paulo: Saraiva, 1998.

CASTEL, Robert. *As metamorfoses da questão social*. 5. ed. Petrópolis: Vozes, 2005.

CATHARINO, José Martins. *Compêndio universitário de direito do trabalho*. São Paulo: Editora Jurídica e Universitária, 1972. v. 1.

CAVALLI, Cássio Machado. Apontamentos sobre a função social da empresa e o moderno direito privado. *Revista de Direito Privado*. São Paulo: Revista dos Tribunais, n. 22.

CHABAS, E. *Applications de la notion de faute délictuelle et contractuelle en matière de responsabilité du fait personnel. Leçons de droit civil*. Obligations — Théorie Générale. Paris: Montelnestieu, 1998.

COELHO, Luciano Augusto. Contrato de trabalho e autonomia privada. In: NALIN, Paulo (organizador). *A autonomia privada na legalidade constitucional*. Curitiba: Juruá, 2006.

COMANDUCCI, Paolo. Formas de (neo)constitucionalismo: un análisis metateórico. In: CARBONELL, Miguel (organizador). *Neoconstitucionalismo(s)*. Madrid: Editorial Trotta, 2003.

COMPARATO, Fábio Konder. Função social da propriedade dos bens de produção. *Revista de Direito Mercantil* n. 63.

CORDEIRO, Antônio Manoel Menezes. *Da boa-fé no direito civil*. Coimbra: Almedina, 1984. v. I.

CORREAS, Óscar. *Introdução à sociologia jurídica*. Porto Alegre: Editora Crítica Jurídica — Sociedade em Formação, 1996.

COUTINHO, Aldacy Rachid. Função social do contrato individual de trabalho. In: *Transformações do Direito do Trabalho. Estudos em homenagem ao professor João Régis Fassbender Teixeira*. Curitiba: Juruá, 2000.

_____. Autonomia privada na perspectiva do Novo Código Civil. DALLEGRAVE NETO, José Affonso; GUNTHER, Luiz Eduardo (Organizadores). *O Impacto do Novo Código Civil no direito do trabalho*. São Paulo: LTr, 2003.

COUTO E SILVA, Clóvis Veríssimo. *A obrigação como processo*. São Paulo: Bushatsky, 1976.

CUEVA, Mario de la. *Derecho del trabajo mexicano*. México: Editorial Porrua, 1949.

DALLEGRAVE NETTO, José Affonso. Nulidade do contrato de trabalho e o novo Código Civil. In: DALLEGRAVE NETTO, José Affonso; GUNTHER, Luiz Eduardo (organizadores). *O impacto do Novo Código Civil no direito do trabalho*. São Paulo: LTr, 2003.

DAWSON, John, P. *The general clauses, viewed from a distance*. Methoden des Rechtes. Nachworte, Anhäge, Register, 1975.

DELGADO, Mauricio Godinho. *Curso de direito do trabalho*. São Paulo: LTr, 2005.

DINIZ, Maria Helena. *As lacunas no direito*. São Paulo: Saraiva, 2002.

DUARTE, Écio Oto Ramos. *Teoria do discurso e correção normativa do direito. Aproximação à metodologia discursiva do direito*. São Paulo: Landy, 2003.

DUGUIT, Leon. *Las transformaciones del derecho. Público y privado*. Buenos Aires: Editorial Heliasta, 1975.

_____. *Fundamentos do direito*. Porto Alegre: Sergio Antonio Fabris Editor, 2005.

DWORKIN, Ronald. *Levando os direitos a sério*. São Paulo: Martins Fontes, 2002.

_____. *O império do direito*. São Paulo: Martins Fontes, 2003.

ENGISCH, Karl. *Introdução ao pensamento jurídico*. Lisboa: Fundação Calouste Gulbenkian, 1996.

FACHIN, Luiz Edson. *A função social da posse e da propriedade contemporânea (uma perspectiva da usucapião imobiliária rural)*. Porto Alegre: Fabris, 1988.

_____. Crítica ao legalismo jurídico e ao historicismo positivista: ensaio para um exercício de diálogo entre história e direito, na perspectiva do direito civil contemporâneo. FACHIN, Luiz Edson (organizador). *Diálogos sobre direito civil*. Rio de Janeiro: Renovar, 2002.

_____. *Teoria crítica do direito civil à luz do Novo Código Civil brasileiro*. Rio de Janeiro: Renovar, 2003.

FACCHINI NETO, Eugênio. A função social do direito privado. *Revista da AJURIS* — Associação dos Juízes do Rio Grande do Sul, v. 43, n. 105, ano XXXIV. Porto Alegre: AJURIS, março de 2007.

FERRAJOLI, Luigi. Pasado y futuro del Estado de derecho. In: CARBONELL, Miguel (organizador). *Neoconstitucionalismo(s)*. Editorial Trotta, 2003.

FERRAZ Jr., Tércio Sampaio. *Conceito de Sistema no Direito*: uma investigação histórica a partir da obra jusfilosófica de Emil Lask. São Paulo: Ed. Revista dos Tribunais, Ed. da Universidade de São Paulo, 1976.

_____. *A ciência do direito*. São Paulo: Atlas, 1977.

FIUZA, César. *Direito civil*. 5. ed. Belo Horizonte: Del Rey, 2002.

_____. A principiologia contratual e a função social dos contratos. In: LAGE, Émerson José Alves e LOPES, Mônica Sette (organizadores). *Novo Código Civil e seus desdobramentos no direito do trabalho*. São Paulo: LTr, 2004.

FONSECA, Ricardo Marcelo. *Modernidade e contrato de trabalho*. São Paulo: LTr, 2002.

FOUCAULT, Michel. *Em defesa da sociedade*. Curso no Collège de France (1975-1976). Tradução de Maria Ermentina Galvão. São Paulo: Martins Fontes, 1999.

GARGARELLA, Roberto. *La justicia frente al gobierno. Sobre el carácter contramayoritario del poder judicial*. Barcelona: Editorial Ariel, 1996.

_____. Constitución y democracia. In: *Derecho Constitucional*. Buenos Aires: Editorial Universidad, 1999.

GEDIEL, José Antônio Peres. A irrenunciabilidade a direitos da personalidade pelo trabalhador. In: SARLET, Ingo Wolfgang (organizador). *Constituição, direitos fundamentais e direito privado*. Porto Alegre: Livraria do Advogado Editora, 2006.

GENRO, Tarso Fernando. *Introdução à crítica do direito do trabalho*. Porto Alegre: L&PM, 1979.

_____. *Contribuição à crítica do direito coletivo do trabalho*. São Paulo: LTr, 1988.

_____. *Direito individual do trabalho*. São Paulo: LTr, 1994.

GODOY, Cláudio Luiz Bueno. *Função social do contrato*. São Paulo: Saraiva, 2004.

GOMES, Orlando. *Transformações gerais do direito das obrigações*. São Paulo: RT, 1980.

_____. *Contratos*. Rio de Janeiro: Forense, 1989.

_____. *Contratos*. 12. ed. Rio de Janeiro: Forense, 1990.

GÓMEZ, J. Miguel Lobato. Livre-iniciativa, autonomia privada e liberdade de contratar. In: NALIN, Paulo (organizador). *A autonomia privada na legalidade constitucional*. 6. ed. Curitiba: Juruá, 2001.

GOMES, Rogério Zuel. *Teoria contratual contemporânea*. Rio de Janeiro: Forense, 2004.

GRAU, Eros Roberto. Dirigismo contratual. In: FRANÇA, Limongi (organizador). *Enciclopédia Saraiva do Direito*, v. 32. São Paulo: Saraiva, 1977.

_____. *A ordem econômica na Constituição de 1988*. São Paulo: Malheiros, 2000.

GROSSI, Paolo. *Mitologias jurídicas da modernidade*. Florianópolis: Fundação Boiteux, 2004.

HABERMAS, Jürgen. *Direito e democracia*. Rio de Janeiro: Tempo Brasileiro, 1997. v. 1.

HARDT, Michael; NEGRI, Antonio. *Império*. Rio de Janeiro, São Paulo: Record, 2004.

HART, Herbert L. A. *O conceito de direito*. Lisboa: Fundação Calouste Gulbenkian, 1986.

HEGEL, Georg Wilhelm Friedrich. *Filosofia do direito*. Coleção "Os grandes filósofos do direito". São Paulo: Martins Fontes, 2002.

HESPANHA, António Manuel. *Panorama histórico da cultura jurídica européia*. Lisboa: Publicações Europa-América, 1998.

_____. Código y complejidad. In: CAPPELLINI, Paolo et SORDI, Bernardo (organizadores) *Codici. Uma riflessione di fine millennio*. Milano: Giuffrè Editore, 2000.

HIRONAKA, Giselda Maria Fernandes Novaes. *Contrato*: estrutura milenar de fundação do direito privado. Disponível via *Internet* em: <http://www1.jus.com.br/doutrina/texto.asp?id=4194> Acesso em: 14 mar. 2007.

HOBSBAWM, Eric. *A era das revoluções*. São Paulo: Paz e Terra, 1996.

HOUAISS, Antônio. *Dicionário eletrônico Houaiss da língua portuguesa*. Instituto Antonio Houaiss, 2003.

HOLANDA, Aurélio Buarque. *Dicionário Aurélio*. Positivo Informática, 2004.

JORGE JÚNIOR, Alberto Gosson. *Cláusulas gerais no novo Código Civil*. São Paulo: Saraiva, 2004.

JOSSERAND, Louis. *L'abus des droits*. Paris: Librarie Nouvelle de Droit et de Jurisprudence. Paris: Arthur Rousseau Éditeur: 1905.

_____. O contrato de trabalho e o abuso dos direitos. *Revista Forense*, n. 75, setembro de 1938.

KANT, Immanuel. *Filosofia do direito*. Coleção "Os grandes filósofos do direito". São Paulo: Martins Fontes, 2002.

KELSEN, Hans. *Teoria pura do direito*. Coimbra: Armênio Amado Editora, 1984.

LARENZ, Karl. *Base del negocio jurídico y cumplimiento de los contratos*. Madrid: Editorial Revista de Derecho Privado, 1956.

_____. *Derecho de obligaciones*. Madrid: Editora Revista de Derecho Privado, 1958. v. 1.

_____. *Metodologia da ciência do direito*. Lisboa: Fundação Calouste Gulbenkian, 1997.

LEAL, Larissa Maria de Moraes. Boa-fé contratual. In: LÔBO, Paulo Luiz Neto; LYRA JÚNIOR, Eduardo Messias Gonçalves (coordenadores). *A teoria do contrato e o novo Código Civil.* Recife: Nossa Livraria, 2003.

LÔBO, Paulo Luiz Neto. Contrato e mudança social. *Revista Forense* n. 722, Rio de Janeiro: Forense.

_____. Princípios Sociais dos Contratos no Código de Defesa do Consumidor e no Novo Código Civil. *Revista de Direito do Consumidor*, abr.-jun. v. 42. São Paulo: Revista dos Tribunais, 2002.

_____. In: LÔBO, Paulo Luiz Neto; LYRA JÚNIOR, Eduardo Messias Gonçalves de (coordenadores). *A teoria do contrato e o novo Código Civil.* Recife: Nossa Livraria, 2003.

LUHMANN, Niklas. *Sociologia do direito.* Rio de Janeiro: Tempo Brasileiro, 1985.

LORENZETTI, Ricardo Luis. *Fundamentos do direito privado.* São Paulo: Revista dos Tribunais, 1998.

_____. *Tratado de los contratos.* Buenos Aires: Rubinzal-Culzoni, 1999. t. 1.

_____. *La nueva teoría contratual. Obligaciones y contratos en los albores del siglo XXI.* Buenos Aires: Abeledo Perrot, 2001.

MANCEBO, Rafael Chagas. *A função social do contrato.* São Paulo: Quartier Latin, 2006.

MARQUES, Cláudia Lima. *Contratos no Código de Defesa do Consumidor.* São Paulo: RT, 1999.

_____. Direitos básicos do consumidor na sociedade pós-moderna de serviços. In: *Revista de Direito do Consumidor* n. 35. São Paulo: RT, 2000.

MARTINS-COSTA, Judith. As cláusulas gerais como fatores de mobilidade do sistema jurídico. In: *Revista de Informação Legislativa*. Brasília: Subsecretaria de Edições Técnicas do Senado Federal, 1991.

_____. O direito privado como um "sistema em construção" — as cláusulas gerais no projeto do Código Civil brasileiro. *Revista dos Tribunais*, n. 753. São Paulo: RT, 1998.

_____. *A reconstrução do direito privado.* São Paulo: Revista dos Tribunais, 2000.

_____. O novo Código Civil brasileiro em busca da ética da situação. In: MARTINS-COSTA, Judith; BRANCO, Gerson Luiz Carlos (coordenadores). *Diretrizes teóricas do novo Código Civil brasileiro.* São Paulo: Saraiva, 2002.

MARX, Karl. *O capital.* Rio de Janeiro: Civilização Brasileira, 1975.

MATEO JÚNIOR, Ramon. A função social e o princípio da boa-fé objetiva nos contratos do novo Código Civil. Disponível na *Internet* via: <www1.jus.com.br/doutrina/texto.asp?id=2786> Acesso em: 1 abr. 2007.

MAZURKEVIC, Arion. A boa-fé objetiva: uma proposta para reaproximação do direito do trabalho ao direito civil. In: DALLEGRAVE NETO, José Affonso; GUNTHER, Luiz Eduardo. *O impacto do novo Código Civil no direito do trabalho.* São Paulo: LTr, 2003.

MEIRELLES, Jussara. O ser e o ter na codificação brasileira. In: FACHI, Luiz Edson (coordenador). *Repensando fundamentos do direito civil brasileiro contemporâneo.* Rio de Janeiro: Renovar, 1998.

MELLO, Celso Antônio Bandeira de. *Discricionariedade e controle jurisidicional.* São Paulo: Malheiros, 1992.

MENDES, René. *Patologia do trabalho.* Belo Horizonte: Atheneu, 2004.

MENKE, Fabiano. A interpretação das cláusulas gerais: a subsunção e a concreção dos conceitos. *Revista de Direito do Consumidor* n. 50. São Paulo: 2002.

MIAILLE, Michel. *Introdução crítica ao direito*. Lisboa: Editorial Estampa, 1994.

MIRANDA, Pontes de. *Tratado de direito privado*. Parte especial. 2. ed. Rio de Janeiro: Borsoi, 1962.

MORAES, Maria Celina Bodin. A caminho de um direito civil constitucional. *Revista de Direito Civil* n. 65. São Paulo, 2002. t. XXXVIII.

MORAES FILHO, Evaristo de; MORAES, Antônio Carlos Flores de. *Introdução ao direito do trabalho*. São Paulo: LTr, 1995.

NALIN, Paulo. *Do contrato:* conceito pós-moderno. Em busca de sua formulação na perspectiva civil-constitucional, 1. ed., 4. tir. Curitiba: Juruá, 2001.

_____. A autonomia privada na legalidade constitucional. In: NALIN, Paulo (organizador). *A autonomia privada na legalidade constitucional*. Curitiba: Juruá, 2001.

_____. Cláusula geral e segurança jurídica no Código Civil. In: *Revista Trimestral de Direito Civil* vol. 6, n. 23, jul.-set. 2005. São Paulo: Padma.

NEGREIROS, Teresa. *Teoria dos contratos:* novos paradigmas. Rio de Janeiro: Renovar, 2002.

NEGRI, Antonio. *Movimientos en el imperio. Pasajes y paisajes*. Barcelona: Paidós Estado y Sociedad 142, 2006.

NERY JÚNIOR, Nelson. *Código Civil anotado e legislação extravagante*. São Paulo: Revista dos Tribunais, 2003.

NEVES, Gustavo Kloh Muller. Os princípios entre a teoria geral do direito e o direito civil constitucional. In: FACHIN, Luiz Edson (organizador). *Diálogos sobre direito civil*. Rio de Janeiro e São Paulo: Renovar, 2002.

NINO, Carlos Santiago. *La constitución de la democracia deliberativa*. Barcelona: Editorial Gedisa, 1997.

NORONHA, Fernando. *O direito dos contratos e seus princípios fundamentais*. São Paulo: Saraiva, 1994.

NUNES, Antonio José Avelãs. *Noção e objeto da economia política*. Coimbra: Almedina, 1996.

OLIVEIRA, Sebastião Geraldo de. *Proteção jurídica à saúde do trabalhador*. São Paulo: LTr, 2004.

_____. *Indenizações por acidente do trabalho ou doença ocupacional*. São Paulo: LTr, 2005.

OST, François. *Júpiter, Hercules, Hermes:* Três modelos de juez y de derecho. Doxa: Alicante 14, 1993.

PALOMBELLA, Gianluigi. *Constitución y soberanía. El sentido de la democracia constitucional*. Albalote (Granada): Editorial Comares, 2000.

PANCOTTI, José Antônio. Algumas considerações sobre os reflexos do novo Código Civil no direito do trabalho. *Revista do TRT da 15ª Região*, n. 22, jun. de 2003.

PASQUALINI, Alexandre. O público e o privado. In: SARLET, Ingo Wolfgang (organizador). *O direito público em tempos de crise:* estudos em homenagem a Ruy Ruben Ruschel. Porto Alegre: Livraria do Advogado, 1999.

PASQUALOTTO, Adalberto. O Código de Defesa do Consumidor em face do novo Código Civil. In: *Revista de Direito do Consumidor*, jul.-set. 2002. v. 43. São Paulo: Revista dos Tribunais.

PEREIRA, Caio Mário da Silva. *Instituições de direito civil*. Rio de Janeiro: Forense, 2001.

PERELMAN, Chaim; OLBRECHTS-TYTECA, Lucie. *Tratado da argumentação. A nova retórica*. São Paulo: Martins Fontes, 1996.

PERLINGIERI, Pietro. *Perfis de direito civil*. Rio de Janeiro: Renovar, 2002.

PINTO, Paulo da Mota. *Declaração tácita e comportamento concludente no negócio jurídico*. Coimbra: Almedina, 1995.

POULANTZAS, Nicos. *O estado, o poder, o socialismo*. São Paulo: Graal (Paz e Terra), 2000.

PRATA, Ana. *A tutela constitucional da autonomia privada*. Coimbra: Almedina, 1982.

_____. *Dicionário jurídico*. Coimbra: Almedina, 1995.

REALE, Miguel. *Nova fase do direito moderno*. São Paulo: Saraiva, 1990.

_____. *Temas de direito positivo*. São Paulo: RT, 1992.

_____. *O direito como experiência*. São Paulo: Saraiva, 1999.

_____. *Filosofia do direito*. 20. ed. São Paulo: Saraiva, 2002.

_____. *Função social do contrato*. Disponível na *Internet* via: <www.miguelreale.com.br/artigos/funsoccont.htm> Acesso em: 31 mar. 2007.

RENAULT, Luiz Otávio Linhares. O novo Código Civil, a proteção ao emprego e o velho contrato de trabalho. In: LAGE, Emerson José Alves e LOPES, Mônica Sette (organizadores). *Novo Código Civil e seus desdobramentos no direito do trabalho*. São Paulo: LTr, 2004.

RIPERT, Georges. *A regra moral nas obrigações civis*. São Paulo: Saraiva, 1937.

_____. *O regime democrático e o direito civil moderno*. São Paulo: Saraiva, 1997.

RIZZARDO, Arnaldo. *Contratos*. Rio de Janeiro: Aide, 2001. v. 1.

RODRIGUES, Silvio. *Direito civil:* dos contratos e das declarações unilaterais de vontade. São Paulo: Saraiva, 2002. v. 3.

ROPPO, Enzo. *O contrato*. Livraria Almedina: Coimbra, 1988.

ROUANET, Sérgio Paulo. *As razões do iluminismo*. São Paulo: Companhia das Letras, 2004.

ROUSSEAU, Jean-Jacques. *O contrato social*. Coleção "Os grandes filósofos do direito". São Paulo: Martins Fontes, 2002.

RUSSOMANO, Mozart Victor. *Comentários à Consolidação das Leis do Trabalho*. Rio de Janeiro: Forense, 1997. 1. v.

SANCHÍS, Luis Prieto. *Constitucionalismo y positivismo*. México, D.F.: Distribuciones Fontamara S.A., 1999.

_____. *Neoconstitucionalismo y ponderación judicial*. In: Miguel Carbonell (organizador). *Neoconstitucionalismo(s)*. Madrid: Editorial Trotta, 2003.

SANTIAGO, Mariana Ribeiro. *O princípio da função social do contrato*. 1. ed., 2. tir. Curitiba: Juruá, 2006.

SANTOS, Antônio Jeová. *Função social do contrato*. São Paulo: Método, 2004.

SANTOS, Eduardo Sens dos. A função social do contrato: elementos para uma conceituação. *Revista de Direito Privado*, São Paulo, n. 13, jan.-mar. 2003.

SARLET, Ingo Wolfgang. *A Constituição concretizada*. Porto Alegre: Livraria do Advogado, 2001.

_____. *A eficácia dos direitos fundamentais*. Porto Alegre: Livraria do Advogado, 2005.

SAVIGNY, Friedrich Carl. *Da vocação de nosso tempo para a legislação e a jurisprudência*. Coleção "Os Grandes Filósofos do Direito". Morris, Clarence (organizador). São Paulo: Martins Fontes, 2004.

SILVA, De Plácido e. *Vocabulário jurídico*. São Paulo: Forense, 2006.

SILVA, José Afonso da. *Curso de direito constitucional positivo*. São Paulo: Malheiros, 1994.

SILVA, Luis Renato Ferreira da. A função social do contrato no novo Código Civil e sua conexão com a solidariedade social. In: SARLET, Ingo (organizador). *O novo Código Civil e a Constituição*. Porto Alegre: Livraria do Advogado, 2003.

SOMBRA, Thiago Luís Santos. *A eficácia dos direitos fundamentais nas relações jurídico-privadas. A identificação do contrato como ponto de encontro dos direitos fundamentais*. Porto Alegre: Sérgio Antonio Fabris Editor, 2006.

SOUZA NETO, Cláudio Pereira de. *Teoria constitucional e democracia deliberativa*. Rio de Janeiro: Renovar, 2006.

SÜSSEKIND, Arnaldo; MARANHÃO, Délio; VIANNA, Segadas; TEIXEIRA, Lima. *Instituições de direito do trabalho*. Atualizado por Arnaldo Süssekind e João de Lima Teixeira Filho. São Paulo: LTr, 2000.

TARTUCE, Flávio. *A função social dos contratos*. São Paulo: Método, 2005.

TEIZEN JÚNIOR, Augusto Geraldo. *A função social no Código Civil*. São Paulo: Editora Revista dos Tribunais, 2004.

TEPEDINO, Gustavo. A caminho de um direito civil constitucional. *Revista de Direito Civil*, n. 65, São Paulo, 1992.

_____. *Premissas metodológicas para a constitucionalização do Direito Civil*. Rio de Janeiro: Renovar, 1999.

_____. Direitos humanos e relações privadas. In: TEPEDINO, Gustavo (coordenador). *Temas de direito civil*. Rio de Janeiro: Renovar, 1999.

_____. O Código Civil, os chamados microssistemas e a Constituição. In: TEPEDINO, Gustavo (organizador). *Problemas de direito civil-constitucional*. Rio de Janeiro: Renovar, 2000.

_____. Cidadania e direitos da personalidade. *Revista Jurídica*, vol. 309, jul. 2003.

_____. A nova propriedade — o seu conteúdo mínimo, entre o Código Civil, a legislação ordinária e a Constituição. *Revista Forense* n. 306.

THEODORO JÚNIOR, Humberto. *O contrato e sua função social*. Rio de Janeiro: Forense, 2004.

VIANA, Márcio Túlio. Proteção trabalhista contra os atos discriminatórios: análise da Lei n. 9.029/95. In: VIANA, Márcio Túlio e RENAULT, Luiz Otávio Linhares (coordenadores). *Discriminação*. São Paulo: LTr, 2000.

WALD, Arnoldo. A dupla função econômica e social do contrato. In: *Revista Trimestral de Direito Civil*. 2004. Rio de Janeiro: PADMA.

WEBER, Max. *A ética protestante e o espírito do capitalismo*. São Paulo: Pioneira, 1987.